Sebastian Naber

**Der massenhafte Abschluss
arbeitsrechtlicher Aufhebungsverträge**

FORUM ARBEITS- UND SOZIALRECHT

herausgegeben von
Prof. Dr. Richard Giesen, Prof. Dr. Matthias Jacobs,
Prof. Dr. Dr. h.c. Horst Konzen und Prof. Dr. Meinhard Heinze †

Band 30

Der massenhafte Abschluss arbeitsrechtlicher Aufhebungsverträge

Sebastian Naber

Centaurus Verlag & Media UG 2009

Die Deutsche Bibliothek – CIP-Einheitsaufnahme

Naber, Sebastian:
Der massenhafte Abschluss arbeitsrechtlicher Aufhebungsverträge /
Sebastian Naber. – Kenzingen : Centaurus-Verl., 2009
  (Forum Arbeits- und Sozialrecht ; Bd. 30)
  Zugl.: Hamburg, Bucerius Law School, Diss., 2008
  ISBN 978-3-8255-0720-6   ISBN 978-3-86226-334-9 (eBook)
  DOI 10.1007/978-3-86226-334-9

ISSN 0936-028X

Alle Rechte, insbesondere das Recht der Vervielfältigung und Verbreitung sowie der Übersetzung, vorbehalten. Kein Teil des Werkes darf in irgendeiner Form (durch Fotokopie, Mikrofilm oder ein anderes Verfahren) ohne schriftliche Genehmigung des Verlages reproduziert oder unter Verwendung elektronischer Systeme verarbeitet, vervielfältigt oder verbreitet werden.

© CENTAURUS Verlags KG, Kenzingen 2008

Satz: Vorlage des Autors
Umschlaggestaltung: Antje Walter, Titisee-Neustadt

Meiner Familie

Vorwort

Die vorliegende Arbeit wurde im Frühjahrstrimester 2008 vom Promotionsausschuss der Bucerius Law School – Hochschule für Rechtswissenschaft –, Hamburg, als Dissertation angenommen. Die mündliche Prüfung erfolgte am 16. Juli 2008. Das Manuskript wurde im November 2007 abgeschlossen. Bis Juli 2008 veröffentlichte Literatur und Rechtsprechung wurden nachgetragen.

Mein tief empfundener Dank gilt meinem hoch geschätzten wissenschaftlichen Lehrer Professor Dr. Matthias Jacobs, der die Arbeit von der ersten Idee bis zur Veröffentlichung in der von ihm herausgegebenen Schriftenreihe in jeder denkbaren Hinsicht intensiv unterstützt und gefördert hat. Während der Tätigkeit an seinem Lehrstuhl für Bürgerliches Recht, Arbeitsrecht und Zivilprozessrecht war er mir ein Doktorvater, wie man ihn sich nicht besser wünschen kann!

Mein herzlicher Dank für die sehr zügige Erstellung des Zweitgutachtens gilt Herrn Professor Dr. Rüdiger Veil, Alfried Krupp-Lehrstuhl für Bürgerliches Recht, Deutsches und Internationales Unternehmens- und Wirtschaftsrecht und geschäftsführender Direktor des Instituts für Unternehmens- und Kapitalmarktrecht.

Ferner danke ich Herrn Alexander Willemsen, LL.B., der die Entstehung der Arbeit mit seiner ständigen Diskussionsbereitschaft und vielen kritischen Hinweisen begleitet hat.

Schließlich schulde ich meiner Familie – allen voran meinen Eltern Eva und Wolfgang Naber – unendlichen Dank für ihren Zuspruch, ihre Geduld, ihre vorbehaltlose Unterstützung und dafür, dass sie mir eine unbeschwerte Kindheit und das Studium der Rechtswissenschaft ermöglicht hat. Ihr widme ich diese Arbeit.

Hamburg, im August 2008
Sebastian Naber

Inhaltsverzeichnis

§ 1 Einleitung	**1**
A. Thema dieser Untersuchung	**2**
I. Arbeitsrechtliche Aufhebungsverträge	2
II. Massenhafter Abschluss	2
B. Gang der Untersuchung	**3**
§ 2 Der massenhafte Abschluss von Aufhebungsverträgen in der Praxis	**5**
A. Bedeutung von Aufhebungsverträgen	**5**
B. Motive für den Abschluss von Aufhebungsverträgen	**7**
I. Motive für Arbeitgeber	7
II. Motive für Arbeitnehmer	8
C. Einsatzbereiche von Aufhebungsverträgen in der Praxis	**10**
I. Aufhebungsverträge mit „reiner" Beendigungsfunktion	10
1. Ausnutzung der günstigen Motivlage	10
2. Vereinbarte Kündigungsbeschränkungen	11
II. Aufhebungsverträge mit Wiedereinstellungsmöglichkeit	12
III. Aufhebungsverträge und Beschäftigungs- und Qualifizierungsgesellschaften (BQG)	12
1. Motive für die Einschaltung einer BQG	13
a. Motive für den bisherigen und den neuen Arbeitgeber	13
b. Motive für Arbeitnehmer	15
c. Motive für die Agentur für Arbeit	15
2. Sozialrechtliche und wirtschaftliche Gestaltung	16
a. Sozialrechtliche Voraussetzungen	16
(1) Voraussetzungen von § 216a SGB II (Transferzuschüsse)	17
(2) Voraussetzungen von § 216b SGB III (Transferkurzarbeitergeld)	18
b. Finanzierung	19
c. Interne und externe BQG	19
3. Arbeitsrechtliche Gestaltung	20
a. Übertragung von Arbeitsverhältnissen in eine BQG	21
b. Rechtsverhältnis zwischen BQG und Arbeitnehmer	22
c. Kollektivarbeitsrechtliche Fragen	23
§ 3 Die Veranlassung der Beendigung von Arbeitsverhältnissen	**25**
A. Bestandsaufnahme: Das Veranlassungsprinzip im Arbeitsrecht	**26**
I. Veranlassungsprinzip in anderen Bereichen des Arbeitsrechts	27
1. Auflösungsverschulden nach § 628 Abs. 2 BGB	27
2. Unverfallbarkeit von Versorgungsanwartschaften	28
3. Unwirksamkeit von Wettbewerbsverboten nach § 75 HGB	28
4. Anspruch auf Lohnfortzahlung im Krankheitsfall	28
II. Vergleich mit der Rechtsprechung im Sozialrecht	29
1. Rechtsprechung zu § 144 SGB III	29
2. Rechtsprechung zu § 147a SGB III	29
III. Auslegung als Grundlage des Vorrangs von Beendigungsgründen vor Beendigungsform	30

B. Dogmatische Einordnung des Veranlassungsprinzips — 31
I. Begriff der Veranlassung — 31
II. Veranlassungsprinzip als Zurechnungsproblem — 31
III. Umgehungsdogmatik als Grundlage des Veranlassungsprinzips — 32
   1. Gleichstellung in § 17 Abs. 1 S. 2 KSchG als Beispiel — 32
   2. Grenze zwischen zulässiger Gestaltung und unzulässiger Umgehung — 32
   3. Umgehung von Kündigungsvorschriften durch Aufhebungsverträge — 33
   4. Reichweite von Kündigungsvorschriften als Umgehungsgrenze — 34
      a. Zulässige Umgehung erlaubter Geschäfte — 34
      b. Gleichbehandlungsgebot beim Veranlassungsprinzip als Folge — 34

C. Mehraktige Umgehung einaktiger Beendigungstatbestände — 36
I. Problem des zeitlichen Bezugspunkts — 36
   1. Motivkonkurrenz zwischen Arbeitgeber und Arbeitnehmer — 36
   2. Motivwechsel des Arbeitgebers — 37
   3. Bestimmung von Schwellenwerten und Pflichten des Arbeitgebers — 37
II. Bestimmung des richtigen Zeitpunkts — 37
   1. Willenserklärung des Arbeitgebers — 37
   2. Zustandekommen des Aufhebungsvertrags — 39
   3. Veranlassungsverhalten des Arbeitgebers als typisches Charakteristikum — 40

D. Struktur des Veranlassungsprinzips — 42
I. Rechtliche Mitwirkung des Arbeitnehmers als Ziel — 42
II. Veranlassungsverhalten des Arbeitgebers — 42
III. Verknüpfung von Veranlassungsverhalten und rechtlicher Mitwirkung — 43
   1. Adäquate Kausalität — 44
   2. Finale „Bestimmung" eines Arbeitnehmers zum Vertragsschluss — 44

E. Zwischenergebnis — 45

§ 4 Aufhebungsverträge und § 613a BGB — 47
A. Grundzüge von § 613a BGB — 48
I. § 613a BGB im Überblick — 48
II. Gesetzgeberischer Hintergrund der Vorschrift — 49
   1. Einführung durch § 122 BetrVG — 49
   2. Zweck von § 613a BGB — 49
      a. Bestandsschutz — 49
      b. Verteilung der Haftungsrisiken nach Betriebsübergang — 50
      c. Kontinuität des Betriebsrats und kollektiv geregelter Arbeitsbedingungen — 50
   3. Europarechtlicher Hintergrund — 50
      a. Richtlinie 2001/23/EG als heutige Grundlage — 51
      b. Europarechtliche Vorgaben für Aufhebungsverträge bei Betriebsübergängen — 51
         (1) Aufhebungsverträge und der Anwendungsbereich der Richtlinie 2001/23/EG — 51
         (2) EuGH-Rechtsprechung zu Widerspruchsrecht und Aufhebungsverträgen — 52
         (3) EuGH-Rechtsprechung zum Verzicht auf Schutz der Richtlinie — 53
            (a) Grundsätzliches Verzichtsverbot — 53
            (b) Ausnahmen von der Regel — 53
               (i) Die Berücksichtigung „innerstaatlichen Rechts" — 53
               (ii) Ehemaliger oder neuer Betriebsinhaber als Empfänger des Verzichts — 54

(c) Verhältnis zwischen Verzicht und Aufhebungsverträgen in der EuGH-Rechtsprechung	55
(4) Zwischenergebnis	56
III. Kündigungsverbot des § 613a Abs. 4 S. 1 BGB	56
1. Grundlagen	57
2. Veräußererkündigung auf Erwerberkonzept als Besonderheit	58

B. Rechtsprechung zu Aufhebungsverträgen bei Betriebsübergängen 59

I. Erster Abschnitt: Sachlicher Grund für Verzicht auf Ansprüche	60
1. BAG v. 2.10.1974	60
2. BAG v. 29.10.1975	61
3. BAG v. 18.8.1976	61
4. BAG v. 26.1.1977	62
5. BAG v. 17.1.1980	63
6. BAG v. 29.10.1985	63
7. BAG v. 28.4.1987 („Lemgoer Modell")	64
8. BAG v. 27.4.1988	65
9. BAG v. 12.5.1992	65
10. BAG v. 4.3.1993	66
II. Zweiter Abschnitt: Bezwecktes endgültiges Ausscheiden aus dem Betrieb	67
1. BAG v. 11.7.1995	67
2. BAG v. 11.12.1997	67
3. BAG v. 10.12.1998 („Dörries Scharmann")	68
4. BAG v. 18.8.2005	69
5. BAG v. 23.11.2006	70
6. BAG v. 25.10.2007	71
7. BAG v. 7.11.2007	71
III. *Status quo* der BAG-Rechtsprechung: Motivkontrolle	71

C. Herleitung und Konkretisierung der Kriterien der Rechtsprechung 73

I. Berücksichtigung der Veranlassung des Arbeitgebers	73
II. Fallgruppe 1: Das „bezweckte endgültige Ausscheiden aus dem Betrieb"	74
1. Ursprung in RAG-Rechtsprechung zu § 69 BRG	74
2. „Bezwecken" als subjektives Merkmal	75
3. Dauer des „endgültigen Ausscheidens aus dem Betrieb"	76
4. Weitere Konkretisierungen der Rechtsprechung	77
a. Verbindliche Einstellungszusage oder Risikogeschäft?	77
b. Veranlassung des Arbeitgebers und Vorstellung des Arbeitnehmers	78
c. Vorstellung des Arbeitnehmers und Schutzzweck von § 613a BGB	79
III. Fallgruppe 2: Das Vorliegen eines sachlichen Grundes	79
1. Konkretisierung der sachlichen Gründe	80
a. Erhalt von Arbeitsplätzen	80
(1) Darstellung der Rechtsprechung	80
(2) Offene Fragen	82
b. Einheitliche Anwendung von tariflichen Arbeitsbedingungen	82
2. Ungleichbehandlung von Aufhebungs- und Änderungsverträgen	83
3. Weitere Kritik an der Rechtsprechung	86
IV. Dauer der Erhöhung des Schutzniveaus bei Betriebsübergängen	88
V. Friktionen zwischen der Rechtsprechung und dem Veranlassungsprinzip	88
VI. Zwischenergebnis	89

D. Vergleich mit dem Widerspruchsrecht des Arbeitnehmers   89
I. Grundlagen des Widerspruchsrechts   90
II. Argumente für die Anerkennung des Widerspruchsrechts   91
  1. Persönliche Natur der Arbeitsleistung (§ 613 Satz 2 BGB)   91
  2. Recht zur Aufgabe des Arbeitsplatzes aus Art. 12 GG   92
  3. Verhinderung eines aufgezwungenen Schuldnerwechsels und weitere Gründe   92
III. Argumentationswert für Aufhebungsverträge   93
  1. Vergleich der Voraussetzungen   93
    a. Widerspruchsrecht des Arbeitnehmers   93
    b. Aufhebungsverträge   94
  2. Vergleich der Rechtsfolgen   95
    a. Widerspruchsrecht des Arbeitnehmers   95
    b. Aufhebungsverträge   95
  3. Zwischenergebnis   96

E. Einschränkung der Vertragsfreiheit durch § 613a BGB   96
I. Unzulässige Umgehung nach § 134 BGB i.V.m. § 613a BGB   97
II. Unzulässige Umgehung von § 613a BGB bzw. § 613a Abs. 1 BGB   98
III. Unzulässige Umgehung von § 613a Abs. 4 S. 1 BGB   99
  1. Reines Verbot von Arbeitgeberkündigungen?   99
  2. Grammatische und systematische Auslegung von § 613a Abs. 4 S. 1 BGB   100
  3. Entstehungsgeschichte von § 613a Abs. 4 S. 1 BGB   100
  4. Schlussfolgerungen   101
IV. Unzulässige Umgehung von § 613a Abs. 1 S. 1 BGB   102
  1. Grammatische Auslegung   103
  2. Vergleich mit § 613a Abs. 4 S. 1 BGB   104
  3. Veränderungssperre entsprechend § 613a Abs. 1 S. 2 BGB   104
  4. Bestandsschutz als Zweck von § 613a BGB   104
    a. Flankierung des Kündigungsschutzes durch § 613a Abs. 1 S. 1 BGB   105
      (1) „Quasi-Verdinglichung" des Arbeitsvertrages durch § 613a Abs. 1 S. 1 BGB   105
      (2) Lediglich Verbot einseitiger Maßnahmen des Arbeitgebers?   106
      (3) Schaffung einer „Lücke im Kündigungsschutz"?   108
    b. Sicherung des Fortbestands des Betriebes   109
    c. Reichweite des Sonderkündigungsschutzes bei Betriebsübergängen   110
      (1) Aufhebungsverträge mit „reiner" Beendigungsfunktion   110
      (2) Änderung der Arbeitsbedingungen durch Änderungskündigung oder -vertrag   111
      (3) Sozialauswahl und Negativauslese   113
      (4) Zusammenfassende Würdigung   114
    d. Irrelevanz anderer Kündigungsbeschränkungen für Aufhebungsverträge   114
      (1) § 85 SGB IX   115
      (2) § 9 MuSchG   115
      (3) §§ 18, 19 BEEG   115
      (4) § 22 BBiG   116
      (5) § 15 KSchG   116
      (6) In Sonderheit: § 78a BetrVG   117
      (7) Schlussfolgerungen   117
      (8) Zwischenergebnis   118
    e. Vergleich mit der Reichweite des allgemeinen Kündigungsschutzes   119
      (1) Grundsätze des Verzichts auf arbeitsrechtlichen Bestandsschutz   120
      (2) Übertragung dieser Grundsätze auf § 613a Abs. 1 S. 1 BGB   121
  5. Zwischenergebnis   124

F. Kontrollfreiheit und andere zwingende Vorschriften	**124**
I. Verstoß gegen § 613a Abs. 1 S. 2 bis 4 BGB	124
II. Verstoß gegen andere Vorschriften	126

G. Zwischenergebnis 126

§ 5 Vertragsfreiheit und die Lehre von den Schutzpflichten 129
A. Einfachgesetzliche Grundlage zur Einschränkung der Vertragsfreiheit 130
I. Kontrolle am Maßstab von § 307 Abs. 1 S. 1 BGB 131
II. Kontrolle am Maßstab von § 242 BGB 132

B. Rspr. zur strukturellen Unterlegenheit bei Aufhebungsverträgen 133
I. Vertragsparität bei Betriebsübergängen 134
II. Vertragsparität bei Aufhebungsverträgen außerhalb von Betriebsübergängen 134
III. Übertragung der Wertung zu § 138 Abs. 1 BGB auf § 613a BGB 136

C. Strukturelle Unterlegenheit bei Betriebsübergängen 136
I. Drucksituation 137
   1. Differenzierung nach dem Zeitpunkt des Vertragsschlusses 138
   2. Kein Druck wegen Schutz durch § 613a BGB 138
   3. Zwischenergebnis 140
II. Existentielle Angewiesenheit auf einen Vertrag 141
   1. Vertragsparität vor und während des Arbeitsverhältnisses 141
   2. Auswirkungen des Schutzes von § 613a BGB 142
   3. Angewiesenheit wegen Vorteilen von Aufhebungsverträgen 144
III. Zwischenergebnis 144

D. Rechtsmissbrauch durch kollektives Angebot von Aufhebungsverträgen 145
I. Umgehung von § 613a BGB 145
II. Massenhaftigkeit 145

E. Zwischenergebnis 146

§ 6 Massenhaft abgeschlossene Aufhebungsverträge und das BetrVG 149
A. Personalplanung nach § 92 BetrVG 149

B. Anhörung des Betriebsrats nach § 102 BetrVG 150
I. Pflicht zur Anhörung nur bei Kündigungen 150
II. § 102 BetrVG und Aufhebungsverträge *de lege lata* 150
   1. Wortlaut von § 102 BetrVG 151
   2. Auslegung nach dem Zweck der Anhörung 151
   3. Analogiefähigkeit von § 102 BetrVG 153
III. Pflicht zur Anhörung bei Aufhebungsverträgen *de lege ferenda*? 153
C. Aufhebungsverträge und die §§ 111 ff. BetrVG **154**
I. Aufhebungsverträge und der Tatbestand der Betriebsänderung 154
   1. Der Gedanke des § 112a Abs. 1 S. 2 BetrVG und § 111 BetrVG 155
   2. Zweck der Beteiligungspflicht bei Betriebsänderung gem. § 111 BetrVG 156
II. Reichweite von Sozialplansprüchen bei Aufhebung des Arbeitsverhältnisses 157

1. § 75 BetrVG und ungerechtfertigte Ungleichbehandlungen	158
2. Wertung des § 112a Abs. 1 S. 2 BetrVG	159
3. Aus Perspektive der Veranlassungsdogmatik	160
III. Aufhebungsverträge als Entlassungen nach § 113 BetrVG	161
1. Gleichstellung entsprechend § 112a Abs. 1 S. 2 BetrVG	161
2. Zweck von § 113 BetrVG	161
3. Unterscheidung zwischen normkonformem und normwidrigem Verhalten	162

D. Zwischenergebnis — 163

§ 7 Massenhaft abgeschl. Aufhebungsverträge als Massenentlassungen — 165
A. Grundlagen des Massenentlassungsrechts — 165

I. Begriff und Regelungsanlass	165
1. Negative Effekte innerhalb eines bestimmten Zeitraums	166
2. Massenentlassung als gesteuerte Maßnahme	166
3. Unterschiedliche Regelungsansätze	166
II. Interessenlage bei Massenentlassungen	167
1. Arbeitnehmer- und Arbeitnehmervertreterinteressen	167
2. Öffentliche Interessen	167
3. Unternehmerische Interessen	168
III. Interessenkonflikte	168
1. Konflikte zwischen den Interessenträgern	168
2. Konflikte zwischen den Regelungszwecken	169
a. Konflikte zwischen wirtschafts- und sozialpolitischen Regelungsansätzen	169
b. Konflikte innerhalb der sozialpolitischen Ansätze	169
(1) Unterscheidung zwischen Beendigungsursache und Beendigungswirkung	170
(2) Folgen der unterscheidungslosen Konzeption des Massenentlassungsrechts	171
(3) Berücksichtigung des Regelungszwecks als Weichenstellung	172

B. Konzeption und Geschichte des heutigen Massenentlassungsrechts — 172

I. Europäisches Massenentlassungsrecht	172
1. Entwicklung	172
2. Überblick über die Vorschriften der Richtlinie 98/59/EG	173
a. Allgemeine Bestimmungen	173
b. Konsultationsverfahren	173
c. Anzeigeverfahren	174
3. Zielsetzung des europäischen Massenentlassungsrechts	175
a. Geschichte der Massenentlassungs-Richtlinien	175
b. Erwägungsgründe der Richtlinien	175
c. Rechtsprechung des EuGH zum Zweck der Richtlinien	176
II. Deutsches Massenentlassungsrecht	177
1. Wirtschaftspolitische Motive als Ursprung	177
a. Demobilmachungsverordnung vom 19.2.1920	177
b. Stillegungsverordnung vom 8.11.1920	177
c. Verordnung über Betriebsstillegungen und Arbeitsstreckung vom 15.10.1923	178
2. Arbeitsmarktpolitisch motivierte Vorschriften	179
a. Anzeigepflicht nach § 20 AOG	179
b. Anzeigepflicht nach §§ 15 ff. KSchG 1951	180
c. Übernahme in die §§ 17 ff. KSchG	181
d. Zwischenbilanz: Der traditionelle Zweck für deutsches Massenentlassungsrecht	181
3. Umsetzung der Richtlinien in deutsches Recht	182

a. Anpassung an die Richtlinie 75/129/EWG	182
b. Anpassung an die Richtlinie 92/56/EWG zur Änderung der Richtlinie 75/129/EWG	183
c. Rechtspolitische Folgekritik an den §§ 17 ff. KSchG	184
4. Individualschützende Merkmale im deutschen Massenentlassungsrecht	185
a. Konsultation nach § 17 Abs. 2 KSchG als Arbeitnehmerschutz	185
b. Anzeigeverfahren nach § 17 Abs. 3 KSchG als Arbeitnehmerschutz	186
c. Individualschutz im Wege richtlinienkonformer Auslegung	187
III. Vergleich: Schutzrichtung des europäischen und des deutschen Rechts	187

C. Zäsur durch die „Junk"-Entscheidung des *EuGH*   188

I. Frühere Auslegung der §§ 17 ff. KSchG	188
1. Rechtliche Beendigung als Angelpunkt des Massenentlassungsrechts	188
2. Folgen fehlerhafter oder unterbliebener Anzeigen	189
a. Frühere Rechtsprechung des BAG: Unwirksamkeit der Kündigung	189
b. Rechtsprechung des BAG seit Anfang der 1970er-Jahre	190
3. Folgen der unzureichenden Konsultation der Arbeitnehmervertreter	191
II. Vorgeschichte des „Junk"-Verfahrens	192
III. „Junk"-Entscheidung des EuGH vom 27.1.2005	192
IV. Umsetzung der „Junk"-Entscheidung in deutsches Recht	193
1. Folgeprobleme der „Junk"-Entscheidung	193
2. Rechtsprechung des BAG nach „Junk"	195

D. Grundsätze richtlinienkonformer Rechtsfindung   196

I. Richtlinienkonforme Auslegung	197
II. Richtlinienkonforme Rechtsfortbildung	198
III. Grenzen richtlinienkonformer Rechtsfindung	198
IV. Unbeabsichtigte Richtlinienwidrigkeit umsetzender Normen	200
1. Unmittelbare Anwendung von Richtlinien	200
2. Der Umsetzungswillen des Gesetzgebers bei der Rechtsfindung	200
V. Schlussfolgerungen für das Massenentlassungsrecht	201

E. Behandlung von Aufhebungsverträgen nach den §§ 17 ff. KSchG   202

I. Einführung	202
1. Europarechtliche Vorgaben	202
2. Entwicklung des deutschen Rechts	204
3. Überprüfungsbedarf nach der „Junk"-Entscheidung	206
II. Tatbestand der Massenentlassung und Aufhebungsverträge	206
1. Aufhebungsverträge als „andere Beendigungen des Arbeitsverhältnisses"	206
a. Aufhebungsverträge mit „reiner" Beendigungsfunktion	207
b. Aufhebungsverträge mit Wiedereinstellungsoption	207
(1) Relevanz von Neueinstellungen beim entlassenden Arbeitgeber	208
(2) Relevanz anderer Beschäftigungen des konkret entlassenen Arbeitnehmers	209
c. Aufhebungsverträge und BQG	210
(1) Neubegründung eines „vollwertigen" neuen Arbeitsverhältnisses	210
(2) Transfer in eine BQG	210
2. Veranlassung des Arbeitgebers	212
a. Schutz des Arbeitsmarktes und die Veranlassung des Arbeitgebers	212
b. Gefahr der Umgehung durch Rechtsformwahl	213
c. Grenzen der Umgehungsgefahr	213
(1) Berücksichtigung von Entlassungsgründen	214
(2) „Fristlose Aufhebungsverträge" nach § 17 Abs. 4 KSchG	214

(a) § 17 Abs. 4 KSchG im Überblick ... 214
(b) § 17 Abs. 4 KSchG und Beendigungen nach § 17 Abs. 1 S. 2 KSchG ... 215
(3) Entlassungen wegen § 104 BetrVG ... 215
3. Zwischenergebnis ... 216
III. Anzeige- und Beteiligungspflichten bei Aufhebungsverträgen ... 216
  1. Europarechtliche Anforderungen ... 217
    a. Konsultationsverfahren ... 218
      (1) Inhalt der Auskunftspflicht des Arbeitgebers ... 219
      (2) Ablauf der Verhandlungen ... 219
    b. Anzeigeverfahren ... 221
      (1) Bestimmungen der Richtlinie im Überblick ... 221
      (2) Verhältnis zwischen Anzeige und Kündigung ... 222
      (3) Verhältnis zwischen Anzeige- und Konsultationsverfahren ... 223
  2. Geltendes deutsches Recht ... 223
    a. Konsultationsverfahren ... 223
      (1) Zeitlicher Rahmen der Konsultation ... 224
        (a) Schwierigkeiten bei der zeitlichen Anknüpfung ... 224
          (i) Fallbeispiel 1: Verspätete Annahme des Angebots des Arbeitgebers ... 224
          (ii) Fallbeispiel 2: Anzeige nach Angebot, aber vor Zustandekommen ... 225
        (b) „Rechtzeitigkeit" und das Verhältnis zu § 17 Abs. 3 KSchG ... 225
        (c) „Rechtzeitigkeit" bei Arbeitgeberkündigungen ... 227
        (d) „Rechtzeitigkeit" bei Aufhebungsverträgen ... 227
      (2) Verfahrensordnung ... 228
        (a) Verhältnis von § 17 Abs. 2 KSchG und den §§ 111 ff. BetrVG ... 229
        (b) Zwingende Anrufung einer Einigungsstelle? ... 231
      (3) Inhalt der Konsultation ... 231
    b. Zeitpunkt der Anzeige an die Agentur für Arbeit ... 232
      (1) Wortlaut von § 17 Abs. 1 KSchG ... 233
      (2) Vergleich von § 17 Abs. 1 S. 1 KSchG und § 17 Abs. 1 S. 2 KSchG ... 233
      (3) Unterschiedliche Zwecke von deutschem und europäischem Recht ... 234
      (4) Systematische Umsetzung des deutschen Regelungszwecks in § 18 KSchG ... 236
        (a) § 18 Abs. 1 und Abs. 2 KSchG bei richtlinienkonformer Auslegung ... 236
          (i) Ex tunc oder ex nunc – Wirkung von § 18 Abs. 1 KSchG? ... 237
          (ii) § 18 KSchG und Aufhebungsverträge ... 238
        (b) § 18 Abs. 4 KSchG und richtlinienkonforme Auslegung ... 239
      (5) Zwischenergebnis ... 240
IV. Rechtsfolgen bei Verstößen gegen die Konsultations- und Anzeigepflicht ... 240
  1. Europarechtliche Anforderungen ... 241
    a. Sanktionen bei fehlerhaftem Konsultationsverfahren ... 241
    b. Sanktionen bei fehlerhafter Anzeige ... 241
  2. Sanktionen im sonstigen deutschen Recht ... 242
    a. Verstöße gegen Beteiligungsrechte des Betriebsrats bei Kündigungen ... 242
    b. Verstöße gegen Anzeigepflichten bei Kündigungen ... 243
    c. Verstöße gegen Pflichten bei Aufhebungsverträgen ... 243
  3. Sanktionen im geltenden deutschen Massenentlassungsrecht ... 243
    a. Konsultationsverfahren ... 243
      (1) Mangel einer ausdrücklichen Regelung ... 243
      (2) Nachteilsausgleich nach § 113 Abs. 3 BetrVG als Sanktion ... 244
    b. Anzeigeverfahren: § 18 KSchG ... 245
      (1) Unwirksamkeit der Kündigung ... 246
      (2) Unwirksamkeit von Aufhebungsverträgen ... 246
      (3) Exkurs: Auswirkungen der fehlerhaften Beteiligung des Betriebsrats ... 247
  4. Sanktionen bei arbeitgeberveranlassten Aufhebungsverträgen ... 248

a. Gleichstellung nach § 17 Abs. 1 S. 2 KSchG	248
b. Verzicht auf die Rechtsfolgen durch Aufhebungsvertrag	249
(1) Bisherige Deutung: Kein Verzicht durch Aufhebungsvertrag	249
(2) Neuorientierung wegen Vorrangs des Individualschutzes	250
(a) Verzicht auf Individualschutz	250
(b) Rest an arbeitsmarktpolitischem Schutz	251
5. Zwischenergebnis	253

F. Zwischenergebnis   253

§ 8 Wesentliche Ergebnisse der Untersuchung   255

Literaturverzeichnis   259

§ 1 Einleitung

„Les traités sont comme les roses et les jeunes filles, ils ne durent qu'un matin."
Verträge sind wie Rosen und junge Mädchen: Sie blühen nur einen Morgen.

Charles de Gaulle[1]

Arbeitsverhältnisse sind als Dauerschuldverhältnisse angelegt und halten – wenngleich in aller Regel länger als nur einen Morgen[2] – doch nicht ewig. Lebensarbeitsverhältnisse sind heutzutage passé und dementsprechend ist die Beendigung von Arbeitsverhältnissen für einen Arbeitnehmer bisweilen trauriger, mitunter aber auch segensreicher Bestandteil des Berufslebens. Jedenfalls ist sie des Arbeitsrechtlers tägliches Brot. Gerät ein Arbeitgeber in eine Krise oder möchte er seine bisherige Betriebs- oder Unternehmensorganisation umstrukturieren, wird innerhalb eines kurzen Zeitraums oftmals eine Vielzahl von Arbeitsverhältnissen beendet. Doch obgleich es eigentlich nahe liegt, dass der Arbeitgeber dann Kündigungen ausspricht, zeigt die Praxis, dass der massenhafte Abschluss von Aufhebungsverträgen für die Beendigung von Arbeitsverhältnissen besonders gut geeignet ist, um einen Ausgleich zwischen den Interessen der betroffenen Arbeitnehmer und des Arbeitgebers herzustellen. Diese Untersuchung möchte sich daher dem massenhaften Abschluss arbeitsrechtlicher Aufhebungsverträge annehmen.
Der massenhafte Abschluss arbeitsrechtlicher Aufhebungsverträgen ist – wie sich beispielsweise an § 17 Abs. 1 S. 2 KSchG oder an § 112a Abs. 1 S. 2 BetrVG zeigt – als Gestaltungsmöglichkeit gesetzlich anerkannt. Indes beschränkt sich das Schrifttum oftmals entweder auf die Auseinandersetzung mit Aufhebungsverträgen einerseits oder die mit Massenentlassungen andererseits[3]. Monographisch ist die Durchführung von Massenentlassungen durch Aufhebungsverträge noch nicht untersucht. Diese Lücke soll mit dieser Arbeit geschlossen werden. Es sollen zugleich nicht alle denkbaren Einzelprobleme aufgerufen werden, die beim Abschluss von Aufhebungsverträgen und bei Massenentlassungen entstehen können. Vielmehr soll gerade den spezifischen Charakteristika massenhaft abgeschlossener Aufhebungsverträge Rechnung getragen und die Probleme, die bei der Durchführung von Massenentlassungen mit Aufhebungsverträgen besonders häufig auftreten, einer

---

[1] Zitiert nach *Kusterer*, Der Kanzler und der General, S. 349.
[2] Vgl. *BAG* v. 9.2.2006, AP Nr. 56 zu § 4 KSchG zu einer Kündigung vor Dienstantritt.
[3] Schon *Bauer/Röder*, NZA 1985, 201 sprechen davon, dass die Beurteilung von Aufhebungsverträgen im Zusammenhang mit Massenentlassungen und Betriebsänderungen vernachlässigt wird.

Lösung zugeführt werden. Stets geht es dabei um die Auslotung der Grenzen, die dem Arbeitgeber gesetzt werden, der seiner Belegschaft massenhaft Aufhebungsverträge anbietet, um Vorschriften zu umgehen, die nach ihrem Wortlaut nicht an Aufhebungsverträge, sondern Kündigungen anknüpfen.

A. Thema dieser Untersuchung

Zunächst sollen aber die Begriffe, die dieser Untersuchung ihren Namen geben, näher bestimmt werden.

I. Arbeitsrechtliche Aufhebungsverträge

Arbeitsrechtliche Aufhebungsverträge bewirken eine Befriedung bei der Beendigung von Arbeitsverhältnissen[4]. Folglich eignet sich der Terminus „Aufhebungsvertrag" als Oberbegriff, dem sowohl „klassische" Aufhebungsverträge, denen keine Kündigung vorausgeht, als auch Abwicklungsverträge unterfallen, die zur friedvollen Auseinandersetzung der Arbeitsvertragsparteien nach einer vorausgegangenen Kündigung dienen[5].
Diese Untersuchung befasst sich insbesondere mit Aufhebungsverträgen, die im Zusammenhang mit Umstrukturierungs- und Sanierungsmaßnahmen massenhaft abgeschlossen werden. Mit arbeitsrechtlichen Aufhebungsverträgen sind in dieser Untersuchung stets Vereinbarungen der Arbeitsvertragsparteien gemeint, die ohne eine vorhergehende, womöglich hinsichtlich ihrer Wirksamkeit zwischen den Parteien umstrittene Kündigungserklärung einen Arbeitsvertrag selbstständig und außergerichtlich beenden.

II. Massenhafter Abschluss

Mit „Masse" bezeichnet der allgemeine Sprachgebrauch eine große Anzahl[6]. Der massenhafte Abschluss arbeitsrechtlicher Aufhebungsverträge setzt folglich voraus, dass innerhalb eines bestimmten Zeitraums eine große Zahl von Aufhebungsverträgen abgeschlossen wird. Darüber hinaus – dies ist ebenfalls dem Ziel geschuldet, den massenhaften Abschluss im Zusammenhang mit Umstrukturierungen und Sanierungen zu untersuchen – betrifft der massenhafte Abschluss von Aufhebungs-

---

[4] Vgl. z.B. *Bauer*, Aufhebungsverträge, S. 3 Rdnr. 7; *A. Wisskirchen/Worzalla* DB 1994, 577; zum Teil werden Aufhebungsverträge synonym als Auflösungsverträge bezeichnet.
[5] Siehe das Schaubild bei *Bauer*, Aufhebungsverträge, S. 8 Rdnr. 20; die „klassische" – und wohl überwiegend mit Aufhebungsverträgen in Verbindung gebrachte – Bedeutung setzen bei der Verwendung des Aufhebungsvertrages z.B. offensichtlich voraus: *Hümmerich*, NZA 1994, 200 ff.; *Benno Grunewald*, NZA 1994, 441 ff.
[6] *Duden*, Band 6, S. 2529, „Masse" unter 2.; der Begriff „Masse" kann auch eine abwertende Bedeutung haben, vgl. unter 3. a) a.a.O.

verträgen die Beendigungen von Arbeitsverhältnissen zwischen ein und demselben Arbeitgeber und einer größeren Zahl der bei ihm angestellten Arbeitnehmer. Es entspricht einer arbeitsrechtlichen Besonderheit, dass Aufhebungsverträge massenhaft abgeschlossen werden[7]. Der Begriff der Massenhaftigkeit knüpft an den Begriff „Massenentlassung" an. In der Rechtspraxis versteht man unter „Massenentlassungen" solche Entlassungen, die nach den §§ 17 ff. KSchG anzeigepflichtig sind[8]. Das ist auch darauf zurückzuführen, dass die Richtlinie 98/59/EG, welche die §§ 17 ff. KSchG heutzutage stark beeinflusst[9], ihrem Titel nach die „Angleichung der Rechtsvorschriften der Mitgliedstaaten über *Massenentlassungen*" bezweckt. Die Schwellenwerte des § 17 Abs. 1 S. 1 KSchG müssen aber für diese Untersuchung nicht zwingend erreicht werden, wenngleich sie einen besonderen Problemkreis eröffnen[10].

Massenhaft abgeschlossene Aufhebungsverträge im Rahmen dieser Untersuchung sind von „singulären" Aufhebungsverträgen, also Aufhebungsverträgen, die in keinem Zusammenhang zur Beendigung einer größeren Zahl anderer Arbeitsverhältnisse bei demselben Arbeitgeber innerhalb eines bestimmten Zeitraums stehen, zu unterscheiden. In dieser Untersuchung wird – wegen der überlegenen praktischen Bedeutung – ferner ausschließlich der massenhafte Abschluss von Aufhebungsverträgen zur Beendigung *privater* Arbeitsverhältnisse untersucht.

B. Gang der Untersuchung

Diese Untersuchung ist in vier Abschnitte – §§ 2-4, §§ 5-6, §§ 7-8 sowie § 9 – unterteilt. Nachdem die Bedeutung des massenhaften Abschlusses von Aufhebungsverträgen (§ 2) und insbesondere seine verschiedenen Funktionen in der Praxis (§ 2 C.) geklärt werden, widmet sich diese Arbeit zunächst den rechtlichen Grundlagen der weiteren Untersuchung. Von herausgehobener Bedeutung ist es, die „Veranlassung" des Arbeitgebers, Arbeitsverhältnisse zu beenden (§ 3), rechtlich einzuordnen. Das „Veranlassungsprinzip" ermöglicht es einerseits, kündigungsrechtliche Normen auf Aufhebungsverträge anzuwenden, was eine dogmatische Grundlage dafür schafft, Aufhebungsverträge unter dem Gesichtspunkt des Umgehungsschutzes zu untersuchen. Andererseits lassen sich mit ihm Probleme lösen, welche dar-

---

[7] Vgl. *Franz*, JuS 2007, 14: Aufhebungsverträge können „außerhalb des Arbeitsrechts nicht als Massengeschäft qualifiziert werden."; vgl. zu den üblichen Erscheinungsformen des massenhaften Abschlusses arbeitsrechtlicher Aufhebungsverträge unten unter § 2 C. I.-III.; siehe weitere Nachweise in § 2, Fn. 14.
[8] Siehe exemplarisch für die Rechtsprechung: BAG v. 23.3.2006, AP Nr. 21 zu § 17 KSchG; exemplarisch für die Literatur *Jacobs/Naber*, SAE 2006, 61.
[9] Vgl. dazu ausführlich § 8.
[10] Siehe dazu § 8.

aus entstehen, dass Kündigungen Arbeitsverhältnisse durch einen einzigen Akt, Aufhebungsverträge hingegen durch mehrere Akte beenden.

Im zweiten Abschnitt der Untersuchung werden die bei Umstrukturierungen und Sanierungen wichtigen Auswirkungen eines Betriebsübergangs auf massenhaft abgeschlossene Aufhebungsverträge bearbeitet. So wird insbesondere die Motivkontrolle von Aufhebungsverträgen behandelt, welche im Zusammenhang mit Betriebsübergängen entweder auf § 613a BGB (§ 4) oder auf die Lehre von den Schutzpflichten (§ 5) gestützt wird.

Der dritte Abschnitt der Untersuchung richtet sich auf die Anzeige- und Beteiligungspflichten beim massenhaften Abschluss arbeitsrechtlicher Aufhebungsverträge. Nach einer Auseinandersetzung mit den betriebsverfassungsrechtlichen Auswirkungen auf massenhaft abgeschlossene Aufhebungsverträge (§ 6) wird das Zusammenspiel massenentlassungsrechtlicher Vorschriften mit massenhaft abgeschlossenen Aufhebungsverträgen untersucht (§ 7).

Den letzten Abschnitt bildet eine Zusammenfassung der wesentlichen Ergebnisse dieser Untersuchung (§ 8).

§ 2 Der massenhafte Abschluss von Aufhebungsverträgen in der Praxis

A. Bedeutung von Aufhebungsverträgen

Im Römischen Recht stand ein Aufhebungsvertrag – bezeichnet als *contrarius consensus* – lediglich zur Verfügung, um Ansprüche aus noch nicht erfüllten Verträgen zu beseitigen[1]. Die Zeiten haben sich gewandelt: Aufhebungsverträge sind heute fester Bestandteil unseres Zivil- und insbesondere unseres Arbeitsrechts. Den Abschluss eines Rechtsgeschäfts zur Aufhebung eines anderen kannte schon die frühe Rechtsprechung des Reichsgerichts[2] und des Reichsarbeitsgerichts[3]. Die Arbeitsplatzwechselverordnung (APWVO) von 1939[4] setzte in ihrem § 2 Nr. 1 voraus, dass sich die Arbeitsvertragsparteien über die „Lösung des Arbeitsverhältnisses einig sind" – dann war anders als bei Kündigungen keine Zustimmung des Arbeitsamtes für die Wirksamkeit der Beendigung erforderlich (vgl. § 1 der APWVO). Während des Zweiten Weltkriegs galt dieses Zustimmungserfordernis sogar für einvernehmliche Beendigungstatbestände[5].

Auch aus der Zeit kurz nach dem zweiten Weltkrieg finden sich in der Literatur[6] und Rechtsprechung[7] weitere Nachweise zu Aufhebungsverträgen. Die §§ 51 f. des

---

[1] *Zimmermann*, Law of Obligations, S. 758; *Kleinschmidt*, Verzicht im Schuldrecht, S. 263, Fn. 26.
[2] So z.B. RGZ 65, 390.
[3] Siehe etwa *RAG* v. 1.4.1931, RAGE 8, 199, 202; siehe für einzelne Nachweise aus dem Preußischen Allgemeinen Landrecht bei *Franz*, Abschluss eines Aufhebungsvertrages, S. 2, Fn. 12.
[4] Verordnung über die Beschränkung des Arbeitsplatzwechsels vom 1.9.1939, RGBl. 1939 I, S. 1685 ff.
[5] Vgl. *Bellinghausen*, Massenentlassungsschutz, S. 30, Fn. 2 oder *Hueck/Nipperdey*, Arbeitsrecht, Band I, S. 528, Fn. 2.
[6] Vgl. z.B. *Joachim*, BB 1958, 345 ff.; *Grothus*, DB 1959, 763 ff.; *Hunn*, ArbuR 1959, 135 ff.; *Kaskel/Dersch*, Arbeitsrecht, S. 208 f.
[7] LAG Bremen v. 12.1.1949, WA 1949, 138; LAG Düsseldorf v. 31.5.1949, SAE 1949, Nr. 70 (= Heft 12, S. 5 ff.); zwischenzeitlich war ein Streit entstanden, ob nach Kontrollratsbefehl Nr. 3 Ziff. 16 die Zustimmung des Arbeitsamtes für die einvernehmliche Auflösung des Arbeitsverhältnisses erforderlich ist. Dies wurde – vermutlich wegen einer fehlerhaften Übersetzung der englischen Fassung – zunächst vertreten; später ergab ein Vergleich mit der französischen und russischen Urfassung, dass die Zustimmung lediglich für die Versetzung von Arbeitnehmern erforderlich ist; vgl. *LAG Düsseldorf* a.a.O.

Arbeitsgesetzbuches der DDR[8] normierten unter dem Abschnitt „Aufhebungsvertrag" ausdrücklich die einvernehmliche Beendigung des Arbeitsverhältnisses als Beendigungstatbestand. § 112a Abs. 1 S. 2 BetrVG und § 172 Abs. 1 Nr. 2 SGB III und § 175 Abs. 3 SGB III in der bis zum 31.12.2003 gültigen Fassung kennen den arbeitsrechtlichen „Aufhebungsvertrag", § 623 BGB den „Auflösungsvertrag"[9]. Mittlerweile sind eine gewisse Zahl von Dissertationen[10] und von Praxishilfen und Handbüchern[11] zum Thema erschienen. Die zweite Fassung eines Entwurfs für ein Arbeitsvertragsgesetz[12] von *Preis* und *Henssler* schlägt einen § 134 – ähnlich wie bereits zuvor § 131 des Entwurfs für ein Arbeitsvertragsgesetz 1992[13] – vor, in dem die Beendigung des Arbeitsverhältnisses durch Vertrag zwischen Arbeitgeber und Arbeitnehmer explizit geregelt wird.

Arbeitsrechtlichen Aufhebungsverträgen kommt „erhebliche Bedeutung"[14] zu, welche sich auch statistisch belegen lässt. Bei juris finden sich allein aus der arbeitsrechtlichen Rechtsprechung über 2000 Nachweise zu „Aufhebungsvertrag" und mehr als 800 zu „Auflösungsvertrag". Nach einer Untersuchung von *Bielenski/Hartmann/Pfarr/Seifert*[15] wird jede zehnte Beendigung eines Arbeitsverhältnisses durch einen Aufhebungsvertrag herbeigeführt[16]. Bei 60 von 100 Aufhebungsverträgen ging die Initiative zum Abschluss von Aufhebungsverträgen vom Arbeitnehmer aus[17]. In einem Drittel der Fälle, in denen Arbeitsverhältnisse einvernehm-

---

[8] Gesetz vom 16. Juni 1977, aufgehoben durch den Einigungsvertrag vom 31.8.1990 (BGBl. 1990 II, S. 889).

[9] Vgl. zur gleichen Bedeutung oben Fn. 5.

[10] Siehe aus jüngerer Zeit beispielhaft *Burkhardt*, Aufhebungsvertrag; *Butz*, Aufhebungs- und Abwicklungsvertrag; *Ernst*, Aufhebungsverträge; *Franz*, Abschluss eines Aufhebungsvertrages; *Kotthaus*, Aufhebungsvertrag; *Müller*, Aufhebungsverträge; *Oßwald*, Aufhebungsvertrag; *Schmidt-Westphal*, Aufhebungsvertrag; *Thies*, Abschluss arbeitsrechtlicher Aufhebungsverträge.

[11] Siehe exemplarisch *Bauer*, Aufhebungsverträge; *Bengelsdorf*, Aufhebungsvertrag; *Weber/Ehrich/Hoß*, Aufhebungsverträge.

[12] Abgedruckt als NZA-Beilage zu Heft 23/2006 und abzurufen unter http://www.arbvg.de.

[13] Siehe NZA 1992, Beil. zu Heft 17, S. 16; siehe ferner den Vorschlag für einen „§ 623a Auflösungsvertrag" bei *Thies*, Abschluss arbeitsrechtlicher Aufhebungsverträge, S. 405.

[14] *Zöllner*, Gutachten D für den 52. Deutschen Juristentag, S. 125; an dieser Stelle findet sich auch die viel zitierte Fußnote (Fn. 235), die auf den Abbau von 11.000 Arbeitsplätzen bei Opel ohne den Ausspruch einer einzigen betriebsbedingten Kündigungen verweist; siehe z.B. die Zitate bei *Kotthaus*, Aufhebungsvertrag, S. 1; *Müller*, Aufhebungsverträge, S. 31 Fn. 30; Ähnliche Beispiele finden sich in jüngerer Zeit bei der Volkswagen AG, vgl. Manager-Magazin vom 20.12.2006: Abschluss von 5873 Aufhebungsverträgen im Jahr 2006.

[15] Veröffentlicht in AuR 2003, 81; neue Untersuchungen sind nach Auskunft der Autoren und des BMAS zur Zeit nicht in Planung.

[16] *Bielenski/Hartmann/Pfarr/Seifert*, AuR 2003, 81, 84 sowie das Schaubild auf der folgenden Seite; Untersuchungen in den 1970er Jahren stellen eine „Aufhebungsvertrags-Quote" von zum Teil lediglich 4 % fest, diese Quote ist seit Anfang der 1990er-Jahre deutlich gewachsen, siehe *Hartmann*, Betriebliche Personalpolitik durch Aufhebungsverträge, S. 81 ff.; siehe statische Angaben zu Abfindungen bei *Bauer*, NZA 2002, 169.

[17] Bielenski/Hartmann/Pfarr/Seifert, AuR 2003, 81, 85.

lich beendet wurden, wurde im Untersuchungszeitraum vom Arbeitgeber keine Abfindung gezahlt[18]. Empirisch nachgewiesen konnte in der Soziologie auch eine Korrelation zwischen Unternehmensgröße und der Häufigkeit des Abschlusses von Aufhebungsverträgen[19].

B. Motive für den Abschluss von Aufhebungsverträgen

Die allgemeinen Anreize, Arbeitsverhältnisse durch Aufhebungsverträge zu beenden, sind bereits vielfach analysiert worden[20]: Aufhebungsverträge erfüllen eine *Befriedungsfunktion*[21]. Sie nehmen das übliche Ergebnis eines Kündigungsschutzverfahrens, welches nach Ausspruch einer Kündigung droht, vorweg: Eine gütliche Einigung[22]. Beide Seiten profitieren von der – verglichen mit Kündigungen – höheren und schneller erreichbaren Rechtssicherheit[23].

I. Motive für Arbeitgeber

Aus Sicht des Arbeitgebers ist der Abschluss von arbeitsrechtlichen Aufhebungsverträgen insbesondere attraktiv, weil der Aufhebungsvertrag einen Verzicht des Arbeitnehmers auf Kündigungsschutz bedeutet[24]. Weder Vorschriften des allgemeinen noch des besonderen Kündigungsschutzes werden auf Aufhebungsverträge angewendet[25]. Auch die Zustimmung staatlicher Behörden zu Aufhebungsverträgen ist heutzutage – in den allermeisten Fällen[26] – entbehrlich, ebenso wie die Anhörung des Betriebsrats nach § 102 BetrVG[27]. Aufhebungsverträge müssen ferner keine Kündigungsfristen einhalten. Vielmehr sind sämtliche Modalitäten der Been-

---

[18] Bielenski/Hartmann/Pfarr/Seifert, AuR 2003, 81, 87.
[19] Vgl. das Schaubild bei *Hartmann*, Betriebliche Personalpolitik durch Aufhebungsverträge, S. 86.
[20] Vgl. z.B. bei *Burkhardt*, Aufhebungsvertrag, S. 30 f.; *Müller*, Aufhebungsverträge, S. 25 ff.; *Pauly*, MDR 1995, 1081, 1082 f.; siehe aus soziologischer Sicht umfassend *Hartmann*, Betriebliche Personalpolitik durch Aufhebungsverträge, S. 43 ff.
[21] *Bauer*, Aufhebungsverträge, S. 3; *Weber/Ehrich/Hoß*, Aufhebungsverträge, S. 2; *Wisskirchen/Worzalla* DB 1994, 577; *Burkhardt*, Aufhebungsvertrag, S. 31.
[22] *Pauly*, MDR 1995, 1081; *Bengelsdorf*, NZA 1994, 193; vgl. auch *D. Schulz*, BB 1990, 1054 zur sog. „Outplacement"-Branche, die sich diesem Ziel professionell annimmt.
[23] Der Abschluss eines Aufhebungsvertrages bedeutet indessen nicht zwingend, dass die wirksame Beendigung des Arbeitsverhältnisses nicht gerichtlich überprüft werden kann. Die Wirksamkeit des Aufhebungsvertrages kann im Wege der Feststellungsklage kontrolliert werden.
[24] *Pauly*, MDR 1995, 1081, 1082.
[25] *Weber/Ehrich/Hoß*, Aufhebungsverträge, S. 1; *Müller*, Aufhebungsverträge, S. 29; *Pauly*, MDR 1995, 1081, 1082; vgl. dazu insbesondere unter § 4 E. IV. 4. d. und e.
[26] Eine Ausnahme gilt gem. §§ 3, 7 Arbeitssicherstellungsgesetz für den Verteidigungsfall; in diesen Fällen bedarf es der Zustimmung der Agentur für Arbeit, dazu *Bauer*, Aufhebungsverträge, S. 3.
[27] Vgl. dazu § 6 B.

digung des Arbeitsverhältnisses flexibel verhandelbar. Schließlich ermöglichen Aufhebungsverträge dem Arbeitgeber eine schnelle Beendigung der arbeitsrechtlichen Beziehungen, die gerade bei Sanierungen wichtig sein kann. Soll eine Beschäftigungs- und Qualifizierungsgesellschaft (BQG) eingeschaltet werden, können zusätzliche Vorteile entstehen[28]. Allerdings steht diesen Vorteilen das Risiko gegenüber, dass der Arbeitgeber nach § 147a SGB III für die Erstattung von Arbeitslosengeld herangezogen wird[29].

II. Motive für Arbeitnehmer

Der Arbeitnehmer hat mit Abschluss eines Aufhebungsvertrages Gelegenheit, einer Kündigung auszuweichen. Eine Arbeitgeberkündigung wird für die weitere Karriere vielfach als „Makel" angesehen[30]. Selbst wenn diese per Kündigungsschutzklage angegriffen wird, kann sich dies auf zukünftige Bewerbungen negativ auswirken[31]. Anreize für den Arbeitnehmer, einen Aufhebungsvertrag abzuschließen, liegen auch darin, möglicherweise eine Abfindung vom Arbeitgeber zu erhalten[32], oder – etwa bei Aussicht auf einen neuen Arbeitsplatz – in unkomplizierter Weise und ohne Kündigungsfristen einhalten zu müssen, ein Arbeitsverhältnis aufzugeben[33]. Nach Abschluss eines Aufhebungsvertrages enthält das Arbeitszeugnis im Regelfall den für den Arbeitnehmer günstigen Hinweis auf eine einvernehmliche Beendigung[34].

Diese möglichen Vorteilen werden durch das – durch klarstellende jüngere Rechtsprechung allerdings reduzierte – Risiko getrübt, dass gem. § 144 SGB III eine Sperrzeit den Arbeitnehmer für den Abschluss eines Aufhebungsvertrages sozialversicherungsrechtlich sanktioniert[35]. Nach § 144 Abs. 1 S. 1 SGB III ruht der Anspruch auf Arbeitslosengeld für die Dauer einer Sperrzeit, wenn der Arbeitslose sich versicherungswidrig verhalten hat und dafür kein wichtiger Grund vorlag. Die Zustimmung zu einem Aufhebungsvertrag kann versicherungswidrig i.S.d. § 144 Abs. 1 S. 2 Nr. 1 SGB III sein, weil der Arbeitslose dadurch das Arbeitsverhältnis löst. Ein wichtiger Grund, der versicherungswidriges Verhalten ausnahmsweise

---

[28] Dazu näher unter § 2 C. III.
[29] Dazu *Bauer*, Aufhebungsverträge, S. 527.
[30] *Wisskirchen/Worzalla* DB 1994, 577; *Bengelsdorf*, NZA 1994, 193.
[31] *Bengelsdorf*, NZA 1994, 193, 194; *Pauly*, MDR 1995, 1081, 1082.
[32] Vgl. zur Berechnung ausführlich *Hartmann*, Betriebliche Personalpolitik durch Aufhebungsverträge, S. 128 ff.
[33] *Weber/Ehrich/Hoß*, Aufhebungsverträge, S. 1 f.; *Pauly*, MDR 1995, 1081, 1082.
[34] *Burkhardt*, Aufhebungsvertrag, S. 31.
[35] *Müller*, Aufhebungsverträge, S. 30; *Thies*, Abschluss arbeitsrechtlicher Aufhebungsverträge, S. 36 f.; vgl. auch unter § 3 A. III. zur Änderung der Rechtslage, nach der ein Aufhebungsvertrag nicht gem. § 144 SGB III zu einer Sperrzeit für, wenn eine Kündigung des Arbeitgebers wirksam gewesen wäre.

gestattet, kann darin liegen, dass das Abwarten auf eine Kündigung des Arbeitgebers objektiv unzumutbar ist[36]. Dazu gehören nach jüngerer Rechtsprechung nicht nur Situationen, in denen der Arbeitnehmer Nachteile für sein berufliches Fortkommen fürchtet[37]. Das *BSG* nimmt Unzumutbarkeit – und damit einen wichtigen Grund – auch an, wenn die Kündigung des Arbeitgebers, die anstelle des Aufhebungsvertrages ausgesprochen würde, nach arbeitsrechtlichen Kündigungsvorschriften wirksam wäre[38]. Bietet der Arbeitgeber dem Arbeitnehmer beispielsweise eine Abfindung für den Abschluss des Aufhebungsvertrages an, dann würde er – lehnte er dieses Angebot ab und kündigte ihm darauf der Arbeitgeber – die Aussicht auf eine Abfindung einbüßen. Die Zahlung einer Abfindung steht deswegen der Unzumutbarkeit nicht entgegen[39]. Für die Zukunft erwägt das *BSG*, auf die (arbeitsrechtliche) Prüfung, ob eine alternative Kündigung rechtmäßig wäre, vollständig zu verzichten und die Versicherungswidrigkeit nur noch daran zu orientieren, ob die Abfindung nicht höher als ein nach § 1a KSchG berechneter Abfindungsanspruch ist[40].

Trotz aller Vorteile – und der verringerten sozialversicherungsrechtlichen Risiken – kann indessen nicht darüber hinweggesehen werden, dass der gravierendste Nachteil für den Arbeitnehmer, der einen Aufhebungsvertrag abschließt, der Verlust des arbeitsrechtlichen Bestandsschutzes ist, der ihm insbesondere durch kündigungsrechtliche Normen gewährt wird. Er wird sich deswegen auf einen Aufhebungsvertrag nur einlassen, wenn er eine Abfindung erhält, die ihn dafür angemessen entschädigt – oder aber wenn andere Umstände die Beendigung des Arbeitsverhältnisses für ihn unvermeidlich erscheinen lassen und er hofft, durch den Abschluss eines Aufhebungsvertrages gegenüber einer Arbeitgeberkündigung zu profitieren, die ihn ansonsten erwartet[41].

---

[36] *BSG* v. 25.4.2002, BSGE 89, 243, 246 ff.; *BSG* v. 18.12.2003, BSGE 92, 74, 81; für eine subjektive Beurteilung *Preis/Schneider*, FS 25 Jahre ARGE ArbR im DAV, S. 1300, 1315; die jüngeren Entwicklungen der BSG-Rechtsprechung fasst *Hümmerich*, NJW 2007, 1025 ff. zusammen.
[37] *BSG* v. 12.4.1984, SozSich 1984, 388; *BSG* v. 25.4.2002, SGb 2002, 497.
[38] *BSG* v. 17.11.2005, AP Nr. 32 zu § 620 BGB Aufhebungsvertrag.
[39] *BSG* v. 17.11.2005, AP Nr. 32 zu § 620 BGB Aufhebungsvertrag.
[40] *BSG* v. 12.7.2006, NZA 2006, 1359, 1361: für „Lösungssachverhalte" ab dem 1.1.2004; so z.B. bereits *Voelzke*, NZS 2005, 281, 287 f.; ähnlich für Abwicklungsverträge *Lilienfeld/Spellbrink*, RdA 2005, 88, 95 f.; mittlerweile sind neue Durchführungsanweisungen zu § 144 SGB III veröffentlicht wurden, dazu *Lembke*, DB 2008, 293 f.; *Lipinski/Kumm*, BB 2008, 162 ff.
[41] *Müller*, Aufhebungsverträge, S. 30 geht daher davon aus, dass Aufhebungsverträge insbesondere für den Arbeitgeber vorteilhaft sind.

C. Einsatzbereiche von Aufhebungsverträgen in der Praxis

Massenhaft abgeschlossene Aufhebungsverträge gehen in aller Regel auf Umstrukturierungen und Sanierungsmaßnahmen beim Arbeitgeber zurück[42]. Aufhebungsverträge haben in der Praxis verschiedene Funktionen. Folgende typische Anwendungsfälle lassen sich kategorisieren.

I. Aufhebungsverträge mit „reiner" Beendigungsfunktion

Bei unbefangener Betrachtung wird man davon ausgehen, dass das Zustandekommen eines arbeitsrechtlichen Beendigungstatbestandes – so auch des Aufhebungsvertrages – stets die endgültige Beendigung aller arbeitsrechtlichen Beziehungen zwischen Arbeitgeber und Arbeitnehmer bewirken soll. Wie sich zeigt, ist dies zwar häufig, aber keinesfalls immer der Fall[43]. Doch zeigt sich bereits an solchen „klassischen", also ausschließlich die Beendigung von Arbeitsverhältnissen bezweckenden Aufhebungsverträgen, warum ihr massenhafter Abschluss in der Praxis gerne erwogen wird. Solche Aufhebungsverträge werden im Folgenden als Aufhebungsverträge mit „reiner" Beendigungsfunktion bezeichnet.

1. Ausnutzung der günstigen Motivlage

Zugunsten des massenhaften Abschlusses arbeitsrechtlicher Aufhebungsverträge besteht im Regelfall dieselbe Motivlage wie bei „singulären" Aufhebungsverträgen[44]. Aus Sicht des einzelnen Arbeitnehmers macht es nämlich keinen Unterschied, ob neben ihm auch noch Kollegen ihre Arbeitsverhältnisse per Aufhebungsvertrag beenden. Wird eine größere Anzahl von Arbeitsverhältnissen beendet, stärken Vorschriften wie § 17 Abs. 1 S. 2 KSchG und § 112a Abs. 1 S. 2 BetrVG seine Position sogar. In diesen Normen findet zudem das „Veranlassungsprinzip" gesetzlichen Niederschlag, welches dazu führt, die Beendigungsgründe stärker als die Beendigungsform zu berücksichtigen[45]. Durch dieses Prinzip wird die rechtliche Behandlung von Aufhebungsverträgen an die von Kündigungen angenähert.
Aus Sicht des Arbeitgebers ist der massenhafte Abschluss von Aufhebungsverträgen – wie auch der Abschluss einzelner Aufhebungsverträge[46] – gleichermaßen günstig. Ein zusätzlicher Vorteil für ihn kann es sein, dass gerade bei anstehenden Sanierungen ein besonders hohes Bedürfnis besteht, zügig klare Verhältnisse zu

---

[42] Vgl. bereits oben unter § 1 diese Erkenntnis ist nicht gleichbedeutend damit, dass auch immer eine „Veranlassung" des Arbeitgebers i.S.d. §§ 17 Abs. 1 S. 2 KSchG, 112a Abs. 1 S. 2 BetrVG bzw. der Veranlassungs-Rechtsprechung zu § 613a BGB vorliegt; vgl. dazu § 3.
[43] Vgl. noch § 2 C. II. und III.
[44] Siehe zur allgemeinen Motivlage § 2 B.
[45] Vgl. zum Veranlassungsprinzip § 3.
[46] Dazu oben unter § 2 B.

schaffen. Aus diesen Gründen wird Personalabbau häufig mit Aufhebungsverträgen durchgeführt[47].

2. Vereinbarte Kündigungsbeschränkungen

Doch es ist nicht die günstige Motivlage allein, wegen der Aufhebungsverträge massenhaft abgeschlossen werden: Viele Arbeitsverträge, Betriebsvereinbarungen und Vereinbarungen der Tarifvertragsparteien schließen das Recht des Arbeitgebers zur ordentlichen Kündigung des Arbeitnehmers aus[48]. Oftmals knüpfen solche Kündigungsbeschränkungen an fortgeschrittenes Dienst- oder Lebensalter an[49]. Häufig finden sich aber auch Vereinbarungen, die vorübergehend betriebsbedingte Kündigungen des Arbeitgebers verbieten (in sog. Rationalisierungsschutzabkommen)[50]. Derartige Beschränkungen des ordentlichen Kündigungsrechts des Arbeitgebers werden allgemein für rechtlich zulässig gehalten[51], wenn man von dem besonderen Problem absieht, dass der Ausschluss betriebsbedingter Kündigungen die Sozialauswahl nach § 1 Abs. 3 KSchG korrumpieren kann[52].

Bestehen solche Kündigungsbeschränkungen und entsteht gleichwohl ein Bedürfnis des Arbeitgebers, Arbeitsverträge mit Arbeitnehmern zu beenden – etwa weil unvorhersehbare betriebswirtschaftliche Schwierigkeiten auftreten – kann auf ordentliche Kündigungen zur Beendigung nicht zurückgegriffen werden. Dann kommen entweder außerordentliche Kündigungen[53], für die allerdings die strengen Voraussetzungen des § 626 BGB erfüllt sein müssen, oder – und damit rücken vertragliche Kündigungsbeschränkungen in den Fokus dieser Untersuchung – Aufhebungsverträge in Betracht[54].

---

[47] *Neef*, BB 1993, Beil. 15, S. 7, 11; vgl. auch die bereits angesprochene Untersuchung von *Hartmann*, Betriebliche Personalpolitik durch Aufhebungsverträge.

[48] *Kania/Kramer*, RdA 1995, 287; vgl. zur Unmöglichkeit, auch das Recht zur außerordentlichen Kündigung vertraglich zu beschränken BAG v. 19.12.1974, AP Nr. 3 zu § 626 BGB Bedingung; KR-*Fischermeier*, § 626 BGB Rdnr. 57; vgl. die Statistik bei *Schwerdtner*, FS Kissel, S. 1077.

[49] Vgl. z.B. *BAG* v. 21.3.1996, AP Nr. 8 zu § 626 BGB Krankheit; *BAG* v. 16.10.1987 AP Nr. 2 zu § 53 BAT; *BAG* v. 13.3.1997, AP Nr. 54 zu § 2 BeschFG; *BAG* v. 5.2 1998, AP Nr. 143 zu § 626 BGB.

[50] *Kania/Kramer*, RdA 1995, 287; vgl. z.B. § 5 des Tarifvertrages zwischen der Volkswagen AG und der Industriegewerkschaft Metall-Bezirksleitung Hannover, NZA 1994, 111, 112.

[51] Vgl. aber für Betriebsvereinbarungen MünchHdbArbR-*Wank*, § 122 Rdnr. 90, der solche Kündigungsbeschränkungen nur im Rahmen von Auswahlrichtlinien, Zustimmungspflichten des Betriebsrats und Kündigungsfristen für möglich hält.

[52] *Preis*, Arbeitsvertrag, II K 10, Rdnr. 30 ff.; MünchHdbArbR-*Wank*, § 122 Rdnr. 78 ff. und insbesondere Rdnr. 85; *Kania/Kramer*, RdA 1995, 287, 288 ff.; *Künzl*, ZTR 1996, 385, 389, jeweils m.w.N.

[53] Dazu eingehend *Schwerdtner*, FS Kissel, S. 1077 ff., insb. S. 1080 ff.

[54] *Stahlhacke/Preis/Vossen*, Rdnr. 328, hält offenbar nur außerordentliche Kündigungen für möglich („Der Vertrag ist dann nur durch eine außerordentliche Kündigung aufzulösen"); vgl. hingegen als jüngeres Beispiel den bei der DaimlerChrysler-Tochter Mercedes Car Group (MCG)

II. Aufhebungsverträge mit Wiedereinstellungsmöglichkeit

Es mag überraschen, dass Aufhebungsverträgen in der Praxis nicht immer die Funktion zukommt, Arbeitsverhältnisse für alle Zeit zu beenden. Doch es ist möglich, dass die Parteien in dem Zeitpunkt, in dem sie einen Aufhebungsvertrag schließen, eine Wieder- oder Weiterbeschäftigung desselben Arbeitnehmers in demselben Betrieb für möglich halten oder gar anstreben. In manchen dieser Fälle liegen Ende und Neubeginn des Arbeitsverhältnisses sogar mehr oder weniger nahtlos beieinander.

Insbesondere der beabsichtigte Wechsel des Betriebsinhabers kann dazu führen, dass eine Vielzahl von Aufhebungsverträgen abgeschlossen wird, dass aber zugleich eine spätere Weiterbeschäftigung der Arbeitnehmer im Raum steht. Denn Arbeitnehmer werden bei Betriebsinhaberwechseln – die gerade bei Umstrukturierungen und Sanierungen häufig sind – besonders geschützt, wenn die Voraussetzungen eines Betriebsübergangs gem. § 613a Abs. 1 S. 1 BGB erfüllt sind[55]. In diesen Fällen ergänzt das Bedürfnis, durch rechtsgestalterische Maßnahmen die Übernahme des Betriebs zu erleichtern und ggf. die Rechtsfolgen des § 613a BGB zu vermeiden, die ohnehin günstige Motivlage. Für die Praxis ist es insbesondere reizvoll, dass es Aufhebungsverträge ermöglichen, auf eine Sozialauswahl zu verzichten und ggf. die Änderung von Arbeitsbedingungen vorzubereiten.

III. Aufhebungsverträge und Beschäftigungs- und Qualifizierungsgesellschaften (BQG)

Als besonderer Anwendungsfall, der sowohl die Beendigung der arbeitsrechtlicher Beziehungen für alle Zeit als auch – im Gegensatz dazu – die alsbaldige Wiederbeschäftigung vorbereiten kann, ist schließlich ist die Übertragung von Arbeitsverhältnissen auf eine BQG[56] anzusprechen. Was es damit auf sich hat, wird im Folgenden genauer dargestellt.

Die Einschaltung von BQG ist seit einiger Zeit gängige Sanierungspraxis[57]. BQG dienen dazu, Arbeitnehmer, die eine Beschäftigung auf dem „primären Arbeits-

---

durchgeführten Abbau von 8.500 Arbeitsplätzen mit Abfindungen, Altersteilzeit oder Vorruhestandsregelungen. Zuvor waren in einem „Abkommen mit dem Betriebsrat" betriebsbedingte Kündigungen bis 2012 ausgeschlossen worden.

[55] Siehe dazu § 5.
[56] Diese hier als BQG benannten Gesellschaften werden auch als „Auffanggesellschaft", „Transfergesellschaft" oder „Personalentwicklungsgesellschaft" bezeichnet, vgl. z.B. *Stück*, MDR 2005, 361. Zumindest der Begriff Auffanggesellschaft ist in diesem Zusammenhang missverständlich, weil er auch gebraucht wird, um Gesellschaften zu beschreiben, die einen Sanierungsbetrieb selbst weiterzuführen.
[57] *Bichlmeier/Engberding/Oberhofer*, Insolvenzhandbuch, unter F. 1.1.1., S. 462 sprechen davon, dass dies in den letzten 10-15 Jahren verstärkt der Fall ist; die Ursprünge von BQG liegen in Sonderregelungen für die fünf ehemals neuen Bundesländern vgl. *Meyer*, SAE 2000, 39; *ders.*, NZS 2002, 578, 579; *ders.*, Restrukturierung ostdeutscher Unternehmen, S. 193; siehe

markt" verloren haben, für neue Beschäftigungen zu qualifizieren und sie dorthin zu vermitteln[58]. Den rechtlichen Boden für BQG bilden die Vorschriften des SGB III, namentlich sind dies momentan § 216a SGB III (Förderung der Teilnahme an Transfermaßnahmen) und § 216b SGB III (Transferkurzarbeitergeld)[59]. § 112 Abs. 5 S. 2 Nr. 2a BetrVG verweist auf diese Vorschriften und regelt den Abschluss von „Transfersozialplänen"[60]. Aufhebungsverträge dienen in solchen Fällen dazu, das Arbeitsverhältnis mit dem bisherigen Arbeitgeber zu beenden. Im Zusammenhang dazu steht ein neuer Vertrag zwischen dem Arbeitnehmer und der BQG.

1. Motive für die Einschaltung einer BQG

Es bestehen zahlreiche, teilweise miteinander verwobene Motive, eine BQG einzuschalten. Einige davon decken sich mit denjenigen, aus denen „gewöhnliche" Aufhebungsverträge abgeschlossen werden.

a. Motive für den bisherigen und den neuen Arbeitgeber

Aufhebungsverträge müssen keine Kündigungsfristen einhalten. Sie können eine Sanierungsmaßnahme, die es erfordert, dass die bisherige Belegschaft reduziert wird, erheblich beschleunigen[61]. Im Insolvenzfall kann so die Insolvenzmasse entlastet bzw. vor weiteren Belastungen geschützt (§ 55 Abs. 1 Nr. 2 InsO) werden[62]. Die Einschaltung einer BQG erleichtert es – jedenfalls wenn Aufhebungsverträge verwendet werden –, eine Sozialauswahl nach § 1 Abs. 3 KSchG zu vermeiden, die ansonsten erforderlich würde[63].

---

auch *Kaiser*, NZA 1992, 193 ff; vgl. zu den Vorläufern in der alten Bundesrepublik *Ehmann/Heidemann*, AiB 1990, 407 ff.
[58] *Bichlmeier/Engberding/Oberhofer*, Insolvenzhandbuch, S. 469; die Arbeitsvermittlung durch Private ist sozialversicherungsrechtlich nicht mehr problematisch, weil die Erlaubnispflicht dafür (§ 291 SGB III a.F.) durch Art. 3 des Gesetzes zur Vereinfachung der Wahl der Arbeitnehmervertreter in den Aufsichtsrat vom 23.3.2002 (BGBl. 2002 I, S. 1130) aufgehoben wurde.
[59] Ehemals fanden sich die maßgeblichen Vorschriften hinsichtlich des – so im Gesetz bezeichneten – „Struktur-Kurzarbeitergeldes" in § 175 SGB III sowie hinsichtlich der Förderung on Trägern von Weiterbildungsmaßnahmen in den §§ 254 ff. SGB III. Diese Regelungen wurden mit Wirkung zum 1.1.2004 durch das Gesetz vom 23.12.2003, BGBl. I, S. 2848 in den genannten Vorschriften zusammengefasst.
[60] Vgl. dazu die Untersuchung von *A. Wolff*, Gestaltungsformen des Sozialplans.
[61] Vgl. bereits oben unter § 2 B. I.
[62] *Annuß/Lembke*, Arbeitsrechtliche Umstrukturierung in der Insolvenz, Rdnr. 444.
[63] *Gaul/Otto*, NZA 2004, 1301; *dies.*, ZIP 2006, 644; *Annuß/Lembke*, Arbeitsrechtliche Umstrukturierung in der Insolvenz, Rdnr. 444; siehe *Wandt*, BLJ 2008, 69, 71: „Wunschmannschaft"; *Däubler*/Kittner/Klebe, §§ 112, 112a BetrVG Rdnr. 196 f. sieht dies als Gefahr.

Auch im Hinblick auf die Rechtsfolgen von § 613a BGB ist die Einschaltung von BQG reizvoll: Sie ermöglichen ein „Spiel über Bande"[64]: Innerhalb der Grenzen, die unter § 4 genauer beschrieben werden, können Teile der ehemaligen Belegschaft wieder in den Betrieb zurückkehren, der von der Sanierung betroffen ist. Die Betriebsmittel können zwischendurch ohne den Eintritt der Rechtsfolgen von § 613a BGB veräußert werden[65]. Auch dieses Motiv unterscheidet sich nicht vom Abschluss von Aufhebungsverträgen ohne Einschaltung einer BQG. Die Aussicht, in einer BQG unterstützt zu werden, setzt allerdings einen zusätzlichen Anreiz für den Arbeitnehmer, sich auf die Aufhebung des bisherigen Arbeitsverhältnisses einzulassen.

Ferner werden Arbeitnehmer, die zu einer BQG wechseln, nicht arbeitslos im sozialversicherungsrechtlichen Sinn. Daher können auch die möglichen Rechtsfolgen des § 147a SGB III (Erstattungspflicht des Arbeitgebers) nicht eintreten. Dies ist ein Vorteil, der beim Abschluss „gewöhnlicher" Aufhebungsverträge nur sicher gewahrt wird, wenn ein anderer der Ausschlussgründe, der in § 147a SGB III genannt ist, gegeben ist[66]. Ein Insolvenzverwalter kann sich beispielsweise auf die Ausnahmetatbestände in § 147a Abs. 1 S. 2 Nr. 2, 6 und 7 SGB III, wohl aber nicht auf Nr. 4 berufen[67].

Als ein weiterer Vorteil einer BQG, der indessen überwiegend aus der Verwendung von Aufhebungsverträgen folgt, wird die Vermeidung von Kündigungsschutzprozessen angeführt[68]. Bei Umstrukturierungen und Sanierungen ist es besonders bedeutsam, solche Verfahren zu vermeiden, weil durch sie zugleich mögliche Kosten in der Zukunft entstünden und sie insgesamt schlechter zu kalkulieren wären. Ohne drohende Kündigungsschutzverfahren kann der Veräußerungserlös für den Sanierungsbetrieb verbessert werden[69]. Weil es für die Arbeitnehmer – zumindest gegenüber der Arbeitslosigkeit – günstiger ist, in eine BQG wechseln zu können, kann ihre Bereitschaft zur Klage gegen die wirksame Beendigung des Arbeitsverhältnisses mit dem bisherigen Arbeitgeber ferner sinken.

Vielfach wird es als politisch, gesellschaftlich und volkswirtschaftlich unvertretbar angesehen, Arbeitnehmer „lediglich" zu entlassen und ihnen keine Perspektiven zu ermöglichen[70]. Dies könne sich nicht zuletzt auf das Unternehmensimage negativ

---

[64] So anschaulich: *Gaul/Otto*, ZIP 2006, 644.
[65] *Annuß/Lembke*, Arbeitsrechtliche Umstrukturierung in der Insolvenz, Rdnr. 445.
[66] *Gaul/Otto*, NZA 2004, 1301, 1302: § 147 a SGB III kann auch zum Problem werden, wenn sich eine Konzerngesellschaft an einer BQG beteiligt.
[67] *Gänßbauer*, Beschäftigungs- und Qualifizierungsgesellschaften, S. 150; *Annuß/Lembke*, Arbeitsrechtliche Umstrukturierung in der Insolvenz, Rdnr. 610 f.
[68] Siehe z.B. *Krieger/Fischinger*, NJW 2007, 2289, 2290; *Bachner/Schindele*, NZA 1999, 130, 136.
[69] *Ries*, NZI, 2002, 521, 530.
[70] *Stück*, MDR 2005, 361; *Insam/Zöll*, AuA 2006, 389, 390.

auswirken und das Ansehen bei Kunden mindern[71]. Auch diejenigen Arbeitnehmer, die in dem Sanierungsbetrieb fortbeschäftigt werden, könnten von der Arbeitslosigkeit ihrer ehemaligen Kollegen und der notleidenden Lage des Betriebes demotiviert werden („Survivor Effekt")[72]. Mit Einschaltung einer BQG wird diese Gefahr zumindest reduziert.

b. Motive für Arbeitnehmer

Auch Arbeitnehmer können davon profitieren, in eine BQG zu wechseln. Sie, die sonst mit großer Wahrscheinlichkeit arbeitslos würden, können das Stigma der Arbeitslosigkeit umgehen[73]. Weiter werden die Qualifizierungs- und Vermittlungsmaßnahmen von BQG gemeinhin als besser eingestuft als die der Agenturen für Arbeit[74]. Die Stellung der Arbeitnehmer in einer BQG kann ferner – unter bestimmten Voraussetzungen wie z.B. dem Erreichen bestimmter Altersgrenzen – nach § 127 Abs. 2 SGB III zu einer Verlängerung des Anspruchs auf Arbeitslosengeld führen[75].

Dass Ansprüche auf Arbeitslosengeld möglicherweise gem. § 143a SGB III ruhen oder das gar eine Sperrzeit nach § 144 SGB III drohen kann[76], wenn der Arbeitgeber die Zustimmung des Arbeitnehmers zum Wechsel in eine BQG mit einer Abfindung fördert, fällt dagegen nicht ins Gewicht. Denn durch den Vertrag zwischen Arbeitnehmer und BQG wird ein neues Beschäftigungsverhältnis begründet, so dass Arbeitslosengeld gar nicht erforderlich ist[77].

c. Motive für die Agentur für Arbeit

Schließlich sparen die Agenturen für Arbeit Arbeitslosengeld und Kosten für die individuelle Betreuung und die eigene Vermittlung ein, wenn BQG eingeschaltet werden. Zudem profitieren auch sie davon, dass die Arbeitssuchenden, die in einer BQG zusammengefasst sind, nicht als arbeitslos gelten. Denn so verbessert sich die

---

[71] *Gaul/Otto*, NZA 2004, 1301.
[72] *Stück*, MDR 2005, 361.
[73] *Krieger/Fischinger*, NJW 2007, 2289, 2290; *Bachner/Schindele*, NZA 1999, 130, 136; *Meyer*, NZS 2002, 578, 579 f.; *Annuß/Lembke*, Arbeitsrechtliche Umstrukturierung in der Insolvenz, Rdnr. 446.
[74] *Bachner/Schindele*, NZA 1999, 130, 135; *Annuß/Lembke*, Arbeitsrechtliche Umstrukturierung in der Insolvenz, Rdnr. 447 sprechen von Vermittlungsquoten von mind. 60 %; so auch mit Kritik an den Agenturen für Arbeit *Bichlmeier/Engberding/Oberhofer*, Insolvenzhandbuch, S. 463 und 467 f.
[75] *Gaul/Kliemt*, NZA 2000, 674, 677; *Annuß/Lembke*, Arbeitsrechtliche Umstrukturierung in der Insolvenz, Rdnr. 448.
[76] Vgl. oben unter § 2 B. II.
[77] ErfKomm-*Rolfs*, § 144 SGB III Rdnr. 6; *Gänßbauer*, Beschäftigungs- und Qualifizierungsgesellschaften, S. 147 f.; *Gaul/Kliemt*, NZA 2000, 674, 677; *Gaul/Otto*, NZA 2004, 1301, 1304.

Arbeitslosenstatistik[78]. In der Praxis führt dies dazu, dass die Genehmigung von Leistungen nach §§ 216a, 216b SGB III ohne allzu strenge Prüfung und eher großzügig gewährt wird.

2. Sozialrechtliche und wirtschaftliche Gestaltung

Die Einschaltung einer BQG gelingt nur, wenn hinreichend sozialrechtliche und wirtschaftliche Voraussetzungen erfüllt sind. BQG sind betriebsorganisatorisch eigenständige Einheiten (beE) im Sinne von § 216b Abs. 3 Nr. 2, Abs. 4 Nr. 4, Abs. 6 S. 4, Abs. 7 S. 1, Abs. 9 SGB III. Gesellschaftsrechtlich sind sie typischerweise als eigenständige, von dem zu sanierenden Unternehmen unabhängige Einrichtungen (g)GmbH organisiert[79]. Diese Gesellschaften existieren also typischerweise unabhängig von einer konkreten Sanierungsmaßnahme, können aber auch für sie gegründet werden. Zum Teil wird auf so genannte Mantelgesellschaften zurückgegriffen[80].

Aus ihrer üblichen Finanzierung – dazu sogleich[81] – ergibt sich, dass BQG bei Umstrukturierungen und Sanierungen nur eingeschaltet werden, wenn die Voraussetzungen der §§ 216a (Förderung der Teilnahme an Transfermaßnahmen – kurz: Transferzuschüsse –) und 216b SGB III (Transferkurzarbeitergeld) vorliegen[82]. Der wichtigste Unterschied zwischen Transferzuschüssen und Transferkurzarbeitergeld ist, dass Erstere noch beantragt werden können, während sich der Arbeitgeber, bspw. während der Kündigungsfrist, in seinem ehemaligen Betrieb befindet[83]. Transferkurzarbeitergeld wird hingegen erst bei Beschäftigung in einer beE – also nach Übertritt in eine BQG – gewährt.

a. Sozialrechtliche Voraussetzungen

Aus sozialrechtlicher Sicht sind die §§ 216a und 216b SGB III von immenser Bedeutung für die Einschaltung von BQG.

---

[78] *Meyer*, NZS 2002, 578, 579 f.; *Bachner/Schindele*, NZA 1999, 130, 136.
[79] *Gaul/Otto*, NZA 2004, 1301, 1302; *Annuß/Lembke*, Arbeitsrechtliche Umstrukturierung in der Insolvenz, Rdnr. 452; vgl. zur Unterscheidung von internen und externen BQG unten unter § 2 C. III. 2. c.
[80] *Annuß/Lembke*, Arbeitsrechtliche Umstrukturierung in der Insolvenz, Rdnr. 453 ; vgl. zur so genannten Mantelgesellschaft *Jacobs*, DZWir 2004, 309 ff.
[81] Unter § 2 C. III. 2. b.
[82] Siehe auch *Mengel/Ullrich*, BB 2005, 1109, 1110 ff; *Meyer*, BB 2004, 490 ff.
[83] *Stück*, AuA 2006, 418, spricht in diesem Zusammenhang missverständlich davon, dass nur Transferzuschüsse, nicht aber Transferkurzarbeitergeld vom alten Arbeitgeber beantragt werden kann. Das ist angesichts der Möglichkeit, interne beE einzurichten, nicht korrekt.

(1) Voraussetzungen von § 216a SGB II (Transferzuschüsse)

§ 216a SGB III bestimmt die Förderung der Teilnahme an Transfermaßnahmen durch die Agentur für Arbeit näher. Transfermaßnahmen sind gem. § 216a Abs. 1 S. 2 SGB III alle Maßnahmen zur Eingliederung von Arbeitnehmern in den Arbeitsmarkt, an deren Finanzierung sich Arbeitgeber in angemessener Weise beteiligen. Nach § 216a Abs. 1 S. 1 SGB III geht es um die Förderung von Arbeitnehmern, die auf Grund von Betriebsänderungen – hier gilt der betriebsverfassungsrechtliche Begriff der Betriebsänderung, allerdings unabhängig von der Unternehmensgröße und der Anwendbarkeit des BetrVG im betroffenen Betrieb (vgl. § 216a Abs. 1 S. 3 SGB III) – oder im Anschluss an die Beendigung eines Berufsausbildungsverhältnisses von der Arbeitslosigkeit bedroht sind (§ 17 SGB III). Typische Betriebsänderungen i.S.d. § 111 BetrVG, nach der sich Transfermaßnahmen anbieten, sind die Betriebsstilllegung oder der Personalabbau[84].

Die Förderung nach § 216a Abs. 1 SGB III setzt ferner voraus, dass die vorgesehene Maßnahme von einem Dritten durchgeführt wird (Nr. 1), dass sie der Eingliederung der Arbeitnehmer in den Arbeitsmarkt dienen soll (Nr. 2), dass ihre Durchführung gesichert ist (Nr. 3) und dass ein „System zur Sicherung der Qualität" angewendet wird (Nr. 4). Die staatliche Förderung beträgt maximal 50 Prozent der Maßnahmekosten und ist in Höhe von € 2.500,- begrenzt (§ 216a Abs. 2 SGB III). Sie ist nach § 216a Abs. 3 SGB III ausgeschlossen, wenn die Transfermaßnahme der Vorbereitung einer Anschlussbeschäftigung im gleichen Betrieb oder in einem anderen Betrieb des gleichen Unternehmens oder – für den Fall, dass das Unternehmen einem Konzern angehört – in einem Betrieb eines anderen Konzernunternehmens des Konzerns dient (§ 216a Abs. 3 S. 1 SGB III). § 216a Abs. 3 S. 2 SGB III stellt klar, dass der Arbeitgeber durch die Förderung nicht von bestehenden Verpflichtungen entlastet werden darf. § 216a Abs. 4 SGB III regelt, dass die Agenturen für Arbeit die Betriebsparteien schon vor einer Entscheidung über deren Einführung auf Verlangen – insbesondere im Rahmen von Sozialplanverhandlungen – über die Fördermöglichkeiten nach § 216a Abs. 1 SGB III beraten. Schließlich stellt § 216a Abs. 5 SGB III klar, dass während der Teilnahme an Transfermaßnahmen keine weiteren Leistungen der aktiven Arbeitsförderung mit gleichartiger Zielsetzung gewährt werden. Diese Vorschrift ist mit Blick auf Transferkurzarbeitergeld (§ 216b SGB III) relevant: Die Agenturen für Arbeit gewähren für die Zeit von Transfermaßnahmen kein Transferkurzarbeitergeld, sondern lediglich im Anschluss an solche Maßnahmen, die nicht dazu geführt haben, den Betroffenen in den ersten Arbeitsmarkt einzugliedern[85]. Daher beantragen die Beteiligten im An-

---

[84] Vgl. dazu noch ausführlicher § 6 C.
[85] Interpretationshilfen der BA v. 08/2004 zu Transferleistungen, 2. 10. 1; dazu *Annuß/Lembke*, Arbeitsrechtliche Umstrukturierung in der Insolvenz, Rdnr. 603.

schluss an eine Förderung nach § 216a SGB III Transferkurzarbeitergeld nach § 216b SGB III. Das Profiling, welches nach § 216b Abs. 4 Nr. 4 SGB III erforderlich ist – dazu sogleich –, kann auf diese Weise durch die Beihilfe nach § 216a SGB III finanziert werden[86].

(2) Voraussetzungen von § 216b SGB III (Transferkurzarbeitergeld)

§ 216b SGB III legt fest, wann Transferkurzarbeitergeld gewährt wird. Nach § 216b Abs. 1 SGB III müssen Arbeitnehmer von einem dauerhaften unvermeidbaren Arbeitsausfall mit Entgeltausfall betroffen sein (Nr. 1). Dauerhafter Arbeitsausfall liegt nach § 216b Abs. 2 SGB III vor, wenn infolge einer Betriebsänderung – auch hier gilt der Begriff des BetrVG (vgl. § 216a Abs. 1 Satz 3 SGB III) – die Beschäftigungsmöglichkeiten für die Arbeitnehmer nicht nur vorübergehend entfallen (s.o.). Vermeidbar i.S.v. § 216b Abs. 1 Nr. 1 SGB III heißt, dass sämtliche Maßnahmen, die Arbeitsplatzabbau und Kurzarbeit verhindern können, ergriffen werden müssen[87]. Das ist der Fall, wenn nicht offensichtlich war, dass nur vorübergehender Personalbedarf bestand, die Personalpolitik dem indessen keine Rechnung getragen hat, sondern Kapazitäten vielmehr dauerhaft aufgebaut hat[88].
Weiter erfordert ein Anspruch auf Transferkurzarbeitergeld die betrieblichen (§ 216a Abs. 1 Nr. 2 SGB III) und persönlichen (§ 216a Abs. 1 Nr. 3 SGB III) Voraussetzungen sowie eine Anzeige über den dauerhaften Arbeitsausfall an die Agentur für Arbeit (§ 216a Abs. 1 Nr. 4 SGB III). Die betrieblichen Voraussetzungen sind in § 216b Abs. 3 SGB III näher geregelt; die persönlichen Voraussetzungen in § 216b Abs. 4 SGB III und die Anzeige an die Agentur für Arbeit in § 216b Abs. 5 SGB III. Die Beratungsmöglichkeit nach § 216a Abs. 4 SGB III gilt entsprechend. Vor der Überleitung in eine BQG muss der Arbeitnehmer eine Profiling-Maßnahme durchlaufen, die aber ggf. innerhalb eines Monats nachgeholt werden kann. Eine Insolvenz stellt grundsätzlich keinen berechtigten Ausnahmefall dar[89].

§ 216b Abs. 6 SGB III regelt Einzelheiten der Qualifizierung und Vermittlung durch die BQG und deren Auswirkungen auf das Transferkurzarbeitergeld. Bei

---

[86] *W. Nicolai*, AuA 2005, 92, 94; *Annuß/Lembke*, Arbeitsrechtliche Umstrukturierung in der Insolvenz, Rdnr. 604; *Stück*, AuA 2006, 418; vollkommen unproblematisch ist dies nicht, da die (vorsorgliche) Durchführung von Profiling-Maßnahmen vorwegnimmt, dass keine erfolgreiche Vermittlung nach der Transfermaßnahme erfolgen konnte.

[87] Gagel-*Bieback*, § 216b SGB III Rdnr. 41.

[88] BT-Drucks. 15/1515, S. 92; Gagel-*Bieback*, § 216b SGB III Rdnr. 45, und *Annuß/Lembke*, Arbeitsrechtliche Umstrukturierung in der Insolvenz, Rdnr. 559, nennen die Organisation der EXPO 2000 als Beispiel für einmalige Projekte. Ein weiteres, aktuelleres Beispiel gab die WM 2006.

[89] *Annuß/Lembke*, Arbeitsrechtliche Umstrukturierung in der Insolvenz, Rdnr. 571; a.A. Gagel-*Bieback*, § 216b SGB III Rdnr. 85.

Sanierungen ist besonders wichtig, dass § 216b Abs. 7 SGB III den Anspruch ausschließt, wenn die Arbeitnehmer nur vorübergehend in der betriebsorganisatorisch eigenständigen Einheit zusammengefasst werden, um anschließend einen anderen Arbeitsplatz in dem gleichen oder einem anderen Betrieb des Unternehmens oder – für den Fall, dass das Unternehmen einem Konzern angehört – in einem Betrieb eines anderen Konzernunternehmens des Konzerns zu besetzen. Schließlich begrenzt § 216b Abs. 8 SGB III die Bezugsdauer von Transferkurzarbeitergeld auf maximal zwölf Monate. § 216 Abs. 9 SGB III regelt Zeitpunkt und Umfang der Informationspflicht der BQG gegenüber der Agentur für Arbeit.

b. Finanzierung

Ohne ausreichende Finanzierung ist es nicht möglich, eine BQG einzuschalten. Der größte Teil finanzieller Mittel ist für Leistungen an diejenigen Arbeitnehmer erforderlich, die in der BQG zusammengefasst sind.

Wichtigstes Finanzierungsmittel für die Bezahlung von Arbeitnehmern in einer BQG sind das Transferkurzarbeitergeld nach § 216b SGB III und die Beisteuerung von Remanenzkosten durch den Arbeitgeber[90]. Für das Profiling der Arbeitnehmer kommen auch Zuschüsse nach § 216a SGB III in Betracht. Weiter besteht die Möglichkeit, Zuschüsse aus europäischen Sozialfonds, Eingliederungszuschüsse (§§ 217 ff. SGB III), Mittel durch die Übernahme von Bewerbungs- und Reisekosten (§§ 45 ff. SGB III), Mobilitätshilfen (§§ 53 f. SGB III), Überbrückungsgelder für die Aufnahme einer selbständigen Tätigkeit (§§ 57 ff. SGB III), Einstellungszuschüsse bei Neugründungen (§§ 225 ff. SGB III) und Zuschüsse für Trainingsmaßnahmen (§§ 48 ff. SGB III) zu erhalten[91].

Es kommt bisweilen vor, dass die Agenturen für Arbeit Transferkurzarbeitergeld und andere Leistungen insgesamt nur für kurze, unterhalb der vom Gesetzgeber vorgesehenen Höchstdauern liegende Teilabschnitte gewähren[92].

c. Interne und externe BQG

§ 216a SGB III und § 216b SGB III legen den Standort der beE nicht fest. So ist es sowohl denkbar, BQG innerhalb des Sanierungsunternehmens in einem betriebsorganisatorisch abgegrenzten Teil („intern"), als auch in einem von dem Sanierungsbetrieb verschiedenen Rechtsträger („extern") einzurichten. Es gibt eine gewisse

---

[90] *Küttner*, Personalbuch 2007, Beschäftigungsgesellschaft Rdnr. 4; unterlässt der Arbeitgeber eine finanzielle Absicherung der BQG, kann dies in Konzernstrukturen einen existenzvernichtenden Eingriff bedeuten, der zu einer Durchgriffshaftung führt, vgl. *OLG Düsseldorf* v. 26.10.2006, ZIP 2007, 227.
[91] Vgl. z.B. die Übersicht bei *Stück*, AuA 2006, 418, 420.
[92] *Gaul/Otto*, NZA 2004, 1301, 1303; vgl. zur vertragsgestalterischen Reaktion darauf mit aufschiebenden und auflösenden Bedingungen unten unter § 2 C. III. 3. a.

Anzahl professioneller, zum Teil gemeinnütziger BQG[93]. Für die Einschaltung einer externen und zugleich gegen interne BQG sprechen mehrere Gründe, so dass externe BQG häufiger sind: Zum einen kann bei interner Qualifizierung nicht ausgeschlossen werden, dass nach Ablauf der Qualifizierungsmaßnahmen noch Rechtsstreitigkeiten auftreten, die durch die BQG eigentlich vermieden werden sollten[94]. Ferner erfolgt die Beschäftigung in einer BQG im Regelfall befristet (s.u.). Die nachträgliche Befristung eines zunächst unbefristeten Arbeitsverhältnisses ist jedoch ausgesprochen problematisch[95]. Außerdem kann möglicherweise ein Anspruch auf Wiedereinstellung in dem bisherigen Betrieb des Unternehmens entstehen[96].

Darüber hinaus haben Arbeitgeber gemeinhin wenig Interesse, „ihre" bisherigen Arbeitnehmer für die spätere Beschäftigung bei einem Mitbewerber zu qualifizieren[97]. Auch der Aufwand, welcher die Gründung einer internen BQG mit sich bringt, kann mit einer externen Lösung vermieden werden[98]. Gegen interne BQG sprach weiter, dass sie keine endgültige Auflösung des Dienstverhältnisses bewirken. Das war mit Blick auf den mittlerweile aufgehobenen[99] § 3 Nr. 9 EStG a.F. problematisch[100]. Schließlich wird angeführt, dass interne beE es nicht ohne weiteres ermöglichten, ältere Arbeitnehmer einzubeziehen, da diese bei Kündigungen durch die Sozialauswahl (§ 1 Abs. 3 KSchG) begünstigt werden[101]. Dies gilt jedoch nur, wenn sie in die interne BQG nicht per (dreiseitigen) Aufhebungsvertrag wechseln[102].

3. Arbeitsrechtliche Gestaltung

Arbeitsrechtlich sind insbesondere die – u.a. durch Aufhebungsverträge realisierte – Übertragung von Arbeitnehmern in die BQG sowie die rechtliche Stellung, die sie dort einnehmen, interessant.

---

[93] Vgl. *Bichlmeier/Engberding/Oberhofer*, Insolvenzhandbuch, S. 463 und 467 f.; oftmals stehen hinter diesen professionellen Anbietern Gewerkschaften, vgl. *Insam/Zöll*, AuA 2006, 389, 390.
[94] *Bertzbach*, FS Hanau, S. 173, 174 in Fn. 6; *Gaul/Otto*, NZA 2004, 1301, 1303.
[95] Das BAG verlangt dazu einen sachlichen Grund; vgl. etwa jüngst *BAG* v. 15.2.2007, 6 AZR 286/06; siehe auch *Gaul/Kliemt*, NZA 2000, 674, 675; *Gaul/Otto*, NZA 2004, 1301, 1303.
[96] *Gaul/Kliemt*, NZA 2000, 674, 676; *Gaul/Otto*, NZA 2004, 1301; *Meyer*, NZS 2002, 578, 580.
[97] *Meyer*, NZS 2002, 578, 579; *M. Heither*, Sozialplan und Sozialrecht, S. 215.
[98] *Meyer*, NZS 2002, 578, 579; *Müller*, BB 2001, 255.
[99] Durch Gesetz vom 22.12.2005 (BGBl. 2005 I, S. 3682) mit Wirkung zum 1.1.2006.
[100] *Pröpper*, DB 2001, 2170, 2172.
[101] *Gaul/Kliemt*, NZA 2000, 675, 675 f; *Gaul/Otto*, NZA 2004, 1304.
[102] Dazu sogleich.

a. Übertragung von Arbeitsverhältnissen in eine BQG

Die Übertragung von Arbeitnehmern vom ehemaligen Arbeitnehmer in die BQG setzt zunächst voraus, dass die Arbeitsverhältnisse mit ihrem ehemaligen Arbeitnehmer beendet werden.
Bei Betriebsstilllegungen und in anderen Konstellationen, in denen die Wahrscheinlichkeit erfolgreicher Kündigungsschutzklagen als gering angesehen wird, werden üblicherweise betriebsbedingte Kündigungen ausgesprochen und im Anschluss den gekündigten Arbeitnehmern Verträge mit einer BQG angeboten. In anderen Fällen – insbesondere in solchen, in denen das Risiko besteht, dass viele Kündigungsschutzklagen anhängig gemacht werden – greift die Praxis wegen der oben angesprochenen Vorteile auf Aufhebungsverträge zurück. Für die Form der Übertragung von Arbeitnehmern von ihrem ehemaligen Arbeitgeber in eine BQG gibt es zwei Modelle: Entweder werden separate Verträge geschlossen, oder aber Beendigung und Neubegründung werden in einer Urkunde – in so genannten dreiseitigen Aufhebungsverträgen – zusammengefasst.
In erstgenannter Variante besteht für die Arbeitnehmer das Risiko, dass sie das alte Arbeitsverhältnis aus der Hand geben, bevor sie ihre Stellung in einer BQG vertraglich geregelt haben. Denn es kann sein, dass eine BQG nur eingeschaltet wird, wenn eine hinreichende Anzahl von Arbeitnehmern daran Interesse hat. Praktisch wird dieses Risiko jedoch überwunden, indem die Arbeitnehmer Angebote zum Abschluss eines Aufhebungsvertrages an den Arbeitgeber, der diese vorbereitet hat, zunächst nur gegenüber einem Treuhänder abgeben. Nur wenn alle oder viele Arbeitnehmer zustimmen, soll die Übertragung auf eine BQG auch tatsächlich vollzogen werden[103]. Dieses Ziel kann auch erreicht werden, indem die abgeschlossenen Verträge unter die *aufschiebende Bedingung* gestellt werden, dass sich eine bestimmte Quote von Arbeitnehmern bereit erklärt, die Verträge zur Aufhebung und Begründung eines neuen Arbeitsverhältnisses mit der BQG abzuschließen[104]. Weil die Finanzierung der Arbeitnehmer in der BQG zu einem erheblichen Teil von der Bewilligung von Transferkurzarbeitergeld nach § 216b SGB III durch die Agentur für Arbeit abhängt, werden die Aufhebungsverträge üblicherweise unter

---

[103] *Ries*, NZI 2002, 521, 526 f.; vgl. *Annuß/Lembke*, Arbeitsrechtliche Umstrukturierung in der Insolvenz, Rdnr. 476 f., die davon ausgehen, dass der Zugang der Annahme des Arbeitgebers an den Arbeitnehmer nach § 151 BGB entbehrlich ist, was indes kaum der zu erwartenden Verkehrssitte entsprechen dürfte.
[104] Vgl. z.B. den Sachverhalt in BAG v. 18.8.2005, AP Nr. 31 zu § 620 BGB Aufhebungsvertrag; siehe aber BAG v. 19.12.1974, EzA Nr. 6 zu § 305 BGB, wobei sich diese Rechtsprechung unterscheiden lässt, weil die Bedingung hier *erstens* – anders als bei Übertragung auf eine BQG – an das Verhalten des Arbeitnehmers anknüpften und *zweitens* Arbeitsverhältnisse zwar endeten, aber zugleich neue begründet wurden.; weitere Beispiele bei *Preis*, Grundfragen der Vertragsgestaltung, S. 159 f.

eine weitere entsprechende aufschiebende Bedingung gestellt[105]. Möglich ist es aber auch, eine *auflösende Bedingung* für den Fall zu vereinbaren, dass die finanziellen Rahmenbedingungen wegfallen[106].
Werden Aufhebungsvertrag und Vertrag mit der BQG in einem einzigen Vertrag – dreiseitiger Aufhebungsvertrag – zusammengefasst, besteht für die Arbeitnehmer kein Risiko, das Arbeitsverhältnis aufzugeben, ohne die Stellung in der BQG zugleich gesichert zu haben. Hinsichtlich der weiteren Unwägbarkeiten ist es ebenfalls üblich, die Wirksamkeit dreiseitiger Aufhebungsverträge aufschiebend oder zu bedingen.

b. Rechtsverhältnis zwischen BQG und Arbeitnehmer

BQG und ehemalige Arbeitnehmer schließen – entweder zweiseitige oder gemeinsam mit dem bisherigen Arbeitgeber dreiseitige – Verträge. Doch wie sind diese Vereinbarungen rechtlich zu qualifizieren?
Da der Geförderte aus sozialversicherungsrechtlicher Sicht als arbeitssuchend (§ 15 S. 2 SGB III) bzw. von der Arbeitslosigkeit bedroht (§ 17 SGB III) einzustufen ist, liegt es durchaus nah, den Vertrag zwischen ihm und BQG als Umschulungsvertrag gem. §§ 1 Abs. 1, 46 BBiG, als Wiedereingliederungsvereinbarung (§ 74 SGB V) oder Eingliederungsvertrag nach § 231 SGB III a.F. zu verstehen[107]. § 216b Abs. 4 Nr. 2 und 3 SGB III setzen allerdings – anders als noch § 175 Abs. 3 SGB III a.F.[108] – voraus, dass eine versicherungspflichtige Beschäftigung während des Bezugs von Transferkurzarbeitergeld besteht. Die Vorschriften, die für die Finanzierung maßgeblich sind, setzen also ein Arbeitsverhältnis zwischen BQG und Gefördertem voraus[109]. Zugespitzt lässt sich sagen: „Ohne Arbeitsvertrag keine BQG." Ohne ihm ein neues „Arbeitsverhältnis" anzubieten, ist es überdies weitaus schwieriger, einen Arbeitnehmer zum freiwilligen Wechsel in eine BQG zu bewegen[110].
Es entspricht einem arbeitsrechtlichen Grundsatz, dass ein Arbeitsverhältnisses Arbeitnehmer nicht nur verpflichtet, Arbeitsleistung zu erbringen, sondern dass auch ein Anspruch des Arbeitnehmers besteht, tatsächlich beschäftigt zu werden[111]. Eine reine Freistellung von Aufgaben während der Zeit in der BQG ist daher nicht

---

[105] *Insam/Zöll*, AuA 2006, 389.
[106] So in *LAG Hamburg* v. 7.9.2005; NZA-RR 2005, 658; eine auflösende Bedingung ist in den Grenzen des § 21 TzBfG zulässig.
[107] *Meyer*, NZS 2002, 578, 580; *Bepler*, ArbuR 1999, 219, 222; offen gelassen vom *LAG Hamburg* v. 7.9.2005, NZA-RR 2005, 658, 659.
[108] Siehe dazu Gagel-*Bieback*, § 175 SGB III, Rdnr. 74.
[109] *Küttner*, Personalbuch 2007, Beschäftigungsgesellschaft Rdnr. 3: im Kern „normales" Arbeitsverhältnis.
[110] *Meyer*, NZS 2002, 578, 580 f.
[111] Siehe bereits *BAG* v. 10.11.1955, AP Nr. 2 zu § 611 BGB Beschäftigungspflicht.

nur mit aus sozialversicherungsrechtlicher Sicht problematisch. Sie verletzt auch den Anspruch des Arbeitnehmers auf Beschäftigung[112]. Der Vertrag zwischen BQG und Arbeitnehmer wird daher dahingehend formuliert, dass der Arbeitnehmer die „Kurzarbeit Null"[113] verrichtet, die in der beE gem. § 216b SGB III anfällt[114].

c. Kollektivarbeitsrechtliche Fragen

Ist die Umstrukturierung oder Sanierung, welche die Einschaltung einer BQG erfordert, zugleich eine Betriebsänderung im Sinne von § 111 BetrVG, verhandeln Arbeitgeber und Betriebsrat Interessenausgleich und Sozialplan. Bei Insolvenz gelten die Sondervorschriften der §§ 121 ff. InsO. Insbesondere § 112 Abs. 5 Nr. 2a BetrVG verwirklicht den Grundsatz, dass die Qualifizierung zu entlassender Arbeitnehmer zu fördern ist. Sozialpläne, die entsprechende Regelungen treffen, werden als Transfersozialpläne bezeichnet[115]. Die dort bezeichneten Förderungsmöglichkeiten des SGB III richten sich auf die §§ 216a und 216b SGB III[116]. Üblicherweise werden im Sozialplan die finanzielle Ausstattung der BQG und das Verhältnis zu Abfindungszahlungen und im Interessenausgleich die Beauftragung einer BQG bzw. deren Einrichtung geregelt[117]. Eine Regelung im Sozialplan, nach der eine BQG eingerichtet werden muss, ist indessen nicht vor der Einigungsstelle erzwingbar[118]. Unter welchen Voraussetzungen auch innerhalb einer betrieblich organisatorischen Einheit ein Betriebsrat gebildet werden kann, ist umstritten[119]. Richtigerweise wird man in der BQG geförderte Arbeitnehmer nicht als Arbeitnehmer im betriebsverfassungsrechtlichen Sinn (§§ 5 Abs. 1, 7 S. 1 BetrVG) ansehen können, weil sie nicht in die Betriebsorganisation der BQG eingegliedert sind[120]. Ein anderes gilt freilich für das Verwaltungspersonal in der BQG.

---

[112] Vgl. dazu näher z.B. *ArbG Düsseldorf* v. 10.3.2004 – 4 Ca 11364/03 für „Vivento", die Beschäftigungsgesellschaft der Deutschen Telekom AG.

[113] Siehe zum Begriff *Bertzbach*, FS Hanau, S. 173, 174; *Ries*, NZA 2005, Beil. 1, S. 9, 12; *Stück*, MDR 2005, 361, 363; *Meyer*, SAE 2000, 39, 41.

[114] Vgl. z.B. den Vorschlag bei *Sieg/Maschmann*, Unternehmensumstrukturierung, S. 142.

[115] Vgl. *H. Wolff*, NZA 1999, 622 ff. zu den Ursprüngen solcher Sozialpläne in der chemischen Industrie. Vergleiche auch *A. Wolff*, Gestaltungsformen des Sozialplans, S. 74 ff.

[116] *Lingemann*, NZA 2002, 934, 940; *Willemsen/Hohenstatt/Schweibert/Seibt*, C 246 ff.; *Annuß/Lembke*, Arbeitsrechtliche Umstrukturierung in der Insolvenz, Rdnr. 466.

[117] *Willemsen/Hohenstatt/Schweibert/Seibt*, C 252b; *Ries*, NZI 2002, 521, 526; *Growe*, AiB 1998, 260, 268 f.; *Annuß/Lembke*, Arbeitsrechtliche Umstrukturierung in der Insolvenz, Rdnr. 467; *Thannheiser*, AiB 2002, 23, 28 f.

[118] *BAG* v. 23.8.2001 – 5 AZB 11/01; *Annuß/Lembke*, Arbeitsrechtliche Umstrukturierung in der Insolvenz, Rdnr. 468; *Lingemann*, NZA 2002, 934, 941; a.A. *Wendeling-Schröder/Welkoborsky*, NZA 2002, 1370, 1377.

[119] *Bachner/Schindele*, NZA 1999, 130, 134; *Rieble/Klumpp*, NZA 2003, 1169; *M. Heither*, Sozialplan und Sozialrecht, S. 158 ff.

[120] *Rieble/Klumpp*, NZA 2003, 1169, 1171 ff.; *Sieg/Maschmann*, Unternehmensumstrukturierung, S. 140.

§ 3 Die Veranlassung der Beendigung von Arbeitsverhältnissen

Werden arbeitsrechtliche Aufhebungsverträge massenhaft abgeschlossen, geht dies in der Regel auf Umstrukturierungen oder Sanierungen beim Arbeitgeber zurück[121]. Statt massenhaft zu kündigen, versucht der Arbeitgeber, mit allen betroffenen Arbeitnehmern Aufhebungsverträge abzuschließen[122]. Aufhebungsverträge werden – gerade wenn sie massenhaft abgeschlossen werden – als *Substitut* zu Kündigungen eingesetzt.

Indessen unterscheidet das deutsche Arbeitsrecht die Tatbestände, mit denen Arbeitsverhältnisse beendet werden. Zumindest dem Wortlaut nach gelten etwa die Beendigungsbeschränkungen in den §§ 1-15 ff. KSchG und in den §§ 611 ff. BGB – mit Ausnahme von § 623 BGB – nur für Kündigungen, aber nicht für Aufhebungsverträge. Die Tatbestände dieser Beendigungsnormen knüpfen an die Form der Beendigung, nicht aber an ihre Gründe an. Das liegt daran, dass der Gesetzgeber – nach der vorstehenden Analyse der Motivlage[123] zu Recht – davon ausgeht, dass die einvernehmliche Beendigung von Arbeitsverhältnissen einer wenigen strengen Überprüfung zu unterwerfen ist als die einseitige Beendigung. Dennoch werden kündigungsrechtliche Vorschriften auf Aufhebungsverträge angewendet, so dass diese Vorschriften durch den Abschluss von Aufhebungsverträgen nicht umgangen werden können.

Der arbeitsrechtliche Bestandschutz kennt keine aufhebungsvertragsspezifischen Vorschriften. Indes finden sich einige Normen, welche an andere Beendigungstatbestände als Kündigungen besondere Rechtsfolgen knüpfen. Für den Zweck dieser Untersuchung springen etwa § 112a Abs. 1 S. 2 BetrVG und § 17 Abs. 1 S. 2 KSchG ins Auge. Diese Vorschriften ordnen für Aufhebungsverträge bzw. „andere Beendigungen", die vom Arbeitgeber „*veranlasst*" werden, diejenigen Rechtsfolgen an, die ansonsten für Kündigungen des Arbeitgebers gelten. Über § 112a Abs. 1 S. 2 BetrVG hinaus kann das Prinzip der Veranlassung in den gesamten §§ 111 ff. BetrVG Bedeutung haben: Ob Ansprüche aus dem Sozialplan zu gewähren sind, macht jedenfalls die Rechtsprechung zu § 112 BetrVG davon abhängig,

---

[121] Vgl. oben unter § 1.
[122] Siehe ausdrücklich *BAG* v. 16.7.1995, AP Nr. 96 zu § 112 BetrVG zu einer Betriebsänderung: Der Aufhebungsvertrag tritt an die Stelle der Kündigung; *Franz*, Abschluss eines Aufhebungsvertrages, S. 191; *Schacht*, Übereilungsschutz, S. 102.
[123] Siehe unter § 2 B.

dass ein Arbeitsverhältnis auf Veranlassung des Arbeitgebers beendet wurde[124]. Dann soll dasselbe wie bei einer Arbeitgeberkündigung gelten[125]. Ferner soll der Nachteilsausgleich nach § 113 BetrVG, der an eine „Entlassung" anknüpft, für sämtliche vom Arbeitgeber veranlasste Beendigungstatbestände gelten[126]. Auch jenseits des geschriebenen Rechts soll es auf die „Veranlassung" des Arbeitgebers zur Beendigung von Arbeitsverhältnissen ankommen: So stellt das *BAG* bei Aufhebungsverträgen im Zusammenhang mit § 613a BGB auf die Veranlassung des Arbeitgebers ab: Nur dann unterliegen Aufhebungsverträge einer Motivkontrolle[127].

Knüpft man an wegen der Veranlassung des Arbeitgebers auf andere Beendigungstatbestände dieselben Rechtsfolgen wie an Arbeitgeberkündigungen, kommt es im Ergebnis eben nicht mehr auf die Form der Beendigung, sondern auf ihre Gründe an[128]. Wann im Rechtssinne von einer Veranlassung des Arbeitgebers, das Arbeitsverhältnis zu beenden, auszugehen ist, oder – in anderen Worten – wann eine Brücke zwischen der Form und den Gründen der Beendigung von Arbeitsverhältnissen geschlagen werden kann, erklärt sich indessen nicht von selbst. Nicht jedwede Beendigung kann als vom Arbeitgeber veranlasst gelten. Wann von einer rechtlich relevanten Veranlassung auszugehen ist und welche allgemeinen Grundsätze für die Veranlassung des Arbeitgebers zur Beendigung von Arbeitsverhältnissen gelten, wird an dieser Stelle unter dem Begriff Veranlassungsprinzip untersucht.

A. Bestandsaufnahme: Das Veranlassungsprinzip im Arbeitsrecht

Das Veranlassungsprinzip spielt eine Rolle, wenn mit Kündigungen besondere Erfordernisse verbunden sind – das Aufstellen eines Sozialplans oder die Pflicht zur Konsultation und Anzeige, wenn die Schwellenwerte des § 112a Abs. 1 S. 1 BetrVG bzw. § 17 Abs. 1 S. 1 KSchG überschritten werden oder aber das Verbot der Kündigung wegen des Betriebsübergang nach § 613a Abs. 4 S. 1 BGB. Literatur wie Rechtsprechung erkennen die Schwierigkeit der Feststellung, *wann* im Sinne dieser Rechtssätze eine rechtlich relevante Veranlassung des Arbeitgebers vor-

---

[124] Siehe zum Ganzen noch ausführlich in § 7.
[125] *BAG* v. 28.4.1993, AP Nr. 67 zu § 112 BetrVG; *BAG* v. 26.10.2004, AP Nr. 171 zu § 112 BetrVG.
[126] *BAG* v. 23.8.1988, AP Nr. 17 zu § 113 BetrVG; *BAG* v. 23.9.2003, AP Nr. 43 zu § 113 BetrVG; GKBetrVG-*Oetker*, § 113 BetrVG Rdnr. 62.
[127] Vgl. unter § 4 B. und insbesondere die Zusammenfassung dort unter III.
[128] Ausführlich erörtert wurde diese Verbindung erstmals nach Einführung von § 112a Abs. 1 S. 2 BetrVG, siehe *Heither*, ZIP 1985, 513, 518; offensichtlich im Anschluss daran Richardi-*Annuß*, § 112 BetrVG Rdnr. 109, der dessen Formulierung beinahe wortwörtlich übernimmt; vgl. z.B. auch GKBetrVG-*Oetker*, §§ 112, 112a BetrVG Rdnr. 243; *Däubler*/Kittner/Klebe, §§ 112, 112a BetrVG Rdnr. 31; *Höhne*, Anm. zu BAG AP Nr. 111 zu § 242 BGB Ruhegehalt.

liegt, das Arbeitsverhältnis zu beenden. Soweit ersichtlich unterscheidet aber niemand nach den jeweiligen Tatbeständen, in denen es auf die Veranlassung des Arbeitgebers ankommt. Vielmehr soll es offensichtlich heißen: „Einmal Veranlassung, immer Veranlassung". Wer also etwa eine Veranlassung des Arbeitgebers nach § 17 Abs. 1 S. 2 KSchG annimmt, bejaht in der Regel zugleich eine Veranlassung nach § 112a Abs. 1 S. 2 BetrVG.

Der Mangel an Unterscheidung zwischen den verschiedenen Beendigungstatbeständen rührt daher, dass das Veranlassungsprinzip im Arbeitsrecht ohne nähere dogmatische Erörterung als „allgemeiner Rechtsgedanke"[129] angesehen wird.

I. Veranlassungsprinzip in anderen Bereichen des Arbeitsrechts

Daher sollen zunächst diejenigen Normen des Arbeitsrechts untersucht werden, in denen – ähnlich wie in § 17 Abs. 1 S. 2 KSchG, § 112a Abs. 1 S. 2 BetrVG oder bei § 613a BGB – die Veranlassung des Arbeitgebers – oder allgemeiner: der Vorrang der Beendigungsgründe vor der Beendigungsform – eine Rolle spielt[130].

1. Auflösungsverschulden nach § 628 Abs. 2 BGB

Nach § 628 Abs. 2 BGB besteht ein Anspruch auf den Ersatz des Schadens, der durch die Aufhebung des Dienstverhältnisses entstanden ist, wenn dessen Kündigung durch vertragswidriges Verhalten des anderen Teils veranlasst wurde. Auch die Beendigung durch Aufhebungsvertrag kann einen solchen Schadenersatzanspruch auslösen, wenn der Vertragspartner vertragswidrig und schuldhaft einen wichtigen Grund zur Auflösung gesetzt hat[131]. Der Grund für den Schadensersatzanspruch nach § 628 Abs. 2 BGB ist nach einhelliger Auffassung nicht die Beendigung des Arbeitsverhältnisses, sondern das zu vertretende, vertragswidrige Verhalten[132].

---

[129] So ausdrücklich Ascheid/Preis/Schmidt-*Moll*, § 17 KSchG Rdnr. 32; ähnlich *Burkhardt*, Aufhebungsvertrag, S. 144; anders *Löw*, Die Betriebsveräußerung im europäischen Arbeitsrecht, S. 130; *Debong*, Die EG-Richtlinie über die Wahrung der Arbeitnehmeransprüche beim Betriebsübergang, S. 72 ff, die allesamt keine Entsprechung der ähnlichen Regel in Art. 4 Abs. 2 der Richtlinie 2001/23/EG sehen; Hanau/Steinmeyer/*Wank*, S. 659 f.

[130] Dass das Veranlassungsprinzip ein „übergreifendes" Thema ist, wird nur vereinzelt erkannt: *Hillebrecht*, NZA 1989, Beil. 4, S. 10, 11 stellt beispielsweise eine Verbindung zwischen der Veranlassungsrechtsprechung des BAG zu § 613a BGB und der Rechtsprechung zu § 628 Abs. 2 BGB her; a.A. für die Umsetzung des Art. 4 Abs. 2 der Richtlinie 2001/23/EG *Löw*, Die Betriebsveräußerung im europäischen Arbeitsrecht, S. 130; nur § 628 Abs. 2 BGB und die Vorgängernormen zu § 144 SGB III, nicht aber die anderen Bereiche, in denen das Veranlassungsprinzip verwirklicht ist, sieht v. *Alvensleben*, Die Rechte der Arbeitnehmer bei Betriebsübergang, S. 284 und S. 319 f.; ähnlich zurückhaltend Hanau/Steinmeyer/*Wank*, S. 659 f.

[131] Vgl. z.B. BAG v. 10.5.1971, AP Nr. 6 zu § 628 BGB.

[132] So bereits BAG v. 29.9.1958, AP Nr. 17 zu § 64 ArbGG 1953, Bl. 4; siehe auch *Bernert*, SAE 1972, 167, 168.

2. Unverfallbarkeit von Versorgungsanwartschaften

Auch Versorgungsregelungen, die für den Fall der Arbeitgeberkündigung die Unverfallbarkeit der Versorgungsanwartschaft vorsehen, legt das *BAG* im Zweifel so aus, dass es entscheidend auf den Anlass der Vertragsbeendigung ankommt. Die Form der Beendigung hingegen gilt als unbeachtlich[133].

3. Unwirksamkeit von Wettbewerbsverboten nach § 75 HGB

Nach § 75 HGB können Wettbewerbsverbote unter bestimmten Umständen durch Kündigung unwirksam werden. Darüber hinausgehend wendet das *BAG* die Vorschriften über Wettbewerbsverbote auf Aufhebungsverträge entsprechend an, wenn die Tatbestandsvoraussetzungen für eine Unwirksamkeit des Wettbewerbsverbots ansonsten vorliegen[134]. Auch hier soll der „Strafcharakter", der in dem Wegfall des Wettbewerbsverbots zu sehen ist, an das vertragswidrige Verhalten, aber nicht an die Form der Beendigung anknüpfen[135].

4. Anspruch auf Lohnfortzahlung im Krankheitsfall

Ein weiteres Beispiel liefert die Rechtsprechung des *BAG* zu § 6 LohnFG – der Vorgängernorm des heutigen § 8 EFZG. Danach wird der Anspruch auf Fortzahlung des Arbeitsentgelts nicht durch eine Kündigung des Arbeitgebers aus Anlass der Arbeitsunfähigkeit oder eine Kündigung des Arbeitnehmers berührt. Gleiches gilt für eine Beendigung aus einem vom Arbeitgeber zu vertretenden Grund, welcher den Arbeitnehmer zur Kündigung ohne Einhaltung der Kündigungsfrist berechtigen würde. Nach der Rechtsprechung des *BAG* gilt diese Regelung entsprechend, wenn der Arbeitgeber die Arbeitsunfähigkeit für den Abschluss eines Aufhebungsvertrages zum Anlass nimmt[136]. Es komme auf den materiellen Auflösungsgrund, nicht aber auf die Form der Beendigung an. Denn es würde dem gesetzgeberischen Zweck nicht entsprochen, wenn der Arbeitgeber zur Lohnfortzahlung nicht verpflichtet wäre, weil es ihm gelingt, eine Kündigung zu vermeiden und stattdessen den Arbeitnehmer zu einer einvernehmlichen Auflösung des Arbeitsverhältnisses zu bewegen[137].

---

[133] *BAG* v. 3.6.1966, AP Nr. 111 zu § 242 BGB Ruhegehalt; *BAG* v. 26.2.1976, AP Nr. 172 zu § 242 BGB Ruhegehalt.
[134] *BAG* v. 26.9.1963, AP Nr. 1 zu § 75 HGB; *BAG* v. 2.12.1963, AP Nr. 2 zu § 75 HGB; *BAG* v. 13.11.1967, AP Nr. 21 zu § 74 HGB.
[135] *Grüll*, Anm. zu BAG AP Nr. 2 zu § 75 HGB, Bl. 6R; etwas zurückhaltender bereits *ders.*, Anm. zu BAG AP Nr. 1 zu § 75 HGB, Bl. 6.
[136] *BAG* v. 20.8.1980, AP Nr. 15 zu § 6 LohnFG; ähnlich bereits *BAG* v. 28.11.1979, AP Nr. 10 zu § 6 LohnFG.
[137] *BAG* v. 20.8.1980, AP Nr. 15 zu § 6 LohnFG; vgl. dazu auch *Reuter*, JuS 1981, 697.

II. Vergleich mit der Rechtsprechung im Sozialrecht

Auch in einigen Bereichen des Sozialrechts wird untersucht, ob und welche Kündigungsgründe beim Abschluss eines Aufhebungsvertrages vorgelegen haben.

1. Rechtsprechung zu § 144 SGB III

Die Rechtsprechung des *BSG* lässt zwar – anders als die dargestellten Bereiche im Arbeitsrecht – grundsätzlich außer Betracht, auf wessen Initiative der Abschluss eines Aufhebungsvertrages zurückgeht[138]. Sie kommt aber zu ähnlichen Ergebnissen: Eine Sperrzeit nach § 144 SGB III wird bei versicherungswidrigem Verhalten verhängt, für das es keinen wichtigen Grund gibt. Ein solcher kann wegen objektiver Unzumutbarkeit gegeben sein, die beispielsweise angenommen wird, wenn eine – statt eines Aufhebungsvertrages ausgesprochene – Arbeitgeberkündigung rechtmäßig gewesen wäre[139]. Die Sozialgerichte müssen dafür inzident prüfen, ob – neben anderen Voraussetzungen – Gründe vorgelegen hätten, das Arbeitsverhältnis per Kündigung zu beenden.

2. Rechtsprechung zu § 147a SGB III

§ 147a Abs. 1 S. 2 Nr. 4 SGB III – die Ausnahme vom Erstattungsanspruch gegen den Arbeitgeber – wendet das *BSG* hingegen selbst in solchen Fällen nicht auf Aufhebungsverträge an, in denen die Parteien das Arbeitsverhältnis unter Beachtung der ordentlichen Kündigungsfrist beenden, an die sich der Arbeitgeber halten müsste. Darauf, dass eine Kündigung sozial gerechtfertigt wäre, könne es nicht ankommen. Denn dann könnte der Arbeitgeber schließlich von seinem Kündigungsrecht Gebrauch machen[140]. Unter Berufung auf eine Äußerung des *BVerfG* zur Vorgängervorschrift § 128 AFG[141] weist das *BSG* ferner darauf hin, dass bei der Beendigung von Arbeitsverhältnissen mit älteren Arbeitnehmern gerade der typische „Interessengegensatz" fehle, der es ansonsten ermögliche, die Mitwirkung des Arbeitgebers festzustellen. Um Missbrauch zu vermeiden und die Zwecke der Vorschrift zu erreichen, müsse an die äußere Form der Beendigung angeknüpft werden. Es zeigt sich also, dass – zumindest nach Einschätzung des *BSG* – in manchen Fällen gerade die äußere Form – nicht aber die materiellen Auflösungsgründe – die Auslegung einer Vorschrift indizieren.

---

[138] *Preis/Schneider*, FS 25 Jahre ARGE ArbR im DAV, S. 1301, 1318; *dies.*, NZA 2006, 1297, 1301.
[139] Siehe oben unter § 2 B. II.
[140] *BSG* v. 17.12.1997, BSGE 81, 259, 264 f.; *BSG* v. 7. 10. 2004, SGb 2004, 700; *BSG* v. 22.3.2001, NZA-RR 2001, 664, 665.
[141] *BVerfG* v. 23.1.1990, NZA 1990, 161, 167 unter II. 1. c) ee) der Gründe.

III. Auslegung als Grundlage des Vorrangs von Beendigungsgründen vor Beendigungsform

Zusammenfassend werden die materiellen Beendigungsgründe – im Gegensatz zur rechtstechnischen Form – üblicherweise herangezogen, wenn eine gesetzliche Regelung gerade an die ganz besonderen Umstände der Beendigung – z.B. das vertragswidrige Verhalten oder die Arbeitsunfähigkeit – Rechtsfolgen knüpft. Wie sich an der Rechtsprechung zu § 147a SGB III zeigt, gibt es aber auch Fälle, in denen gerade auf die äußere Form abgestellt wird. Vergleicht man das Arbeitsrecht mit dem Sozialrecht, scheint die vorrangige Berücksichtigung materieller Auflösungsgründe – und damit auch die der Veranlassung des Arbeitgebers – keineswegs zwingend. Beendigungstatbestände werden jedenfalls nicht pauschal nach ihren materiellen Auflösungsgründen beurteilt[142]. So fordert niemand, einen Aufhebungsvertrag mangels sozialer Rechtfertigung im Sinne des § 1 KSchG für unwirksam zu halten, weil für seinen Abschluss keine hinreichenden personen-, verhaltens- oder betriebsbedingten Gründe bestehen[143]. Der Wille des Gesetzgebers, gerade ganz bestimmte Umstände der Beendigung besonders zu behandeln, muss also hervortreten, damit die *Gründe* für die Beendigung ihrer *Form* vorgehen. Nur wenn die Auslegung einer beendigungsrechtlichen Norm ergibt, dass gerade die materiellen Gründe, die zu der Beendigung geführt haben, maßgeblich sind, können diese überhaupt berücksichtigt werden. Dann kann es auch darauf ankommen, ob der Arbeitgeber die Beendigung veranlasst hat.

Die Frage nach der Veranlassung ist nichts anderes als die Frage nach der richtigen Auslegung kündigungsrechtlicher Normen. Da nicht jede Norm, die an Kündigungen anknüpft, denselben Zweck erreichen möchte, verbietet es sich, das Veranlassungsprinzip in solcher Weise als „allgemeinen Rechtsgedanken" anzuerkennen[144], dass eine Veranlassung tatbestandsübergreifend einheitlich festgestellt werden kann. Aus der Feststellung der rechtlich relevanten Veranlassung hinsichtlich einer bestimmten Norm folgt also nicht zugleich, dass diese automatisch auch für alle anderen Rechtssätze, in denen es auf eine Veranlassung ankommt, bejahen kann: Theoretisch kann eine ganz bestimmte Beendigung eines Arbeitsverhältnisses nach § 17 Abs. 1 S. 2 KSchG „veranlasst" sein, nach § 112a Abs. 1 S. 2 BetrVG aber nicht. Es kommt auf die Auslegung der jeweiligen Beendigungsnorm an.

---

[142] Deswegen ist es ferner problematisch, die Relevanz der materiellen Auflösungsgründe zu einem „allgemeinen Rechtsgedanken" im Arbeitsrecht zu stilisieren, vgl. aber die Nachweise zur Gegenansicht in Fn. 129.

[143] Nach einhelliger Auffassung finden reine Kündigungsschutzvorschriften keine direkte Anwendung auf Aufhebungsverträge; vgl. statt aller *Feuerborn*, Sachliche Gründe im Arbeitsrecht, S. 165 f.

[144] Dies wird aber zu Unrecht allgemein angenommen, vgl. oben Fn. 129.

B. Dogmatische Einordnung des Veranlassungsprinzips

Einige Vorschriften – wie etwa § 17 Abs. 1 S. 2 KSchG und § 112a Abs. 1 S. 2 BetrVG – erleichtern die Beantwortung dieser Auslegungsfrage, indem sie bereits in ihrem Wortlaut die Veranlassung der Beendigung durch den Arbeitgeber ansprechen. Doch der Wortlaut allein beantwortet nicht stets die Auslegungsfrage, wann eine Veranlassung im Rechtssinne vorliegt. Damit verbunden und bislang ungeklärt ist, welche dogmatische Grundlage für das Veranlassungsprinzip gilt.

I. Begriff der Veranlassung

Der Begriff der Veranlassung geht bis in das Mittelalter zurück. In der mittelhochdeutschen Sprache hieß „veranlazen", dass eine Streitsache auf eine Mittelsperson übertragen wurde[145] bzw. dass etwas auf eine andere Person geschoben wurde[146]. Seit dem 16. Jahrhundert versteht man unter „veranlassen" ein Synonym zu „anregen, anordnen, bewirken". Im Niederhochdeutschen verstand man unter „veranlassen" früher, dass etwas zum Vorschein gebracht oder verursacht wurde bzw. dass zu etwas Anstoß gegeben wurde[147]. Entsprechend wurden die Begriffe „Veranlassung" und „Veranlassen" schon zu früherer Zeit häufig mit der Wendung „auf Veranlassung" und der im Genitiv beigefügten Person des Anstoßgebenden benutzt[148]. Wenn man eine übergeordnete Bedeutung der „Veranlassung" im sprachhistorischen Gebrauch finden möchte, so lässt sich diese am ehesten darin sehen, dass der Begriff benutzt wurde, um in einem mehrpoligen Personenverhältnis die Verantwortlichkeit für eine Angelegenheit oder eine Handlung einer – ggf. dritten – Person zuzuordnen.

II. Veranlassungsprinzip als Zurechnungsproblem

Dieser etymologische Befund passt in seinem Kern auf die Verwendung des Begriffs im heutigen Arbeitsrecht: Indem man Beendigungstatbestände, welche der Arbeitgeber nicht alleine zustande bringen kann, wie Kündigungen behandelt und in der Folge ihre Gründe hinterfragt, rechnet man dem Arbeitgeber zugleich das Verhalten des Arbeitnehmers zu. Denn dessen Zustimmung setzt den Abschluss eines Aufhebungsvertrages voraus.

Im Schrifttum wurde darauf hingewiesen, dass diese Zurechnung bedenklich sei. So sei es üblich, dass an der Gestaltung arbeitsrechtlicher Sanierungen neben Arbeitgeber und Arbeitnehmer auch Gewerkschaft, Betriebsrat und die Agenturen für Arbeit beteiligt sind. Ohne weiteres ließe sich eine pauschale Zurechnung der Be-

---

[145] *Duden*, Herkunftswörterbuch, S. 470 „lassen" (veranlassen).
[146] *Grimm's Wörterbuch*, Band 25, Sp. 77.
[147] *Grimm's Wörterbuch*, Bd. 25, Sp. 77.
[148] Vgl. *Grimm's Wörterbuch*, Bd. 25, Sp. 77 mit Beispielen bei *Goethe* und *Lessing*.

endigung zum Arbeitgeber nicht vornehmen[149]. Und überdies erzeuge sie Rechtsunsicherheiten: Es müsse ebenfalls geklärt werden, wann genau das Verhalten des Arbeitgebers als Veranlassung in diesem Sinne zu werten ist[150].
Diese Probleme lassen sich nur lösen, wenn man sich damit vertraut macht, warum die Veranlassung des Arbeitgebers bei der Beendigung von Arbeitsverhältnissen überhaupt von Belang ist.

III. Umgehungsdogmatik als Grundlage des Veranlassungsprinzips

Wegen der oben[151] beschriebenen Vorteile werden Aufhebungsverträge als Alternative zu Arbeitgeberkündigungen eingesetzt. Sie sind das beendigungsrechtliche Substitut zu Kündigungserklärungen des Arbeitgebers. Was betriebsorganisatorisch nur ein Substitut ist, kann aber aus rechtlicher Perspektive eine unzulässige Umgehung sein.

1. Gleichstellung in § 17 Abs. 1 S. 2 KSchG als Beispiel

Ein Beispiel: Nach § 17 Abs. 1 S. 2 KSchG stehen Entlassungen nach § 17 Abs. 1 S. 1 KSchG – darunter versteht zumindest das *BAG* mittlerweile Kündigungserklärungen[152] – „andere Beendigungen" gleich, welche der Arbeitgeber veranlasst. Eine Gleichstellung ist die typische Rechtsfolge von Tatbeständen, die eine Umgehung verhindern sollen[153]. So soll auch die Berücksichtigung von Beendigungen des Arbeitsverhältnisses, welche der Arbeitgeber veranlasst, verhindern, dass § 17 Abs. 1 S. 1 KSchG durch die Wahl einer anderen Beendigungsform *umgangen* wird[154].

2. Grenze zwischen zulässiger Gestaltung und unzulässiger Umgehung

Folglich kann man sich dem Veranlassungsprinzip mit der allgemeinen zivilrechtlichen Dogmatik zu Umgehungsgeschäften nähern.
Umgehungsverträge sind Geschäfte, mit welchen der rechtliche oder wirtschaftliche Zweck eines nicht erlaubten Geschäfts erreicht werden soll[155]. Es ist grundsätzlich zulässig, durch rechtsgeschäftliche Gestaltung gesetzliche Vorschriften zu umgehen[156]. Die Rechtsprechung und das herrschende Schrifttum halten eine Umgehung dagegen für unzulässig, wenn damit der Zweck einer zwingenden Norm ver-

---

[149] *Pietzko*, ZIP 1990, 1105, 1110; ähnlich *Lipinski*, Sonderkündigungsschutz bei Betriebsübergang, S. 117 f.; *Birkholz*, Betriebsübergang in der Insolvenz, S. 93; *Henckel*, ZIP 1980, 2, 3 f.
[150] *Pietzko*, ZIP 1990, 1105, 1111.
[151] Vgl. § 2 B. und § 2 C. III. 1. und 2.
[152] BAG v. 23.3.2006, AP Nr. 21 zu § 17 KSchG; vgl. zu der Kontroverse unter § 7 C. IV.
[153] *Teichmann*, Die Gesetzesumgehung, S. 50; *Benecke*, Gesetzesumgehung im Zivilrecht, S. 90.
[154] BT-Drucks. 10/2102, S. 28; KR-*Weigand*, § 17 KSchG Rdnr. 43.
[155] BGHZ 34, 200, 205; 85, 39, 46; *Larenz/Wolf*, Allgemeiner Teil des Bürgerlichen Rechts, S. 731; *Bork*, BGB AT, S. 409, Rdnr. 1121.
[156] RGZ 155, 138, 146; Staudinger-*Sack*, Neubearb. (2003), § 134 BGB Rdnr. 144.

eitelt wird. Der durch ein Gesetz missbilligte Erfolg soll nicht auf anderem Wege erreicht werden dürfen[157].

Es bedarf dazu nicht zwingend eines Rückgriffs auf § 134 BGB. Ein Umgehungsverbot kann sich schon – und vor allem – aus der Auslegung der Norm ergeben, die umgangen werden soll[158]. Ganz überwiegend – dies erklärt sich mit der Auslegung der Norm als Grundlage – wird keine zusätzliche Umgehungsabsicht der Parteien, die ein solches Geschäft abschließen, für dessen Unzulässigkeit für erforderlich gehalten. Es soll allein auf eine objektive Umgehung ankommen[159]. Wohl aber kann die Auslegung der Vorschrift, die umgangen werden soll, ergeben, dass eine unzulässige Umgehung bestimmte subjektive Merkmale erfordert.

3. Umgehung von Kündigungsvorschriften durch Aufhebungsverträge

Die Frage, *wann* eine Umgehung unzulässig ist, ist also zumindest durch Rechtssätze konkretisierbar. Geklärt ist auch die Rechtsfolge der unzulässigen Umgehung durch Aufhebungsverträge: Diese liegt in der Gleichbehandlung von solchen Aufhebungsverträgen mit Arbeitgeberkündigungen. Denn die Umgehung der Vorschriften, die an Kündigungen anknüpfen, soll verhindert werden. Vorschriften wie § 17 Abs. 1 S. 2 KSchG oder § 112a Abs. 1 S. 2 BetrVG machen es dem Rechtsanwender leicht, indem sie eine Gleichbehandlung mehr oder weniger ausdrücklich anordnen. Komplizierter ist es indessen, die Grenzen der Gestaltungsfreiheit auszuloten, wenn der Wortlaut des Gesetzes – wie in § 613a BGB und insbesondere in dessen Abs. 4 – überhaupt keine Anhaltspunkte für die Berücksichtigung der Veranlassung des Arbeitgebers erkennen lässt, die Rechtsprechung hingegen bisweilen die Unwirksamkeit von Aufhebungsverträgen annimmt[160].

---

[157] Vgl. BGHZ 44, 171, 176, 58, 61, 65; *BAG* v. 19.5.1982, AP Nr. 12 zu § 611 BGB Anwesenheitsprämie; *Bork*, BGB AT, S. 409; nach a.A. ist das Umgehungsverbot ein eigenständiges Rechtsinstitut, vgl. noch MünchKomm-*Mayer-Maly/Armbrüster*, 4. Aufl., § 134 BGB Rdnr. 11 ff.; zu den dogmatischen Schwierigkeiten der Anwendung von § 134 BGB ausführlich Staudinger-*Sack*, § 134 BGB Rdnr. 149 ff.; indes hat dieser Streit keine praktische Bedeutung, vgl. nur Palandt-*Heinrichs*, § 134 BGB Rdnr. 28.

[158] BGHZ 45, 322, 326; BGHZ 88, 240, 244; Soergel-*Hefermehl*, § 134 BGB Rdnr. 1; Staudinger-*Sack*, § 134 BGB Rdnr. 31; *Herschel*, SAE 1974, 194.

[159] BGHZ 37, 363, 366; 51, 255, 262; BGH NJW 1998, 2136; Soergel-*Hefermehl* § 134 BGB Rdnr. 40; a.A. noch MünchKomm-*Mayer-Maly/Armbrüster*, 4. Aufl., § 134 BGB Rdnr. 18, die Umgehungsabsicht verlangten; *Larenz/Wolf*, Allgemeiner Teil des Bürgerlichen Rechts, S. 731, halten es für entscheidend, ob dies der Zweck der umgangenen Vorschrift ist. Die h.M. führt zur Begründung an, dass es keiner Umgehungsabsicht bedürfe, weil anerkannt ist, dass die Gesetzesumgehung kein eigenes Rechtsinstitut ist, vgl. *Benecke*, Gesetzesumgehung im Zivilrecht, S. 22 m.w.N. in Fn. 8.

[160] Dazu ausführlich § 4 und § 6.

4. Reichweite von Kündigungsvorschriften als Umgehungsgrenze

Wie der Arbeitgeber in seiner Personalplanung Kündigungen durch Aufhebungsverträge substituiert, können im Wege des Veranlassungsprinzips auch Kündigungsvorschriften zu „Aufhebungsvertragsvorschriften" werden.

a. Zulässige Umgehung erlaubter Geschäfte

Die Unzulässigkeit einer Umgehung unterliegt aber einer wichtigen Einschränkung: Umgehungsgeschäfte sind nur verboten, wenn eine vergleichbare Gestaltung auch in unmittelbarer Anwendung der „Grundvorschrift" – also der Vorschrift, deren Umgehung in Rede steht – unzulässig wäre[161]. Verstieße ein Rechtsgeschäft nicht schon direkt gegen ein Verbotsgesetz bzw. wäre es mit einer – ansonsten zwingenden – Vorschrift vereinbar, kann auch keine unzulässige Umgehung dieser Vorschrift vorliegen. Diese Erkenntnis erscheint trivial, da für die Rechtsordnung ein Erfolg, dessen Eintreten eine Verbotsnorm oder zwingende Vorschrift verhindern möchte, nur unerwünscht ist, wenn diese Norm ihrerseits keine Ausnahme anerkennt. Dennoch wird sie „vielfach übersehen"[162].

b. Gleichbehandlungsgebot beim Veranlassungsprinzip als Folge

Diese Überlegung ist für die Beherrschung des Veranlassungsprinzips im Arbeitsrecht – welches der Verhinderung von Umgehungen dienen soll – immens wichtig. Das Veranlassungsprinzip beschreibt nichts anderes als die Prüfung, ob und inwieweit kündigungsrechtliche Normen so ausgelegt werden können, dass sie ihre Umgehung durch Aufhebungsverträge für unzulässig erklären.
Mit dem Veranlassungsprinzip ist die Überlegung verbunden, dass es nicht darauf ankommen soll, welche rechtliche Form benutzt wird, Arbeitsverhältnisse zu beenden, sondern welchen Grund es dafür gibt[163]. Werden nur bestimmte Kündigungen einer besonderen gesetzlichen Regel unterworfen – ist also beispielsweise der materielle Kündigungsgrund für deren Anwendbarkeit entscheidend – so muss das auch für das beendigungsrechtliches Substitut der Kündigungen gelten. Mit anderen Worten: Arbeitgeberveranlasste Aufhebungsverträge dürfen nicht ohne weiteres strenger behandelt werden als Arbeitgeberkündigungen, die der Arbeitgeber stattdessen aussprechen würde. Zugunsten von Aufhebungsverträgen streitet insoweit eine Art *Gleichbehandlungsgebot* im Verhältnis zu Kündigungen.
Der Zweck, die Veranlassung des Arbeitgebers zu berücksichtigen, liegt darin, die Umgehung kündigungsrechtlicher Vorschriften zu verhindern. Aus diesen „Grund-

---

[161] *Schurig*, FS Ferid, S. 375, 406 f.; vgl. anschaulich *Benecke*, Gesetzesumgehung im Zivilrecht, S. 211: „Ohne umgangenes Gesetz keine Gesetzesumgehung.".
[162] Staudinger-*Sack*, § 134 BGB Rdnr. 145.
[163] Vgl. bereits in der Einleitung zu § 3.

vorschriften" lässt sich auch die Reichweite einer möglichen Umgehung ableiten. Normen, die bei einer – anstelle des Aufhebungsvertrages ausgesprochenen – Arbeitgeberkündigung gar nicht einschlägig wären, können auch nicht über das Prinzip der Veranlassung für andere Beendigungsformen herangezogen werden. Dafür sprechen überdies rechtspolitische Argumente: Aufhebungsverträge sind gegenüber Kündigungen wegen der für alle Parteien günstigen Motivlage wünschenswert[164]. Dieses Zwischenergebnis soll an einem weiteren Beispiel erläutert werden: § 112a Abs. 1 S. 1 BetrVG unterwirft nur betriebsbedingte Kündigungen einer speziellen gesetzlichen Regelung[165]. Für Aufhebungsverträge, die solchen Kündigungen nach § 112a Abs. 1 S. 2 BetrVG gesetzlich gleichgestellt sind, dürfen keine strengeren Maßstäbe gelten: Im Sinne des § 112a Abs. 1 S. 2 BetrVG können deswegen auch nur betriebsbedingte Aufhebungsverträge veranlasst werden[166]. Wurde ein Aufhebungsvertrag nicht aus betriebsbedingten Gründen geschlossen, ist § 112a Abs. 1 S. 2 BetrVG hingegen unanwendbar. Denn eine Arbeitgeberkündigung, die statt des Aufhebungsvertrages ausgesprochen worden wäre, hätte § 112a Abs. 1 S. 1 BetrVG nicht erfasst.

Gelten weitere Voraussetzungen – wie z.B. dass die Kündigungen mit einer Betriebsänderung im Zusammenhang stehen müssen[167] – so müssen diese folglich auch bei Aufhebungsverträgen vorliegen[168]. Wird etwa einem Arbeitgeber auf Antrag des Betriebsrats durch Beschluss des Arbeitsgerichts nach § 104 S. 2 BetrVG aufgegeben, die Entlassung eines Arbeitnehmers durchzuführen, scheidet eine rechtlich relevante Veranlassung des Arbeitgebers – ganz unabhängig von den konkreten Umständen – *per se* aus, wenn eine entsprechende Kündigung ebenfalls auch nicht im Rahmen der §§ 111 ff. BetrVG zu berücksichtigen wäre: Die Beendigung steht dann nicht im Zusammenhang mit der Betriebsänderung[169]. Der Arbeitgeber hat den Arbeitnehmer zwar dazu veranlasst, an der Beendigung seines

---

[164] Siehe zur Motivlage bei Aufhebungsverträgen oben unter § 2 B.

[165] Richardi-*Richardi/Annuß*, § 112a BetrVG Rdnr. 7; GKBetrVG-*Oetker*, §§ 112, 112a BetrVG Rdnr. 243; *Däubler*/Kittner/Klebe, §§ 112, 112a BetrVG Rdnr. 31, für Sozialplanansprüche anders bei § 111 BetrVG Rdnr. 57; im Grundsatz wie hier, aber in Ausnahmefällen differenzierend Willemsen/Hohenstatt/*Schweibert*/Seibt, C 46 f.

[166] *Heinze*, NZA 1987, 41, 48; die Gesetzesbegründung BT-Drucks. 10/2102, S. 28, stellt lediglich klar, dass sich aus § 112a Abs. 1 S. 2 BetrVG kein Schluss zugunsten der Zulässigkeit von Eigenkündigungen von Arbeitnehmern – die in § 112a Abs. 1 S. 2 BetrVG nicht genannt sind – nicht in Frage kommt; ungenau *Hess*/Schlochauer/Worzalla/Glock, § 112a BetrVG Rdnr. 10.

[167] Siehe statt aller *Matthes*, FS D. Gaul, S. 397, 399.

[168] Richtig *BAG* v. 16.7.1995, AP Nr. 96 zu § 112 BetrVG; a.A. *Matthes*, FS D. Gaul, S. 397, 399 für andere Fälle als die des § 112a Abs. 1 BetrVG. Folglich nimmt das *BAG* eine Veranlassung an, wenn der Arbeitgeber anlässlich eines geplanten Personalabbaus den Arbeitnehmern auf einer Betriebsversammlung nahe legt, sich nach anderen Arbeitsplätzen umzusehen, vgl. *BAG* v. 28.10.1992, AP Nr. 65 zu § 112 BetrVG.

[169] Anders gilt nach herrschender Auffassung indessen für die Pflicht zur Beteiligung und Anzeige bei Massenentlassungen. Siehe ausführlich in § 7 E. II. 2. c. (1).

Arbeitsverhältnisses mitzuwirken. Doch ist zwischen Veranlassung und Mitwirkung eine besondere Verbindung zu fordern. Diese ist hier nicht gegeben[170].

C. Mehraktige Umgehung einaktiger Beendigungstatbestände

Sieht man die dogmatische Grundlage des Veranlassungsprinzips darin, Umgehungen zu verhindern, ergeben sich aufgrund der Struktur von Aufhebungsverträgen Schwierigkeiten. Genauso wie Kündigungen sind Aufhebungsverträge Rechtsgeschäfte. Anders als Kündigungen, die durch einen einzigen Akt die Beendigung des Arbeitsverhältnisses herbeiführen, sind Aufhebungsverträge jedoch mehraktige Beendigungstatbestände. Für ihren Abschluss bedarf es zweier übereinstimmender Willenserklärungen – der des Arbeitgebers und der des Arbeitnehmers. An dreiseitigen Aufhebungsverträgen sind sogar drei Parteien beteiligt. Damit bestehen sie aus drei Akten.

Die Vorschriften, deren unzulässige Umgehung das Veranlassungsprinzip ausschalten möchte, knüpfen aber an Kündigungen an. Entsprechend sind sie auf einaktige Beendigungstatbestände zugeschnitten. Die Vorschriften, welche andere Beendigungstatbestände, welche der Arbeitgeber veranlasst, mit Arbeitgeberkündigungen gleichstellen, geben keinen Hinweis darauf, wie dieser Besonderheit zu begegnen ist.

I. Problem des zeitlichen Bezugspunkts

Doch ergeben sich aus ihr strukturelle Fragen: Das Veranlassungsprinzip sorgt dafür, dass nicht an die Form der Beendigung, sondern an die materiellen Auflösungsgründe angeknüpft wird. Müssen solche Gründe festgestellt werden (1. und 2.) oder ist für die Erfüllung formeller Pflichten ein bestimmter Zeitpunkt maßgeblich (3.), kommen Schwierigkeiten auf. Denn wegen der Mehraktigkeit gibt es bei Aufhebungsverträgen mehrere zeitliche Anknüpfungspunkte – nur welcher ist der richtige? Für die Verwirklichung des Veranlassungsprinzips ist es oftmals notwendig, einen einzigen Zeitpunkt bestimmen zu können, welcher den Zugang der Kündigungserklärung des Arbeitgebers ersetzt.

1. Motivkonkurrenz zwischen Arbeitgeber und Arbeitnehmer

Bei Aufhebungsverträgen kann – jedenfalls leichter als bei Kündigungen – die Motivlage beider Arbeitsvertragsparteien untersucht werden. Denn an der Beendigung wirken beide Parteien durch Willenserklärungen mit. Die jeweiligen Gründe, welche die Parteien dazu bewogen haben, einen Aufhebungsvertrag abzuschließen, können sich gleichwohl unterscheiden. So kann es beispielsweise vorkommen, dass

---

[170] Dazu noch unter § 3 D. III.

der Arbeitnehmer das Arbeitsverhältnis wegen Umzugs in einer andere Stadt – also aus persönlichen Gründen – beenden wollte, dass den Arbeitgeber aber wirtschaftliche Interessen – also betriebsbedingte Gründe – geleitet haben. In solchen Fällen kommt es darauf an, auf wessen Motivlage die kündigungsrechtlichen Vorschriften abstellen, deren Umgehung in Rede steht. In § 112a Abs. 1 S. 2 BetrVG ergibt sich beispielsweise aus dem Zweck der §§ 111 ff. BetrVG sowie aus der Bezeichnung „betriebsbedingte Gründe", dass es auf betriebliche Umstände – also auf die Motivlage des Arbeitgebers – ankommt. Dies wird jedenfalls im Zusammenhang mit Umstrukturierungen und Sanierungen in aller Regel der Fall sein[171].

2. Motivwechsel des Arbeitgebers

Das Motiv einer oder beider Parteien kann darüber hinaus „zwischen den Akten" wechseln. Auch hierfür ein Beispiel: Ein Arbeitgeber bietet einem Arbeitnehmer einen Aufhebungsvertrag aus betriebsbedingten Gründen an. Zögert der Arbeitnehmer zunächst mit der Annahme und ist wegen der plötzlichen Besserung der wirtschaftlichen Situation des Unternehmens kein Personalabbau mehr erforderlich, entfallen die betriebsbedingten Gründe. Legt der Arbeitgeber dem Arbeitnehmer aber trotzdem die Annahme eines ihm bereits angebotenen Aufhebungsvertrages nahe, etwa weil dieser zwischenzeitlich eines Diebstahls im Betrieb dringend verdächtig geworden ist und ansonsten wegen dieses Verdachts gekündigt würde, tragen personen- bzw. verhaltensbedingte Gründe die Beendigung.

3. Bestimmung von Schwellenwerten und Pflichten des Arbeitgebers

Darüber hinaus kann es – auch unabhängig von den Motiven für eine Beendigung – darauf ankommen, einen genauen Zeitpunkt festzulegen, in welchem mehraktige Aufhebungsverträge eine einaktige Kündigung ersetzen. Dies ist etwa wichtig, wenn untersucht wird, ob bestimmte Schwellenwerte erreicht wurden oder ob der Arbeitgeber bestimmte Pflichten – etwa die Pflicht zur Massenentlassungsanzeige nach § 17 Abs. 1 S. 1 KSchG – rechtzeitig erfüllt hat.

II. Bestimmung des richtigen Zeitpunkts

1. Willenserklärung des Arbeitgebers

Ein Arbeitgeber, der einem Arbeitnehmer nicht kündigen, sondern einen Aufhebungsvertrag mit ihm vereinbaren möchte, muss eine darauf gerichtete Willenser-

---

[171] Vereinzelt werden aber auch die Kündigungsgründe des Arbeitnehmers konkretisiert, vgl. die Untersuchung von *Fromm*, Die arbeitnehmerseitigen Kündigungsgründe; auch in den Fällen des § 75 Abs. 1 HGB oder § 628 Abs. 2 BGB kann es vorkommen, dass es gerade das Verhalten des Arbeitgebers ist, welches den Arbeitnehmer dazu bringt, die Beendigung des Arbeitsverhältnisses zu initiieren.

klärung abgeben. Deswegen liegt es nahe, die Willenserklärung des Arbeitgebers als rechtliches Substitut zur Arbeitgeberkündigung heranzuziehen. Ihr Wirksamwerden mit Zugang nach § 130 Abs. 1 S. 1 BGB könnte den Zugang der Kündigungserklärung auch insoweit „ersetzen", wie es auf einen genauen Zeitpunkt ankommt.

Ein Vergleich mit Eigenkündigungen von Arbeitnehmern, die der Arbeitgeber im Rechtssinne ebenso wie Aufhebungsverträge veranlassen kann, offenbart jedoch Zweifel an dieser vermeintlich einfachen Lösung: In solchen Fällen liegt seitens des Arbeitgebers überhaupt kein rechtliches Substitut, sondern lediglich rein tatsächliches Verhalten vor. Denn bei einer Eigenkündigung des Arbeitnehmers gibt der Arbeitgeber selbst keine Willenserklärung – etwa eine Kündigungserklärung oder eine Erklärung, die auf Abschluss eines Aufhebungsvertrages gerichtet ist – ab. Trotzdem muss er die Beendigung des Arbeitsverhältnisses durch eine Arbeitnehmerkündigung mit der Folge „veranlassen" können, dass es auf die materiellen Beendigungsgründe ankommt. Wenn aber eine Eigenkündigung im Rechtssinne ohne Willenserklärung des Arbeitgebers erfolgen kann, dann spricht vieles dafür, dass auch die *Veranlassung* eines Aufhebungsvertrages für sich genommen keiner Willenserklärung des Arbeitgebers bedarf. Anderenfalls wären für Aufhebungsverträge und Eigenkündigungen, welche der Arbeitgeber veranlasst, jeweils unterschiedliche Zeitpunkte maßgeblich. Ob ein Arbeitgeber Kündigungsvorschriften aber durch Aufhebungsverträge oder durch Eigenkündigungen in unzulässiger Weise umgeht – und in welchem Moment er dies genau tut – kann nicht von der Form abhängen, der er sich bedient. Gerade die Bedeutungslosigkeit der Form gegenüber den Gründen der Beendigung kennzeichnet schließlich das Prinzip der Veranlassung.

Auch bei Aufhebungsverträgen kann die bloße Berücksichtigung der Willenserklärung des Arbeitgebers Unzuträglichkeiten hervorrufen: Überzeugt der Arbeitgeber beispielsweise einen Arbeitnehmer, seinerseits ein Angebot auf Abschluss eines Aufhebungsvertrages an den Arbeitgeber abzugeben, ist es kaum möglich, zwischen der Willenserklärung des Arbeitgebers – die der des Arbeitnehmers erst nachfolgt! – und dem Verhalten des Arbeitnehmers irgendeine logische Verbindung nachzuweisen. Das Rechtsgefühl spricht aber dagegen, in solchen Konstellationen eine rechtlich relevante Veranlassung *per se* abzulehnen. Eine Veranlassung – also zugespitzt: eine möglicherweise unzulässige Umgehung – kann deswegen nicht danach beurteilt werden, wer den ersten rechtlichen Schritt zur Beendigung des Arbeitsverhältnisses setzt[172]. Es ist ebenso widersprüchlich, die Bedeutung von Willenserklärungen für das Veranlassungsprinzip danach zu unterscheiden, welche konkrete Gestaltungsmöglichkeit gewählt wird: Aus Sicht der allgemeinen zivil-

---

[172] Gegen eine „Theorie des ersten Schrittes" auch *Grunsky*, Anm. zu BAG AP Nr. 172 zu § 242 BGB Ruhegehalt.

rechtlichen Umgehungsdogmatik macht es keinen Unterschied, ob der Arbeitgeber den Arbeitnehmer überzeugt, selbst zu kündigen oder einem Aufhebungsvertrag zuzustimmen. Für die Frage, was seine Kündigungserklärung ersetzt, kann es folglich nicht auf das Angebot des Arbeitgebers an den Arbeitnehmer ankommen, mit ihm einen Aufhebungsvertrag abzuschließen.

2. *Zustandekommen des Aufhebungsvertrags*

Weil der Beendigungstatbestand Aufhebungsvertrag ohnehin erst vollendet wird, wenn zwei übereinstimmende Willenserklärungen vorliegen, die auf ihn gerichtet sind, kommt das Zustandekommen des Aufhebungsvertrags als kündigungsersetzend in Betracht.

Was die *Beendigungswirkung* angeht, ist dies ohne Zweifel der Fall. Oben[173] wurde aber dargelegt, dass der rechtlich relevante Zeitpunkt – also die *Substitutionswirkung* – sehr sensibel zu bestimmen ist. Bei dem typischen Verlauf, nach welchem massenhaft Aufhebungsverträge zustande kommen, unterbreitet der Arbeitgeber den Arbeitnehmern Angebote, welches diese in der Folge annehmen. Das Zustandekommen von Aufhebungsverträgen hängt somit letztlich von der jeweiligen Annahme jedes einzelnen Arbeitnehmers ab. Doch hat die Beantwortung der Frage, zu welchem Zeitpunkt genau der *Arbeitgeber* in womöglich unzulässiger Weise Kündigungsvorschriften umgeht, streng genommen mit dem Moment nichts gemein, in dem der *Arbeitnehmer* dessen Angebot annimmt. Denn Kündigungsvorschriften bezwecken es, das Verhalten des Arbeitgebers zu steuern[174] – es mutet komisch an, dass derjenige Zeitpunkt rechtlich relevant sein soll, der üblicherweise am weitesten von seiner Beschlussfassung entfernt ist. Hat der Arbeitgeber – wie etwa nach neuem Verständnis von § 17 Abs. 1 S. 1 KSchG[175] – *vor* Ausspruch der Kündigungserklärung bestimmte Verpflichtungen zu erfüllen, so tun sich für ihn gar neue Gestaltungs- bzw. Umgehungsgelegenheiten auf: Derjenige Arbeitgeber, der die Annahme seines Angebots heraus zögert, könnte seine Pflichten umgehen oder deren Nichteinhaltung verdecken.

Stellte man auf das Zustandekommen von Aufhebungsverträgen ab, könnten sich die Arbeitnehmer gleichermaßen zu planmäßigem Handeln berufen fühlen: Sprechen sie sich untereinander ab und nehmen sie kollektiv die Angebote des Arbeitgebers verspätet an, können sie damit Pflichten des Arbeitgebers begründen, die nicht bestünden, wenn er ihnen gekündigt hätte: Dies gilt ebenfalls für die Berech-

---

[173] Unter § 3 C. I.
[174] Siehe aber die zahlreichen Nachweise bei *Preis*, Grundprinzipien des Kündigungsrechts bei Arbeitsverhältnissen, S. 24 ff., nach denen eine Kündigung in der Praxis mit sehr großer Häufigkeit dazu führt, dass der Arbeitgeber „den einmal gekündigten Arbeitnehmer in seinem Betrieb nicht wiedersieht." (S. 26).
[175] Vgl. dazu ausführlich unten unter § 7 C. IV.

nung von Schwellenwerten in § 112a Abs. 1 BetrVG und § 17 Abs. 1 KSchG. Verteilt der Arbeitgeber die Angebote über einen längeren Zeitraum, nehmen die Arbeitnehmer die Aufhebungsvertragsangebote aber in geschickter Weise zu viel näher beieinander liegenden Terminen an, könnten Schwellenwerte überschritten werden, die bei Ausspruch von Arbeitgeberkündigungen nicht erreicht würden. Das Verbot der Umgehung von Kündigungsvorschriften, welche das Veranlassungsprinzip erreichen möchte, würde pervertiert. Das oben beschriebene *Gleichbehandlungsgebot* zugunsten von Aufhebungsverträgen muss hier berücksichtigt werden[176].

3. Veranlassungsverhalten des Arbeitgebers als typisches Charakteristikum

Weder die Willenserklärung des Arbeitgebers noch das Zustandekommen eines Aufhebungsvertrags führen zu widerspruchsfreien Lösungen. Stellt man auf die Willenserklärung des Arbeitgebers ab, lässt sich damit eine Veranlassung des Arbeitgebers von Eigenkündigungen ebenso wenig erfassen wie von Aufhebungsverträgen, bei welchen der Arbeitnehmer die erste Erklärung abgibt. Das Zustandekommen erweist sich hingegen als ungeeignet, weil es bei üblichem Verlauf dazu führt, auf die Willenserklärung des Arbeitnehmers abzustellen. Doch hat der Arbeitgeber – um dessen Umgehungsverhalten es bei der Veranlassung geht – auf diesen Zeitpunkt keinerlei Einfluss. Ferner birgt das Zustandekommen für beide Seiten Missbrauchsmöglichkeiten, wenn man es als denjenigen Zeitpunkt betrachtet, in welchem die Kündigung des Arbeitgebers im Sinne des Veranlassungsprinzips ersetzt wird.

Man muss sich deshalb von dem Gedanken lösen, dass nur Willenserklärungen – das Angebot des Arbeitgebers oder die Annahme des Arbeitnehmers bzw. der Moment des jeweiligen Zugangs – rechtlich relevant sein können, um das Veranlassungsprinzip in zeitlicher Hinsicht zu beherrschen.

Für eine angemessene Lösung muss man die *rechtliche* Bedeutung des Veranlassungsprinzips als Umgehungsprüfung für einen Augenblick vernachlässigen. An der Veranlassung der Beendigung durch den Arbeitgeber ist nämlich *in tatsächlicher Weise* besonders, dass es dem Arbeitgeber gelingt, auf einen Beendigungstatbestand auszuweichen, für den es – anders als für Arbeitgeberkündigungen – keine besonderen Vorschriften gibt[177]. Das *typische Charakteristikum* vom Arbeitgeber veranlasster Beendigungen ist es, dass er den Arbeitnehmer dazu bewegt, sich auf eine Beendigungsform – durch Erklärung der Eigenkündigung oder durch Zustimmung zu einem Aufhebungsvertrag – einzulassen, welche die eigene beendigungs-

---

[176] Siehe § 3 B. III. 4. b.
[177] Siehe die Einleitung zu § 3: Keine aufhebungsvertragsspezifischen Vorschriften.

rechtliche Mitwirkung des Arbeitnehmers voraussetzt[178]. Außer bei Arbeitgeberkündigungen ist eine rechtliche Mitwirkung des Arbeitnehmers an der rechtsgeschäftlichen Beendigung von Arbeitsverhältnissen stets erforderlich.
Ähnlich wie es die Rechtsprechung zu § 628 Abs. 2 BGB vorgibt – dort ist das zu vertretende vertragswidrige Verhalten einer der Parteien, nicht aber die Beendigung selbst maßgeblich[179] – ist also gerade entscheidend, welches *Verhalten* eine bestimmte Rechtsfolge auslösen soll. Deswegen muss die *invitatio* des Arbeitgebers entscheidend berücksichtigt werden. Die Beendigung von Arbeitsverhältnissen kann überhaupt nur erfolgreich vom Arbeitgeber veranlasst werden, wenn sich der Arbeitnehmer darauf einlässt, an der Beendigung rechtlich mitzuwirken. Mit seiner Kündigung gleichzustellen ist die Überzeugungsarbeit des Arbeitgebers, mit welchem er die rechtliche Mitwirkung des Arbeitnehmers an der Beendigung erreicht. Dieses Verhalten ersetzt den Ausspruch der Kündigung des Arbeitgebers.
Ist ein Zeitpunkt zu bestimmen, zu welchem ein Aufhebungsvertrag, den der Arbeitgeber veranlasst hat, eine alternative Arbeitgeberkündigung ersetzt, kommt es also auf den Moment des Veranlassungsverhaltens des Arbeitgebers an. Freilich wird dieses Verhalten in vielen Fällen *uno acto* mit dem Angebot auf Abschluss eines Aufhebungsvertrages zusammenfallen[180].
Bei oberflächlicher Betrachtung mutet es merkwürdig an, dass somit ein Verhalten rechtlich relevant sein kann, aus welchem nicht einmal sicher folgt, dass ein Arbeitsverhältnis beendet wurde. Denn schließlich liegt es an dem Arbeitnehmer, ob er sich von dem Arbeitgeber und dessen Argumenten überzeugen lässt! Doch die Willenserklärung des Arbeitgebers allein und sogar eine Arbeitgeberkündigung führen nicht zwangsläufig dazu, dass ein Arbeitsverhältnis wirklich beendet wird. Ein Angebot des Arbeitgebers an den Arbeitnehmer, einen Aufhebungsvertrag abzuschließen, muss dieser nicht annehmen. Auch Kündigungen können vom Arbeitgeber zurückgenommen werden[181]. Es kann sich – ändern sich innerhalb der Kündigungsfrist die Umstände – ein Wiedereinstellungsanspruch des Arbeitnehmers ergeben. Schließlich kann ein Arbeitnehmer die Wirksamkeit einer Kündigung – wie auch die eines Aufhebungsvertrags – gerichtlich überprüfen lassen. Die wirkli-

---

[178] Dieses Spezifikum wird kaum gesehen; siehe aber zu Art. 1 Abs. 1 UAbs. 2 der Richtlinie 98/59/EG *EuGH* v. 12.10.2004 (Kommission/Portugal), NZA 2004, 1265, 1268 im Anschluss an die Schlussanträge des Generalanwalts *Tizzano* (dort unter Rdnr. 46 f.): „[...] Entlassungen (unterscheiden sich, der Verf.) von Beendigungen des Arbeitsvertrags, die unter den in Art. 1 I letzter Unterabsatz der Richtlinie genannten Voraussetzungen den Entlassungen gleichgestellt werden, durch die fehlende Zustimmung des Arbeitnehmers."
[179] Vgl. oben unter § 3 A. II. 1.
[180] Beispiel: „Wir bieten Ihnen diesen Aufhebungsvertrag an und legen Ihnen dringend nahe, diesen abzuschließen, weil wir ansonsten eine Kündigung aussprechen müssten."
[181] Ein Arbeitnehmer wird in aller Regel der Fortsetzung des Arbeitsverhältnisses zustimmen; siehe *Berrisch*, FS Leinemann, S. 315 ff. zu den Problemen, die dabei entstehen können.

che Beendigung des Arbeitsverhältnisses ist schließlich erst die Folge eines vollständigen Beendigungstatbestands, der nicht im Nachhinein von den Parteien beseitigt oder angegriffen wird. Es spricht vieles dafür, die zeitliche Bestimmung der Veranlassung von der Frage zu entkoppeln, ob es am Ende zur Beendigung des Arbeitsverhältnisses gekommen ist.

D. Struktur des Veranlassungsprinzips

Von einer Veranlassung des Arbeitgebers, das Arbeitsverhältnis zu beenden, ist folglich auszugehen, wenn ein Veranlassungsverhalten des Arbeitgebers nachzuweisen ist, welches mit der rechtlichen Mitwirkung des Arbeitnehmers verknüpft ist. In der Praxis wird es jedoch oftmals nicht nur eine einzige, klar feststellbare Handlung des Arbeitgebers geben, welche den Arbeitnehmer bewegen soll, an einem Aufhebungsvertrag mitzuwirken.

Um sich einer eindeutigen Beantwortung dieser Frage in Einzelfällen annähern zu können, soll im Folgenden die Struktur des Veranlassungsprinzips nachgezeichnet werden. Es geht darum, was das Verhalten beim Arbeitnehmer auslösen können muss (1.), welche grundlegenden Anforderungen an das Veranlassungsverhalten zu stellen sind (2.) und wie das Handeln des Arbeitgebers und des Arbeitnehmers miteinander verknüpft werden müssen (3.).

I. Rechtliche Mitwirkung des Arbeitnehmers als Ziel

Zumindest ein Merkmal ist für arbeitsrechtliche Aufhebungsverträge leicht festzustellen: Die erforderliche rechtliche Mitwirkung des Arbeitnehmers liegt in der Willenserklärung, die auf den Abschluss eines Aufhebungsvertrages gerichtet ist. Gleiches gilt für die Fälle, in denen der Arbeitgeber eine Arbeitnehmerkündigung veranlassen möchte. Auch hier ist seine Mitwirkung in der Abgabe einer Willenserklärung an den Arbeitgeber – nämlich in dem Ausspruch der Kündigung – zu sehen.

Wie oben dargestellt, geht es bei der Frage der Veranlassung aber immer darum, wie der Arbeitgeber eine Beendigungsform herbeiführt, die es ihm ermöglicht, Kündigungsschutzvorschriften auszuweichen. Daraus folgt zugleich, dass eine tatbestandliche Veranlassung nicht immer erst vorliegt, wenn die rechtliche Mitwirkung des Arbeitnehmers tatsächlich vollzogen worden ist. Es genügt, dass der Arbeitgeber sie erreichen möchte.

II. Veranlassungsverhalten des Arbeitgebers

Schwieriger gestaltet es sich indessen, das Veranlassungsverhalten und dessen logische Verknüpfung mit der Mitwirkung des Arbeitnehmers zu definieren.

Die „Veranlassung" erfordert ein Veranlassungsverhaltens des Arbeitgebers. Dafür kommt jedes Verhalten des Arbeitgebers in Betracht, welches eine rechtliche Mitwirkung des Arbeitnehmers auslösen kann. Das Angebot zum Abschluss eines Aufhebungsvertrages hat für sich genommen nur rechtsgeschäftliche Bedeutung. Es müssen für eine Veranlassung aber tatsächliche Umstände hinzutreten, die einen Arbeitnehmer zur rechtlichen Mitwirkung bewegen. Die Besonderheit der Veranlassung ist nicht, dass der gesamte Vertrag eindeutig auf diejenige Partei zurückgeht, welche das erste Angebot abgegeben hat, sondern dass der Arbeitgeber gerade die rechtliche Mitwirkung des Arbeitnehmers hervorruft. Anderenfalls würde eine Veranlassung immer ausscheiden, wenn der Arbeitgeber Arbeitnehmer zu Eigenkündigungen oder – noch plastischer – zum Angebot des Abschlusses von Aufhebungsverträgen bestimmt[182].

Ein Veranlassungsverhalten ist leicht auszumachen, wenn aktives Tun des Arbeitgebers vorliegt. Dies wird etwa der Fall sein, wenn der Arbeitgeber auf einer Betriebsversammlung seine Überlegungen verkündet, den Betrieb zu schließen. Auch ein Gespräch mit dem Betriebsrat oder eine Information des Aufsichtsrats etc. kommen als Veranlassungsverhalten in Betracht. Gleiches gilt insbesondere für Personalgespräche mit einzelnen Mitarbeitern. Es kann aber auch eine Veranlassung durch Unterlassen gegeben sein, etwa wenn der Arbeitgeber Gerüchten nicht entgegentritt, die dazu beitragen, dass einige Arbeitnehmer ihr Arbeitsverhältnis freiwillig aufgeben.

Das Veranlassungsverhalten muss für denjenigen Arbeitnehmer, dessen rechtliche Mitwirkung an der Beendigung des Arbeitsverhältnisses vom Arbeitgeber veranlasst wird, erkennbar sein. Nur dann ist es überhaupt möglich, dass die Veranlassung eine eigene Mitwirkung des Arbeitnehmers hervorruft. Es ist aber nicht erforderlich, dass der jeweilige Arbeitnehmer direkt vom Veranlassungsverhalten erfährt – denkbar ist auch, dass beispielsweise Arbeitnehmervertreter oder die Medien ihn unterrichten.

III. Verknüpfung von Veranlassungsverhalten und rechtlicher Mitwirkung

Das Verhalten des Arbeitgebers muss mit der rechtlichen Mitwirkung des Arbeitnehmers logisch verknüpft sein. Nicht jedwedes Arbeitgeberverhalten, welches sich in irgendeiner Weise auf die rechtliche Mitwirkung des Arbeitnehmers an der Beendigung des Arbeitsverhältnisses auswirken soll, begründet eine Veranlassung im Rechtssinn. Das Verhalten, welches den Arbeitnehmer überzeugt, an der Beendigung rechtlich zu mitwirken, muss dazu in einem besonderen Verhältnis stehen.

---

[182] Vgl. ausführlich unter § 3 C. II. 2.

1. Adäquate Kausalität

Zum Teil wird es als ausreichend angesehen, wenn die Unternehmensführung Bedingungen entstehen lässt, die es einem vernünftigen Arbeitnehmer nahe legen, von sich aus das Arbeitsverhältnis zu beenden[183]. Dies entspricht in etwa der Kausalität im Sinne der Adäquanztheorie[184]. Dagegen spricht jedoch, dass auf diese Weise ohne weiteres Fälle als vom Arbeitgeber veranlasst qualifiziert würden, in denen der Arbeitgeber eine Umgehung kündigungsrechtlicher Vorschriften weder beabsichtigt noch überhaupt Kündigungen aussprechen würde. Der Sinn der „Veranlassung", beendigungsrechtliche Substitute zu erfassen, würde überstrapaziert, wenn die Beendigung des Arbeitsverhältnisses vom Arbeitgeber ansonsten gar nicht herbeigeführt worden wäre. Stellt man sich beispielsweise vor, dass ein Arbeitnehmer auf seinen Arbeitgeber zutritt und um Zustimmung zu einem Aufhebungsvertrag bittet, weil er gehört habe, dass der Arbeitgeber – was tatsächlich auch stimmt – den Betrieb schließen wolle, in dem der Arbeitnehmer beschäftigt ist, dann ist die Entscheidung über die Form der Beendigung des Arbeitsverhältnisses bereits gefallen. Allerdings tritt der Aufhebungsvertrag dann nicht an die Stelle der Arbeitgeberkündigung. Hat der Arbeitgeber keinen Einfluss auf die Form der Beendigung nehmen können oder wollen, bestehen auch die typischen Gefahren nicht, welche die Einbeziehung von Beendigungstatbeständen, die von ihm veranlasst werden, mit sich bringt. Kausalität im Sinne der Adäquanztheorie scheidet daher als Verknüpfung zwischen Veranlassungsverhalten des Arbeitgebers und der rechtlichen Mitwirkung des Arbeitnehmers aus.

2. Finale „Bestimmung" eines Arbeitnehmers zum Vertragsschluss

Andere nehmen eine Veranlassung an, wenn der Arbeitgeber einen Arbeitnehmer im Hinblick auf eine konkret geplante Betriebsänderung zum Vertragsschluss bestimmt, um so eine sonst nötige betriebsbedingte Kündigung zu vermeiden[185].
Es ist in der Tat vorzugswürdig, zu prüfen, ob der Aufhebungsvertrag aus Sicht des Arbeitgebers tatsächlich an die Stelle einer Arbeitgeberkündigung treten sollte, um die kündigungsrechtlichen Vorschriften zu umgehen. Denn diese Prüfung führt letztendlich dazu, den Zweck des Veranlassungsverhaltens des Arbeitgebers zu untersuchen[186]. Dagegen lässt sich einwenden, dass die Berücksichtigung der Ver-

---

[183] *Däubler*/Kittner/Klebe, § 111 BetrVG Rdnr. 55.
[184] Von „kausal" spricht z.B. auch KR-*Weigand*, § 17 KSchG Rdnr. 39.
[185] ErfKomm-*Kania*, §§ 112, 112a BetrVG Rdnr. 20; *Preis/Schneider*, FS 25 Jahre ARGE ArbR im DAV, S. 1301, 1318; *dies.*, NZA 2006, 1297, 1301.
[186] Von dem Zweck des Arbeitgebers geht – ohne nähere dogmatische Aufarbeitung – auch das *BAG* aus; siehe z.B. *BAG* v. 4.7.1989, AP Nr. 27 zu § 111 BetrVG; neuerdings findet sich in der Rechtsprechung die Formel, dass eine Veranlassung vorliegt, wenn „der Arbeitgeber bei dem Arbeitnehmer im Hinblick auf eine konkret geplante Betriebsänderung die objektiv berechtigte Annahme hervorgerufen hat, mit der eigenen Initiative zur Beendigung des Arbeitsverhältnisses

anlassung dazu dient, Umgehungen zu verhindern, dass es gleichzeitig aber der allgemeinen zivilrechtlichen Umgehungsdogmatik entspricht, dass die Auslegung der umgangenen Norm, nicht aber die Umgehungsabsicht der Parteien maßgeblich ist[187]. Aus diesem allgemeinen Grundsatz folgt indessen nicht, dass sich nicht aus der Auslegung ergeben kann, dass auf den Zweck abzustellen ist, den der Umgehende verfolgt.

Außerdem ist im Regelfall der unzulässigen Umgehung eine „subjektive Komponente" als Eingriffsschwelle erforderlich[188]. Stellen Normen – wie etwa § 17 Abs. 1 S. 2 KSchG oder § 112a Abs. 1 S. 2 BetrVG – ausdrücklich auf die „Veranlassung" des Arbeitgebers ab, deutet bereits der Wortlaut auf ein gewisses Maß an Subjektivität hin. Denn bei bewusster Zuordnung einer Angelegenheit in den Verantwortungsbereich einer anderen Person liegt es in der Natur der Sache, dass man sich über den Grund der Zuordnung Gedanken gemacht hat. Vor allem aber entspricht es dem Zweck der Berücksichtigung der Veranlassung, durch Auslegung die Lücken zu schließen, welche durch die *bewusste* Wahl bestimmter Beendigungsformen entstehen. Es soll hingegen nicht jeder Beitrag, der eine rechtliche Mitwirkung des Arbeitnehmers wahrscheinlich werden lässt, als Veranlassung gelten. Daher liegt allgemein eine „Veranlassung" nur vor, wenn es der Arbeitgeber bezweckt, mit seinem Verhalten die Wirkung der jeweiligen Norm zu umgehen, wie sie für Kündigungen gelten würde.

E. Zwischenergebnis

Wenn berücksichtigt wird, ob der Arbeitgeber die Beendigung des Arbeitsverhältnisses veranlasst hat, geht es darum, unzulässige Umgehungen von Kündigungsnormen durch andere Beendigungstatbestände zu verhindern.

Eine „Veranlassung" liegt vor, wenn das Verhalten des Arbeitgebers bezweckt, dass der Arbeitnehmer an der Beendigung des Arbeitsverhältnisses rechtlich mitwirkt, um einen ganz bestimmten Rechtssatz zu umgehen, der nur für Arbeitgeberkündigungen gilt. Folgende Gedanken gelten auf Grundlage des Veranlassungsprinzips für die weitere Untersuchung einzelner Rechtsprobleme:

---

komme er einer andernfalls notwendig werdenden betriebsbedingten Kündigung des Arbeitgebers lediglich zuvor", vgl. *BAG* v. 23.9.2003, AP Nr. 43 zu § 113 BetrVG, Rdnr. 24. „Objektiv berechtigt" ist die Annahme des Arbeitnehmers aber freilich nur dann, wenn der Arbeitgeber tatsächlich bezweckt, das Arbeitsverhältnis ansonsten durch Kündigung zu beenden.

[187] *Teichmann*, Die Gesetzesumgehung, S. 69 f.; Staudinger-*Sack*, § 134 BGB Rdnr. 145; *Benecke*, Gesetzesumgehung im Zivilrecht, S. 153 ff.; *Sieker*, Umgehungsgeschäfte, S. 39 ff.
[188] *Benecke*, Gesetzesumgehung im Zivilrecht, S. 156.

Das Veranlassungsprinzip beschreibt ein Auslegungsergebnis, nach welchem an die Gründe für die Beendigung eines Arbeitsverhältnisses, aber nicht an dessen Form anzuknüpfen ist.

Zugunsten von Beendigungstatbeständen, die aufgrund des Veranlassungsprinzips am Maßstab kündigungsrechtlicher Normen gemessen werden, folgt aus der allgemeinen zivilrechtlichen Umgehungsdogmatik eine Art *Gleichbehandlungsgebot*: Sie dürfen nicht strenger beurteilt werden, als die Kündigungen, die sie substituieren sollen.

Die Kündigungserklärung des Arbeitgebers wird weder durch seine auf einen Aufhebungsvertrag gerichtete Willenserklärung noch durch dessen Zustandekommen ersetzt, sondern durch sein Verhalten, mit welchem er den Arbeitnehmer davon überzeugen möchte, an der Beendigung des Arbeitsverhältnisses rechtlich mitzuwirken. Der Arbeitgeber veranlasst die Beendigung eines Arbeitsverhältnisses im Rechtssinne nur, wenn er damit die Umgehung kündigungsrechtlicher Vorschriften bezweckt.

§ 4 Aufhebungsverträge und § 613a BGB

Bei arbeitsrechtlichen Sanierungen und Umstrukturierung wechselt häufig der Träger eines Betriebes[1]. Der neue Betriebsträger möchte oftmals andere unternehmerische Konzepte verwirklichen oder mit neuer Kraft notwendige betriebswirtschaftliche Maßnahmen treffen. Kaum eine andere arbeitsrechtliche Norm hat daher auf Umstrukturierungen und Sanierungen größeren Einfluss als § 613a BGB[2]. Mit ihnen gehen ebenso häufig Aufhebungsverträge einher. Indessen ist die Auseinandersetzung mit § 613a BGB nicht ausschließlich die *Folge* des massenhaften Abschlusses von Aufhebungsverträgen. Wie manche richterliche Entscheidung und Stimmen aus dem Schrifttum nahe legen, ist die Vermeidung der Rechtsfolgen von § 613a BGB – der Übergang der Rechte und vor allem der Pflichten aus dem Arbeitsverhältnis auf den Erwerber des Betriebs – oftmals *Anlass*, den massenhaften Abschluss von Aufhebungsverträgen herbeizuführen.

Folglich bewegt sich § 613a BGB in dem Zusammenhang, welcher hier untersucht wird, in einem System zweier miteinander kommunizierender Röhren: Einerseits als Grenze der zulässigen Gestaltung, andererseits als Motiv, überhaupt gestalterisch tätig zu werden. Hinzu kommt, dass § 613a BGB bereits für sich genommen verfassungsrechtliche Spannungen erzeugt[3]. In dem hier untersuchten Zusammenhang werden diese mit den verfassungsrechtlichen Grundlagen verschränkt, die für den Abschluss von Aufhebungsverträgen gelten. Im Folgenden werden zunächst die Grundzüge der Vorschrift (A.) und insbesondere die Entwicklung der *BAG*-Rechtsprechung zu Aufhebungsverträgen im Zusammenhang mit Betriebsübergängen nach § 613a BGB (B.) nachgezeichnet. Anschließend wird diese dogmatisch eingeordnet und kritisch gewürdigt (C.-E.). Schließlich folgt eine kurze Betrachtung anderer Vorschriften, die sich auf die Kontrolle von Aufhebungsverträgen auswirken können (F.).

---

[1] Die Begriffe Betriebsveräußerer und -erwerber sind gängig, aber unpräzise, da ein Betriebsinhaber auch ohne Veräußerungs- bzw. Erwerbsgeschäft i.S.d. § 613a BGB wechseln kann, etwa wenn ein Betrieb verpachtet wird.

[2] Etwas naiv wohl *Angermann*, Zivilrechtliche Probleme beim Unternehmenskauf, S. 114: „Probleme in bezug auf § 613a BGB entstehen beim Verkauf eines gesunden Unternehmens so gut wie nie [...]"; anders hingegen z.B. *von Stebut*, DB 1975, 2438, 2442.

[3] Darauf hat bereits *Stratmann*, SAE 1976, 78, 80 mit Recht hingewiesen.

A. Grundzüge von § 613a BGB

§ 613a BGB regelt die Rechte und Pflichten bei einem Betriebsübergang. Wann ein Betrieb im Sinne von § 613a BGB übergeht, ist Gegenstand einer – so scheint es – niemals enden wollenden Entwicklung, die insbesondere von der Rechtsprechung des *EuGH* beeinflusst wird[4]. „Geklärt" scheint angesichts Art. 1 Abs. 1 b) der Richtlinie 2001/23 EG lediglich, dass unter Betrieb eine „wirtschaftliche Einheit" zu verstehen ist, und dass ein „Betriebsübergang" vorliegt, wenn diese unter Wahrung ihrer Identität übertragen wird. Nicht sicher ist indessen, was damit im Einzelnen gemeint ist[5].

I. § 613a BGB im Überblick

Nach § 613a Abs. 1 S. 1 BGB gehen die Rechte und Pflichten aus den Arbeitsverhältnissen, die im Zeitpunkt des Übergangs bestehen, auf den neuen Betriebsinhaber über. § 613a Abs. 1 S. 2 bis 4 BGB bestimmen das Schicksal kollektiver Vereinbarungen bei Betriebsübergängen. Nach § 613a Abs. 2 S. 1 BGB haftet der alte Arbeitgeber neben dem neuen Inhaber für Verbindlichkeiten, die im Zeitpunkt des Betriebsübergangs bestehen, für ein Jahr als Gesamtschuldner. Nach § 613a Abs. 2 S. 2 BGB ist diese Haftung bei späteren Verbindlichkeiten auf die Quotelung des seit Übergang abgelaufenen Zeitraums beschränkt. Gem. § 613a Abs. 3 BGB gilt Abs. 2 nicht, wenn eine juristische Person oder eine Personenhandelsgesellschaft durch Umwandlung erlischt. Eine Arbeitgeberkündigung wegen des Betriebs- oder Betriebsteilübergangs ist nach § 613a Abs. 4 S. 1 BGB unwirksam, wo hingegen das Recht zur Kündigung aus anderen Gründen davon gem. § 613a Abs. 4 S. 2 BGB unberührt bleibt. § 613a Abs. 5 BGB regelt die Unterrichtungspflicht des Arbeitgebers vor Betriebsübergang. Nach § 613a Abs. 6 S. 1 BGB kann der Arbeitnehmer innerhalb eines Monats nach Zugang der Unterrichtung dem Übergang schriftlich widersprechen. Gem. § 613a Abs. 6 S. 2 BGB kann diese Erklärung sowohl gegenüber dem ehemaligen als auch gegenüber dem neuen Arbeitgeber abgegeben werden.

---

[4] Vgl. zuletzt die Kontroverse um das Merkmal der „materiellen Aktiva" als Kriterium für einen Übergang *BAG* v. 13.6.2006, NJW 2007, 106 in Reaktion auf *EuGH* v. 15.12.2005 (Güney Görres), AP Nr. 1 zu Richtlinie 2001/23/EG; siehe zum Überblick über die *EuGH*-Rechtsprechung z.B. Hanau/Steinmeyer/*Wank*, S. 634 ff.; siehe entsprechend für die *BAG*-Rechtsprechung seit der „Ayse Süzen"-Entscheidung des *EuGH* v. 11.3.1997, AP Nr. 14 zu EWG-Richtlinie 77/187 bei *Willemsen*/Hohenstatt/Schweibert/Seibt, G 47 ff. und etwa die Zusammenfassungen von *Hauck*, FS Leinemann, S. 223, 224 ff. und *Kock*, BB 2007, 714 ff.

[5] Siehe zu den zahlreichen Einzelfragen z.B. bei Henssler/*Willemsen*/Kalb, § 613a BGB Rdnr. 11 ff.

II. Gesetzgeberischer Hintergrund der Vorschrift

1. Einführung durch § 122 BetrVG

In seiner ursprünglichen Fassung wurde § 613a BGB durch § 122 BetrVG 1972 mit Wirkung zum 19.1.1972 in das BGB eingeführt[6]. Vor In-Kraft-Treten von § 613a BGB war es umstritten, ob und unter welchen Voraussetzungen eine dreiseitige, konkludente Übertragung des Arbeitsverhältnisses auf einen neuen Arbeitgeber erfolgen konnte[7].

2. Zweck von § 613a BGB

Um überhaupt zu klären, wie Aufhebungsverträge im Zusammenhang mit Betriebsübergängen nach § 613a BGB zu bewerten sind, muss der gesetzgeberische Zweck von § 613a BGB bestimmt werden. Denn ansonsten lässt sich nicht feststellen, wann Aufhebungsverträge geeignet sind, kündigungsrechtliche Vorschriften zu umgehen[8]. Wenngleich historisch im Zusammenhang mit Änderungen der betrieblichen Mitbestimmung eingeführt, ist es die primäre Aufgabe von § 613a BGB, Arbeitnehmer individuell zu schützen[9]. Der Vorschrift werden von Rechtsprechung[10] und herrschendem Schrifttum[11] überwiegend drei Zwecke zugesprochen.

a. Bestandsschutz

Der Hauptzweck von § 613a BGB ist es, dem Arbeitnehmer, dessen Betrieb durch den Übergang einen neuen Rechtsträger erhält, den Arbeitsplatz zu erhalten[12]. Wegen des Betriebsübergangs soll der Arbeitnehmer den Arbeitsplatz weder verlieren noch sollen sich seine Arbeitsbedingungen deswegen verschlechtern. Stattdessen soll der Arbeitsvertrag zwischen ihm und seinem bisherigen Arbeitgeber auf den neuen Arbeitgeber, also den neuen Rechtsträger des Betriebes, ohne inhaltliche Änderungen übergehen, sofern er nicht widerspricht (§ 613a Abs. 6 BGB).

---

[6] BGBl. 1972 I, S. 13.
[7] Dazu *Willemsen*/Hohenstatt/Schweibert/Seibt, G 1 f.; sowie die Nachweise z.B. bei *Galperin*, BB 1952, 322, 324.
[8] Vgl. zur Auslegung als Grundlage der Umgehungsdogmatik § 3 B. III.
[9] Vgl. statt aller ErfKomm-*Preis*, § 613a BGB Rdnr. 2.
[10] Siehe etwa *BAG* v. 17.1.1980, AP Nr. 18 zu § 613a BGB.
[11] ErfKomm-*Preis*, § 613a BGB Rdnr. 2; *Henssler*, NZA 1994, 913; *Windt*, Tatbestand des Betriebsübergangs, S. 157 ff.; *Seiter*, Betriebsinhaberwechsel, S. 29 f.; *Wiedemann/Willemsen*, RdA 1979, 418, 420 f.; siehe schon BT-Drucksache VI/1786, S. 59; a.A. Staudinger-*Annuß*, § 613a Rdnr. 10 f. der die Wahrung der Kontinuität des Betriebsrats nicht als Zweck anerkennt.
[12] *Windt*, Tatbestand des Betriebsübergangs, S. 158; *Joost*, FS Wlotzke, S. 683, 690; *Posth*, Betriebsinhaberwechsel, S. 42 f.; *Borngräber*, Arbeitsverhältnis bei Betriebsübergang, S. 32 f.; *Krejci*, Betriebsübergang und Arbeitsvertrag, S. 244 ff.; *Kerschner/Köhler*, Betriebsveräußerung und Arbeitsrecht, S. 13 f.

b. Verteilung der Haftungsrisiken nach Betriebsübergang

§ 613a Abs. 2 BGB legt außerdem fest, inwieweit der ehemalige Betriebsinhaber noch nach Betriebsübergang in Anspruch genommen werden kann[13]. Gem. § 613a Abs. 2 BGB haftet er gesamtschuldnerisch mit dem neuen Inhaber für Ansprüche, die bereits vor Betriebsübergang entstanden sind und innerhalb eines Jahres nach Betriebsübergang fällig werden. Auf diese Weise werden die Ansprüche der Arbeitnehmer, die bereits entstanden sind, nicht wegen der womöglich mangelnden Finanzkraft des neuen Betriebsinhabers gefährdet. Würde der Übergang der Rechte und Pflichten, welcher in § 613a Abs. 1 S. 1 BGB geregelt ist, nicht ergänzt, wäre dies möglich[14]. Auch die Wirkung der §§ 25, 28 HGB, die neben § 613a BGB selbstständig weitergelten, werden durch § 613a Abs. 2 BGB unterstützt. Eine vertragliche Schuldübernahme nach den §§ 414 ff. BGB oder ein Schuldbeitritt hat – was die Ansprüche der übernommenen Arbeitnehmer angeht – lediglich deklaratorische Wirkung[15].

c. Kontinuität des Betriebsrats und kollektiv geregelter Arbeitsbedingungen

Schließlich soll § 613a BGB die Kontinuität des Betriebsrats sichern. Ob sich dieses Ziel, welches in § 613a BGB im übrigen nicht zum Ausdruck kommt, tatsächlich verwirklichen lässt, ist indessen zweifelhaft, da sich das Schicksal des Betriebsrats vor allem durch die Betriebsorganisation bestimmt[16]. Jedenfalls regeln die § 613a Abs. 1 S. 2 bis 4 BGB die Folgen von Betriebsübergängen für Tarifverträge und Betriebsvereinbarungen. Diesem Regelungskomplex sprechen manche wiederum lediglich ergänzende Funktion zu[17].

3. Europarechtlicher Hintergrund

Die Bedeutung von § 613a BGB wurde merklich vergrößert, nachdem auch der europäische Gesetzgeber einen Mindestschutz für die Sicherung von Arbeitnehmerrechten bei Betriebsübergängen normiert hat.

---

[13] Siehe nur ErfKomm-*Preis*, § 613a BGB Rdnr. 129;
[14] Henssler/Willemsen/Kalb-*Willemsen/Müller-Bonanni*, § 613a BGB Rdnr. 297 f.
[15] ErfKomm-*Preis*, § 613a BGB Rdnr. 141.
[16] Staudinger-*Annuß*, § 613a BGB Rdnr. 11.
[17] Staudinger-*Annuß*, § 613a BGB Rdnr. 12; *Willemsen*/Hohenstatt/Schweibert/Seibt, G 19; so wohl auch *Windt*, Tatbestand des Betriebsübergangs, der diesen Punkt in seiner Aufstellung ausspart (S. 157 f.), ihn aber als weiteren Zweck anführt (vgl. S. 161); *Posth*, Betriebsinhaberwechsel, S. 40 f. m.w.N. verweist auf die Stellung von § 613a BGB im Zivilrecht.

a. Richtlinie 2001/23/EG als heutige Grundlage

Die Richtlinie 77/187/EWG[18] und ihre Änderung durch die Richtlinie 98/50/EG[19] gingen der Richtlinie 2001/23/EG[20] – die heute auf europäischer Ebene die Wahrung von Ansprüchen der Arbeitnehmer beim Übergang von Unternehmen und Betrieben oder deren Teilen definiert – voraus. Aus dem umfangreichen Text sind für die Zwecke dieser Untersuchung insbesondere Art. 3 Abs. 1, Art. 4 der Richtlinie 2001/23/EG von Bedeutung. Nach Art. 3 Abs. 1 der Richtlinie 2001/23/EG gehen die Rechte und Pflichten des Veräußerers aus einem zum Zeitpunkt des Übergangs bestehenden Arbeitsvertrag oder Arbeitsverhältnis aufgrund des Übergangs auf den Erwerber über.

Art. 4 Abs. 1 S. 1 der Richtlinie 2001/23/EG bestimmt, dass der Betriebsübergang als solcher weder für den Veräußerer noch für den Erwerber einen Grund zur Kündigung darstellt. Nach Art. 4 Abs. 1 S. 2 der Richtlinie 2001/23/EG steht dies „etwaigen Kündigungen aus wirtschaftlichen, technischen oder organisatorischen Gründen, die Änderungen im Bereich der Beschäftigung mit sich bringen", aber nicht entgegen. Nach Art. 4 Abs. 2 der Richtlinie 2001/23/EG ist davon auszugehen, dass die Beendigung des Arbeitsvertrags durch den Arbeitgeber erfolgt ist, wenn es dazu gekommen ist, weil der Übergang eine wesentliche Änderung der Arbeitsbedingungen zum Nachteil des Arbeitgebers zur Folge hat.

b. Europarechtliche Vorgaben für Aufhebungsverträge bei Betriebsübergängen

Die Rechtsprechung des *EuGH* hat die Auslegung der Betriebsübergangs-Richtlinien geprägt. Dies gilt zum einen für die Tatbestandsvoraussetzungen eines Betriebsübergangs im Sinne der Richtlinien[21]. Zum anderen – und das ist für diese Untersuchung von weitaus größerer Relevanz – hat der *EuGH* auch einen Rahmen gesetzt, innerhalb dessen Arbeitnehmer auf den Schutz der Betriebsübergangs-Richtlinie – etwa durch die Zustimmung zu dem Angebot des Arbeitgebers, einen Aufhebungsvertrag abzuschließen – verzichten können.

(1) Aufhebungsverträge und der Anwendungsbereich der Richtlinie 2001/23/EG

Bei oberflächlicher Betrachtung kommen Zweifel auf, ob sich der Anwendungsbereich der Richtlinie 2001/23/EG überhaupt auf Aufhebungsverträge bei Betriebsübergängen erstreckt. Denn Art. 4 Abs. 1 der Richtlinie 2001/23/EG bezieht sich seinem Wortlaut nach nur auf Kündigungen. Es findet sich in den allgemeinen Be-

---

[18] ABl. L 61 v. 5.3.1977, S. 26; vgl. umfassend zur Entstehungsgeschichte *v. Alvensleben*, Die Rechte der Arbeitnehmer bei Betriebsübergang, S. 87 ff.
[19] ABl. L 201 v. 17.7.1998, S. 88.
[20] ABl. L 082.
[21] Siehe dazu schon unter § 4 A. Fn. 4.

stimmungen der Richtlinie 2001/23/EG auch kein ausdrücklicher Hinweis auf Aufhebungsverträge oder eine Vorschrift wie etwa in Art. 1 Abs. 1 a.E. der Richtlinie 98/59/EG, die Beendigungen des Arbeitsvertrags, die u.a. auf Veranlassung des Arbeitgebers erfolgen, Entlassungen gleichstellt. Daraus könnte man den Schluss ziehen, dass Aufhebungsverträge oberhalb des Mindestharmonisierungsniveaus liegen, welches die Richtlinie 2001/23/EG ins Auge fasst, und damit von ihr nicht betroffen sind.
Indes legt Art. 4 Abs. 2 der Richtlinie 2001/23/EG fest, dass Beendigungen von Arbeitsverträgen als Beendigung durch den Arbeitgeber gelten, wenn der Übergang eine wesentliche Änderung der Arbeitsbedingungen zum Nachteil des Arbeitnehmers zur Folge hat. Damit kommt der Gedanke zum Ausdruck, die rechtliche Mitwirkung des Arbeitnehmers an der Beendigung nicht unbesehen ausschließlich dem Verantwortungsbereich des Arbeitnehmers zuzuschreiben. Für die Anwendung der Richtlinie 2001/23/EG ist also nicht zwingend auf die Form der Beendigung abzustellen[22]. In diesem Teilbereich zeigen sich Anklänge an die oben beschriebene, aus dem deutschen Arbeitsrecht bekannte Berücksichtigung des Veranlassungsprinzips[23].
Überdies stellen Aufhebungsverträge zugleich einen Verzicht auf die Rechte dar, die Art. 3 Abs. 1 der Richtlinie 2001/23/EG einräumt. Die Richtlinie 2001/23/EG betrifft damit grundsätzlich auch Aufhebungsverträge

(2) EuGH-Rechtsprechung zu Widerspruchsrecht und Aufhebungsverträgen

Der *EuGH* hat sich bereits mit dem vollständigen oder teilweisen Verzicht des Arbeitnehmers auf die Mindestrechtsfolgen auseinandergesetzt, welche die Richtlinie 2001/23/EG den Mitgliedstaaten für Betriebsübergänge vorschreibt.
Eine mitgliedstaatliche Befugnis der Arbeitnehmer, gegen den automatischen Übergang der Arbeitsverhältnisse zu widersprechen, hält der *EuGH* für zulässig[24]. Auch die Beendigung des Arbeitsverhältnisses aufgrund „seiner eigenen, freien Entscheidung", indem der Arbeitnehmer „aus freiem Entschluss kündigt" oder das „Arbeitsverhältnis mit Wirkung zum Zeitpunkt des Übergangs aufgrund einer aus freien Stücken zwischen dem Arbeitnehmer und dem Veräußerer bzw. dem Erwerber des Unternehmens getroffenen Vereinbarung" beendet, beanstandet der *EuGH* – gemessen an Art. 3 Abs. 1 Richtlinie 2001/23/EG – nicht[25].

---

[22] Im Ergebnis, aber ohne Begründung ebenso *Löw*, Die Betriebsveräußerung im europäischen Arbeitsrecht, S. 125; *Debong*, Wahrung der Arbeitnehmeransprüche beim Betriebsübergang, S. 67.
[23] Siehe oben unter § 3 C. II. 3.
[24] *EuGH* v. 16.12.1992 (Katsikas), AP Nr. 97 zu § 613a BGB, siehe zum Widerrufsrecht und der Vergleichbarkeit mit Aufhebungsverträgen noch unten unter § 4 D.
[25] *EuGH* v. 11.7.1985 (Mikkelsen), Slg. 1985, 2639, Rdnr. 16.

(3) EuGH-Rechtsprechung zum Verzicht auf Schutz der Richtlinie

Differenzierter – und scheinbar widersprüchlich[26] – judiziert der *EuGH*, was den Rechtsverzicht von Arbeitnehmern im Zusammenhang mit Betriebsübergängen angeht.

(a) Grundsätzliches Verzichtsverbot

Der *EuGH* hat seit seiner Entscheidung in Sachen *„Daddy's Dance Hall"* stets betont, dass der Schutz der Richtlinie „der Verfügung der Parteien des Arbeitsvertrags entzogen ist" und dass „Bestimmungen der Richtlinie als zwingend in dem Sinne anzusehen" seien, „dass von ihnen nicht zum Nachteil der Arbeitnehmer abgewichen werden darf"[27]. Eine Verkürzung von Arbeitnehmerrechten, die ihnen auf Grund der Richtlinie zustehen, sei „selbst mit ihrer Zustimmung unzulässig"[28]. Dies gelte sogar, wenn die Nachteile, die dadurch entstehen, mit anderen Vorteilen in solcher Weise aufgewogen werden, dass der „Arbeitnehmer insgesamt gesehen nicht schlechter gestellt ist als vorher"[29].

Aus dieser Rechtsprechung ziehen manche den Schluss, dass Art. 3 Abs. 1 der Richtlinie 2001/23/EG in solcher Weise zwingend ist, dass Aufhebungsverträge – versteht man die Beendigung des Arbeitsverhältnisses als umfassenden Verzicht auf die Summe einzelner Rechte – im Zusammenhang mit Betriebsübergängen kategorisch ausgeschlossen sind[30].

(b) Ausnahmen von der Regel

Indes hat die Rechtsprechung des *EuGH* einem solch restriktivem Verständnis Grenzen gesetzt.

(i) Die Berücksichtigung „innerstaatlichen Rechts"

Unter Verweis auf den beschränkten Harmonisierungsgrad der Betriebsübergangsrichtlinie hat der *EuGH* mehrfach festgestellt, dass sie nur „in Anspruch genommen

---

[26] So *Felsner*, Arbeitrechtliche Rahmenbedingungen von Unternehmensübernahmen in Europa, S. 266 ff. m.w.N.; tatsächlich sind die Ausübung des Widerspruchsrechts und die Änderung bzw. Aufhebung von Arbeitsverträgen so verschieden, dass sie einem substantiierten Vergleich entzogen sind, siehe dazu unter § 4 D. III. 3.

[27] *EuGH* v. 10.2.1988 (Daddy's Dance Hall), Slg. 1988, 739, Rdnr. 14; *EuGH* v. 6.11.2003 (Martin), AP Nr. 35 zu EWG-Richtlinie 77/187, Rdnr. 39.

[28] *EuGH* v. 10.2.1988 (Daddy's Dance Hall), Slg. 1988, 739, Rdnr. 15; *EuGH* v. 6.11.2003 (Martin), AP Nr. 35 zu EWG-Richtlinie 77/187, Rdnr. 40.

[29] *EuGH* v. 10.2.1988 (Daddy's Dance Hall), Slg. 1988, 739, Rdnr. 15.

[30] *Ende*, NZA 1994, 494, 495 unter – indessen zweifelhaftem – Verweis auf Erman-*Hanau*, 8. Aufl., § 613a Rdnr. 70; ähnlich im Hinblick auf § 4 Abs. 5 der TUPE-Verordnung in Großbritannien vom November 2006 *Edward/Segan*, RdA 2006, Beil. zu Heft 6, S. 15, 24; problematisch sieht diese Rechtsprechung auch Staudinger-*Annuß*, § 613a BGB Rdnr. 363.

werden" könne, „um sicherzustellen, dass der betroffene Arbeitnehmer in seinen Rechtsbeziehungen zum Erwerber in gleicher Weise geschützt ist, wie er es nach den Rechtsvorschriften des betreffenden Mitgliedsstaats in seinen Beziehungen zum Veräußerer war"[31]. Können Arbeitsbedingungen „nach nationalem Recht unabhängig vom Fall des Unternehmensübergangs abgeändert werden", sei „diese Möglichkeit nicht allein dadurch ausgeschlossen, dass das Unternehmen in der Zwischenzeit übertragen und die Vereinbarung daher mit dem neuen Unternehmensinhaber geschlossen worden ist"[32]. Sei ein Verzicht auch gegenüber dem Veräußerer möglich, stelle der „Unternehmensübergang als solcher [...] keinesfalls einen Grund für eine solche Änderung dar"[33].

Im Ergebnis begründet die *EuGH*-Rechtsprechung damit keine grundsätzliche Beschränkung der Dispositionsbefugnis der Arbeitsvertragsparteien bei Betriebsübergängen[34]. Vielmehr kommt es darauf an, ob und inwieweit den Arbeitsvertragsparteien nach allgemeinen, von den Vorschriften zu Betriebsübergängen losgelösten Grundsätzen des jeweiligen mitgliedstaatlichen Rechts die Vereinbarung ein Verzicht erlaubt ist. Der Betriebsübergang kommt nicht als Grund für eine Verschlechterung in Betracht, wenn ein Verzicht auch ohne Betriebsübergang erlaubt wäre. Dieser Gedanke lässt sich aufgreifen, wenn später die gegenwärtige *BAG*-Rechtsprechung bewertet wird[35].

(ii) Ehemaliger oder neuer Betriebsinhaber als Empfänger des Verzichts

Eine Gemeinsamkeit der *EuGH*-Entscheidungen belegt deren Richtigkeit: In allen Sachverhalten hatte der *neue Betriebsträger*[36] mit dem Arbeitnehmer vereinbart, dass dieser auf Ansprüche verzichtet, die ihm eigentlich zugestanden hätten. Auch die Wortwahl, mit welcher der *EuGH* das Verzichtsverbot beschreibt, bezieht sich

---

[31] *EuGH* v. 10.2.1988 (Daddy's Dance Hall), Slg. 1988, 739, Rdnr. 16; *EuGH* v. 6.11.2003 (Martin), AP Nr. 35 zu EWG-Richtlinie 77/187, Rdnr. 41.

[32] *EuGH* v. 10.2.1988 (Daddy's Dance Hall), Slg. 1988, 739, Rdnr. 17; *EuGH* v. 6.11.2003 (Martin), AP Nr. 35 zu EWG-Richtlinie 77/187, Rdnr. 42.

[33] *EuGH* v. 10.2.1988 (Daddy's Dance Hall), Slg. 1988, 739, Rdnr. 17; *EuGH* v. 14.9.2000 (Collino u. Chiappero), EuZW 2001, 61, 64, Rdnr. 52; *EuGH* v. 12.11.1992 (Watson Rask und Christensen), AP Nr. 5 zu EWG-Richtlinie 77/187, Rdnr. 28.

[34] *Willemsen*/Hohenstatt/Schweibert/Seibt, G 210; *Gaul/Otto*, ZIP 2006, 644, 647; so wohl auch im Ergebnis Staudinger-*Annuß*, § 613a BGB Rdnr. 363; für Aufhebungsverträge vgl. z.B. auch *BAG* v. 10.12.1998, AP Nr. 185 zu § 613a BGB; *LAG Baden-Württemberg* v. 8.7.2004, LAG-Report 2005, 201.

[35] Vgl. unten unter § 4 E. IV. 4. d. (1).

[36] Der *EuGH* spricht stets vom Erwerber – diese Bezeichnung ist jedoch angesichts der ausufernden Rechtsprechung, die mitunter auch „erwerbslose" Funktionsnachfolgen erfasst, nach deutschem Sprachverständnis sehr ungenau; vgl. bereits oben § 4 Fn. 1.

lediglich auf einen Verzicht gegenüber neuem Betriebsträger[37]. Folglich betrifft die *EuGH*-Rechtsprechung einen Verzicht *nach* einem Betriebsübergang.
In den allermeisten Umstrukturierungs- und Sanierungsfällen wird es der bisherige Betriebsträger sein, der Aufhebungsverträge mit den Arbeitnehmern abschließt. Das liegt an dem oben[38] beschriebenen Zweck, die Sanierung und ggf. die Veräußerung zu beschleunigen und schnell Klarheit über die finanzielle Belastung zu schaffen. In solchen Fällen – also *vor* einem Betriebsübergang – kann man indessen noch keinen Vergleich anstellen, ob sich gerade infolge des Betriebsübergangs die Arbeitsbedingungen verschlechtert haben. Erklärt der Arbeitnehmer aber den Verzicht gegenüber dem „Noch"-Betriebsträger, kann dafür nichts anderes gelten als für einen Verzicht nach Betriebsübergang. Umgekehrt dürfen für einen Verzicht *nach* einem Betriebsübergang keine strengeren Maßstäbe gelten als davor.

(c) Verhältnis zwischen Verzicht und Aufhebungsverträgen in der EuGH-Rechtsprechung

Die soeben skizzierte *EuGH*-Rechtsprechung ist zum einvernehmlichen Verzicht auf Arbeitsbedingungen ergangen. Die Arbeitsbedingungen wurden in diesen Fällen stets abgeändert, ohne das Arbeitsverhältnis zwischenzeitlich zu beenden. Indes stellt sich die Frage, wie sich diese *EuGH*-Rechtsprechung zu seiner Rechtsprechung verhält, nach der Aufhebungsverträge grundsätzlich zulässig sind, sofern sie auf einem „freien Entschluss" beruhen.
Nach deutschem Arbeitsrecht kann die Aufhebung und Neubegründung eine Änderung der Arbeitsbedingungen bewirken[39]. In Konstellationen, in denen die spätere Wiederbeschäftigung jedoch keinesfalls sicher ist und anders als bei einem Änderungsvertrag jedenfalls nicht „nahtlos" ohne zeitliche Unterbrechung erfolgt, erschöpft sich der Aufhebungsvertrag nicht darin, die Änderung der Arbeitsbedingungen vorzubereiten. *Per se* lässt sich daher nicht annehmen, dass jeder Aufhebungsvertrag, dem eine spätere Wiederbeschäftigung in demselben Betrieb folgt, wie ein Verzicht zu behandeln ist. Beschränkt sich die Funktion der Aufhebung des Arbeitsverhältnisses hingegen darauf, einen materiellen Verzicht auf Ansprüche des Arbeitnehmers in einem Arbeitsverhältnis zu konstruieren, welches ansonsten unverändert fortbesteht[40], gelten die Maßstäbe, die der *EuGH* für den Verzicht entwickelt hat. Denn aus materieller Sicht unterscheidet sich die Aufhebung und Neubegründung des Arbeitsverhältnisses nicht von seiner Änderung.

---

[37] Vgl. z.B. *EuGH* v. 10.2.1988 (Daddy's Dance Hall), Slg. 1988, 739, Rdnr. 13: „gegenüber seinem neuen Arbeitgeber" bzw. Rdnr. 16: „in seinen Rechtsbeziehungen zum Erwerber in gleicher Weise geschützt"; „gegenüber seinem neuen Arbeitgeber".
[38] Siehe dazu unter § 2 B. I.
[39] Vgl. dazu unter § 2 C. II.
[40] Dies war etwa mit dem „Lemgoer Modell" beabsichtigt; vgl. dazu noch unter § 4 B. I. 7.

Soweit die *EuGH*-Rechtsprechung zur Betriebsübergangs-Richtlinie herangezogen wird, um pauschal zu begründen, dass die Änderung von Arbeitsbedingungen durch Aufhebung und Neubegründung von Arbeitsverhältnissen unzulässig ist[41], kann dem indessen nicht beigetreten werden. Denn nach deutschem Arbeitsrecht ist es – jenseits von Betriebsübergängen – grundsätzlich erlaubt, dass sich Arbeitgeber und Arbeitnehmer einvernehmlich auf eine Änderung der Arbeitsbedingungen verständigen. Der Verzicht, der durch Aufhebung und Neubegründung eines Arbeitsverhältnisses konstruiert werden kann, ist nach allgemeinem mitgliedstaatlichen Recht zulässig. Aus europarechtlicher Perspektive gilt das Gleiche, wenn man in der Änderung durch Aufhebung und Neubegründung primär eine Aufhebung des Arbeitsverhältnisses versteht und die Änderung allein am Maßstab der *EuGH*-Rechtsprechung zu Aufhebungsverträgen messen möchte. Denn danach ist ein Aufhebungsvertrag zulässig, wenn er auf einer „freien Entscheidung" des Arbeitnehmers beruht. Die Frage, wann der Beendigung des Arbeitsverhältnisses ein „freier Entschluss" des Arbeitnehmers zugrunde liegt, beantwortet indessen nicht das besondere Recht des Betriebsübergangs, sondern die allgemeine Rechtsgeschäftslehre des jeweiligen Mitgliedstaats. Im deutschen Recht ist dafür etwa § 123 BGB einschlägig[42].

(4) Zwischenergebnis

Nach der *EuGH*-Rechtsprechung sind Aufhebungsverträge grundsätzlich wirksam, denen ein „freier Entschluss" des Arbeitnehmers zugrunde liegt. Ferner lässt das europäische Betriebsübergangsrecht die Dispositionsbefugnis der Arbeitsvertragsparteien unberührt, wie sie nach allgemeinen mitgliedstaatlichen Maßstäben gilt. Damit kommt es entscheidend darauf an, welche Grenzen die *allgemeinen* mitgliedstaatlichen Regelungen vorsehen: Diese legen fest, wann ein „freier Entschluss" gefällt wurde und welche üblichen Beschränkungen es geben soll, wenn Arbeitnehmer auf Ansprüche verzichten.

III. Kündigungsverbot des § 613a Abs. 4 S. 1 BGB

Die Einschränkung der Freiheit, Aufhebungsverträge abzuschließen, erfolgt im Regelfall am Maßstab kündigungsrechtlicher Normen, die über das Prinzip der Veranlassung mit Aufhebungsverträgen verbunden werden[43]. Dies gilt auch für § 613a BGB: Die Vorschrift erwähnt Aufhebungsverträge nicht ausdrücklich. Die – um dies vorwegzunehmen – einschränkende *BAG*-Rechtsprechung im Zusammen-

---

[41] *Von Alvensleben*, Die Rechte der Arbeitnehmer bei Betriebsübergang, S. 262 f.
[42] Anders *von Alvensleben*, Die Rechte der Arbeitnehmer bei Betriebsübergang, S. 262; siehe ausführlich zu allgemeinen Vorschriften, die Aufhebungsverträgen bei Betriebsübergängen entgegenstehen können unter § 5 B. II.
[43] Vgl. oben unter § 3 A.

hang mit Betriebsübergängen orientiert sich an der Befürchtung, das Verbot der Kündigung wegen des Betriebsübergangs, welches in § 613a Abs. 4 S. 1 BGB niedergelegt ist, könne durch Aufhebungsverträge umgangen werden. Veräußererkündigungen auf Erwerberkonzept[44] gelten ferner als Alternative zum massenhaften Abschluss von Aufhebungsverträgen[45]. § 613a Abs. 4 BGB und seine Auslegung durch das *BAG* werden deswegen kurz dargestellt.

1. Grundlagen

§ 613a Abs. 4 S. 1 BGB verbietet Kündigungen, die *wegen* des Betriebsübergangs ausgesprochen werden. § 613a Abs. 4 S. 2 BGB stellt klar, dass eine Kündigung aus anderen Gründen als wegen des Betriebsübergangs aber möglich ist. Das *BAG* prüft, ob ein Verstoß gegen § 613a Abs. 4 S. 1 BGB vorliegt, indem es untersucht, ob neben dem Betriebsübergang ein sachlicher Grund gegeben ist, der die Kündigung „aus sich heraus" rechtfertigen kann[46]. Ist der Betriebsübergang nur äußerer Anlass, nicht aber tragender Grund der Kündigung gewesen, dann stehe der Kündigung jedenfalls § 613a Abs. 4 S. 1 BGB nicht entgegen[47]. Ist der Betriebsübergang hingegen die überwiegende Ursache der Kündigung, werde sie *wegen* des Betriebsübergangs ausgesprochen[48]. Steht ein Betriebsübergang bevor, greife § 613a Abs. 4 S. 1 BGB nur ein, wenn die Tatsachen, aus welchen sich der Betriebsübergang ergeben kann, zum Zeitpunkt des Zugangs der Kündigung bereits feststehen oder zumindest „greifbare Formen" angenommen haben[49].
Nach Art. 4 Abs. 1 S. 2 der Richtlinie 2001/23/EG, dem § 613a Abs. 4 S. 2 BGB zugrunde liegt[50], ist eine Kündigung aus wirtschaftlichen, technischen oder organisatorischen Gründen zulässig. Demzufolge betont das *BAG*, dass § 613 Abs. 4 S. 1 BGB keinen absoluten Bestandsschutz gegen Kündigungen im Zusammenhang mit einem Betriebsübergang garantiere, sondern nur verhindern möchte, dass gerade

---

[44] Dazu unter II.
[45] Siehe etwa *Lunk*, ArbRB 2005, 41.
[46] Die Formulierung „aus sich heraus" geht zurück auf *Willemsen*, ZIP 1981, 411, 413.
[47] *BAG* v. 27.10.2005, AP Nr. 292 zu § 613a BGB unter II. 2. g) der Gründe; *BAG* v. 16.5.2002, AP Nr. 237 zu § 613a BGB, *BAG* v. 9.2.1994, AP Nr. 105 zu § 613a BGB unter II. 2.a) der Gründe; *BAG* v. 5.12.1985, AP Nr. 47 zu § 613a BGB unter B. II. 2.b) der Gründe; *BAG* v. 26.5.1983, AP Nr. 34 zu § 613a BGB.
[48] Vgl. *BAG* v. 27.9.1984, AP Nr. 39 zu § 613a BGB; *Willemsen*, ZIP 1983, 411, 413.
[49] *BAG* v. 22.1.1998 – 8 AZR 623/96; *BAG* v. 13.11.1997, AP Nr. 169 zu § 613a BGB unter II. 1. der Gründe.
[50] Statt aller ErfKomm-*Preis*, § 613a BGB Rdnr. 150; die Richtlinie verlangt indes nicht zwingend die Unwirksamkeit einer Kündigung *wegen* des Betriebsübergangs; vgl. den rechtsvergleichenden Befund mit Beispielen für Abfindungsregeln bei *Alsbæk*, Betriebsübergang und seine individualarbeitsrechtlichen Folgen, S. 213.

der Betriebsübergang zum Anlass für eine Kündigung genommen wird[51]. Das Recht des Arbeitgebers zur Kündigung aus anderen Gründen werde – wie § 613a Abs. 4 S. 2 BGB ausdrücklich klarstelle – dadurch nicht beeinträchtigt[52].

2. Veräußererkündigung auf Erwerberkonzept als Besonderheit

Besondere Probleme ergeben sich bei der Kündigung eines Betriebsveräußerers auf Konzept des Betriebserwerbers. Die „Veräußererkündigung auf Erwerberkonzept" ist eine besondere Form der betriebsbedingten Kündigung, die begrifflich nur im Zusammenhang mit einem Betriebsübergang nach § 613a BGB ausgesprochen werden kann. Sie gilt als Alternative zum massenhaften Abschluss von Aufhebungsverträgen[53], wenn das unternehmerische Konzept des Erwerbers weniger Arbeitnehmer oder eine andere Belegschaft vorsieht. Der Erwerber könnte dann eine betriebsbedingte Kündigung aussprechen. In solchen Fällen können Veräußerer und Erwerber daran interessiert sein, das Arbeitsverhältnis schon vor dem Betriebsübergang durch eine Kündigung des Veräußerers zu beenden. Letzterer muss sich dafür das Konzept des Erwerbers zueigen machen.

Das *BAG*[54] hält eine Veräußererkündigung auf Erwerberkonzept – vorbehaltlich der allgemeinen Wirksamkeitsvoraussetzungen einer Kündigung – ebenso wie das überwiegende Schrifttum[55] grundsätzlich zu Recht für zulässig. Denn ein Verstoß gegen §§ 613a Abs. 4 S. 1 BGB, 324 UmwG liegt nicht vor, wenn neben dem Betriebsübergang ein Grund besteht, der eine Kündigung „aus sich heraus" rechtfertigt. § 613a Abs. 4 S. 1 BGB dient nicht dazu, ein Arbeitsverhältnis künstlich zu verlängern bis der Erwerber nach Betriebsübergang selbst die Kündigung aussprechen könne. Ursprünglich hatte das *BAG* gefordert, dass auch der Veräußerer zumindest theoretisch in der Lage sein müsse, das Erwerberkonzept umzusetzen, um eine Kündigung auf Grund dieses Konzepts auszusprechen[56]. Diese Voraussetzung hat der 8. Senat des *BAG* mit seiner Entscheidung vom 20.3.2003 aufgegeben[57].

---

[51] *BAG* v. 27.10.2005, AP Nr. 292 zu § 613a BGB unter II. 2. g) der Gründe; *BAG* v. 28.10.2004, AP Nr. 69 zu § 1 KSchG 1969 Soziale Auswahl unter II. 3. c. aa) der Gründe.

[52] *BAG* v. 27.10.2005, AP Nr. 292 zu § 613a BGB unter II. 2. g) der Gründe; *BAG* v. 28.10.2004, AP Nr. 69 zu § 1 KSchG 1969 Soziale Auswahl unter II. 3. c. aa) der Gründe.

[53] So *Lunk*, ArbRB 2005, 41.

[54] *BAG* v. 26.5.1983, AP Nr. 34 zu § 613a BGB; *BAG* v. 18.7.1996, AP Nr. 147 zu § 613a BGB; *BAG* v. 20.3.2003, AP Nr. 250 zu § 613a BGB.

[55] *Annuß/Stamer*, NZA 2003, 1247; 1248f.; *Gaul/Bonanni/Naumann*, DB 2003, 1902, ErfKomm-Preis, § 613a BGB Rdnr. 165; *Lipinski*, NZA 2002, 75, 79 f.; *Meyer*, NZA 2003, 244; *Schumacher-Mohr*, NZA 2004, 629 ff.; *Sieger/Hasselbach*, DB 1999, 430, 431 ff.; *Vossen*, BB 1984, 1557, 1559; *Willemsen*, ZIP 1983, 411, 416; a.A. *Hüper*, Betrieb im Unternehmerzugriff, S. 79, *Richardi*, NZA 1991, 289, 292; und wohl auch *Metzke*, AuR 1987, 240 f.

[56] *BAG* v. 26.5.1983, AP Nr. 34 zu § 613a BGB.

[57] *BAG* v. 20.3.2003, AP Nr. 250 zu § 613a BGB; das ist mit der Rechtsprechung des *EuGH* vereinbar, siehe *EuGH* v. 7.12.1995, AP Nr. 140 zu § 613a BGB, Rdnr. 35 und *EuGH* v. 12.3.1998,

Das *BAG* verlangt indessen weiterhin, dass die Veräußererkündigung auf einem Sanierungskonzept des Erwerbers beruht, welches im Zeitpunkt des Zugangs der Kündigungserklärung bereits „greifbare Formen" angenommen hat. Inwieweit dies eine rechtliche Bindung zwischen Veräußerer und Erwerber voraussetzt, ist von der höchstrichterlichen Rechtsprechung noch nicht geklärt und in der Literatur umstritten[58]. Ebenso ungeklärt ist die Reichweite der Sozialauswahl in den Fällen, in denen der Betrieb, der saniert wird, mit Betrieben oder Betriebsteilen des Erwerbers zusammengeführt werden soll[59]. Ob eine Veräußererkündigung auf Erwerberkonzept auch außerhalb der Insolvenz möglich ist, hat das *BAG* noch nicht entschieden[60]. Nimmt man das wichtigste Argument für die Zulässigkeit der Veräußererkündigung auf Erwerberkonzept ernst, kann es nicht auf eine Insolvenz angekommen: Es ist grundsätzlich – also auch im Insolvenzfall – unsinnig, ein Arbeitsverhältnis künstlich zu verlängern.

Nach der herrschenden Auffassung sind Kündigungen im Zusammenhang mit Betriebsübergängen nach § 613a BGB möglich, sofern dieser nicht ihr tragender Grund ist. Dabei können die unternehmerischen Konzepte des neuen Betriebsinhabers in die Entscheidung für eine betriebsbedingte Kündigung einbezogen werden. Solange selbstständige Kündigungsgründe vorliegen, sind Kündigungen des Arbeitgebers im Zusammenhang mit Betriebsübergängen zulässig.

B. Rechtsprechung zu Aufhebungsverträgen bei Betriebsübergängen

Nachdem die Grundzüge von § 613a BGB erläutert sind, geht es im Folgenden um die Bedeutung der Vorschrift für Aufhebungsverträge. Das *BAG* hat in jahrzehntelanger Rechtsprechung Grundsätze entwickelt, die besondere Anforderungen an die Wirksamkeit von Aufhebungsverträgen stellen, die im Zusammenhang mit Betriebsübergängen nach § 613a BGB geschlossen werden. Wer diese Entwicklung nicht nachvollzieht, wird den *status quo* der *BAG*-Rechtsprechung kaum begreifen können.

AP Nr. 19 zu EWG-Richtlinie 77/187, Rdnr. 37; anders offensichtlich Haase, FS 25 Jahre ARGE ArbR im DAV, S. 613, 616 f., der i.Ü. die unterschiedlichen Voraussetzungen den verschiedenen Senatszuständigkeiten beim *BAG* zuschreibt.

[58] Vgl. nur *Annuß/Stamer*, NZA 2003, 1247, 1248; *Gaul/Bonanni/Naumann*, DB 2003, 1902, 1903 f.; *Meyer*, NZA 2003, 244, 246 ff.; ErfKomm-*Preis*, § 613a BGB Rdnr. 157, jeweils m.w.N.

[59] Für eine Sozialauswahl z.B. *Gaul/Bonanni/Naumann*, DB 2003, 1902, 1905; Ascheid/Preis/Schmidt-*Steffan*, § 613a BGB Rdnr. 197; dagegen z.B. *Lipinski*, NZA 2002, 75, 79 f.; Willemsen/Hohenstatt/Schweibert/Seibt, H 116, H 141 f.

[60] Dagegen *LAG Köln* v. 17.6.2003, ZIP 2003, 2042, 2043; unentschieden wohl Haase, FS 25 Jahre ARGE ArbR im DAV, S. 613, 618.

I. Erster Abschnitt: Sachlicher Grund für Verzicht auf Ansprüche

In einem ersten Abschnitt hat das *BAG* für Änderungsverträge das Kriterium des *sachlichen Grundes* entwickelt. Ohne einen sachlichen Grund sei im Zusammenhang mit Betriebsübergängen nach § 613a BGB ein Verzicht auf den Inhalt des Arbeitsverhältnisses unwirksam. Zudem findet sich bereits in diesem ersten Abschnitt eine Entscheidung zu Aufhebungsverträgen, die im Zusammenhang mit Betriebsübergängen nach § 613a BGB vereinbart werden.

Die Entwicklung beginnt mit der ersten Entscheidung des *BAG* zu § 613a BGB, in der es sich – lange bevor § 613a Abs. 6 BGB geschaffen wurde[61] – mit dem Widerspruchsrecht des Arbeitnehmers auseinandersetzen musste.

1. BAG v. 2.10.1974

Am 2.10.1974[62] hat der 5. Senat des *BAG* entschieden, dass Arbeitnehmer dem Übergang des Arbeitsverhältnisses nach § 613a BGB widersprechen können. Ein erzwungener Übergang missachte das Recht des Arbeitnehmers, seinen Arbeitsplatz frei zu wählen (Art. 12 Abs. 1 GG)[63] und sein Grundrecht auf Vertragsfreiheit (Art. 2 Abs. 1 GG)[64]. § 613a BGB bezwecke zugleich eine Sicherung der Arbeitsplätze der Arbeitnehmer, die von einem Betriebsübergang betroffen sind. Damit solle aber lediglich die Vertragsfreiheit des Arbeitgebers eingeschränkt werden. Aus diesem Zweck ließe sich aber nicht ableiten, das Arbeitsverhältnis auch gegen den Widerspruch des Arbeitnehmers auf den neuen Betriebsinhaber zu übertragen[65]. Dem stünde auch nicht das Interesse von Veräußerer und Erwerber entgegen, dass sämtliche Arbeitsverhältnisse übertragen werden. Eine Betriebsveräußerung werde durch ein Widerspruchsrecht des Arbeitnehmers auch nicht über die Maßen erschwert[66]. Anders als bei Mietverträgen, die nach § 571 BGB[67] übergehen, komme eine „Verdinglichung" des Arbeitsverhältnisses wegen seines personenrechtlichen Einschlags nicht in Betracht[68]. Auch daraus, dass ein Widerspruchsrecht bei Universalsukzession ausscheide, ließe sich kein anderes Ergebnis ableiten[69].

---

[61] Dies geschah erst durch Art. 4 des Gesetzes vom 23.3.2002 (BGBl. 2002 I, S. 1163) m.W.v. 1.4.2002.
[62] *BAG* v. 2.10.1974, AP Nr. 1 zu § 613a BGB.
[63] Unter 2. b) der Gründe.
[64] Unter 5. der Gründe.
[65] Unter 3. b) der Gründe.
[66] Unter 3. c) der Gründe.
[67] Durch Art. 1 Nr. 3 des Mietrechtsreformgesetzes vom 1.9.2001 ist der automatische Übergang des Mietverhältnisses mittlerweile in § 566 BGB geregelt.
[68] Unter 4. a) der Gründe.
[69] Unter 4. b) der Gründe.

An der Zulässigkeit des Widerrufsrechts hat das *BAG* in der Folge festgehalten und sie mehrfach vehement gegen Kritik aus dem Schrifttum verteidigt[70].

2. BAG v. 29.10.1975

Mit seiner Entscheidung vom 29.10.1975[71] hat der 5. Senat des *BAG* Vereinbarungen zwischen Betriebsveräußerer und -erwerber, welche die Rechtsfolgen von § 613a BGB ausschließen, für unwirksam erklärt. Zugleich hat er aber die Möglichkeit anerkannt, den automatischen Übergang von Arbeitsverhältnissen, den § 613a BGB anordnet, durch einvernehmliche Vereinbarungen zwischen Arbeitnehmern und Erwerber auszuschließen. Der 5. Senat hat dieses Ergebnis damit begründet, dass Arbeitnehmern per Urteil vom 2.10.1974 ein Widerspruchsrecht zugestanden worden war. Dann bestünden keine Bedenken, auch eine Vereinbarung mit gleichem Inhalt für wirksam zu halten[72]. Im zu entscheidenden Fall hatten die Vorinstanzen indessen nicht geprüft, ob eine solche Vereinbarung geschlossen worden war.

Mit dieser Entscheidung hat der 5. Senat aus der Anerkennung des Widerspruchsrechts des Arbeitnehmers einen Erst-Recht-Schluss zugunsten der Zulässigkeit von Aufhebungsverträgen gezogen. Besondere Anforderungen an den Inhalt der Aufhebungsvereinbarung hat der 5. Senat mit der Entscheidung nicht eingeführt. Insbesondere hat er keinen sachlichen Grund verlangt.

3. BAG v. 18.8.1976

Der 5. Senat des *BAG* hatte am 18.8.1976[73] über einen Fall zu entscheiden, in dem der alte Betriebsinhaber nach Zahlungsunfähigkeit verschwunden war und der Meister der betroffenen Näherei den Betrieb daraufhin weitergeführt hatte. Erstmals hatte sich die höchstrichterliche Rechtsprechung im Zusammenhang von § 613a BGB mit einer Änderungsvereinbarung auseinander zu setzen, die allen Arbeitnehmern des Betriebs angeboten worden war.

Die rückständigen Löhne – für die er als neuer Betriebsinhaber nach § 613a BGB hätte aufkommen müssen – hatte der Meister nicht ausgezahlt. Nur Arbeitnehmer, die sich auf folgende Vereinbarung eingelassen hatten, waren weiterbeschäftigt worden: Der Meister hatte den Arbeitnehmer anstelle der rückständige Löhne ein Darlehen in gleicher Höhe bewilligt und sich gleichzeitig deren Lohnansprüche

---

[70] Z. B. *BAG* v. 21.7.1977, AP Nr. 8 zu § 613a BGB; *BAG* v. 17.11.1977, AP Nr. 10 zu § 613a BGB; siehe instruktiv mit einer detaillierten Übersicht der für ein Widerspruchsrecht des Arbeitnehmers streitenden Argumente *BAG* v. 22.4.1993, AP Nr. 102 zu § 613a BGB unter B. III. der Gründe.
[71] *BAG* v. 29.10.1975, AP Nr. 2 zu § 613a BGB.
[72] Unter 2. der Gründe.
[73] *BAG* v. 18.8.1976, AP Nr. 4 zu § 613a BGB.

gegen den alten Betriebsinhaber abtreten lassen. Durch Verwertung der abgetretenen Lohnansprüche sollte die Darlehensschuld in der realisierten Höhe erlöschen. Weil die Lohnansprüche gegen den ehemaligen Betriebsinhaber offensichtlich nicht durchgesetzt werden konnten, wurde das Darlehen dadurch bedient, dass monatliche Raten vom Lohn der ebenfalls in diesem Betrieb beschäftigten Frau des späteren Klägers einbehalten wurden[74]. Der 5. Senat hat diese besondere Form des Lohnverzichts mangels anwendbarer zwingender tarifrechtlicher Vorschriften[75] für wirksam gehalten, weil ein solcher Verzicht auch ohne einen Betriebsübergang mit dem ehemaligen Betriebsinhaber hätte abgeschlossen werden können[76]. Ferner bezwecke § 613a BGB zwar den Fortbestand des Arbeitsverhältnisses zu angemessenen Bedingungen. *Sachliche Gründe* könnten aber Verträgen, die diese Anforderung nicht erfüllen, zur Wirksamkeit verhelfen. Darunter seien die schwierige Lage eines Betriebs und der drohende Arbeitsplatzverlust zu subsumieren.

Mit dieser Entscheidung hat der 5. Senat das Kriterium des sachlichen Grundes zur Rechtfertigung der Änderung von Arbeitsbedingungen im Zusammenhang mit Betriebsübergängen nach § 613a BGB eingeführt. Den drohenden Verlust von Arbeitsplätzen hat der Senat – in Verbindung mit dem Umstand, dass ein Lohnverzicht auch mit dem ehemaligen Betriebsinhaber hätte vereinbart können – zugleich als sachlichen Grund angesehen.

4. BAG v. 26.1.1977

Diese Rechtsprechung hat der 5. Senat mit seiner Entscheidung vom 26.1.1977[77] bestätigt. Wiederum war ein Betrieb zahlungsunfähig. Der Konkursverwalter hatte die Arbeitsverhältnisse gekündigt. Kurz darauf hatten „interessierte Arbeiter" eine Erklärung unterzeichnen können, mit der sie sich bereit erklärt hatten, in dem Betrieb, den die spätere Beklagte übernehmen sollte, zu dem bisherigen Lohn weiterzuarbeiten. Daraufhin war solchen Arbeitnehmern unter weiteren Bedingungen schriftlich zugesagt worden, zu dem bisherigen Lohnsatz neu eingestellt zu werden. Ein Arbeitnehmer hatte nach seinem Wiederbeginn eine Treueprämie geltend gemacht, die bei dem in Konkurs gegangenen Unternehmen üblich gewesen sei. Der 5. Senat hat seine Klage abgewiesen, da in der Vereinbarung mit dem Erwerber ein Verzicht auf zusätzliche Leistungen zu sehen sei. Diese Vereinbarung sei mit

---

[74] Der Arbeitnehmer, der ursprünglich verzichtet hatte, war mittlerweile entlassen worden.
[75] Damit meint der 5. Senat ersichtlich § 4 Abs. 4 TVG. Diese Vorschrift nennt er allerdings erst in seiner Entscheidung vom 27.4.1988 ausdrücklich.
[76] Unter 2. c) der Gründe; die Begründung ist der des *EuGH* in Sachen „Daddy's Dance Hall" (*EuGH* v. 10.2.1988, Slg. 1988, 739) sehr ähnlich: Wenn ein Verzicht nach allgemeinen Grundsätzen zulässig ist, kann dieser nicht bei Betriebsübergängen ausgeschlossen werden, dazu bereits § 4 A. II. 3. b.
[77] *BAG* v. 26.1.1977, AP Nr. 5 zu § 613a BGB.

§ 613a BGB vereinbar, weil durch den Konkurs Arbeitsplätze gefährdet wesen seien.

5. BAG v. 17.1.1980

Das Urteil des 3. Senats vom 17.1.1980[78] hatte sich primär mit der Anwendbarkeit von § 613a BGB im Konkursverfahren auseinander zu setzen. Streitig war die Verpflichtung des Erwerbers, die Versorgungsansprüche zu übernehmen, die der in Konkurs gefallene Arbeitgeber zugesagt hatte. Eine Entscheidung, ob diese Versorgungsansprüche schon wegen eines vereinbarten Verzichts zwischen Kläger und beklagter Gesellschaft scheitern, war dem 3. Senat nicht möglich, so dass er u.a. deswegen den Rechtsstreit an die Vorinstanz zurückverwies. Ausdrücklich bestätigt hat der 3. Senat aber die Rechtsprechung, nach der ein *sachlicher Grund* für die Wirksamkeit einer solchen Vereinbarung erforderlich sei[79]. Ein solcher könne in der „dauerhaften Erhaltung von Arbeitsplätzen" liegen[80].

6. BAG v. 29.10.1985

Diese Rechtsprechung hat der 3. Senat des *BAG* mit seiner Entscheidung vom 29.10.1985[81] fortgeführt. Wiederum war die Behandlung von Versorgungsansprüchen nach Erwerb eines in Konkurs gefallenen Unternehmens streitig. Der im Verfahren betroffene Betrieb hatte auch nach dem Erwerb mit voller Belegschaft fortbestanden. Betriebserwerber und Arbeitnehmer hatten die alten Versorgungsansprüche ausdrücklich mit im Wesentlichen gleichlautenden Vereinbarungen ausgeschlossen[82]. Diese Verträge hat der 3. Senat wegen Verstoßes gegen § 613a Abs. 1 Satz 1 BGB gem. 134 BGB für nichtig gehalten. Seine bisherige Rechtsprechung hat der 3. Senat wiederholt, ohne aber auf die Kritik daran einzugehen[83].

---

[78] *BAG* v. 17.1.1980, AP Nr. 18 zu § 613a BGB.
[79] Unter IV. 2. b) der Gründe.
[80] Vgl. dazu ausführlicher unter § 4 C. III.
[81] *BAG* v. 29.10.1985, AP Nr. 4 zu § 1 BetrAVG Betriebsveräußerung.
[82] Der Widerruf von Ansprüchen durch Unterstützungskassen unterlag auch ohne die hier zusätzlich einschlägige Problematik des Betriebsübergangs einer Rechtsprechung, die sich je nach Intensität des Eingriffs weniger oder höheren Anforderungen verlangte (vgl. *BAG* v. 8.12.1981, AP Nr. 1 zu § 1 BetrAVG Ablösung). Bereits erdiente Versorgungsansprüche waren danach als besonders schutzwürdig und nur in seltenen Ausnahmefällen zulässig (unter III. 3. c) (1) der Gründe). Der Widerruf lediglich für die Zukunft zugesicherter Steigerungsbeträge hing davon ab, ob der Arbeitnehmer bereits Gegenleistungen dafür erbracht hatte. Maßgeblich war dafür der Anknüpfungspunkt der Steigerungsraten. War dieser die Gehaltsentwicklung, so sollte der Arbeitnehmer auch die darauf entfallende Dynamik „erdient" haben mit der Folge, dass eine Einschränkung nur aus *triftigen Gründen* gestattet war. Diente lediglich die Dienstzeit als Anknüpfung, so war eine Neuregelung auch aus weniger gewichtigen *sachlichen Gründen* erlaubt (*BAG* v. 17. 4. 1985, AP Nr. 4 zu § 1 BetrAVG Unterstützungskassen).
[83] Unter III. 3. b) der Gründe.

Im Ergebnis hat sich der 3. Senat vor allem auf eine Unzulässigkeit des Verzichts nach Grundsätzen gestützt, die er zum Recht der betrieblichen Altersversorgung bereits entwickelt hatte[84]. Als *sachlicher Grund* genüge die Erklärung des Erwerbers – mehr wurde in den Vorinstanzen nicht vorgetragen – nicht, man hätte den Betrieb ohne Anspruchsverzicht nicht übernommen. Dies sei ein unbeachtlicher Motivirrtum. Auch eine erhebliche finanzielle Belastung in den Folgejahren konstituiere für sich genommen keinen *sachlichen Grund*[85].

7. BAG v. 28.4.1987 („Lemgoer Modell"[86])

Weiter gefestigt hat der 3. Senat des *BAG* diese Rechtsprechung mit seiner Entscheidung vom 28.4.1987[87]. Wiederum war ein Unternehmen in Konkurs gefallen, dessen Konkursmasse ein Sozialplan mit so hohen Verbindlichkeiten belastet hätte, dass eine Fortführung offensichtlich nicht gelungen wäre. Daher kündigte der Betriebsrat die Arbeitsverhältnisse aller Arbeitnehmer mit deren Vollmacht. Dennoch setzten alle Arbeitnehmer ihre Arbeit auf Grundlage neuer Arbeitsverträge zu anderen Bedingungen fort, die ihnen schon zuvor zugesagt worden waren. Dieses Sanierungskonstrukt wird als „Lemgoer Modell" bezeichnet[88]. Die Kündigungen, welche der Umsetzung dieses Modells hatten dienen sollen, hat der 3. Senat wegen Verstoßes gegen § 613a Abs. 4 BGB i.V.m. § 134 BGB[89] sowie wegen Verstoßes gegen das BetrAVG[90] für unwirksam erklärt. Da sie kein anderes Ergebnis zum Ziel gehabt hätten, als aus Anlass des Betriebsübergangs den Inhalt sämtlicher Arbeitsverhältnisse zu ändern und soziale Besitzstände erlöschen zu lassen, seien sie unwirksam. Ausdrücklich gelte dieses auch für Aufhebungsverträge, die allein veranlasst worden wären, um dem Kündigungsverbot des § 613a Abs. 4 BGB auszuweichen.

Der Senat hat mit dieser Entscheidung – freilich ohne dies zu benennen – die Grundlage für die spätere Rechtsprechung zum bezweckten endgültigen Ausscheiden aus dem Betrieb gelegt, welches erforderlich sein soll, damit Aufhebungsverträge im Zusammenhang mit Betriebsübergängen nach § 613a BGB wirksam sind. Gleichzeitig hat er mit der Entscheidung erstmals das Prinzip der Veranlassung für

---

[84] Unter III. 3. c) der Gründe.
[85] Unter III. 3. c) (3) der Gründe.
[86] Die Bezeichnung „Lemgoer Modell" geht zurück auf eine Veröffentlichung von *Stückemann*, BB 1977, 1711; siehe auch *ders.*, BB 1981, 1102 f.; *Stückemann* zeichnet – laut eigener Auskunft – auch für die Konzeption des Modells verantwortlich; indirekt bestätigt dies *Henckel*, ZIP 1980, 2, 3, insb. Fn. 3.
[87] *BAG* v. 27. 10. 1987, AP Nr. 5 zu § 1 BetrAVG Betriebsveräußerung.
[88] Vgl. z.B. *Lorenz*, Anm. zu BAG AP Nr. 5 zu § 1 BetrAVG Betriebsveräußerung.
[89] Unter II. 2. a) der Gründe.
[90] Unter II. 2. b) der Gründe: Der 3. Senat knüpft in seinen nicht ganz eindeutigen Ausführungen an § 4 BetrAVG an.

§ 613a BGB fruchtbar gemacht. Auf eine mögliche Rechtfertigung der Vertragsänderungen – die mit Aufhebung und Neubegründung der Arbeitsverhältnisse materiell erreicht worden war – durch einen *sachlichen Grund* ist der 3. Senat indessen nicht eingegangen.

8. BAG v. 27.4.1988

Der 5. Senat hat mit seiner Entscheidung vom 27.4.1988[91] ebenfalls an dieser Rechtsprechung festgehalten. Streitig waren Lohnansprüche, die auf die Bundesanstalt für Arbeit durch die Stellung von Anträgen auf Konkursausfallgeld übergegangen waren. Nach bekanntem Muster war Arbeitnehmern vom Betriebsveräußerer gekündigt worden. Diese hatten ihre Tätigkeit auf Grundlage neuer Verträge fortgesetzt, die eine Klausel enthielten, nach denen keine Haftung für Verpflichtungen aus früheren Arbeitsverhältnissen übernommen würde.

Diese Vereinbarungen hat der 5. Senat unter Berufung auf die bisherige *BAG*-Rechtsprechung nach §§ 613a Abs. 1 S. 1, 134 BGB für unwirksam gehalten, da *sachliche Gründe* nicht ersichtlich seien[92]. Ferner hat der 5. Senat angesprochen, dass *sachliche Gründe* auch nicht in der Verhinderung der Betriebsübernahme liegen könnten, da der Lohnverzicht nur eine sehr geringe wirtschaftliche Bedeutung in Relation zu dem Kaufpreis des gesamten Betriebes haben. Damit hat der 5. Senat erstmals die Ermöglichung einer Betriebsübernahme als sachlichen Grund in Betracht gezogen. Vergleicht man die Entscheidung des 5. Senats mit der Entscheidung des 3. Senats zum „Lemgoer Modell", fällt zugleich auf, dass unter den Senaten offenbar Unsicherheit bestand, wann eine Rechtfertigung durch einen sachlichen Grundes zu prüfen war.

9. BAG v. 12.5.1992

Wiederum der 3. Senat hat mit seiner Entscheidung vom 12.5.1992[93] seine bisherige Rechtsprechung bestätigen können. In diesem Fall hatten die Arbeitnehmer bereits vor Betriebsübergang und noch vor Eröffnung des Konkursverfahrens gegenüber dem Betriebsveräußerer einen umfassenden Verzicht auf alle Ansprüche erklärt, die aus dem Arbeitsverhältnis und den mit ihm verbundenen Versorgungszusagen entspringen. Dennoch waren gegen den neuen Betriebsinhaber Ansprüche geltend gemacht worden.

Der 3. Senat hat die Verzichtsvereinbarungen unter Bezugnahme auf die bisherige Rechtsprechung wegen Umgehung von § 613a Abs. 4 S. 1 BGB und § 4 Abs. 1 S. 2 BetrAVG für unwirksam gehalten[94] und klargestellt, dass es auf die Rege-

---

[91] *BAG* v. 27.4.1988, AP Nr. 71 zu § 613a BGB.
[92] Unter III. der Gründe.
[93] *BAG* v. 12.5.1992, AP Nr. 14 zu § 1 BetrAVG Betriebsveräußerung.
[94] Unter II. 1. der Gründe.

lungsmodalität, die im Einzelfall – in dem hier zu entscheidenden: Verzicht bereits gegenüber dem Veräußerer – gewählt würde, nicht ankomme. Eine Beeinträchtigung der Vertragsfreiheit hat der 3. Senat zwar eingeräumt, aber unter Verweis auf die Schutzbedürftigkeit der Arbeitnehmer, die solche Erlassverträge *typischerweise unter dem Druck* abschließen würden, ihren Arbeitsplatz ansonsten zu verlieren, für gerechtfertigt gehalten[95]. Schließlich sei nicht ersichtlich, dass die engen Voraussetzungen eines *sachlichen Grundes* vorliegen. Ein solcher sei von der Beklagten auch nicht geltend gemacht worden.

10. BAG v. 4.3.1993

Nicht wegen einer Sanierung aus wirtschaftlicher Not, sondern wegen der Wiedervereinigung Deutschlands und des Abzugs französischer Streitkräfte hatte sich der 2. Senat am 4.3.1993[96] mit folgendem Sachverhalt zu beschäftigen: Einem Mitarbeiter der französischen Streitkräfte, deren Aufgaben auf dem Flughafen Berlin-Tegel die spätere Beklagte nach deren Abzug übernehmen sollte, war wegen der Auflösung seiner Dienststelle gekündigt worden. Die Beklagte hatte diesen noch vor Ablauf der Kündigungsfrist eingestellt und per Arbeitsvertrag auf das für sie einschlägige Tarifwerk[97] Bezug genommen. Dieses war für den Arbeitnehmer offensichtlich ungünstiger als der bis dahin ebenfalls kraft Bezugnahme[98] angewendete Tarifvertrag für alliierte Streikkräfte.

Der 2. Senat hat festgestellt, dass bei Bezugnahme auf Tarifverträge das Änderungsverbot des § 613a Abs. 1 S. 4 BGB nicht anzuwenden ist[99]. Jedenfalls bei Vorliegen *sachlicher Gründe* – der Senat nimmt auf die auch hier zuvor dargestellte *BAG*-Rechtsprechung Bezug – seien Arbeitsverträge mit ungünstigeren Bedingungen nicht unwirksam. Es ergebe sich aus der Wertung der § 613a Abs. 1 S. 3 und 4 BGB, dass es zulässig ist, die einschlägigen tarifvertraglichen Regelungen einheitlich auf die ganze Belegschaft auszudehnen, auch wenn dies für einzelne Arbeitnehmer nachteilig ist[100]. Ob diese Gleichbehandlung als *sachlicher Grund* im Sinne der vorgenannten Rechtsprechung anzusehen ist, lässt sich der Urteilsbegründung nicht eindeutig entnehmen.

---

[95] Unter II. 2. der Gründe.
[96] *BAG* v. 4.3.1993, AP Nr. 101 zu § 613a BGB.
[97] Bundesmanteltarifvertrag für Arbeiter gemeindlicher Verwaltungen und Betriebe (BMT-G II) vom 31. Januar 1962 mit den zusätzlichen und an ihre Stelle getretenen Tarifverträgen.
[98] Dies folgt aus B. der Gründe, erster Absatz.
[99] Unter B. 1. der Gründe.
[100] Unter B. 2. der Gründe.

II. Zweiter Abschnitt: Bezwecktes endgültiges Ausscheiden aus dem Betrieb

Das *BAG* hat auf Grundlage der vorherigen Rechtsprechung in einem zweiten Abschnitt ein weiteres Kriterium entwickelt: Nur wenn ein Aufhebungsvertrag das *endgültige Ausscheiden aus dem Betrieb* bezwecke, sei er im Zusammenhang mit Betriebsübergängen wirksam. Dieses Kriterium hat das *BAG* in weiteren Entscheidungen im Anschluss näher konkretisiert.

1. BAG v. 11.7.1995

In der Entscheidung des 3. Senats vom 11.7.1995[101] war die Auszahlung einer Abfindung streitig, die für Aufhebungsverträge, die vom Arbeitgeber veranlasst wurden, tarifvertraglich festgeschrieben war. Die klagende Arbeitnehmerin war bei einer Gesellschaft beschäftigt gewesen, die in der Rechtsvorgängerin der Beklagten aufgegangen war. Mit der Rechtsvorgängerin der Beklagten hatte die Arbeitnehmerin einen Aufhebungsvertrag abgeschlossen, war aber von der Beklagten in demselben Betrieb weiterbeschäftigt worden. Dennoch hatte sie sich auf die tarifvertragliche Abfindung berufen.

Der 3. Senat hielt den streitbefangenen Aufhebungsvertrag wegen Umgehung von § 613a Abs. 1 S. 1 BGB nach § 134 BGB für unwirksam. Zwar könne der Übergang des Arbeitsverhältnisses, der von § 613a BGB angeordnet wird, grundsätzlich durch einen Aufhebungsvertrag gehindert werden, wie dies auch durch einen Widerspruch des Arbeitnehmers möglich sei. Stehe für die Parteien des Aufhebungsvertrages jedoch fest, dass der Arbeitnehmer beim Erwerber des Betriebs tatsächlich weiterbeschäftigt werden soll, habe der Aufhebungsvertrag lediglich den Zweck, die Kontinuität des Arbeitsverhältnisses zu unterbrechen. Damit verliere der Arbeitnehmer seine erdienten Besitzstände, was durch § 613a Abs. 1 BGB gerade verhindert werden solle.

2. BAG v. 11.12.1997

Einen Sanierungsfall zum Anlass hatte auch die Entscheidung des 8. Senats vom 11.12.1997[102]. Arbeitgeber und ein Arbeitnehmer hatten einen Aufhebungsvertrag geschlossen, der das Arbeitsverhältnis unmittelbar vor dem Betriebsübergang auf die Beklagte beenden sollte. Nachdem der ehemalige Arbeitgeber Konkurs gefallen war, hatte der Kläger Abfindungsansprüche aus dem Aufhebungsvertrag gegen den Betriebserwerber geltend gemacht. Dazu hatte er freilich vortragen müssen, die

---

[101] *BAG* v. 11.7.1995, AP Nr. 56 zu § 1 TVG Tarifverträge Einzelhandel unter III. 2. b) der Gründe.
[102] *BAG* v. 11.12.1997, NZA 1999, 262.

Rechte und Pflichten seien durch § 613a BGB auf die Beklagte übergegangen. Dazu hätte der Aufhebungsvertrag aber unwirksam sein müssen[103].
Der 8. Senat hat den Aufhebungsvertrag jedoch nicht für unwirksam nach § 134 BGB gehalten. Eine Umgehung der zwingenden Rechtsfolgen des § 613a Abs. 1 S. 1 BGB sei nicht beabsichtigt gewesen. Der Aufhebungsvertrag sei vielmehr auf das *endgültige Ausscheiden aus dem Betrieb* des Arbeitgebers gerichtet gewesen[104]. Auf eine sachliche Berechtigung der Aufhebungsverträge komme es in solchen Fällen nicht an, weil schließlich auch ein Widerspruch des Arbeitnehmers gegen den Übergang seines Arbeitsverhältnisses möglich sei.
Mit dieser Entscheidung verwendet der 8. Senat des *BAG* erstmals die Formel vom bezweckten *endgültigen Ausscheiden aus dem Betrieb*, mit welcher er die zuvor dargestellte Rechtsprechung zusammenfasst[105].

3. BAG v. 10.12.1998 („Dörries Scharmann")

Der 8. Senat hatte sich schließlich mit einem Sanierungskonstrukt zu befassen, welches erst durch neue Entwicklungen der Arbeitsförderung möglich geworden war. Mit seinem Urteil vom 10.12.1998[106] hat der 8. Senat den zulässigen Rahmen für ein Sanierungsmodell vorgegeben, welches für den Betrieb eines Unternehmens (Dörries Scharmann AG) unter Beteiligung zahlreicher öffentlicher Institutionen[107] entwickelt worden war:
Streitig war die Zulässigkeit so genannter *dreiseitiger Aufhebungsverträge*, durch die Arbeitnehmer das Arbeitsverhältnis mit dem bisherigen Arbeitgeber beendet und gleichzeitig ein neues, befristetes Arbeitsverhältnis mit einer BQG begründet hatten[108]. In dieser hatten sie Kurzarbeiter- oder Unterhaltsgeld nach dem AFG erhalten können[109]. Zu dem „Stichtag" des Betriebsübergangs auf die Beklagte hatte ein Teil dieser Arbeitnehmer ein Angebot zur Wiedereinstellung des Betriebser-

---

[103] Es fällt auf, dass das Begehren des Arbeitnehmers etwas widersprüchlich ist: *Einerseits* macht er einen Anspruch aus dem Aufhebungsvertrag geltend. *Andererseits* muss gerade dieser Aufhebungsvertrag wegen des Betriebsübergangs unwirksam sein, damit das Arbeitsverhältnis überhaupt auf die Beklagte übergehen konnte.

[104] Siehe zum Ursprung dieser Formel in der *RAG*-Rechtsprechung unter § 4 C. II. 1.

[105] „Erfunden" hat die Formel des „endgültigen Ausscheidens aus dem Betrieb" hingegen nicht der 8. Senat des *BAG*, sondern bereits das *Reichsarbeitsgericht*; siehe dazu § 4 C. I. 1.

[106] *BAG* v. 10.12.1998, AP Nr. 185 zu § 613a BGB; siehe auch die Parallelentscheidungen *BAG* v. 21.1.1999, ZIP 1999, 1572 und *BAG* v. 27.1.2000 – 8 AZR 874/98.

[107] Beteiligt waren das Wirtschafts- und Arbeitsministerium und das Landesarbeitsamt Nordrhein-Westfalen, so wie die IG Metall, der Gesamtbetriebsrat und der Betriebsrat des betroffenen Werkes.

[108] Siehe zu BQG und dreiseitigen Aufhebungsverträgen oben unter § 2 C. III. 3.

[109] Kurzarbeitergeld für solche Fälle konnte später nach § 175 SGB III (Strukturkurzarbeitergeld) gewährt werden; die vergleichbare Leistung wird jetzt als Transferkurzarbeitergeld bezeichnet und ist in § 216b SGB III geregelt; siehe ausführlich in § 2 C. III.

werbers erhalten sollen. 96 % der Arbeitnehmer unterzeichneten darauf dreiseitige Aufhebungsverträge. Nach Eröffnung des Anschlusskonkursverfahrens und Abschluss eines Sanierungstarifvertrages waren nach und nach etwa 250 Beschäftigte von der Rechtsnachfolgerin des alten Arbeitgebers eingestellt worden. Zu einem großen Teil waren diese Arbeitnehmer aus dem Kreis derjenigen Arbeitssuchenden rekrutiert worden, die zuvor in die BQG gewechselt waren.

Der 8. Senat hat in dem Abschluss der dreiseitigen Aufhebungsverträge keine unzulässige Umgehung von § 613a BGB gesehen, da die dreiseitigen Aufhebungsverträge auf das *endgültige Ausscheiden der Arbeitnehmer aus dem Betrieb* gerichtet gewesen seien. Weil nicht versprochen worden war, dass die Beklagte alle oder nahezu alle Beschäftigten einstellen würde, sei der Abschluss der dreiseitigen Verträge einem *Risikogeschäft* gleichgekommen. Die Arbeitnehmer hätten vor dem Zeitpunkt, in dem sie die Aufhebungsverträge abgeschlossen, schon alles verloren, so dass der Abschluss der Verträge allein der Verbesserung ihrer (sozialversicherungsrechtlichen) Position habe dienen können. Auf die Möglichkeit, die dreiseitigen Aufhebungsverträge im konkreten Einzelfall auch wegen eines sachlichen Grundes für wirksam zu halten, ist der 8. Senat nicht eingegangen.

4. BAG v. 18.8.2005

Mit seiner Entscheidung vom 18.8.2005[110] hat der 8. Senat diese Rechtsprechung bestätigt. Ähnlich wie bei der Dörries Scharmann AG war zur Sanierung eines Not leidenden Betriebs, der kurz vor der Insolvenz stand, eine BQG eingeschaltet worden. In diese waren zum Stichtag des Betriebsübergangs alle Arbeitnehmer mit dreiseitigen Aufhebungsverträgen gewechselt. Ein Teil von ihnen war von dem neuen Betriebsinhaber, der den Betrieb ohne Unterbrechung fortführte, „nahtlos" weiterbeschäftigt worden.

Unter Verweis auf seine bisherige Rechtsprechung hat der 8. Senat die Aufhebungsverträge für wirksam gehalten. Wiederum sei es für die Arbeitnehmer ein *Risikogeschäft* gewesen, die dreiseitigen Verträge abzuschließen. Weiter hat sich der Senat ausführlich mit der Kritik auseinander gesetzt, die Schrifttum und Vorinstanz[111] an der „Dörries Scharmann"-Rechtsprechung geäußert hatten. Diese hat er zurückgewiesen. Ferner hätte das gesamte Sanierungsmodell der Sicherung von Arbeitsplätzen gedient. Somit sei jedenfalls ein *sachlicher Grund* gegeben, um die Aufhebungsverträge für wirksam zu halten.

Damit wendet der 8. Senat des *BAG* seine Kriterien des *endgültigen Ausscheidens aus dem Betrieb* und des *sachlichen Grundes* erstmalig parallel an. Bis zu dieser Entscheidung hatte das *BAG* einen *sachlichen Grund* bei Verzichts- bzw. Ände-

---

[110] *BAG* v. 18.8.2005, AP Nr. 31 zu § 620 BGB Aufhebungsvertrag.
[111] *LAG Bremen* v. 26.8.2004, LAGE Nr. 6 zu § 613a BGB 2002.

rungsvereinbarungen, nicht aber bei Aufhebungsverträgen geprüft. Vor allem war der sachliche Grund bis dato eine Wirksamkeitsvoraussetzung gewesen. In der Weise, in welcher der 8. Senat den sachlichen Grund in der Entscheidung vom 18.8.2005 geprüft hat, kann er auch als Rechtfertigungsmöglichkeit für eine unzulässige Umgehung dienen.

5. BAG v. 23.11.2006

Seine Rechtsprechung hat der 8. Senat mit einer Entscheidung vom 23.11.2006[112] bestätigt, in welcher der Fortbestand von Arbeitsverhältnissen in einer insolventen Holz- und Kunststoffproduktion streitig war. Ein Arbeitnehmer hatte Weiterbeschäftigung bzw. Wiedereinstellung begehrt, nachdem er zuvor einen dreiseitigen Aufhebungsvertrag unterschrieben hatte. Zum Zeitpunkt des Vertragsschlusses war er von einer Betriebsstilllegung ausgegangen. Später war es zu einer Übernahme des Betriebs gekommen, anlässlich derer einige seiner ehemaligen Kollegen – aber nicht er selbst – wieder eingestellt worden waren. Die Ausführungen des klagenden Arbeitnehmers waren insbesondere darauf gerichtet, dass der Insolvenzverwalter gewusst habe, dass es zu einer späteren Unternehmensübernahme kommen würde, als er ihm den dreiseitigen Vertrag angeboten hatte.

Der 8. Senat hat weder den Fortbestand des Arbeitsverhältnisses noch einen Wiedereinstellungsanspruch angenommen. Für einen Wegfall der Geschäftsgrundlage (§ 313 BGB) habe der Arbeitnehmer nicht hinreichend vorgetragen[113]. Eine Nichtigkeit des Aufhebungsvertrags nach § 142 Abs. 1 BGB wegen arglistiger Täuschung gem. § 123 BGB käme nach fehlerfreier Beweiswürdigung der Vorinstanz nicht in Betracht[114]. Für einen Wiedereinstellungsanspruch gäbe es keine rechtliche Grundlage, zumal dieser nach Abschluss eines wirksamen Aufhebungsvertrags ohnehin ausscheide[115]. Seine Rechtsprechung zu § 613a BGB bestätigt der 8. Senat ausdrücklich[116]: § 613a BGB schütze nicht vor einvernehmlicher Beendigung ohne *sachlichen Grund*, sondern nur vor einer solchen Veränderung des Vertragsinhalts. Bei Einschaltung einer BQG komme eine Umgehung allenfalls in Betracht, wenn diese nur zum Schein eingeschaltet werde oder offensichtlich bezweckt sei, die Sozialauswahl zu umgehen. Hierfür habe der Kläger nicht substantiiert vorgetragen.

---

[112] *BAG* v. 23.11.2006, AP Nr. 1 zu § 613a BGB Wiedereinstellung.
[113] Unter II. 2. a) der Gründe.
[114] Unter II. 2. c) der Gründe.
[115] Unter II. 3. der Gründe.
[116] Unter II. 2. b) der Gründe.

6. *BAG* v. 25.10.2007

Unter Bezugnahme auf seine dargestellte Rechtsprechung hat der 8. Senat einen Aufhebungsvertrag in seiner Entscheidung vom 25.10.2007[117] wiederum für unwirksam gehalten. Ein mit dem Insolvenzverwalter abgeschlossener Aufhebungsvertrag sollte unstreitig nicht dem endgültigen Ausscheiden aus dem Betrieb dienen. Weil er damit die Beseitigung der Kontinuität des Arbeitsverhältnisses und die Umgehung der Haftungsfolge des § 613a Abs. 1 BGB bezwecke, sei der Aufhebungsvertrag – so der 8. Senat – nach § 134 BGB nichtig.

7. *BAG* v. 7.11.2007

Zu einem Änderungsvertrag stellte der 5. Senat des *BAG* in seiner Entscheidung vom 7.11.2007[118] fest, dass eine Änderung des Arbeitsvertrages keinen sachlichen Grund erfordere. In einem „Personaländerungs"-Vertrag hatten sich Arbeitnehmerin und Arbeitgeber zwei Monate nach Betriebsübergang gegen eine Einmalzahlung als Entschädigung darauf geeinigt, dass erstere in der Zukunft nach einer für sie weniger günstigen Tarifgruppe entlohnt werden sollte.
Das *BAG* sah darin keine unzulässige Umgehung von § 613a BGB, da nach Betriebsübergang grundsätzlich die gleiche Vertragsfreiheit wie im Veräußererbetrieb gelte und sich aus § 613a BGB keine weitergehenden Einschränkungen der Privatautonomie ableiten ließen. Es sei auch kein sachlicher Grund für die Änderung zu fordern. Selbst wenn man an diesem Erfordernis festhalten wolle, sei der Sachverhalt nicht mit den anderen, vom *BAG* bereits entschiedenen Fällen zu vergleichen. Bislang habe das *BAG* nur bei Verträgen über bereits verdientes Arbeitsentgelt bzw. über Leistungen der betrieblichen Altersversorgung einen sachlichen Grund gefordert. Vorliegend handele es sich aber um einen anderen Fall.
Letztere Behauptung des 5. Senats ist im Hinblick auf die Entscheidung vom 4.3.1993[119], in welcher das *BAG* für eine Vereinbarung über ein ungünstigeres Tarifwerk einen sachlichen Grund gefordert hat, nicht zutreffend.

III. *Status quo* der BAG-Rechtsprechung: Motivkontrolle

Mittlerweile hält das *BAG* Aufhebungsverträge wegen unzulässiger Umgehung für unwirksam, wenn sie vom alten oder neuen Betriebsinhaber allein veranlasst werden, um dem bestehenden Kündigungsverbot auszuweichen[120] oder wenn ihre objektive Zielsetzung darin besteht, bei gleichzeitigem Erhalt des Arbeitsplatzes die

---

[117] *BAG* v. 25.10.2007, NZA-RR 2008, 367 unter B. I. 1. b) der Gründe; am gleichen Tag ergingen mehrere Parallelentscheidungen.
[118] *BAG* v. 7.11.2007, NZA 2008, 530.
[119] *BAG* v. 4.3.1993, AP Nr. 101 zu § 613a BGB; siehe oben unter § 4 B. I. 10.
[120] Zuletzt *BAG* v. 18.8.2005, AP Nr. 31 zu § 620 BGB Aufhebungsvertrag; siehe schon *BAG* v. 28.4.1987, AP Nr. 5 zu § 1 BetrAVG Betriebsveräußerung unter II. 2. a. der Gründe.

Kontinuität von Arbeitsverhältnissen zu beseitigen[121]. Danach sind Aufhebungsverträge insbesondere unwirksam, wenn die Arbeitnehmer unter Hinweis auf eine geplante Betriebsveräußerung und Arbeitsplatzangebote des zukünftigen Betriebsinhabers veranlasst werden, ihre Arbeitsverhältnisse mit dem bisherigen Betriebsinhaber selbst fristlos zu kündigen oder Auflösungsverträge abzuschließen, damit sie mit dem neuen Betriebsinhaber neue Arbeitsverträge abschließen können. Das *BAG* kontrolliert folglich zwar nicht den Inhalt von Aufhebungsverträgen, aber das *Motiv*, welches ihnen zugrunde liegt. Es nimmt eine *Motivkontrolle* vor.

Das *BAG* unterscheidet allerdings Vereinbarungen, die zwischen dem Arbeitnehmer und dem alten oder neuen Betriebsinhaber geschlossen werden und auf ein endgültiges Ausscheiden des Arbeitnehmers aus dem Betrieb gerichtet sind, und hält diese ohne die Prüfung weiterer Voraussetzungen für wirksam[122]. Als Abgrenzungskriterium hebt das *BAG* darauf ab, ob Arbeitnehmer und Betriebserwerber in dem Zeitpunkt des Abschlusses des Aufhebungsvertrags bereits ein neues Arbeitsverhältnis begründet haben oder dem Arbeitnehmer ein solches verbindlich in Aussicht gestellt worden ist. Besteht dagegen lediglich die „mehr oder weniger begründete Erwartung" des Arbeitnehmers, in ein Arbeitsverhältnis mit dem Betriebserwerber treten zu können, komme der Vertragsschluss einem Risikogeschäft gleich und diene nicht der Unterbrechung der Kontinuität des Arbeitsverhältnisses[123].

Ändern Arbeitgeber und Arbeitnehmer im Zusammenhang mit einem Betriebsübergang dagegen den ansonsten weiter bestehenden Arbeitsvertrag inhaltlich, verlangt das *BAG* dafür einen sachlichen Grund. Das *BAG* begründet dies damit, dass den beteiligten Arbeitnehmern die rechtsgeschäftliche Entscheidungsfreiheit typischerweise fehle. Sie hätten oftmals die Aussicht, entweder eine Verschlechterung der Arbeitsbedingungen hinzunehmen oder den Arbeitsplatz ganz zu verlieren[124]. Liegt eine – nach obiger Rechtsprechung festgestellte – unzulässige Umgehung durch den Abschluss eines Aufhebungsvertrags vor, kann diese ausnahmsweise „gerechtfertigt" sein, wenn dafür ein sachlicher Grund vorliegt[125]. In einigen früheren Entscheidungen wurde ein sachlicher Grund, durch dessen Vorliegen die Umgehung der zwingenden Rechtsfolgen des § 613a BGB gerechtfertigt werden kann, allerdings nicht geprüft[126].

---

[121] *BAG* v. 18.8.2005, AP Nr. 31 zu § 620 BGB Aufhebungsvertrag; *BAG* v. 10.12.1998, AP Nr. 185 zu § 613a BGB unter B. II. der Gründe.

[122] *BAG* v. 11.12.1997, NZA 1999, 262.

[123] *BAG* v. 10.12.1998, AP Nr. 185 zu § 613a BGB; *BAG* v. 18.8.2005, AP Nr. 31 zu § 620 BGB Aufhebungsvertrag.

[124] *BAG* v. 12.5.1992, AP Nr. 14 zu § 1 BetrAVG Betriebsveräußerung unter II 2 der Gründe; *BAG* v. 18.8.2005, AP Nr. 31 zu § 620 BGB Aufhebungsvertrag.

[125] *BAG* v. 18.8.2005, AP Nr. 31 zu § 620 BGB Aufhebungsvertrag.

[126] *BAG* v. 28.4 1987 AP Nr. 5 zu § 1 BetrAVG Betriebsveräußerung; auch die Entscheidung des *BAG* v. 10.12.1998, AP Nr. 185 zu § 613a BGB erwähnt lediglich, dass die einvernehmliche

Fasst man es in einem Satz zusammen, sind Aufhebungsverträge trotz des Zusammenhangs mit Betriebsübergängen nach § 613a BGB heute nur wirksam, wenn sie das endgültige Ausscheiden des Arbeitnehmers aus dem Betrieb bezwecken oder sachliche Gründe für ihren Abschluss vorliegen.

C. Herleitung und Konkretisierung der Kriterien der Rechtsprechung

Es ist offensichtlich, dass diese Rechtsprechung Fragen provoziert. Nicht nur die Einbindung des Veranlassungsprinzips als Sujet (I.) und als abschließender Maßstab (V.), sondern auch die einzelnen Kriterien der Rechtsprechung (II. und III.) sind daher näher zu beleuchten. Für die weitere Betrachtung ist auch zu klären, für welche Dauer § 613a BGB das Schutzniveau zugunsten der Arbeitnehmer erhöht (IV.).

I. Berücksichtigung der Veranlassung des Arbeitgebers

Das Veranlassungsprinzip, welches unter § 3 dargestellt wurde, spielt für Aufhebungsverträge im Anwendungsbereich von § 613a BGB eine erhebliche Rolle. Nach der Rechtsprechung des *BAG* sind Aufhebungsverträge aus Anlass des Betriebsübergangs nicht wirksam, wenn sie vom Betriebsveräußerer oder -erwerber allein deshalb *veranlasst* werden, um dem bestehenden Kündigungsverbot auszuweichen[127]. Die Rechtsprechung des *BAG* zielt nicht nur darauf ab, die Beendigung von Arbeitsverhältnissen durch Kündigungen zu vermeiden. Materiell geht es dem *BAG* auch darum, dass die Anforderungen, die es an Änderungsverträge im Zusammenhang mit Betriebsübergängen nach § 613a BGB stellt, nicht durch die Kombination von Aufhebungsverträgen mit neuen Arbeitsverträgen zu anderen Konditionen umgangen werden.

Das *BAG* berücksichtigt die Veranlassung der Beendigung des Arbeitsverhältnisses durch den Arbeitgeber, um unliebsame Umgehungen zu verhindern. Unterfällt ein Aufhebungsvertrag im Zusammenhang mit einem Betriebsübergang nicht einer der Kategorien, für welche die Rechtsprechung keine Umgehung des Kündigungsverbots annimmt, gilt für ihn das Gleiche wie für Kündigungen nach § 613a Abs. 4 S. 1 BGB[128]: Er ist unwirksam. Die Fallgruppen, für die anderes gilt, werden im Folgenden näher betrachtet.

Verschlechterung von Vertragsbedingungen nur bei Vorliegen eines sachlichen Grundes zulässig ist und stellt fest, dass man einen sachlichen Grund aber nicht für Aufhebungsverträge verlangen müsse, die auf das endgültige Ausscheiden aus dem Betrieb gerichtet seien.

[127] *BAG* v. 18.8.2005, AP Nr. 31 zu § 620 BGB Aufhebungsvertrag; *BAG* v. 28.4.1987, AP Nr. 5 zu § 1 BetrAVG Betriebsveräußerung unter II. 2.a. der Gründe.
[128] Vgl. zur genauen dogmatischen Grundlage unten unter § 5 A. I.-III.

II. Fallgruppe 1: Das „bezweckte endgültige Ausscheiden aus dem Betrieb"

Zunächst zur ersten Fallgruppe, in welche Aufhebungsverträge gehören, die das endgültige Ausscheiden aus dem Betrieb bezwecken: Wird ein Aufhebungsvertrag abgeschlossen, welcher oben als Geschäft mit „reiner Beendigungsfunktion" bezeichnet wurde[129], dient er regelmäßig dem „endgültigen Ausscheiden". Steht hingegen eine Wieder- oder Weiterbeschäftigung des Arbeitnehmers in demselben Betrieb im Raum, kann es darauf ankommen, was die Parteien mit dem Abschluss des Aufhebungsvertrages bezwecken wollten.

1. Ursprung in RAG-Rechtsprechung zu § 69 BRG

Anders, als man angesichts der Verbindung dieser Fallgruppe mit vergleichsweise komplexen Umstrukturierungen und sozialrechtlichen Hilfsmitteln vermuten könnte, entstammt die Formel des „endgültigen Ausscheidens aus dem Betrieb" bereits der Rechtsprechung des *RAG* zum Arbeitskampfrecht in der Weimarer Republik.

Zu damaliger Zeit gab es kein Streikrecht in dem Sinne, dass Arbeitnehmer ohne vorherige, fristgemäße Kündigung die Arbeit niederlegen durften, und sich somit – wenn sie streiken wollten – nicht nur möglichen Schadensersatzansprüchen des Arbeitgebers, sondern auch der Gefahr einer Kündigung aussetzen mussten[130]. Wurden Arbeitnehmer wegen ihrer Arbeitsniederlegung entlassen, konnten sie aber auf eine Neueinstellung hoffen, wenn in den Verhandlungen zwischen Arbeitgeberverbänden und Gewerkschaften „Maßregelungsklauseln" – Klauseln, nach denen wegen Streiks gekündigte Arbeitnehmer wieder eingestellt werden sollten – vereinbart wurden. Insoweit war ihre Position also durchaus mit der derjenigen Arbeitnehmer vergleichbar, die heute auf eine Wiedereinstellung des neuen Betriebsinhabers hoffen, nachdem sie zuvor dreiseitige Aufhebungsverträge abgeschlossen haben und ggf. in einer BQG untergebracht sind.

Selbst wenn es zu einer Wiedereinstellung aufgrund eines kollektiven Verhandlungsergebnisses kam, war jedoch problematisch, dass nach § 69 BRG das Betriebsratsamt mit der Beendigung des Arbeitsverhältnisses endete. Streng genommen hätte folglich selbst eine Neueinstellung die Amtsinhaberschaft von Betriebsräten nicht wieder aufleben lassen können. Um die Amtsstellung streikender Betriebsräte zu sichern, erklärte das *RAG*, dass § 69 BRG nur Anwendung finden sollte, wenn die Kündigung auf das „endgültige Ausscheiden aus dem Betrieb" gerichtet sei[131]. Bei Streiks war dies naturgemäß nicht der Fall, so dass ein Arbeitskampf die Kontinuität des Betriebsrats nicht tangieren konnte.

---

[129] Vgl. oben unter § 2 C. I.
[130] *Kittner*, Arbeitskampf, S. 432; eine Kündigung wegen Arbeitsverweigerung erlaubte § 123 Nr. 3 GewO.
[131] *RAG* v. 3.10.1928, RAGE 4, 100; dazu *Kittner*, Arbeitskampf, S. 433: „an Rechtsschöpfung grenzend".

Erst seit der Entscheidung vom 11.12.1997[132] wendet das *BAG* die alte Formel des *RAG* auf Aufhebungsverträge an, die im Zusammenhang mit einem Betriebsübergang nach § 613a BGB geschlossen werden. Einerseits ist die Ähnlichkeit mit heutigen Rechtsproblemen frappierend: Jeweils geht es darum, dass bereits in dem Moment, in dem Arbeitsverhältnisse beendet werden, eine spätere Wiedereinstellung im Raum steht. Andererseits wendete das *RAG* die Formel des endgültigen Ausscheidens aus dem Betrieb – anders als das *BAG* heute – nicht an, um die Wirksamkeit von Beendigungstatbeständen zu kontrollieren, sondern um eine unerwünschte Rechtsfolge, nämlich die Beendigung der Amtsinhaberschaft wegen eines Arbeitskampfs, zu verhindern.

2. „Bezwecken" als subjektives Merkmal

Zurück in die Gegenwart: Der Begriff „Bezwecken" bezeichnet eine finale Verknüpfung zwischen einer Handlung und einem Handlungsziel und bestimmt zugleich, dass es auf die subjektive Vorstellung der Beteiligten ankommt. Dieser finale Ansatz entspricht den allgemeinen Grundlagen des Veranlassungsprinzips[133]. Soll das „endgültige Ausscheiden aus dem Betrieb" bezweckt sein, müssen die Parteien gewusst und gewollt haben, dass der Arbeitnehmer mit dem Aufhebungsvertrag endgültig aus dem Betrieb ausscheidet. Das *BAG* stellt nicht ausdrücklich klar, dass es gerade das Motiv für Aufhebungsverträge, die vom Arbeitgeber veranlasst werden, kontrollieren möchte, sondern erwähnt das Veranlassungsprinzip nur in seinem allgemeinen Obersatz, nach dem solche Aufhebungsverträge unwirksam sind, die der Arbeitgeber „allein veranlasst, um dem bestehenden Kündigungsverbot auszuweichen". Praktisch ist es jedoch kaum vorstellbar, dass ein Aufhebungsvertrag, dessen Wirksamkeit mit Blick auf § 613a BGB bestritten wird, im Sinne der oben[134] beschriebenen Struktur nicht mit einem finalen Zusammenhang zwischen dem Verhalten des Arbeitgebers und der rechtlichen Mitwirkung des Arbeitnehmers belegt ist.

Aus den oben dargestellten Grundlagen ergibt sich ferner, dass als rechtlich relevantes Verhalten des Arbeitgebers nicht dessen rechtliche Mitwirkung an dem Aufhebungsvertrag, sondern dessen Überzeugungsarbeit in Betracht kommt[135]. Möchte man den Zweck feststellen, welchen der Arbeitgeber verfolgt hat, ist auf den Moment abzustellen, in dem er diejenige Überzeugungsarbeit geleistet hat, welche die rechtliche Mitwirkung des Arbeitnehmers bewirken konnte. Praktisch wird sein Motiv in diesem Moment in aller Regel mit dem Motiv übereinstimmen,

---

[132] Siehe dazu ausführlich unter § 4 B. II. 2.
[133] Vgl. zur Finalität bei der Veranlassung oben unter § 3 D. III. 2.
[134] Vgl. unter § 3 D. III.
[135] Vgl. unter § 3 C. II. 3.

aus dem er – früher, zugleich oder später – eine Willenserklärung abgibt, die auf den Abschluss des Aufhebungsvertrages gerichtet ist. Ob es im Hinblick auf die allgemeine Umgehungsdogmatik im Zusammenhang mit § 613a BGB gerechtfertigt ist, die subjektive Vorstellung der Parteien zu berücksichtigen, wird später noch erörtert[136]. Die Rechtsprechung zu § 613a BGB stellt jedenfalls nicht allein auf die Motivlage beim Arbeitgeber ab. Für sie kommt es auch darauf an, welche Vorstellung der Arbeitnehmer beim Abschluss des Aufhebungsvertrages hat. Denn anderenfalls hätte die Frage keine Relevanz, ob sein Abschluss für den Arbeitnehmer ein Risikogeschäft darstellt, weil er „nicht mehr als [...] Hoffnung besitzt"[137] und ihm keine verbindliche Einstellungsvorlage vorliegt.

3. Dauer des „endgültigen Ausscheidens aus dem Betrieb"

Das Motiv, welches die Rechtsprechung den Parteien des Arbeitsvertrages für die Wirksamkeit von Aufhebungsverträgen abverlangt, ist das „endgültige Ausscheiden aus dem Betrieb". Für Konstellationen wie im Fall „Dörries Scharmann" – siehe oben[138] – ist es indessen wichtig, ob „Endgültigkeit" im Sinne der Rechtsprechung auch vorliegt, wenn Arbeitnehmer später erneute Anstellung in demselben Betrieb finden.

Die Verwendung des Begriffs „endgültig" legt nahe, dass der Aufhebungsvertrag bezwecken muss, dass man nie wieder in dem Betrieb, der übertragen wird, beschäftigt sein darf. Dies ist im Ansatz fragwürdig, wenn man bedenkt, dass § 613a BGB den Arbeitnehmerschutz nur vorübergehend, nämlich wegen des Betriebsübergangs, erhöhen möchte. Durch den Betriebsübergang soll die Kontinuität des Arbeitsverhältnisses nicht durchbrochen werden[139]. Spätere Wiederbeschäftigungen, die möglicherweise weit hinter einem Betriebsübergang liegen und mit diesem überhaupt nichts gemein haben, sollen offensichtlich – auch wenn sie mit dem Aufhebungsvertrag bezweckt sind – nicht von § 613a BGB verhindert werden[140]. Das ergibt sich daraus, dass die Rechtsprechung die Formel des „endgültigen Ausscheidens aus dem Betrieb" als Gegenbegriff dazu anführt, dass bei gleichzeitigem Erhalt des Arbeitsplatzes die Kontinuität des Arbeitsverhältnisses durchbrochen wird. Geht der Arbeitsplatz aber zunächst verloren, kann die Veranlassung des Arbeitgebers, einen Aufhebungsvertrag abzuschließen, auch keine Durchbrechung der

---

[136] Siehe unter § 4 E. IV.; dies hängt davon ab, wie die Norm, die umgangen werden soll, auszulegen ist; vgl. unter § 3 D. III. 2.
[137] *BAG* v. 18.8.2005, AP Nr. 31 zu § 620 BGB Aufhebungsvertrag unter I. 2. c) der Gründe.
[138] § 4 B. II. 3.
[139] Vgl. im Einzelnen zu dem Regelungsziel von § 613a BGB oben unter § 4 A. II. 2.
[140] Denkbar sind beispielsweise Fälle, in denen es zu einer mehrjährigen Betriebsunterbrechung kommt: Z.B., wenn ein Fernsehsender, der nur zum Anlass der olympischen Spiele ein bestimmtes mobiles Studio betreibt.

Kontinuität von Arbeitsverhältnissen beabsichtigen. Dann kommt auch eine Umgehung von § 613a BGB nicht in Betracht.

Die Rechtsprechung des *BAG* möchte also kein *immerwährendes endgültiges Ausscheiden*, sondern nur das *zunächst endgültige Ausscheiden* aus dem Betrieb verlangen. § 613a BGB unterwirft Aufhebungsverträge nicht wegen jeder möglichen späteren Wiederbeschäftigung, die in keinem Zusammenhang zu einem Betriebsübergang mehr steht, einer Motivkontrolle.

4. Weitere Konkretisierungen der Rechtsprechung

Die Rechtsprechung des *BAG* hat das Merkmal des „endgültigen Ausscheidens aus dem Betrieb" weiter konkretisiert. Maßgeblich für die Abgrenzung zu der – nach Auffassung des *BAG* nicht erlaubten – Durchbrechung der Kontinuität des Arbeitsverhältnisses bei gleichzeitigem Erhalt des Arbeitsplatzes ist, ob der Betriebserwerber mit dem Arbeitnehmer bereits ein neues Arbeitsverhältnis begründet oder ihm eines verbindlich in Aussicht gestellt hat. Habe der Arbeitnehmer nämlich „lediglich die mehr oder weniger begründete Erwartung", in dem vom Betriebsübergang betroffenen Betrieb doch weiterbeschäftigt zu werden, liege gleichfalls keine unzulässige Umgehung vor. Dann sei der Vertragsschluss für ihn ein Risikogeschäft. Sein Handeln sei nicht auf die Unterbrechung der Kontinuität des Arbeitsverhältnisses gerichtet.

a. Verbindliche Einstellungszusage oder Risikogeschäft?

Im Wesentlichen stellt diese Konkretisierung auf die Vorstellung des Arbeitnehmers ab. Denn ein Arbeitgeber, der seinen Betrieb veräußert und mit einem Arbeitnehmer einen Aufhebungsvertrag abschließt, weiß nicht zwingend von einem Vertragsschluss zwischen Arbeitnehmer und neuem Betriebsinhaber oder einer entsprechenden verbindlichen Zusage. Die „mehr oder weniger begründete Erwartung" bzw. ein „Risikogeschäft" – solche unbestimmten Begriffe lassen sich nur mit Leben füllen, indem man auf die Kenntnis und die Motivation des Arbeitnehmers schaut. In den typischen Fallkonstellationen bedeutet seine „mehr oder weniger begründete Erwartung" jedoch nicht, dass der Aufhebungsvertrag aus Arbeitnehmersicht auf das endgültige Ausscheiden aus dem Betrieb gerichtet ist. In den vom *BAG* entschiedenen Fällen hat es sich ergeben, dass fast alle[141] oder zumindest mehr als die Hälfte[142] aller Arbeitnehmer später in ihrem ehemaligen Betrieb wieder- oder sogar direkt weiterbeschäftigt wurden. Zumindest die Arbeitnehmer, die auf dieses Ergebnis gehofft hatten, haben mit dem Abschluss des Aufhebungsvertrages gerade nicht ihr endgültiges Ausscheiden aus dem Betrieb bezweckt, son-

---

[141] *BAG* v. 10.12.1998, AP Nr. 185 zu § 613a BGB.
[142] *BAG* v. 18.8.2005, AP Nr. 31 zu § 620 BGB Aufhebungsvertrag.

dern – ganz im Gegenteil – spekuliert, dass sie dort wieder beschäftigt werden können[143]. Oftmals sind Arbeitnehmer durchaus bereit, der Verschlechterung der Arbeitsbedingungen zuzustimmen, um zu verhindern, dass sie ihren Arbeitsplatz vollständig verlieren[144]. Nach der geltenden Rechtsprechung ist das nur möglich, wenn ein sachlicher Grund gegeben ist.

Ferner sind die Hoffnungen des einzelnen Arbeitnehmers in der Praxis nicht lediglich an „mehr oder weniger begründete Erwartungen" gebunden, sondern durchaus an konkrete Kenntnisse. Zum Wissenstand der Arbeitnehmer sind beispielsweise die Bedeutung oder Profitabilität der eigenen Abteilung, das Verhältnis zu Vorgesetzten und nicht zuletzt Unterrichtungen zu zählen, die im Rahmen solcher Sanierungen etwa vom Arbeitgeber, Betriebsräten, Gewerkschaften und den Mitarbeitern der Agenturen für Arbeit erfolgen. Weiter wird auch die Aussicht, ihre „Position geringfügig verbessern zu können, weil man beinahe alles verloren hat", im Regelfall nicht Grundlage des Arbeitnehmerhandelns sein: Dieses Diktum beschreibt nur die Motivlage – gerade weil der Arbeitnehmer glaubt, fast alles verloren zu haben, schließt er einen Vertrag, mit dem für ihn das endgültige Ausscheiden aus dem Betrieb vermieden werden soll. Die vage Hoffnung auf eine Weiterbeschäftigung wird ein Arbeitnehmer, der sich auf einen Aufhebungsvertrag einlässt, jedenfalls für viel konkreter halten als die noch sehr viel vagere Aussicht – ggf. nach einer Weiter- oder Umqualifizierung in einer BQG – bei einem ganz anderen Arbeitgeber beschäftigt zu werden.

Nach geltender Rechtsprechung sollte ein Arbeitgeber, der an der Wirksamkeit des Sanierungskonstrukts interessiert ist, möglichst wenige Informationen Preis geben, damit sich die Erwartung des Arbeitnehmers nicht zu einer sicheren Zusage verdichtet. Auch dieser Umstand mutet merkwürdig an. Die Formulierung „endgültiges Ausscheiden aus dem Betrieb" ist für die Konstellationen, in denen eine Weiterbeschäftigung in demselben Betrieb im Raum steht, unpassend gewählt. Nur dann aber ist sie überhaupt erheblich.

b. Veranlassung des Arbeitgebers und Vorstellung des Arbeitnehmers

Nimmt man das Prinzip der Veranlassung als Grundlage für die Rechtsprechung, ergibt sich noch ein weiterer Zweifelspunkt: Mit einem Kündigungsverbot soll das Verhalten des Arbeitgebers gesteuert werden. Daher wird auch die Veranlassung des Arbeitgebers – und nicht etwa die des Arbeitnehmers – zur Beendigung von Arbeitsverhältnissen untersucht. Dann aber ist es nicht konsequent, im Gegensatz

---

[143] Ähnlich auch Ascheid/Preis/Schmidt-*Steffan*, § 613a BGB Rdnr. 198.
[144] So z.B. *Henckel*, ZIP 1980, 2, 4, der wohl zu Recht die öffentliche Hand bzw. Pensionssicherungsvereine als wirklich Betroffene des „Lemgoer Modells" ausmacht; davor schon *Everhardt*, BB 1976, 1611, 1614: Unzulässiger Vertrag zu Lasten Dritter, nämlich des Pensionssicherungsvereins.

dazu die Vorstellung der Arbeitnehmer zu fokussieren, die einen Aufhebungsvertrag abschließen. Die Abgrenzung danach, ob der Arbeitgeber keine verbindliche Einstellungszusage ausgesprochen hat und der Abschluss des Aufhebungsvertrages demzufolge für den Arbeitnehmer ein Risikogeschäft ist, dient – aus praktischer, aber nicht dogmatischer Sicht – offenkundig dazu, das Motiv des Arbeitgebers auszuforschen. Denn er bezweckt es – so offenbar die Auffassung des *BAG* – das Kündigungsverbot zu umgehen, wenn dem Arbeitnehmer eine Einstellungszusage des Betriebserwerbers vorliegt oder er mit diesem bereits neues ein Arbeitsverhältnis begründet hat.

Unter diesem Gesichtspunkt können indes Ergebnisse entstehen, die mit Blick auf das Veranlassungsprinzip wenig sachgerecht sind: Weiß etwa der alte Betriebsinhaber nichts von einer verbindlichen Einstellungszusage des neuen Betriebsinhabers, kann dies – nimmt man das Kriterium des *BAG* beim Wort – dazu führen, dass Aufhebungsverträge unwirksam sind, obwohl der alte Betriebsinhaber das Kündigungsverbot mangels Kenntnis gar nicht hätte umgehen wollen. Die Aufhebungsverträge treten dann nicht an die Stelle von Arbeitgeberkündigungen. Die Ausführungen dazu, ob der Arbeitnehmer eine „mehr oder weniger begründete Erwartung" und ob der Aufhebungsvertrag für ihn ein Risikogeschäft darstellt, sind folglich auch aus Sicht der Veranlassungsdogmatik problematisch.

c. Vorstellung des Arbeitnehmers und Schutzzweck von § 613a BGB

Schließlich ist es noch aus einem anderen Grund verfehlt, auf die Vorstellung des Arbeitnehmers abzustellen. Denn § 613a BGB ist ein Schutzgesetz zugunsten des Arbeitnehmers[145]. Blendet man hier noch eine dogmatische Auseinandersetzung aus, inwieweit ein Arbeitnehmer bei Betriebsübergängen des Schutzes vor sich selbst bedarf und welche Anforderungen deswegen an die Wirksamkeit von Aufhebungsverträgen gestellt werden müssen[146], ist eines jedenfalls schwer nachzuvollziehen: Wieso stellt das *BAG* zumindest auch auf die subjektive Vorstellung desjenigen ab, der geschützt werden soll? Wenn der Arbeitnehmer den Schutz des § 613a BGB nicht beanspruchen möchte, dann kann man ihm dies nicht verwähren, weil ihm das Geschäft in einem Fall mehr, in einem anderen Fall weniger riskant erscheint. Mit der Verhinderung von möglichen Umgehungen haben solche Anforderungen nicht viel zu tun.

III. Fallgruppe 2: Das Vorliegen eines sachlichen Grundes

Änderungsverträge und – nach neuer *BAG*-Rechtsprechung auch Aufhebungsverträge, welche nicht das endgültige Ausscheiden aus dem Betrieb bezwecken – be-

---

[145] Vgl. statt aller ErfKomm-*Preis*, § 613a BGB Rdnr. 2.
[146] Dazu unten § 6.

nötigen sachliche Gründe, wenn sie mit Betriebsübergängen nach § 613a BGB zusammentreffen. „Sachliche Gründe" sind dem Arbeitsrecht alles anderes als fremd[147] und bilden die zweite Fallgruppe für wirksame Aufhebungsverträge.

1. Konkretisierung der sachlichen Gründe

Die Rechtsprechung hat in mehreren Entscheidungen konkretisiert, wann hinreichende sachliche Gründe vorliegen, die eine Verschlechterung der Arbeitsbedingungen rechtfertigen können.

a. Erhalt von Arbeitsplätzen

Die wichtigste Gruppe lässt sich mit der „Erhaltung von Arbeitsplätzen" apostrophieren. Die einzelnen Entscheidungspassagen, die hierauf abheben, werden im Folgenden dargestellt.

(1) Darstellung der Rechtsprechung

In seiner Entscheidung vom 18.8.1976 führt der 5. Senat zu einem sachlichen Grund aus:

> „Der Betrieb fand sich in einer *schwierigen Lage*. Der Kläger und die übrige Belegschaft waren in Gefahr, ihre Arbeitsplätze zu verlieren. Auch unabhängig von einem Betriebsinhaberwechsel hätte sich ein Teil der Arbeitnehmer bereit finden können, auf Teile seiner Lohnforderung zu verzichten, wenn er damit *seinen Arbeitsplatz erhalten konnte*. [...] Der Beklagte konnte den Betrieb nur weiterführen, wenn er nicht für die Lohnrückstände einzustehen hatte. [...] Auch er musste um seinen Arbeitsplatz fürchten. Die Vereinbarung [...] ist ersichtlich aus dieser *Notgemeinschaft* heraus zustande gekommen.
>
> Es kommt hinzu, dass der Beklagte kein nennenswertes Betriebsvermögen übernommen hat, mit dem er für Lohnforderungen einstehen konnte. Es waren keine Werte mehr vorhanden, die von Arbeitnehmern mit geschaffen worden wären. [...]"[148] (Hervorhebungen vom Verfasser).

Besonders ausführlich hat der 5. Senat in seiner Entscheidung vom 26.1.1977 unter 2. c) der Gründe zu dem Kriterium des sachlichen Grundes Stellung genommen. Es heißt dort:

> „Im vorliegenden Fall hatte der Bekl. sachliche Gründe [...]. Die im Betrieb [...] vorhandenen Arbeitsplätze waren durch den Konkurs gefährdet. Der Konkursverwalter hatte die Arbeitsverhältnisse bereits gekündigt. Wenn sich kein Erwerber fand, hätte der Betrieb über kurz oder lang stillgelegt werden müssen. Der Bekl. musste die unternehmerische Entscheidung offen bleiben, dass sie die Übernahme des Betriebes

---

[147] *Preis*, Grundprinzipien der Vertragsgestaltung, S. 307; vgl. auch *Feuerborn*, Sachliche Gründe im Arbeitsrecht, S. 1, der in seiner umfangreichen Untersuchung die Rechtsprechung des *BAG* zu § 613a BGB, die hier dargestellt wurde, indessen nur als Beispiel am Rande erwähnt (S. 166), wenn er auf das Veranlassungsprinzip hinweist.

[148] *BAG* v. 18.8.1976, AP Nr. 4 zu § 613a BGB unter 2. c) der Gründe.

und damit die *Erhaltung der Arbeitsplätze* davon abhängig machte, dass die vom früheren Betriebsinhaber eingegangenen Verpflichtungen zum Teil abgebaut werden konnten. [...] Trotzdem verdient die *Erhaltung von Arbeitsplätzen* den Vorzug. [...] Auch ohne Betriebsübertragung kann ein Arbeitgeber in die Lage geraten, um seinen Betrieb zu retten, ebenso wie die Bekl. zu handeln[149]."[150]

Der 3. Senat hat in seinem Urteil vom 17.1.1980 einen sachlichen Grund als gegeben angesehen, wenn

„eine *dauerhafte Erhaltung von Arbeitsplätzen* die Kürzung von Sozialleistungen geboten erscheinen ließ. Eine solche Erwägung liegt im vorliegenden Fall besonders nahe, weil der Kläger von vornherein nur auf drei Monate befristet eingestellt wurde, also offenbar an die Altersgrenze herangeführt werden sollte. Das war sozialpolitisch erwünscht und lag im Interesse des Klägers."[151] (Hervorhebungen vom Verfasser).

Die Entscheidung des *BAG* vom 29.10.1985 hat sich in erster Linie mit den sachlichen Gründen befasst, die für einen Widerruf von Versorgungsleistung zu fordern sind. Aus diesem Grund lassen sie sich in die hier vorgenommene Untersuchung nicht ohne Weiteres einfügen. Allgemein heißt es dort:

„Der Hinweis [...], sie hätte den Betrieb ohne die Vereinbarung über den Anspruchsverzicht nicht übernommen, deutet nur auf einen hier wie auch sonst unbeachtlichen Motivirrtum bei Abschluss der verschiedenen Übernahmegeschäfte hin, erklärt aber nicht, welcher sachliche Grund einer Aufrechterhaltung der bestehenden Versorgungsregelung entgegenstand.
[...] Der Beklagte hätte darlegen müssen, inwiefern diese Belastung die F GmbH [Rechtsvorgängerin des später beklagten Konkursverwalters] vor erhebliche Schwierigkeiten stellte. [...] Ihnen oblag insoweit die Darlegungs- und Beweislast."[152] (Hervorhebung und Ergänzung vom Verfasser).

In seiner Entscheidung vom 27.4.1988 hat das *BAG* keinen sachlichen Grund anerkannt, denn

„die Betriebsübernahme wäre nicht an der Höhe der übergegangenen Verpflichtung gescheitert. Diese machte [...] nicht einmal 3 % des Grundstückskaufpreises [...] aus. Dass die Beklagte angenommen hat, die N KG [Betriebsveräußerin] habe alle rückständigen Forderungen begleichen, ist ebenfalls nicht als sachlicher Grund anzusehen."[153] (Hervorhebung und Ergänzung vom Verfasser).

Ohne dies näher auszuführen hat auch der 3. Senat des *BAG* in seiner Entscheidung vom 12.5.1992 festgestellt, dass keine sachlichen Gründe vorliegen. In der Entscheidung des 8. Senats vom 18.8.2005 heißt es schließlich:

---

[149] Auf diesen Gedanken ist im Rahmen der Auseinandersetzung mit der Lehre von den Schutzpflichten noch zurückzukommen; vgl. unten unter § 5 A. II. 4.
[150] *BAG* v. 26.1.1977, AP Nr. 5 zu § 613a BGB unter 2. c) der Gründe.
[151] *BAG* v. 17.1.1980, AP Nr. 18 zu § 613a BGB unter IV. 2. b) der Gründe.
[152] *BAG* v. 29.10.1985, AP Nr. 4 zu § 1 BetrAVG Betriebsveräußerung unter III. 3. b) und c) der Gründe.
[153] *BAG* v. 27.4.1988, AP Nr. 71 zu § 613a BGB unter III. der Gründe.

„Der Aufhebungsvertrag war sachlich berechtigt. Er diente zur Vermeidung der sonst drohenden Insolvenz und der damit verbundenen *Beseitigung sämtlicher Arbeitsplätze*."[154] (Hervorhebung vom Verfasser).

(2) Offene Fragen

Die *BAG*-Rechtsprechung erfüllt das Kriterium des sachlichen Grundes am Einzelfall mit Leben. Sie gestattet hingegen keine eindeutigen Rückschlüsse für zukünftige Fälle.

So spricht das *BAG* in einigen Fällen vom „dauerhaften Erhalt von Arbeitsplätzen", mal von der Vermeidung der „Beseitigung sämtlicher Arbeitsplätze", in anderen Entscheidungen geht es wiederum – aus Sicht des Klägers – um „seinen Arbeitsplatz". In seiner Entscheidung betont der 3. Senat zunächst ausdrücklich den dauerhaften Erhalt von Arbeitsplätzen[155]. Ausgerechnet im konkreten Streitfall sollte der Arbeitnehmer aber nur noch für drei Monate beschäftigt werden, um an die Altersgrenze herangeführt zu werden. Dies lässt sich nur verstehen, wenn man bedenkt, dass der Arbeitsplatz im Anschluss von einem neu einzustellenden Arbeitnehmer besetzt wurde. Die Formulierung „Arbeitsplätze" ist aber offenbar beim Wort zu nehmen: Das *BAG* meint wohl ihren Erhalt und nicht den von Arbeitsverträgen. Aus Sicht eines einzelnen Arbeitnehmers ist der sachliche Grund daher *überindividuell* zu verstehen. Diese Sichtweise deckt sich auch mit der Formulierung des *BAG* in der Entscheidung vom 26.1.1977, der Anspruchsverzicht bedeute für den Arbeitnehmer ein Opfer[156].

Offen und damit klärungsbedürftig bleibt aber, *wie viele* Arbeitsplätze gerettet werden müssen. Unsicher ist ferner, ob es mit § 613a BGB zu vereinbaren ist, einen sachlichen Grund anzunehmen, wenn ein Arbeitsplatz – oder gar mehrere Arbeitsplätze – gerettet werden können, indem auf ein konkretes, dem Arbeitsplatz „zugehöriges" Arbeitsverhältnis verzichtet wird[157].

b. Einheitliche Anwendung von tariflichen Arbeitsbedingungen

In einer einzigen Entscheidung – der des 2. Senats vom 4.3.1993 – hat das *BAG* die einheitliche Anwendung von Arbeitsbedingungen auf Tarifniveau als sachlichen Grund anerkannt. Der Senat führt aus:

„Aus der in § 613a Abs. 1 Satz 3 und 4 BGB getroffenen gesetzgeberischen Wertung ergibt sich, dass der Betriebserwerber nicht gehindert werden soll, die ein-

---

[154] *BAG* v. 12.5.1992, AP Nr. 14 zu § 1 BetrAVG Betriebsveräußerung unter II. der Gründe.
[155] *BAG* v. 17.1.1980, AP Nr. 18 zu § 613a BGB unter IV. 2. b) der Gründe.
[156] *BAG* v. 26.1.1977, AP Nr. 5 zu § 613a BGB unter 2. c) der Gründe.
[157] *Birk*, Anm. zu BAG EzA Nr. 11 zu § 613a BGB, geht sogar so weit, dass ein Arbeitnehmer nur auf seine Ansprüche verzichten könnte, wenn sein eigener Arbeitsplatz gerettet würde, da man ihm kein Sonderopfer abverlangen kann.

schlägigen tarifvertraglichen Regelungen einheitlich auf die gesamte Belegschaft anzuwenden, auch wenn diese Angleichung der Arbeitsbedingungen nachteilig ist." Hier ging es dem *BAG* also darum, durch eine vertragliche Vereinbarung Tarifeinheit herbeizuführen[158]. Inwieweit der Grundsatz der Tarifeinheit in der Zukunft Bestand haben wird, ist ausgesprochen fraglich. Eine ausführliche Auseinandersetzung mit den Grundsätzen der Tarifeinheit und der berechtigten Kritik daran würde den Rahmen dieser Untersuchung jedenfalls sprengen[159]. Nimmt man die Entscheidung des 5. Senats vom 7.11.2007[160] beim Wort, bedürfte es für derartige Vertragsänderungen über zukünftige Vergütung keines sachlichen Grundes mehr[161].

2. Ungleichbehandlung von Aufhebungs- und Änderungsverträgen

Das Kriterium des sachlichen Grundes hat im Schrifttum viel Resonanz erfahren. Wesentlicher Kritikpunkt daran war, dass es nach der Rechtsprechung des *BAG* zu § 613a BGB für die Wirksamkeit von Änderungsverträgen, nicht aber für die von – die Rechte des Arbeitnehmers in viel stärkerer Weise vernichtenden – Aufhebungsverträgen darauf ankommt, ob sachliche Gründe vorliegen[162]. Die jüngere Rechtsprechung des *BAG* erkennt indessen zumindest die Möglichkeit an, dass die Verschlechterung von Arbeitsbedingungen, die mit Aufhebungsverträgen und Neubegründungen konstruiert wird, sachlich gerechtfertigt sein kann. Andererseits verlangt sie – wie die Entscheidung vom 7.11.2007 zeigt – offenbar nur noch in bestimmten Fällen einen sachlichen Grund für die Wirksamkeit von Änderungsverträgen, nämlich dann, wenn die vereinbarte Änderung sich auf bereits verdientes Entgelt bezieht[163].

---

[158] Vgl. zur Aufgabe der Rechtsprechung zur „automatischen" Auslegung von Bezugnahmeklauseln als Gleichstellungsabrede, *BAG* v. 14.12.2005, AP Nr. 39 zu § 1 TVG Bezugnahme auf Tarifvertrag (Ankündigung) und *BAG* v. 18.4.2007 – 4 AZR 652/05 (erstmalige Umsetzung).

[159] Vgl. dazu die umfassende Untersuchung von *Jacobs*, Tarifeinheit und Tarifkonkurrenz.

[160] *BAG* v. 7.11.2007, NZA 2008, 530.

[161] Siehe dazu *Dzida/Wagner*, NZA 2008, 571 ff.; *Naber*, Anm. zu BAG EzA Nr. 79 zu § 613a BGB 2002, Bl. 7 ff.

[162] *Lipinski*, Sonderkündigungsschutz bei Betriebsübergang, S. 110; *Hillebrecht*, NZA 1989, Beil. 4, S. 10, 11; *Meyer*, NZA 2002, 246, 248; *Pietzko*, ZIP 1990, 1105, 1107; *Hanau*, AR-Blattei (D) Betriebliche Altersversorgung VI (Insolvenzsicherung), Anm. Entscheidung 48, *ders.*, ZIP 1998, 1817, 1822; anders später *ders.*, ZIP 1999, 324, 325: „durchaus systemgerecht"; ebenfalls kritisch hingegen *Willemsen*, RdA 1987, 327, 329; *Seiter*, Anm. zu BAG AP Nr. 5 zu § 613a BGB; *Kraft*, FS 25 Jahre BAG, S. 299, 312 f.; *Lieb/Jacobs*, Arbeitsrecht, Rdnr. 330: „merkwürdiges Ergebnis"; *Wandt*, BLJ 2008, 69, 74; ähnlich *Weimar/Alfes*, NZA 1993, 155, 160; KR-*Pfeiffer*, § 613a BGB Rdnr. 201, der allerdings – ohne dies näher zu begründen – davon ausgeht, dass das Angebot, dass Arbeitsverhältnis zu schlechteren Bedingungen fortzuführen, die Entscheidungsfreiheit des AN mehr beeinträchtige als bei einer beabsichtigen endgültigen Beendigung.

[163] Siehe dazu *Dzida/Wagner*, NZA 2008, 571 ff.

Die Differenzierung des *BAG* zwischen Aufhebungs- und Änderungsverträgen lässt sich historisch erklären: Als Aufhebungsverträge nur eingesetzt wurden, um Arbeitsverhältnisse tatsächlich „für immer und ewig" zu beenden, sah sich die Rechtsprechung nicht veranlasst, daran besondere Anforderungen zu stellen. Anders lag es bei Änderungsverträgen, die direkt dazu führten, eine andere Rechtsfolge herbeizuführen, als § 613a BGB es anordnet, nämlich den Inhalt des Arbeitsverhältnisses zu ändern. Die Kontrollfreiheit „echter" Aufhebungsverträge nahm die Kautelarjurisprudenz zum Anlass, Arbeitsverhältnisse mit Aufhebungsverträgen zu beenden und den mit – eigentlich nur unter sachlichen Gründen zulässigen – Änderungsverträgen erreichten Erfolg durch eine anschließende Neubegründung des Arbeitsverhältnisses zu erreichen. Um dies auszuschließen, hat die Rechtsprechung solche Aufhebungsverträge für unwirksam erklärt, wenn seine Parteien den Fortbestand des Arbeitsverhältnisses im Sinn hatten. Diese „Anpassung" beseitigt indessen nicht den Wertungswiderspruch, der oben aufgezeigt ist.

Der 8. Senat des *BAG* hat seine Rechtsprechung in seinen Entscheidungen vom 10.12.1998[164] und vom 18.8.2005[165] weiterentwickelt und die Differenzierung teilweise aufgehoben. In der Entscheidung vom 10.12.1998 heißt es unter II. der Gründe:

> „Nach der Rechtsprechung des Bundesarbeitsgerichts (...) ist ein Aufhebungsvertrag, der lediglich die Beseitigung der Kontinuität des Arbeitsverhältnisses bezweckt, wegen objektiver Gesetzesumgehung nichtig, wenn die mit einer solchen Vertragsgestaltung verbundenen Verschlechterungen der Arbeitsbedingungen sachlich unberechtigt sind."[166]

Weil der 8. Senat feststellt, dass keine Rechtsgeschäfte abgeschlossen wurden, die der Unterbrechung der Kontinuität des Arbeitsverhältnisses dienten, geht er auf eine sachliche Rechtfertigung nicht mehr ein. Es heißt aber am Ende von II. der Gründe:

> „Es ist zutreffend gesehen worden, dass die Rechtsprechung des Dritten Senats keinen Schutz vor einvernehmlicher Beendigung des Arbeitsverhältnisses ohne sachlichen Grund, sondern lediglich Schutz vor Veränderung des Vertragsinhalts ohne sachlichen Grund bewirkt [...]. Es besteht aber keine Legitimation der Rechtsprechung, § 613a BGB noch weiter über die Grenzen des Wortlautes hinaus auszulegen und abweichend auch auf das tatsächliche Ausscheiden gerichtete Aufhebungsverträge von einem sachlichen Grund abhängig zu machen."[167]

---

[164] *BAG* v. 10.12.1998, AP Nr. 185 zu § 613a BGB.
[165] *BAG* v. 18.8.2005, AP Nr. 31 zu § 620 BGB Aufhebungsvertrag.
[166] *BAG* v. 10.12.1998, AP Nr. 185 zu § 613a BGB unter II. der Gründe.
[167] *BAG* v. 10.12.1998, AP Nr. 185 zu § 613a BGB unter II. der Gründe; die Äußerung des *BAG*, dass es keine Legitimation der Rechtsprechung gäbe, „§ 613a BGB *noch weiter über die Grenzen des Wortlauts hinaus* auszulegen" (Herv. v. Verf.) belegt, dass der 8. Senat methodische Schwierigkeiten wahrnimmt; diese erkennt in diesem Zusammenhang z.B. das *LAG Nürnberg* v.

In der Entscheidung vom 18.8.2005 heißt es unter II. 2. c.) der Gründe:

> „Der Senat [...] hält an seiner Entscheidung vom 10. Dezember 1998 fest. Danach ist ein Aufhebungsvertrag auch bei objektiv bezweckter Beseitigung der Kontinuität des Arbeitsverhältnisses bei gleichzeitigem Erhalt des Arbeitsplatz nur dann unwirksam, wenn die mit dieser Vertragsgestaltung verbundene Verschlechterung der Arbeitsbedingungen sachlich unberechtigt ist [...]."[168]

Unter II. 2. d) führt der 8. Senat schließlich aus:

> „Der Aufhebungsvertrag und der dreiseitige Vertrag vom 13. August 2003 war sachlich berechtigt. Er diente zur Vermeidung der sonst drohenden Insolvenz und der damit verbundenen Beseitigung sämtlicher Arbeitsplätze."[169]

Einerseits betont der 8. Senat, dass er daran festhält, dass für Aufhebungsverträge bei Betriebsübergängen kein sachlicher Grund gefordert wird. Andererseits spricht er davon, dass die objektive Umgehung der Kontinuität sachlich gerechtfertigt werden könne und führt in der Entscheidung vom 18.8.2005 einen sachlichen Grund an, der bislang von der Rechtsprechung zu Änderungsverträgen bekannt war: Die Erhaltung von Arbeitsplätzen. In keiner der vorherigen *BAG*-Entscheidungen, die der 8. Senat des *BAG* zitiert, ist jedoch ausdrücklich davon die Rede, dass bezweckte Durchbrechungen der Kontinuität des Arbeitsverhältnisses sachlich gerechtfertigt sein könnten[170]. Während bei Aufhebungsverträgen, die nicht das endgültige Ausscheiden aus dem Betrieb bezwecken, der sachliche Grund eine Rechtfertigungsmöglichkeit ist, ist er für wirksame Änderungsverträge Tatbestandsvoraussetzung. Folglich stellt die jüngere *BAG*-Rechtsprechung Aufhebungsverträge, die zur Vorbereitung der Verschlechterung von Arbeitsbedingungen dienen, und Änderungsverträge gleich[171]: Beide sind – Änderungsverträge nur dann, Aufhebungsverträge ohne „reine" Beendigungsfunktion ausnahmsweise – bei Vorliegen sachlicher Gründe wirksam. Insoweit ist die Ungleichbehandlung zwischen Änderungs- und

---

8.7.2004, LAGReport 2005, 201, 202. Die Auslegung endet mit den Grenzen des Wortlauts, dort beginnt die Rechtsfortbildung, vgl. nur *Larenz*, Methodenlehre, S. 322.

[168] *BAG* v. 18.8.2005, AP Nr. 31 zu § 620 BGB Aufhebungsvertrag unter II. 2. c) der Gründe.

[169] *BAG* v. 18.8.2005, AP Nr. 31 zu § 620 BGB Aufhebungsvertrag unter II. 2. d) der Gründe

[170] So erklärt sich etwa auch die Äußerung von Lembke, BB 2007, 1333, 1338, das BAG eröffne mit der Entscheidung vom 18.8.2005 „eine Verteidigungslinie für Betriebserwerber".

[171] Zu Recht war an der Entscheidung des *BAG* zum Lemgoer Modell (*BAG* v. 28.4.1987, AP Nr. 5 zu § 1 BetrAVG Betriebsveräußerung) kritisiert worden, dass das *BAG* sachliche Gründe nicht in prüft – bei einer Änderung der Arbeitsbedingungen durch Änderungsverträge hätte dies zur Wirksamkeit führen können; vgl. *Lipinski*, Sonderkündigungsschutz bei Betriebsübergang, S. 118; *Birkholz*, Betriebsübergang in der Insolvenz, S. 91; wirklich „neu" – so aber *Gaul/Otto*, ZIP 2006, 644, 646 f., die die oben nachgezeichnete Debatte über die Ungleichbehandlung ausblenden – sind die Ausführungen des *BAG* in der Entscheidung vom 18.8.2005 daher nicht. Sie wurden lediglich auf Aufhebungsverträge übertragen, die die Änderung von Arbeitsbedingungen vorbereiten.

Aufhebungsverträgen, die die Literatur kritisiert hatte[172], beseitigt. Eine andere Form der Differenzierung erhält das *BAG* indessen weiterhin aufrecht: An Änderungsverträge werden – klammert man die Entscheidung vom 7.11.2007, in welcher das *BAG* dieses Kriterium für noch nicht erdiente Vergütung nicht mehr fordert aus – höhere Anforderungen gestellt als an Aufhebungsverträge, die keine Durchbrechung der Kontinuität des Arbeitsverhältnisses bezwecken[173]. Der „endgültige" und vollständige Verzicht auf das Arbeitsverhältnis per Aufhebungsvertrag ist also leichter als der teilweise Verzicht per Änderungsvertrag. Dies erscheint ähnlich widersprüchlich wie die Rechtsprechung des *BAG* zur Abgrenzung zwischen nachträglichen Befristungen – welche nur mit Sachgrund erfolgen dürfen – und Aufhebungsverträgen[174].

Schließlich ist darauf hinzuweisen, dass eine Vielzahl der Autoren, die sich gegen das Kriterium des sachlichen Grundes gewendet haben, nicht im Sinn hatte, dass dieses auch auf Aufhebungsverträge angewendet wird[175]. Sie wollten, indem sie den Wertungswiderspruch aufdeckten, vielmehr akzentuieren, dass es dem Regelungsgehalt von § 613a BGB nicht zu entnehmen ist, die einvernehmliche Disposition der Arbeitsvertragsparteien über den Inhalt oder den Bestand des Arbeitsverhältnisses zu unterbinden.

3. Weitere Kritik an der Rechtsprechung

Das Schrifttum hat die Rechtsprechung zum sachlichen Grund – die ursprünglich nur für Änderungsvereinbarungen galt – auch aus anderen Gründen kritisiert: Aus rechtspolitischer Sicht wurde vorgetragen, dass das unbestimmte Erfordernis eines sachlichen Grundes die Beteiligten, insbesondere Kaufinteressenten, verunsichere. Denn erst in einem späteren Prozess könne geklärt werden, ob bei Abschluss der Verzichtsvereinbarung tatsächlich die Voraussetzungen für einen sachlichen Grund vorgelegen haben[176]. Die Rettung von notleidenden Betrieben und deren Arbeitsplätzen werde ferner erschwert, weil das Kriterium die Flexibilität einschränke, die bei Sanierungen nötig sei[177]. Hinzu komme, dass das *BAG* auf die wirtschaftliche

---

[172] Vgl. oben Fn. 162.
[173] Siehe die ausdrückliche Klarstellung des *BAG* v. 23.11.2006 unter II. 2. b) der Gründe: „Einen Schutz vor einvernehmlicher Beendigung des Arbeitsverhältnisses ohne sachlichen Grund gewährt § 613a BGB nicht, sondern nur einen Schutz vor einer Veränderung des Vertragsinhalts ohne sachlichen Grund").
[174] Siehe zur Kritik daran etwa *Preis/Bender*, NZA-RR 2005, 337, 344 f.; *Adam*, Anm. zu BAG AP Nr. 16 zu § 620 BGB Aufhebungsvertrag, Bl. 4, sowie unten ausführlich unter § 5 C. IV. 2.
[175] So aber *Hillebrecht*, NZA 1989, Beil. 4, S. 10, 11.
[176] *Willemsen*, RdA 1987, 327, 328; *Pietzko*, Der Tatbestand des § 613a BGB, S. 183 f.; *Lipinski*, Sonderkündigungsschutz bei Betriebsübergang, S. 114; siehe auch *Schwerdtner*, FS G. Müller, S. 557, 584: „diffus"; *Feudner*, DB 1996, 830, 832 f.
[177] *Willemsen*/Hohenstatt/Schweibert/Seibt, G 211; in diese Richtung auch *Wandt*, BLJ 2008, 69, 74

Lage beim Erwerber abstelle. Dadurch würde die Übernahme eines notleidenden Betriebs durch einen gesunden Erwerber gehindert[178].

Ferner wird kritisiert, dass der Schutzzweck von § 613a BGB mit dem Erfordernis des sachlichen Grundes zu weit strapaziert werde. Es gäbe dafür keine gesetzliche Grundlage[179] und es sei auch nicht Sinn von § 613a BGB, den Erhalt von Ansprüchen über geltende Vorschriften hinaus unverzichtbar zu machen[180]. § 2 KSchG biete einen Schutz vor einseitigen Vertragsänderungen, der auch bei Betriebsübergängen genüge[181]. Unter Verweis auf die Entstehungsgeschichte von § 613a BGB[182] wird weiter angeführt, dass die Vorschrift geschaffen wurde, um das Mitwirkungsdefizit beim Übergang von Betrieben zu korrigieren. Damit wollte § 613a BGB aber lediglich die Gestaltungsfreiheit des Arbeitgebers, nicht aber die der Arbeitnehmer hemmen[183]. § 613a BGB bezwecke hingegen keinen zusätzlichen Bestandsschutz, der auch nicht bestünde, wenn Arbeitnehmer beim alten Arbeitgeber beschäftigt bleiben, aber Gesellschaftsanteile verkauft werden oder eine Gesamtrechtsnachfolge eintritt[184]. Schließlich könnten Arbeitnehmer den Rechtsfolgen des § 613a BGB auch widersprechen, ohne dass dies an besondere Anforderungen geknüpft wäre[185].

Überdies ist die dogmatische Herleitung des Kriteriums „sachlicher Grund" nicht frei von Kritik. Zwar hat das *BAG* nie ausdrücklich zu erkennen gegeben, ob es dieses Kriterium anderen Bereichen seiner Rechtsprechung entnommen hat. Mit einer gerichtlichen Kontrolle von Befristungen des Arbeitsvertrages – die schon vor

---

[178] *Willemsen*, ZIP 1986, 477; ders., RdA 1987, 327, 328 f.; *von Stebut*, EWiR 1988, 767, 768.

[179] So fasst *Lipinski*, Sonderkündigungsschutz bei Betriebsübergang, S. 110 die Kritik einleitend zusammen; ähnlich beschränkt auf einzelvertragliche Ansprüche *Gaul/Otto*, ZIP 2006, 644, 647: „an sich nicht erforderlich"; unklar bleibt indessen, welche Anforderungen § 613 Abs. 1 S. 2 BGB im Verhältnis zu dem „sachlichen Grund" gestellt wissen wollen. *Gaul/Otto* folgern daraus, dass Aufhebungsverträge unwirksam sind, wenn die Arbeitnehmer über ihre Rechte aus § 613a BGB aufgeklärt haben. Eine solche Aufklärung dürfte in der Regel ohnehin erfolgen, da kaum ein Arbeitnehmer ohne Hintergrundinformationen auf arbeitsvertragliche Ansprüche verzichtet.

[180] *Kraft*, FS 25 Jahre BAG, S. 299, 313; *Loritz*, Anm. zu BAG AP Nr. 5 zu § 1 BetrAVG Betriebsveräußerung; *von Maydell*, SAE 1987, 219 f.; *Roemheld*, SAE 1980, 181 f.; *Seiter*, Anm. zu BAG AP Nr. 5 zu § 613a BGB; *Willemsen*, RdA 1987, 327, 329; in diese Richtung geht mit seiner Kritik an der Begründung des *BAG* auch *Blomeyer*, Anm. zu BAG AP Nr. 4 zu § 1 BetrAVG Betriebsveräußerung; für Änderungs- aber nicht für Aufhebungsvereinbarungen kritisch auch *Hillebrecht*, NZA 1989, Beil. 4., S. 10, 12.

[181] *Meyer*, NZA 2002, 246, 248; *Seiter*, Anm. zu BAG AP Nr. 5 zu § 613a BGB.

[182] Siehe dazu oben unter § 4 II. 1. und § 4 II. 3.

[183] *Pietzko*, ZIP 1990, 1105, 1109.

[184] *Moll*, NJW 1993, 2016, 2022; *Willemsen*, RdA 1987, 327, 330.

[185] *Loritz*, Anm. zu BAG AP Nr. 5 zu § 1 BetrAVG Betriebsveräußerung; *Pietzko*, ZIP 1990, 1105, 1107; *Schmalenberg*, NZA 1989, Beil. 3, S. 14, 25; *Willemsen*, Anm. zu BAG EzA Nr. 67 zu § 613a BGB.

In-Kraft-Treten von § 14 Abs. 1 S. 1 TzBfG eines sachlichen Grundes bedurften[186] – möchte das Schrifttum den Abschluss von Aufhebungsverträgen jedenfalls nicht verglichen wissen. Denn eine Befristung müsse der Arbeitnehmer akzeptieren, um überhaupt einen Arbeitsvertrag abschließen zu können[187]. Auch der Widerruf von Versorgungsleistungen durch Unterstützungskassen hängt von einem sachlichen Grund ab. Wenn ein solcher Widerruf an mangelnden sachlichen Gründen gescheitert wäre, könne damit aber nicht die Unwirksamkeit eines arbeitsrechtlichen Aufhebungsvertrages begründet werden. Denn dann würden die Voraussetzungen einseitiger und zweiseitiger Rechtsgeschäfte in unzulässiger Weise vermischt[188].

IV. Dauer der Erhöhung des Schutzniveaus bei Betriebsübergängen

Jenseits von Betriebsübergängen nach § 613a BGB sind Aufhebungsverträge wirksam, ohne dass besondere, die allgemeinen rechtsgeschäftlichen Voraussetzungen übersteigende Kriterien erfüllt sein müssen. Dies hat die Frage aufgeworfen, für welche Dauer § 613a BGB das Schutzniveau erhöht[189] und insbesondere, ob sich die Praxis an den Fristen in § 613a Abs. 1 S. 2 BGB und § 613a Abs. 2 BGB zu orientieren hat, oder ob – unabhängig von einer konkreten Zeitspanne – Kausalität zu einem Betriebsübergang zu fordern ist[190]. Zwar spricht vieles dafür, einen logischen, aber keinen zeitlichen Zusammenhang zu fordern. Tatsächlich kann diese Frage aber nur entschieden werden, wenn es überhaupt gelingt, die Wirksamkeitskriterien der Rechtsprechung einer dogmatischen Grundlage zuzuordnen.

V. Friktionen zwischen der Rechtsprechung und dem Veranlassungsprinzip

Die Unzulässigkeit von Aufhebungsverträgen, die nicht das endgültige Ausscheiden aus dem Betrieb bewirken sollen, wenn kein sachlicher Grund dafür vorliegt, wird mit der unzulässigen Umgehung des Kündigungsverbots in § 613a Abs. 4 S. 1 BGB begründet. Die Grenze der zulässigen Umgehung durch andere Beendigungstatbestände, die der Arbeitgeber veranlasst, steht immer im Zusammenhang mit der Vorschrift, die umgangen werden soll[191].

Zumindest ausdrücklich enthält das Kündigungsverbot in § 613a Abs. 4 S. 1 BGB indessen keinen Hinweis auf sachliche Gründe, die eine Kündigung rechtfertigen

---

[186] Vgl. *BAG* v. 29.8.1979, AP Nr. 50 zu § 620 BGB Befristeter Arbeitsvertrag sowie die weiteren historischen Nachweise bei ErfKomm-*Müller-Glöge*, § 14 TzBfG Rdnr. 1 ff.

[187] *Seiter*, Betriebsinhaberwechsel, S. 99; Ähnlichkeiten mit der Rechtsprechung zur Befristung sehen auch *Hanau*, ZIP 1998, 1817, 1822 sowie *Willemsen*, RdA 1987, 327, 329; *Hilger*, ZGR 1984, 258, 262 hält es wegen der vergleichbaren Lage für erforderlich, mit dem Kriterium des sachlichen Grundes die Vertragsfreiheit bei Änderungsverträgen einzuschränken.

[188] *Grunsky*, EWiR 1986, 773, 774.

[189] *Seiter*, Anm. zu BAG AP Nr. 5 zu § 613a BGB; *Willemsen*, RdA 1987, 327, 329.

[190] So etwa *Hanau*, ZIP 1998, 1817, 1822.

[191] Vgl. oben unter § 3 B. III. 4. a.

müssten. Verboten ist nur eine Kündigung *wegen* des Betriebsübergangs. Auch die Rechtsprechung zum Kündigungsverbot des § 613a Abs. 4 S. 1 BGB[192] lässt nicht erkennen, dass (Arbeitgeber-)Kündigungen stets das „endgültige Ausscheiden aus dem Betrieb" bewirken müssen. Insgesamt bestehen viele Ungereimtheiten, Zweifel und offene Fragen an der Rechtsprechung des *BAG*. Diese sind im Folgenden zu klären.

VI. Zwischenergebnis

Die Vertragsfreiheit ist die grundrechtsdogmatische Grundlage dafür, arbeitsrechtliche Aufhebungsverträge abzuschließen. Deswegen ist auch im Zusammenhang mit Betriebsübergängen nach § 613a BGB die Bewertung von Aufhebungsverträgen dogmatisch an die Vertragsfreiheit und ihre Grenzen anzulehnen. Ansonsten können die Parteien aber auch gegen jede Vernunft all das vereinbaren, was sie vereinbaren wollen.

Die Motivkontrolle, wie sie das *BAG* vornimmt, stellt einen Eingriff in die arbeitsrechtliche Vertragsfreiheit dar. Folglich ist sie an den allgemeinen grundgesetzlichen Grenzen, die der Vertragsfreiheit gesetzt werden können – aber nur bis zu einer bestimmten Grenze gesetzt werden dürfen – zu messen: Diese zeichnen die einfachen Gesetze. Für eine Einschränkung von Aufhebungsverträgen im Zusammenhang mit Betriebsübergängen nach § 613a BGB kommen mehrere Ansatzpunkte in Betracht: Zum einen kann sich diese unmittelbar aus der Auslegung von § 613a BGB ergeben (unter § 4 E.). Jedenfalls theoretisch ist es aber ebenfalls möglich, die arbeitsrechtliche Vertragsfreiheit durch die zivilrechtlichen Generalklauseln auf Grundlage der Lehre von den Schutzpflichten (unter § 5 A.) oder aufgrund anderer zwingender Vorschriften, die typischerweise bei Betriebsübergängen nach § 613a BGB einschlägig sind (unter § 5 B.), zu beschränken. Stehen Aufhebungsverträge darüber hinaus mit den allgemeinen rechtsgeschäftlichen Voraussetzungen im Einklang, sind Aufhebungsverträge weder dem Motiv noch dem Inhalt nach zu kontrollieren. Wenn sich hingegen keine gesetzliche Grundlage für die Einschränkung der Vertragsfreiheit findet, wie das *BAG* sie vornimmt, ist diese Rechtsprechung mit Blick auf die Grundrechte der Arbeitsvertragsparteien nicht haltbar.

D. Vergleich mit dem Widerspruchsrecht des Arbeitnehmers

Die Rechtsprechung des *BAG* hat die Zulässigkeit von Aufhebungsverträgen im Zusammenhang mit Betriebsübergängen nach § 613a BGB aus der Möglichkeit des Arbeitnehmers entwickelt, per Widerspruch den Übergang seines Arbeitsverhält-

---

[192] Vgl. oben unter § 4 A. III.

nisses auf den neuen Betriebsinhaber zu verhindern[193]. Man findet an verschiedenen Stellen der Rechtsprechung den Hinweis, aus dem Widerspruchsrecht des Arbeitnehmers folge die Möglichkeit, Arbeitsverhältnisse bei Betriebsübergängen auch durch Abschluss eines Aufhebungsvertrages zu beenden. Das Widerspruchsrecht des Arbeitnehmers bei Betriebsübergängen ist mittlerweile in § 613a Abs. 6 BGB gesetzlich verankert. In den nachfolgenden Abschnitten werden die Rechtmäßigkeit der Einschränkung der Vertragsfreiheit bei Betriebsübergängen nach § 613a BGB untersucht. Daher soll zunächst der Frage nachgegangen werden, wie sich das Widerspruchsrechts des Arbeitnehmers bei Betriebsübergängen zu Aufhebungsverträgen verhält und ob es als Grundlage dienen kann, die Vertragsfreiheit der Arbeitsvertragsparteien zu beschneiden.

I. Grundlagen des Widerspruchsrechts

Zunächst zu den Grundlagen des Widerspruchsrechts von Arbeitnehmern bei Betriebsübergängen: Vor Geltung von § 613a BGB konnten Arbeitsverhältnisse nach der damaligen Rechtsprechung des *BAG* nur durch übereinstimmende Willenserklärungen aller Beteiligten – also des ehemaligen und des neuen Betriebsinhabers sowie des Arbeitnehmers – übertragen werden[194]. Diese Rechtsprechung war im Schrifttum in hohem Maße umstritten. Alternativ wurde teilweise durch analoge Anwendung von § 571 BGB[195], teilweise mit anderer Begründung[196] vorgeschlagen, dass Arbeitsverhältnisse automatisch übergehen sollten[197]. Nach Schaffung von § 613a BGB, der diesen automatischen Übergang gesetzlich anordnet, räumte das *BAG* Arbeitnehmern ein, per Widerspruch den Übergang des Arbeitsverhältnisses auf den neuen Betriebsinhaber zu verhindern[198]. Diese Rechtsprechung stieß wiederum auf heftige Kritik aus dem Schrifttum, welches das Widerspruchsrecht überwiegend verwerfen wollte[199].

---

[193] *BAG* v. 29.10.1975, AP Nr. 2 zu § 613a BGB, unter 2. der Gründe; so z.B. in der Literatur auch Henssler/Willemsen/Kalb-*Willemsen-Bonanni*, § 613a BGB Rdnr. 311; *Müller*, Aufhebungsverträge, S. 237; *Kotthaus*, Aufhebungsvertrag, S. 13.

[194] *BAG* v. 18.2.1960, AP Nr. 1 zu § 419 BGB Betriebsnachfolge unter 4. c) der Gründe, *BAG* v. 29.11.1962, AP Nr. 6 zu § 419 BGB Betriebsnachfolge unter II. der Gründe; indessen betrafen diese beiden Entscheidungen leitende Angestellten bzw. mit höheren Diensten betraute Angestellte; um eine Redaktions-Sekretärin ging es schließlich in *BAG* v. 24.10.1972, AP Nr. 31 zu § 74 HGB unter II. 2. und 4. der Gründe.

[195] Heute § 566 BGB.

[196] Vgl. im Einzelnen die Ausführungen z.B. von *Brecher*, FS Schmidt-Rimpler, S. 181 ff.; *Molitor*, Arbeitnehmer und Betrieb, S. 40; *Pleyer*, DB 1966, 1476 ff.

[197] Erstmals vorgeschlagen von *Nikisch*, Arbeitsrecht, S. 657 ff.; vgl. im Anschluss mit Differenzierungen z.B. *Bötticher*, FS Nikisch, S. 3, 10; *Falkenberg*, RdA 1967, 121 ff.; *Hörnig*, RdA 1955, 132, 134.

[198] *BAG* v. 2.10.1974, AP Nr. 1 zu § 613a BGB; vgl. dazu oben unter § 4 B. I. 1.

[199] Vgl. z.B. *Herschel*, ZfA 1977, 219; *Hess*, BB 1977, 501, *Roemheld*, BB 1976, 845, *Stratmann*, SAE 1976, 78; *Schmitt*, ZfA 1979, 503, 505 ff.

Später wurden Zweifel gehegt, ob die Rechtsprechung des *BAG* zum Widerspruchsrecht mit der Richtlinie 77/187/EWG vereinbar ist[200]. Der *EuGH* hat die Europarechtskonformität des Widerspruchsrechts jedoch bejaht, da die Betriebsübergangsrichtlinie den Arbeitnehmer nicht zur Fortsetzung seines Arbeitsverhältnisses zwingen wolle. Es bestehe ein europäisches Grundrecht auf die freie Wahl des Arbeitsplatzes[201]. Der Arbeitnehmer könne nicht verpflichtet werden, für einen Arbeitgeber zu arbeiten, den er nicht frei gewählt hat[202]. Schließlich wurde das Widerspruchsrecht des Arbeitnehmers in § 613a Abs. 6 S. 1 BGB gesetzlich normiert[203]. Die Diskussion über das Für und Wider eines Widerspruchsrechts von Arbeitnehmern bei Betriebsübergang hat heutzutage daher allein rechtspolitische und -historische Bedeutung.

II. Argumente für die Anerkennung des Widerspruchsrechts

Zwar mögen die Gründe, die für die Anerkennung eines Widerspruchsrechts des Arbeitnehmers angeführt werden, angesichts dessen gesetzlicher Normierung an Bedeutung verloren haben. Sie bringen jedoch Wertungen zum Ausdruck, die für die weitere Betrachtung von massenhaft abgeschlossenen Aufhebungsverträgen notwendig sind.

1. Persönliche Natur der Arbeitsleistung (§ 613 Satz 2 BGB)

Die Senate des *BAG* führten vor In-Kraft-Treten von § 613a Abs. 6 BGB an, dass die persönliche Natur der Arbeitsleistung ein Widerspruchsrecht des Arbeitnehmers verlange[204]. Nach der Auslegungsregel des § 613 S. 2 BGB sei dieser Anspruch im Zweifel nicht übertragbar. Diese Vorschrift habe der Gesetzgeber mit Schaffung von § 613a BGB auch nicht geändert[205]. Zwar ließe sich dem entgegenhalten, dass § 613a BGB im Verhältnis zu § 613 S. 2 BGB als speziellere Norm vorgehe. Weil Mietverhältnisse viel weniger persönlich geprägt seien als Arbeitsverhältnisse, dürfe man aus dem Umstand, dass bei § 566 BGB bzw. des § 571 BGB a.F. kein Wi-

---

[200] Siehe die Vorlagebeschlüsse des *ArbG Bamberg* v. 7.5.1991, EuZW 1992, 160 und des *ArbG Hamburg* v. 4.4.1991, EuZW 1992, 31 sowie den Vorlagebeschluss des *BAG* v. 21.5.1992, AP Nr. 96 zu § 613a BGB; vgl. zu der Thematik z.B. *Bauer*, NZA 1990, 881, *ders.*, NZA 1991, 139; *Däubler*, NZA 1991, 134; *Joost*, ZIP 1991, 220; *Oetker*, NZA 1991, 137.
[201] *EuGH* v. 16.12.1992, AP Nr. 97 zu § 613a BGB; dazu *Birk*, EuZW 1993, 156; *Joost*, ZIP 1993, 178.
[202] *EuGH* v. 16.12.1992, AP Nr. 97 zu § 613a BGB Rdnr. 32; *EuGH* v. 24.1.2002 EAS Nr. 23 zu Art. 1 Richtlinie 77/187/EWG.
[203] § 613a Abs. 5 und Abs. 6 BGB wurden durch Gesetz vom 23.3.2002 (BGBl. 2002 I, S. 1163) m.W.v. 1.4.2002 eingefügt.
[204] *BAG* v. 15.2.1984, AP Nr. 37 zu § 613a BGB unter II. 2. der Gründe: „wichtigstes Argument des Senats".; a.A. z.B. *D. Gaul*, BB 1979, 1666, 1670.
[205] *BAG* v. 17.11.1977, AP Nr. 10 zu § 613a BGB unter I. der Gründe.

derspruchsrecht des Mieters gegen den Übergang des Mietverhältnisses besteht, keinen Rückschluss für § 613a BGB ziehen[206].

Diskutiert wurde auch das Bezugsobjekt der besonderen personalen Bindung des Arbeitnehmers. Im Schrifttum wurde mehrfach vorgetragen, dieses sei eher der Arbeitsplatz als der Arbeitgeber[207]. In der Konsequenz verzichteten einige Autoren darauf, die personale Bindung als rechtspolitische Begründung zugunsten des Widerspruchsrechts des Arbeitnehmers anzuführen. Schon begrifflich steht indessen der Arbeitgeber – wenngleich in der Praxis eher als juristische denn als natürliche Person[208] – als Bezugsobjekt der personalen Bindung des Arbeitnehmers im Vordergrund. Schließlich hängt gerade die Ausgestaltung des Arbeitsplatzes von der Person des Arbeitgebers ab; die Bezugsobjekte Arbeitsplatz und Arbeitgeber schließen sich also nicht gegenseitig aus. Vielmehr wird ersterer durch letzteren erst bestimmt.

2. Recht zur Aufgabe des Arbeitsplatzes aus Art. 12 GG

Weiter wurde für ein Widerspruchsrecht das Grundrecht auf die freie Wahl des Arbeitsplatzes angeführt, welches aus Art. 12 GG folgt. Dieses Grundrecht beinhalte nicht nur die Entscheidung für einen Arbeitsplatz, sondern gebe den Grundrechtsträgern zugleich die Möglichkeit, nach eigener Wahl einen konkreten Arbeitsplatz aufzugeben[209]. Gegen diese Sichtweise lässt sich indessen anführen, dass der Gesetzesvorbehalt des Art. 12 Abs. 1 S. 2 GG entgegen seinem Wortlaut auch für die Freiheit der Berufswahl gilt[210]. § 613a BGB könnte eine solche gesetzliche Einschränkung sein. In Zeiten von Massenarbeitslosigkeit spricht auch vieles dafür, dass der Übergang des Arbeitsverhältnisses, den § 613a Abs. 1 S. 1 BGB anordnet, die Freiheit der Berufswahl eher sichert denn einschränkt[211].

3. Verhinderung eines aufgezwungenen Schuldnerwechsels und weitere Gründe

Weiter hebt die Rechtsprechung auf den Rechtsgedanken des § 415 Abs. 1 S. 1 BGB ab[212], nach dem der Gläubiger einer Schuldübernahme zustimmen

---

[206] *BAG* v. 17.11.1977, AP Nr. 10 zu § 613a BGB unter I. der Gründe.

[207] So schon *Herschel*, ZfA 1977, 219; *Hess*, BB 1977, 501; *Stratmann*, SAE 1976, 78.

[208] Wenngleich juristische Personen im Rahmen jüngerer Entwicklungen „Corporate Identity" entwickeln, die durchaus Aspekten insbesondere in kleinen Einheiten die einer Bindung an eine natürliche Person sehr nahe kommen können und dies sogar sollen; vgl. dazu *Hein*, Corporate Identity in kleinen Unternehmen.

[209] BVerfGE 85, 360, 372 ff.; 97, 169, 175;*BAG* v. 18.8.1976, AP Nr. 3 zu § 611 BGB Ausbildungsbeihilfe unter II. 1. a) der Gründe.

[210] Vgl. statt aller BVerfGE 7, 377, 401 f. und ErfKomm-*Dieterich*, Art. 12 GG Rdnr. 22.

[211] So zutreffend *BAG* v. 25.1.2001, AP Nr. 215 zu § 613a BGB unter III. 5. b) der Gründe.

[212] *BAG* v. 17.11.1977, AP Nr. 10 zu § 613a BGB, unter I. 1. der Gründe; siehe auch *BAG* v. 22.4.1993, AP Nr. 102 zu § 613a BGB unter B. III. der Gründe: „analog § 415 Abs. 1 Satz 1 BGB".

muss. Daraus ergebe sich, dass dem deutschen Recht der Gedanke eines aufgezwungenen Schuldnerwechsels fremd sei. Deswegen müsse der Arbeitnehmer auch die Möglichkeit haben, diesen per Widerspruch abzuwenden. Wiederum lässt sich dagegen freilich anführen, dass § 613a Abs. 1 S. 1 BGB als speziellere Vorschrift Vorrang genießt. Schließlich werden die Entstehungsgeschichte des § 613a BGB, die Verhinderung des „Verkaufs" des Arbeitnehmers gegen seinen Willen, der gegen Art. 1 und 2 GG verstoße[213], sowie die allgemeine Möglichkeit des Arbeitnehmers, auf arbeitsrechtlichen Bestandsschutz zu verzichten, als Argumente für ein Widerspruchsrecht angeführt[214].

III. Argumentationswert für Aufhebungsverträge

Nachdem diese mittlerweile lediglich rechtspolitisch bedeutsame Diskussion nachgezeichnet ist, ist nun näher auf den argumentativen Wert des Widerspruchsrechts für die Behandlung von arbeitsrechtlichen Aufhebungsverträgen einzugehen. Die Anerkennung des Widerspruchsrechts soll für die Zulässigkeit von Aufhebungsverträgen sprechen, die im Zusammenhang mit Betriebsübergängen nach § 613a BGB geschlossen werden. Ins Auge springt zunächst die wichtigste praktische Gemeinsamkeit beider Regime: Sowohl das Widerspruchsrecht wie auch Aufhebungsverträge geben dem Arbeitnehmer die Möglichkeit, den automatischen Übergang des Arbeitsverhältnisses auf den neuen Betriebsinhaber zu verhindern. Um tatsächlich einen Rückschlüsse dogmatischer Natur zu ermöglichen, müssen die Voraussetzungen und Rechtsfolgen vom Widerspruchsrecht des Arbeitnehmers und von Aufhebungsverträgen indessen vergleichbar sein.

1. Vergleich der Voraussetzungen

a. Widerspruchsrecht des Arbeitnehmers

Das Widerspruchsrecht des Arbeitnehmers ist eine einseitig auszuübende Gestaltungserklärung[215]. Die Ausübung des Widerspruchsrechts ist bedingungsfeindlich[216], kann aber angefochten werden[217]. Gemäß § 613a Abs. 6 S. 1 BGB kann der Arbeitnehmer innerhalb eines Monats nach Zugang der Unterrichtung nach § 613a

---

[213] *BAG* v. 2.10.1974, AP Nr. 1 zu § 613a BGB; *BAG* v. 22.4.1993, AP Nr. 102 zu § 613a BGB; ähnlich auch BT-Drucks. 14/7760, S. 20 zur gesetzlichen Normierung des Widerspruchsrechts in § 613a Abs. 6 BGB; dagegen allerdings *BAG* v. 25.1.2001, AP Nr. 215 zu § 613a BGB unter III. 5. a) der Gründe; *Herschel*, Anm. zu BAG AP Nr. 21 zu § 613a BGB.
[214] *BAG* v. 22.4.1993, AP Nr. 102 zu § 613a BGB mit weiteren Nachweisen.
[215] *BAG* v. 30.10.1986, AP Nr. 55 zu § 613a BGB; Henssler/Willemsen/Kalb-*Willemsen/Müller-Bonanni*, § 613a BGB Rdnr. 347.
[216] ErfKomm-*Preis*, § 613a BGB Rdnr. 92; Ascheid/Preis/Schmidt-*Steffan*, § 613a BGB Rdnr. 224.
[217] *Willemsen/Lembke*, NJW 2002, 1159, 1164; ErfKomm-*Preis*, § 613a BGB Rdnr. 92; *Grau*, Unterrichtung und Widerspruchsrecht bei Betriebsübergang, S. 304 ff.

Abs. 5 BGB den Widerspruch schriftlich erklären. Erfolgt keine ordnungsgemäße Unterrichtung, ist die Ausübung des Widerspruchs auch danach möglich[218], wobei das Recht zur Ausübung des Widerspruchsrechts allerdings verwirken kann[219]. Der Zeitraum, innerhalb dessen der Arbeitnehmer von dem Widerspruchsrecht Gebrauch machen kann, ist folglich limitiert.

Weitere ungeschriebene Voraussetzungen für die Ausübung des Widerspruchsrechts, wie etwa ein bestimmtes Motiv oder das Vorliegen sachlicher Gründe, lassen sich § 613a Abs. 6 S. 1 BGB nicht entnehmen. Schon vor der Normierung des Widerspruchsrecht in § 613a Abs. 6 BGB war dies nicht der Fall[220]. Für die Praxis gilt demnach, dass Arbeitnehmer im Hinblick auf einen konkreten Betriebsübergang auf die Ausübung des Widerspruchs verzichten können, ohne dass besondere Voraussetzungen vorliegen müssen[221].

b. Aufhebungsverträge

Aufhebungsverträge sind zweiseitige Rechtsgeschäfte, die zumindest teilweise auch unter einer Bedingung abgeschlossen werden können[222]. Sie sind überdies anfechtbar[223]. Das ist ein erster, kleiner Unterschied. Wie für die Ausübung des Widerspruchsrechts ist für Aufhebungsverträge wegen § 623 BGB die Schriftform erforderlich[224].

Weitere Abweichungen in den Voraussetzungen sind nicht von der Hand zu weisen: Anders als dies für die Ausübung des Widerspruchsrechts gilt, können Aufhebungsverträge zu jeder Zeit abgeschlossen werden. Sie können insbesondere auch vor einer Unterrichtung nach § 613a Abs. 5 BGB und auf unbestimmte Zeit danach vereinbart werden. Darüber hinaus verlangen Aufhebungsverträge eine auf Abschluss eines Rechtsgeschäfts gerichtete Willenserklärung des Arbeitgebers. Für

---

[218] Gesetzliche Höchstfristen, wie sie im Gesetzgebungsverfahren vorgeschlagen wurden, konnten sich nicht durchsetzen, vgl. z.B. BR-Drucks. 831/1/01, S. 2 (drei Monate) oder BT-Drucks. 14/8128, S. 4 (sechs Monate).
[219] BT-Drucks. 15/406, S. 17; Henssler/Willemsen/Kalb-*Willemsen/Müller-Bonanni*, § 613a BGB Rdnr. 340; *Willemsen/Lembke*, NJW 2002, 1159, 1160; ausführlich *Grau*, Unterrichtung und Widerspruchsrecht bei Betriebsübergang, S. 295 ff.
[220] *Franzen*, RdA 2002, 258, 264; MünchKomm-*Müller-Glöge*, § 613a BGB Rdnr. 115; etwas anderes gilt auf Rechtsfolgenseite für die Frage, ob sich ein grundloser Widerspruch auf die Sozialauswahl auswirkt. Hier verlangt die Rechtsprechung zumindest objektiv vertretbare Gründe für den Widerspruch, siehe z.B. BAG v. 18.3.1999, AP Nr. 41 zu § 1 KSchG 1969 Soziale Auswahl.
[221] BAG v. 15.2.1984, AP Nr. 37 zu § 613a BGB; BAG v. 19.3.1998, AP Nr. 177 zu § 613a BGB; ErfKomm-*Preis*, § 613a BGB Rdnr. 98.
[222] Siehe etwa die Besonderheiten bei der Übertragung von Arbeitsverhältnissen auf eine BQG, oben unter § 2 C. III. 3.
[223] Siehe statt aller *Bauer*, Aufhebungsverträge, S. 60 ff.
[224] *Bauer*, Aufhebungsverträge, S. 9 ff.

die Ausübung des Widerspruchsrechts durch den Arbeitnehmer bedarf es dieser gerade nicht.

Geht man von den Kriterien aus, welche die oben unter § 4 B. und C. dargestellte Rechtsprechung für die Wirksamkeit von arbeitsrechtlichen Aufhebungsverträgen im Zusammenhang mit Betriebsübergängen nach § 613a BGB verlangt, werden weitere Unterschiede zum Widerspruchsrecht des Arbeitnehmers aufgedeckt. Liegt keine sachliche Rechtfertigung vor, dann ist ein Aufhebungsvertrag unwirksam, wenn er nicht das *endgültige Ausscheiden aus dem Betrieb* bezweckt. Ein Widerspruch des Arbeitnehmers ist dagegen wirksam, ohne dass es darauf ankommt, was dieser oder gar der Arbeitgeber in diesem Moment bezweckt.

2. Vergleich der Rechtsfolgen

Es zeigt sich, dass das Widerspruchsrecht des Arbeitnehmers einerseits und Aufhebungsverträge andererseits unterschiedlichen Voraussetzungen haben. Dies gilt umso mehr für die Rechtsfolgen, die im Folgenden verglichen werden:

a. Widerspruchsrecht des Arbeitnehmers

Die Rechtsfolge des Widerspruchs des Arbeitnehmers nach § 613a Abs. 6 S. 1 BGB ist, dass das Arbeitsverhältnis nicht auf den neuen Betriebsinhaber übergeht[225]. Damit bleibt der widersprechende Arbeitnehmer beim ehemaligen Betriebsinhaber beschäftigt. Diesem steht wiederum die Möglichkeit offen, ein Arbeitsverhältnis, das nicht übergegangen ist, durch ein separates Rechtsgeschäft – typischerweise kommt eine betriebsbedingte Kündigung in Betracht – zu beenden[226]. Mit anderen Worten: Der Widerspruch des Arbeitnehmers beendet für sich genommen nicht das Arbeitsverhältnis, sondern hindert lediglich dessen Übergang. Er sorgt dafür, dass die Rechtsfolgen des § 613a Abs. 1 S. 1 BGB nicht eintreten.

b. Aufhebungsverträge

Aufhebungsverträge sind Beendigungstatbestände. Sie beenden das Arbeitsverhältnis, dessen Übergang durch § 613a BGB angeordnet wird oder bereits erfolgt ist. Auch damit – insofern besteht eine Gemeinsamkeit zum Widerspruchsrecht – wird dessen Übergang auf einen neuen Betriebsinhaber gehindert bzw. dessen Wirkungen für die Zukunft ausgeschlossen, wenn der Betriebsübergang bereits erfolgt ist.

---

[225] Vgl. statt aller ErfKomm-*Preis*, § 613a BGB Rdnr. 101.
[226] *BAG* v. 15.8.2002, AP Nr. 241 zu § 613a BGB; *BAG* v. 25.4.2002, AP Nr. 121 zu § 1 KSchG 1969 Betriebsbedingte Kündigung; MünchKomm-*Müller-Glöge*, § 613a BGB Rdnr. 124; ErfKomm-*Preis*, § 613a BGB Rdnr. 102 ff.: Umstritten sind dann beispielsweise die Reichweite der Sozialauswahl. Eine solche Kündigung verstößt indessen nicht gegen § 613a Abs. 4 S. 1 BGB.

Anders als beim Widerspruchsrecht haben Aufhebungsverträge indessen die „echte" Beendigung eines Arbeitsverhältnisses unmittelbar zur Folge. Es wird nicht lediglich dessen automatischer Übergang ausgeschaltet. Außerdem kann per Aufhebungsvertrag auch auf die spätere Geltendmachung eines Widerspruchsrechts verzichtet werden[227]. Die Rechtsfolge von Aufhebungsverträgen und der Ausübung des Widerspruchsrechts ist grundlegend unterschiedlich[228].

3. Zwischenergebnis

Die Voraussetzungen und insbesondere die Rechtsfolgen des Widerspruchsrechts des Arbeitnehmers und die arbeitsrechtlicher Aufhebungsverträge bei Betriebsübergängen nach § 613a BGB unterscheiden sich erheblich. Daraus folgt, dass sich der Existenz des Widerspruchsrechts bzw. dessen gesetzlicher Normierung in § 613a Abs. 6 S. 1 BGB allenfalls gewisse Wertungen entnehmen lassen. Abschließende Aussagen zu Aufhebungsverträgen, die im Zusammenhang mit Betriebsübergängen nach § 613a BGB geschlossen werden, können mit Hilfe des Vergleichs zwischen Widerspruchsrecht des Arbeitnehmers und Aufhebungsverträgen hingegen nicht getroffen werden.

E. Einschränkung der Vertragsfreiheit durch § 613a BGB

Die Motivkontrolle der *BAG*-Rechtsprechung von Aufhebungsverträgen, die im Zusammenhang mit Betriebsübergängen nach § 613a BGB auf Veranlassung des Arbeitgebers geschlossen werden, schränkt die Vertragsfreiheit ein. Eine gesetzliche Grundlage, die eine solche Einschränkung möglicherweise erlaubt, bietet § 613a BGB.

Ausdrücklich lässt sich § 613a BGB nicht entnehmen, dass Aufhebungsverträge, die bestimmte Voraussetzungen nicht erfüllen, unzulässig sind. Es ist aber auch gar nicht erforderlich, dass bereits der Wortlaut die Berücksichtigung von Beendigungstatbeständen, die vom Arbeitgeber veranlasst werden – wie dies in §§ 112a Abs. 1 S. 2 BetrVG und § 17 Abs. 1 S. 2 KSchG der Fall ist – erkennen lässt. Wie oben festgestellt wurde[229], kann sich aus der Auslegung einer Vorschrift insgesamt ergeben, dass und unter welchen Voraussetzungen ihre Umgehung verhindert werden soll.

---

[227] Vgl. allgemein zur möglichen Disposition über das Widerspruchsrecht *BAG* v. 15.2.1984, AP Nr. 37 zu § 613a BGB; *BAG* v. 19.3.1998, AP Nr. 177 zu § 613a BGB.

[228] Explizit gegen den unreflektierten Vergleich von Widerspruchsrecht und Aufhebungsvertrag durch das *BAG* richten sich ohne ausführliche Begründung z.B. auch *Kraft*, FS 25 Jahre BAG, S. 299, 311 f.; *Schwerdtner*, FS G. Müller, S. 557, 584.

[229] Siehe unter § 3 B. III. 4.

Es stellt sich also die Frage, ob § 613a BGB so auszulegen ist, dass Aufhebungsverträge, die der Arbeitgeber im Zusammenhang mit Betriebsübergängen veranlasst, unter besondere Voraussetzungen zu stellen sind. Als zwingende Vorschriften, die durch Aufhebungsverträge, die bei Betriebsübergängen vom Arbeitgeber veranlasst werden, unzulässig umgangen werden, führt die Rechtsprechung § 613a Abs. 4 S. 1 BGB[230], § 613a Abs. 1 S. 1 BGB[231], § 613a Abs. 1 BGB[232] und pauschal § 613a BGB[233] an. Bereits die Vielfalt der unterschiedlichen (Unter-)Normen, die nach Auffassung des BAG durch zum Teil sehr ähnliche Gestaltungen in unzulässiger Weise umgangen werden, lässt aufhorchen.

I. Unzulässige Umgehung nach § 134 BGB i.V.m. § 613a BGB

In der Rechtsprechung wie im Schrifttum wird neben § 613a BGB bzw. den Unterabsätzen häufig auch § 134 BGB zitiert, wenn eine unzulässige Umgehung geprüft wird[234]. Dies wirft die Frage auf, inwieweit § 134 BGB herangezogen werden muss, um die Vertragsfreiheit beim massenhaften Abschluss von Aufhebungsverträgen zu beschränken.

Nach § 134 BGB sind Rechtsgeschäfte, die gegen ein gesetzliches Verbot verstoßen, nichtig, wenn sich aus dem Gesetz nicht ein anderes ergibt. Ob eine Norm Verbotsgesetz ist – ob sie also ein gesetzliches Verbot enthält, gegen das ein Vertrag verstoßen kann – ist durch Auslegung zu ermitteln[235]. Der Abschluss von Aufhebungsverträgen im Zusammenhang mit Betriebsübergängen verstößt zumindest nicht offensichtlich gegen ein Verbot, welches dem Wortlaut von § 613a BGB oder dem eines Unterabsatzes oder -satzes dieser Norm entnommen werden kann: § 613a Abs. 4 S. 1 BGB erklärt nur Kündigungen für unwirksam, die wegen des Betriebsübergangs vorgenommen werden[236]. Dies schließt aber nicht aus, dass die Auslegung von § 613a BGB bzw. einer ihrer Unternormen ergibt, dass bestimmte Formen der Umgehung von § 613a BGB durch Aufhebungsverträge untersagt sind.

---

[230] *BAG* v. 28.4.1987, AP Nr. 5 zu § 1 BetrAVG Betriebsveräußerung; *BAG* v. 18.8.2005, AP Nr. 31 zu § 620 BGB Aufhebungsvertrag unter II. 1. b) der Gründe.
[231] *BAG* v. 12.5.1992, AP Nr. 14 zu § 1 BetrAVG Betriebsveräußerung.
[232] *BAG* v. 11.7.1995, AP Nr. 56 zu § 1 TVG Tarifverträge Einzelhandel; so z.B. auch *ArbG Passau* v. 30.6.2005, EzAÜG Nr. 2 zu § 613a BGB.
[233] *BAG* v. 11.12.1997, NZA 1999, 262, unter I. 2. b) der Gründe; *BAG* v. 10.12.1998, AP Nr. 185 zu § 613a BGB.
[234] Ausdrücklich normiert ist das Verbot der Umgehung z.B. in §§ 306a, 312f S. 2 BGB, § 8 FernUSG, § 22 GÜKG oder § 42 AO; siehe die Aufstellung bei *Benecke*, Gesetzesumgehung im Zivilrecht, S. 54 ff.
[235] *Benecke*, Gesetzesumgehung im Zivilrecht, S. 179; *Sieker*, Umgehungsgeschäfte, S. 92; Palandt-*Heinrichs*, § 134 BGB Rdnr. 6; vgl. bereits oben unter § 3 B. III.
[236] Zur Einordnung von § 613a Abs. 4 S. 1 BGB als Verbotsgesetz vgl. Staudinger-*Annuß*, § 613a BGB Rdnr. 363.

Zwingend muss man § 134 BGB zur Motivkontrolle indessen nicht heranziehen. Zwar erklärt § 134 BGB nicht nur Rechtsgeschäfte für unwirksam, die gegen ein gesetzliches Verbot verstoßen, sondern erfasst auch solche, die ein gesetzliches Verbot umgehen[237]. Unabhängig von § 134 BGB können Umgehungsgeschäfte jedoch auch nichtig sein, wenn dies die Auslegung der Vorschrift ergibt, die umgangen werden soll[238]. Die Unzulässigkeit einer Umgehung beginnt nicht erst dort, wo per Gesetz Verbote angeordnet werden. Vielmehr können auch andere Vorschriften in unzulässiger Weise umgangen werden, nämlich lediglich zwingende oder halbzwingende Vorschriften[239]. Die Unzulässigkeit der Umgehung zwingender Normen, die noch keine Verbotsgesetze sind, ergibt sich hingegen nicht aus § 134 BGB allein, sondern aus ihrer Auslegung[240]. Soweit andere Vorschriften als § 613a Abs. 4 S. 1 BGB mit § 134 BGB in Verbindung gebracht werden, ergeben sich zum einen Schwierigkeiten: Denn § 613a Abs. 1 S. 1 BGB, § 613a Abs. 1 BGB und § 613a BGB sind dem ersten Anschein nach jedenfalls keine Verbotsgesetze, sondern – wenn überhaupt – zwingende Normen. Es wäre also zusätzlicher Argumentationsaufwand erforderlich, um nachzuweisen, dass gerade ein Verbotsgesetz umgangen wird. Zum anderen täuscht die Zitierung von § 134 BGB darüber hinweg, dass es allein auf die Auslegung von „§ 613a BGB" ankommt, um ein solch differenziertes Regel-Ausnahme-System herzuleiten, wie es die Rechtsprechung des *BAG* tut.

Daher ist zunächst zu klären, wo genau in § 613a BGB eine unzulässige Umgehung durch Aufhebungsverträge verortet werden kann. Ob § 134 BGB ebenfalls zu nennen ist, hängt davon ab, ob es sich ergibt, dass nicht nur eine zwingende Norm, sondern auch ein Verbotsgesetz betroffen ist[241].

II. Unzulässige Umgehung von § 613a BGB bzw. § 613a Abs. 1 BGB

Zunächst kommen § 613a BGB bzw. § 613a Abs. 1 BGB als Gegenstand einer unzulässigen Umgehung ins Betracht. Dazu müsste sich aus ihrer jeweiligen Auslegung ergeben, dass sie es bezweckt, einen bestimmten Erfolg zwingend zu hindern.

---

[237] Vgl. statt aller Palandt-*Heinrichs*, § 134 BGB Rdnr. 28.
[238] Vgl. bereits oben unter § 3 B. III. 2.; *Herschel*, SAE 1974, 194 für die Veranlassungs-Rechtsprechung zu § 17 KSchG.
[239] *Larenz/Wolf*, BGB AT, S. 731; *Köhler*, BGB AT, S. 227; *Benecke*, Gesetzesumgehung im Zivilrecht, S. 94: „ganz herrschende Meinung"; a.A. noch MünchKomm-*Mayer-Maly/Armbrüster*, 4. Aufl., § 134 BGB Rdnr. 11 ff.; halbzwingende oder zwingende Normen gelten nach h.M. nicht ohne weiteres als Verbotsgesetze, vgl. nur *Larenz/Wolf*, BGB AT, S. 724 m.w.N. in Fn. 6.
[240] Siehe oben unter § 3 B. III. 2.
[241] In diesem Sinne *Käppler*, Anm. zu LAG Frankfurt EzA Nr. 30 zu § 613a BGB, Bl. 187 für die Umgehung durch Betriebsstilllegung: „Daher ist in diesem Fall mit dem Unterlaufen des Schutzzwecks nicht allein mit der Sanktion des § 134 BGB, bezogen auf die Kündigung, zu begegnen, vielmehr scheint eine umfassende entsprechende Anwendung der Norm geboten."; auf § 134 BGB verzichtet in einer ähnlichen Konstellation auch *Wank*, SAE 1986, 151, 156.

Die Zwecke von § 613a BGB wurden bereits oben dargestellt[242]: Der Arbeitnehmer soll trotz des Wechsels der Dispositionsbefugnis über den Betrieb seinen Arbeitsplatz erhalten, das Haftungsrisiko zwischen altem und neuem Bewerber soll verteilt werden und die Kontinuität des Betriebsrats soll gewährleistet werden. Insgesamt betrifft § 613a BGB also mehrere Zwecke, zwischen denen bei der Auslegung zu differenzieren ist[243]. Wird die Unzulässigkeit einer Umgehung pauschal auf „§ 613a BGB" gestützt, lässt sich jedoch nicht feststellen, gegen welchen Zweck Aufhebungsverträge genau verstoßen. Auch § 613a Abs. 1 BGB bestimmt nicht allein den Hauptzweck der gesamten Vorschrift – den Erhalt des Arbeitsplatzes – sondern auch die Haftungsverteilung zwischen altem und neuem Betriebsinhaber und mittelbar auch die Kontinuität des Betriebsrates, die sich aus der Fortsetzung der Arbeitsverhältnisse ergibt. Die § 613a Abs. 1 S. 2 bis 4 BGB enthalten ein ausdifferenziertes System für die Weitergeltung kollektiver Normen bei Betriebsübergängen. Auch wer eine Umgehung wegen § 613a Abs. 1 BGB für unzulässig erklärt, gibt nicht eindeutig zu erkennen, welchem der verschiedenen Zwecke von § 613a BGB er diese zuordnet. Die pauschale Angabe, es liege eine unzulässige Umgehung nach § 613a BGB oder § 613a Abs. 1 BGB vor, lässt also offen, aus welchem Teil der Zwecktrias sich ergeben soll, dass die Umgehung unzulässig ist[244].

III. Unzulässige Umgehung von § 613a Abs. 4 S. 1 BGB

Nach § 613a Abs. 4 S. 1 BGB sind Kündigungen wegen des Betriebsübergangs verboten. Möglicherweise kann man § 613a Abs. 4 S. 1 BGB aber so auslegen, dass die Vorschrift auch bestimmte Aufhebungsverträge ausschließt.

1. Reines Verbot von Arbeitgeberkündigungen?

Zunächst stellt sich die Frage, inwieweit das Kündigungsverbot des § 613a Abs. 4 S. 1 BGB für die Beurteilung von Aufhebungsverträgen fruchtbar gemacht werden kann. In der Literatur wird teilweise angeführt, § 613a Abs. 4 S. 1 BGB sei ein „rein arbeitgeberseitiges" Verbot. Eigenkündigungen von Arbeitnehmern oder Aufhebungsverträge könnten daher jedenfalls § 613a Abs. 4 S. 1 BGB nicht in unzulässiger Weise umgehen[245].

---

[242] Vgl. unter § 4 A. II. 2.
[243] *BAG* v. 17.1.1980, AP Nr. 18 zu § 613a BGB; Staudinger-*Annuß*, § 613a BGB Rdnr. 13.
[244] Vgl. zu den verschiedenen Zwecken von § 613a BGB oben unter § 4 A. II. 2.
[245] *Kreitner*, Kündigungsrechtliche Probleme beim Betriebsinhaberwechsel, S. 190 m.w.N. in Fn. 74; *von Hoyningen-Huene/Windbichler*, RdA 1977, 329, 335; *D. Gaul*, BB 1979, 1666, 1670 f.; *Hüper*, Betrieb im Unternehmerzugriff, S. 78; *Hillebrecht*, NZA 1989, Beil. 4, S. 10, 11; *Pietzko*, ZIP 1990, 1105, 1108; *Willemsen*, RdA 1987, 327, 329; vgl. auch *Wank*, SAE 1986, 151, 155: nur zugunsten der Arbeitnehmer zwingend; a.A. offenbar *Heinze*, DB 1980, 205, 211; siehe zum Ganzen unten noch unter § 4 E. IV. 4.

2. Grammatische und systematische Auslegung von § 613a Abs. 4 S. 1 BGB

Für eine solche Auslegung lässt sich die Formulierung des § 613a Abs. 4 S. 1 BGB anführen, die nur Kündigungen wegen des Betriebsübergangs verbietet. Mit einem historischen Argument kann sie untermauert werden: Die Gedanken, welche dem „Lemgoer Modell" zugrunde liegen – „freiwillige" Beendigung durch den Arbeitnehmer bei mehr oder weniger fest in Aussicht gestellter Wiedereinstellung – waren bereits bekannt und sogar publiziert[246], als § 613a Abs. 4 S. 1 BGB eingeführt wurde. Hätte der Gesetzgeber auch Arbeitnehmerkündigungen oder Aufhebungsverträge, die der Arbeitgeber veranlasst hat, wegen des Betriebsübergangs verbieten wollen, hätte er diese in § 613a Abs. 4 S. 1 BGB aufnehmen können.

Wie oben gezeigt wurde[247], ist auch dem geschriebenen Arbeitsrecht das Veranlassungsprinzip nicht fremd. Zwar wurde das Prinzip ursprünglich von der Rechtsprechung hergeleitet[248]. Trotzdem ergibt ein Vergleich von § 613a Abs. 4 S. 1 BGB mit § 17 Abs. 1 S. 2 KSchG und § 112a Abs. 1 S. 2 BetrVG ein weiteres Argument gegen die besondere Behandlung von Aufhebungsverträgen bei Betriebsübergängen: Nach § 17 Abs. 1 S. 2 KSchG gilt § 17 Abs. 1 S. 1 KSchG auch für andere Beendigungen des Arbeitsverhältnisses, die vom Arbeitgeber veranlasst werden. Hierzu zählen vor allem Aufhebungsverträge[249]. § 112a Abs. 1 S. 2 BetrVG stellt klar, dass als Entlassungen i.S.v. § 112a Abs. 1 S. 1 BetrVG auch vom Arbeitgeber veranlasste Aufhebungsverträge zu berücksichtigen sind. § 613a Abs. 4 S. 1 BGB hingegen verbietet dem Wortlaut nach nur vom alten oder neuen Betriebsinhaber ausgesprochene Kündigungen, schließt Aufhebungsverträge – unabhängig davon, wer diese veranlasst – aber nicht aus. Aus diesem Vergleich könnte man schließen, dass § 613a Abs. 4 S. 1 BGB, der gerade keine solche Formulierung enthält, Aufhebungsverträgen keinen besonderen Beschränkungen auferlegen möchte. Der zwingende Gehalt von § 613a BGB wäre dann auf Kündigungen zu beschränken.

3. Entstehungsgeschichte von § 613a Abs. 4 S. 1 BGB

Indes steht diesem Auslegungsergebnis die Entstehungsgeschichte von § 613a Abs. 4 S. 1 BGB entgegen. § 613a Abs. 4 BGB wurde durch Art. 1 Nr. 4 b) des „Arbeitsrechtlichen EG-Anpassungsgesetzes"[250] mit Wirkung zum 21.8.1980 ein-

---

[246] Zur Urheberschaft des „Lemgoer Modell" siehe bereits Fn. 86.
[247] Unter § 3 A.
[248] Vgl. oben unter § 3 A. II. die Nachweise zu § 628 Abs. 2 BGB oder § 74 HGB.
[249] Vgl. hier nur *BAG* v. 11.3.1999, AP Nr. 12 zu § 17 KSchG 1969; ErfKomm-*Ascheid*, § 17 KSchG Rdnr. 14 und ausführlich unten unter § 7 E. II.
[250] Entwurf eines Gesetzes über die Gleichbehandlung von Männern und Frauen am Arbeitsplatz und über die Erhaltung von Ansprüchen bei Betriebsübergang (Arbeitsrechtliches EG-Anpassungsgesetz), siehe BT-Drucks. 8/3317.

geführt[251]. § 613a Abs. 4 S. 1 BGB stellt klar, dass eine Kündigung wegen eines Betriebsübergangs unzulässig ist, und setzt damit Art. 4 Abs. 1 der Richtlinie 77/187/EWG um[252]. Darin heißt es, dass der Betriebsübergang als solcher weder Veräußerer noch Erwerber Grund zur Kündigung geben darf, dass dieses Verbot einer etwaigen Kündigung aus wirtschaftlichen, technischen oder organisatorischen Gründen aber nicht entgegensteht. Diese Regelung ist in der aktuellen Fassung der (Richtlinie 2001/23/EG) unverändert enthalten[253].

Für das deutsche Recht haben jedoch weder die Richtlinie 77/187/EWG noch § 613a Abs. 4 S. 1 BGB Neues gebracht. Denn schon zuvor hatte das *BAG* erkannt, dass der Schutzzweck von dem jetzigen § 613a Abs. 1 S. 1 BGB dazu führen kann, dass Beendigungstatbestände unwirksam sind[254]. § 613a Abs. 4 BGB wird deswegen gemeinhin als „Komplementärvorschrift" zu § 613a Abs. 1 S. 1 BGB angesehen[255]: § 613a Abs. 4 S. 1 BGB geht § 613a Abs. 1 S. 1 BGB als speziellere Regelung vor, soweit der Arbeitgeber Kündigungen ausspricht[256], versetzt § 613a BGB insgesamt aber keinen neuen Regelungsgehalt[257]. Das soll indessen nicht zugleich heißen, dass § 613a Abs. 4 S. 1 BGB die Rechtsfolgen zu reduzieren vermag, die schon vor seiner Einführung bestanden.

4. Schlussfolgerungen

Aus der Auslegung von § 613a Abs. 4 S. 1 BGB kann man zweierlei ableiten: *Zum einen* lässt sich trotz grammatikalischer wie systematischer Argumente nicht der Schluss ziehen, dass Aufhebungsverträge – obgleich in dieser speziellen Verbots-

---

[251] BGBl. 1980 I, S. 1308.
[252] So ausdrücklich BT-Drucks. 8/3317, S. 11.
[253] Vgl. zur Richtlinie bereits unter § 4 A. II. 3.
[254] *BAG* v. 2.10.1974, AP Nr. 1 zu § 613a BGB unter III. 3. b) der Gründe; so auch die Gesetzesbegründung BT-Drucks. 8/3317, S. 11, die – auf den ersten Blick in unpräziser Weise – von § 613a BGB spricht, was sich dadurch erklärt, dass damals § 613a Abs. 1 S. 2-4 BGB noch nicht existierten.
[255] *Windt*, Tatbestand des Betriebsübergangs, S. 190; *Willemsen*, ZIP 1983, 411, 413.
[256] Ausdrücklich *Hillebrecht*, NZA 1989, Beil. 4, S. 9, 11; ähnlich Staudinger-*Annuß*, § 613a BGB Rdnr. 345; *Willemsen*, ZIP 1983, 411, 413; missverständlich ist es daher, wenn es heißt: „Unter § 613a IV 1 fallen [...] Aufhebungsverträge, die zur Vermeidung von Kündigungen wegen des Betriebsübergangs geschlossen werden." (vgl. ErfKomm-*Preis*, § 613a BGB Rdnr. 149). Aufhebungsverträge umgehen nicht erst das komplementäre Kündigungsverbot in § 613a Abs. 4 S. 1 BGB, sondern bereits die von § 613a Abs. 1 S. 1 BGB angeordnete Rechtsfolge.
[257] *BAG* v. 31.5.1985, AP Nr. 40 zu § 613a BGB unter II. 2. der Gründe; *Windt*, Tatbestand des Betriebsübergangs, S. 190; *Kreitner*, Kündigungsrechtliche Probleme beim Betriebsinhaberwechsel, S. 49; *Willemsen*/Hohenstatt/Schweibert/Seibt, G 20; *Hutzler*, BB 1981, 1470, 1471; *Lorenz*, DB 1980, 1745, 1748; a.A. wohl KR-*Pfeiffer*, § 613a BGB Rdnr. 202; *Hillebrecht*, NZA 1989, Beil. 4, S. 10, 11; *Bieler*, BB 1981, 435, 437, der wegen § 613a Abs. 4 BGB gar auch die – nach der Rechtsprechung bei Vorliegen sachlicher Gründe erlaubte – einvernehmliche Änderung von Arbeitsbedingungen für unzulässig hält.

norm nicht genannt – grundsätzlich im Zusammenhang mit Betriebsübergängen nach § 613a BGB zulässig sind. *Zum anderen* aber scheidet § 613a Abs. 4 S. 1 BGB selbst als Kontrollnorm für Aufhebungsverträge aus. Wie vor seiner Schaffung ist die gesetzliche Grundlage für die Kontrolle von Aufhebungsverträgen in § 613a Abs. 1 S. 1 BGB zu suchen[258]. Damit bedarf es auch nicht § 134 BGB als rechtlicher Grundlage für die Motivkontrolle[259]. Denn zumindest die Rechtsprechung hat § 613a BGB schon vor der Schaffung von § 613a Abs. 4 S. 1 BGB zwingenden Gehalt entnommen. Sofern man darauf abstellt, dass Aufhebungsverträge das Kündigungsverbot des § 613a Abs. 4 S. 1 BGB umgehen können, ist ein mögliches Verbot dieser Umgehung in § 613a Abs. 1 S. 1 BGB selbst angelegt.

IV. Unzulässige Umgehung von § 613a Abs. 1 S. 1 BGB

Als gesetzliche Grundlage zur Einschränkung der Vertragsfreiheit, die sich aus § 613a BGB herleiten lässt, ist folglich § 613a Abs. 1 S. 1 BGB ins Auge zu fassen. § 613a Abs. 1 S. 1 BGB ist zwingendes Arbeitnehmerschutzrecht[260], aber kein Verbotsgesetz i.S.v. § 134 BGB[261]. Allerdings steht zu klären, wie weit der zwingende Charakter von § 613a Abs. 1 S. 1 BGB reicht.

Eine unzulässige Umgehung von § 613a Abs. 1 S. 1 BGB kann nur vorliegen, wenn § 613a Abs. 1 S. 1 BGB die Veranlassung des Arbeitgebers zu Beendigungen des Arbeitsverhältnisses und – das ergibt die Formel des „bezweckten endgültigen Ausscheidens" – sein Motiv verbieten möchte, mit Aufhebungsverträgen die Kontinuität des Arbeitsverhältnisses zu durchbrechen, sofern dafür keine sachlichen Gründe gegeben sind. Dagegen wird schon im Ansatz eingewendet, dass man bei Umgehungen nicht auf subjektive Momente abstellen dürfe, weil die Umgehungsdogmatik keine entsprechende Absicht fordere[262]. Dieses Argument verfängt jedoch nicht: Es ist durchaus möglich, dass bei der Auslegung der konkret in Rede stehenden Norm – in diesem Fall § 613a Abs. 1 S. 1 BGB – festgestellt wird, dass diese Vorschrift gerade ein Motiv verbieten möchte[263]. Eine Rechtsfolge, wie sie für Kündigungen gilt, ordnet § 613a Abs. 1 S. 1 BGB – anders als § 112a Abs. 1

---

[258] A.A. aber *Hanau*, ZIP 1998, 1817, 1821; KR-*Pfeiffer*, § 613a BGB Rdnr. 202: § 613a Abs. 4 BGB als Grundlage.
[259] Vgl. oben unter § 4 E. I.
[260] Vgl. nur *BAG* v. 29.10.1975, AP Nr. 2 zu § 613a BGB unter 2. der Gründe; Staudinger-*Annuß*, § 613a BGB Rdnr. 32; *Falkenberg*, DB 1980, 783, 784; Palandt-*Weidenkaff*, § 613a Rdnr. 3; *Schwerdtner*, FS G. Müller, S. 557, 583; *Schaub*, EWiR 1992, 957, 958.
[261] *Pietzko*, ZIP 1990, 1105, 1107 ff. erläutert dies umfassend; allerdings erkennt *Pietzko* nicht, dass Aufhebungsverträge nicht nur wegen Verstoß wegen ein Verbotsgesetz, sondern auch wegen des zwingenden Charakters unwirksam sein können; a.A. offenbar z.B. *Debong*, NZA 1985, 665.
[262] So *Hillebrecht*, NZA 1989, Beil. 4, S. 10, 11.
[263] Vgl. bereits oben unter § 3 B. III. und § 3 D. III.; ähnlich für die Umgehung von § 613a BGB durch Betriebsstillegung *Käppler*, Anm. zu LAG Frankfurt EzA Nr. 30 zu § 613a BGB, Bl. 187 f., die aber im Ergebnis aus § 613a BGB keine subjektiven Elemente ableitet.

S. 2 BetrVG und § 17 Abs. 1 S. 2 KSchG – dem Wortlaut nach für Aufhebungsverträge nicht an. Dabei ist die mögliche Nichtigkeit von Aufhebungsverträgen eine einschneidendere Rechtsfolge als die Gleichbehandlung mit Kündigungen, wie sie § 112a Abs. 1 S. 1 BetrVG und § 17 Abs. 1 S. 1 KSchG bewirken.

Wegen des zwingenden Charakters von § 613a Abs. 1 S. 1 BGB entspricht es gefestigter Auslegung, dass die Rechtsfolgen des § 613a BGB nicht durch Vereinbarungen zwischen altem und neuen Betriebsinhaber explizit ausgeschlossen werden können[264]. Das beantwortet aber nicht zugleich die Frage, ob § 613a Abs. 1 S. 1 BGB auch in solcher Weise zwingende Wirkung entfaltet, dass die Norm den Abschluss von Aufhebungsverträgen, die der Arbeitgeber veranlasst, nur unter besonderen Voraussetzungen zulässt. Sicher ist jedenfalls, dass § 613a Abs. 1 S. 1 BGB sich nicht gegen jedwede Beendigung von Arbeitsverhältnissen richtet, die im Zusammenhang mit einem Betriebsübergang steht. Aus dem Normzweck von § 613a BGB als Arbeitnehmerschutzrecht ergibt sich nämlich, dass § 613a Abs. 1 S. 1 BGB nur einseitig zwingende Wirkung für den Arbeitgeber hat[265]. Es wird daher beispielsweise nicht problematisiert, ob Eigenkündigungen des Arbeitnehmers wegen des Betriebsübergangs oder aus anderen Gründen ausgesprochen werden, die nicht vom Arbeitgeber veranlasst werden[266]. Wie weit der einseitig-zwingende Charakter von § 613a Abs. 1 S. 1 BGB genau reicht, ist durch Auslegung zu ermitteln.

1. Grammatische Auslegung

Der Wortlaut von § 613a Abs. 1 S. 1 BGB ordnet an, dass der Übergang eines Betriebs oder Betriebsteils durch Rechtsgeschäft dazu führt, dass der neue Inhaber in die Rechte und Pflichten aus den im Zeitpunkt des Übergangs bestehenden Arbeitsverhältnissen eintritt. Von Beendigungen anlässlich des Betriebsübergangs ist hingegen keine Rede. Aus dem Wortlaut von § 613a Abs. 1 S. 1 BGB lassen sich keine Rückschlüsse ziehen, ob der Abschluss von Aufhebungsverträgen im Zusammenhang mit Betriebsübergängen ausgeschlossen oder an bestimmte Anforderungen gestellt sein soll[267]. Andererseits kann der Wortlaut auch nicht herangezogen werden, um dies definitiv auszuschließen. Er ist insoweit neutral[268].

---

[264] *BAG* v. 29.10.1975, AP Nr. 2 zu § 613a BGB unter 2. der Gründe; so z.B. auch *Everhardt*, BB 1976, 1611, 1614.
[265] *Pietzko*, ZIP 1990, 1105, 1108; *Willemsen*, Anm. zu BAG EzA Nr. 67 zu § 613a BGB; *ders.*, RdA 1987, 327, 329.
[266] *BAG* v. 29.11.1988, AP Nr. 7 zu § 1 BetrAVG Betriebsveräußerung.
[267] So bereits *Birk*, Anm. zu BAG EzA Nr. 11 zu § 613a BGB, Bl. 62b; *Pietzko*, ZIP 1990, 1105, 1108.
[268] Vgl. mit Nachdruck *Windt*, Tatbestand des Betriebsübergangs, S. 163 f.: „Denn die Betriebsübergangsvorschriften geben nicht einmal im Ansatz Kriterien an, nach denen beurteilt werden könnte, in welchen Fallsituationen sie nicht oder nur eingeschränkt angewendet werden sollen."

2. Vergleich mit § 613a Abs. 4 S. 1 BGB

Aus einem systematischen Vergleich zu § 613a Abs. 4 S. 1 BGB – und insbesondere daraus, dass die Vorschrift nur Kündigungen, nicht aber auch Aufhebungsverträge wegen des Betriebsübergangs verbietet – lassen sich ebenfalls keine Schlussfolgerungen ziehen. Denn § 613a Abs. 4 S. 1 BGB ist eine nachträglich eingefügte Spezialnorm für Kündigungen[269]. Sie sagt nichts darüber aus, wie § 613a Abs. 1 S. 1 BGB zu Aufhebungsverträgen steht.

3. Veränderungssperre entsprechend § 613a Abs. 1 S. 2 BGB

Nach § 613a Abs. 1 S. 2 BGB gelten kollektivrechtliche Normen nach einem Betriebsübergang individualrechtlich weiter[270] und dürfen für die Dauer eines Jahres nach Betriebsübergang nicht geändert werden. Das wirft die Frage auf, ob man aus § 613 Abs. 1 S. 2 BGB über diesen speziell kollektivrechtlichen Fall hinaus eine allgemeine einjährige Veränderungssperre bei Betriebsübergängen ableiten kann. Bejahte man eine solche Sperre, hätte dies zur Folge, dass Aufhebungsverträge innerhalb dieser Jahresfrist zumindest problematisch sind, wenn sie die Verschlechterung von Arbeitsbedingungen vorbereiten.

§ 613a Abs. 1 S. 2 BGB regelt jedoch den Spezialfall, dass kollektive Arbeitsbedingungen erhalten werden sollen. Die Vorschrift wurde eingefügt, weil eine kollektivrechtliche Fortgeltung aus verfassungsrechtlichen Gründen für problematisch empfunden wurde[271]. Die Gesetzesmaterialien[272] geben nicht zu erkennen, dass § 613a Abs. 1 S. 2 BGB auch andere Konstellationen mit einem Verschlechterungsverbot belegen soll. Der Regelungsgehalt der Vorschrift kann daher weder direkt noch entsprechend auf § 613a Abs. 1 S. 1 BGB übertragen werden[273].

4. Bestandsschutz als Zweck von § 613a BGB

Ob eine unzulässige Umgehung anzunehmen ist, hängt entscheidend vom Zweck der Norm ab, deren Umgehung in Rede steht[274]. Die Motivkontrolle von Aufhebungsverträgen soll dazu dienen, die Umgehung des Kündigungsverbots in § 613a Abs. 4 S. 1 BGB zu verhindern. Der teleologischen Auslegung von § 613a Abs. 1 S. 1 BGB kommt daher besondere Bedeutung zu.

---

[269] Vgl. ausführlich oben unter § 4 E. III. 3.
[270] Dies gilt jedenfalls nach der ganz herrschenden Meinung, vgl. nur die Nachweise bei *Jacobs*, Tarifeinheit und Tarifkonkurrenz, S. 196, Fn. 518 und 519.
[271] *Seiter*, Betriebsinhaberwechsel, S. 86 ff.; *Willemsen*, RdA 1987, 327, 330.
[272] BT-Drucks. 8/3317, S. 7 f. und S. 11.
[273] *Willemsen*, RdA 1987, 327, 330; *Pietzko*, ZIP 1990, 1105, 1110; *Lipinski*, Sonderkündigungsschutz bei Betriebsübergang, S. 111 f.
[274] Vgl. ausführlich oben unter § 3 B. III. 2.

Auch für andere Problemkreise ist die teleologische Auslegung von § 613a Abs. 1 S. 1 BGB wichtig: Die Literatur bemüht sie zumeist, um den Tatbestand von § 613a Abs. 1 S. 1 BGB sachgerecht zu definieren[275]. In dieser Untersuchung interessieren indessen nicht die Voraussetzungen von § 613a Abs. 1 S. 1 BGB, sondern inwieweit diese durch einvernehmliche Vereinbarungen eingeschränkt werden können. Die hier vorgenommene teleologische Auslegung orientiert sich an dem einseitig-zwingenden Gehalt, der § 613a Abs. 1 S. 1 BGB hinsichtlich Aufhebungsverträgen zu entnehmen ist. Aus der Sicherung der Kontinuität des Betriebsrats und der Regelung der Haftungsfolge lassen sich keine zwingenden Gründe gegen den Abschluss von Aufhebungsvertrag ableiten. Die Regelung des Schicksals kollektiver Arbeitsbedingungen (§ 613a Abs. 1 S. 2-4 BGB) hingegen stellt eine mögliche eigene Schranke dar[276].

a. Flankierung des Kündigungsschutzes durch § 613a Abs. 1 S. 1 BGB

Es kommt für den Zweck dieser Untersuchung maßgeblich darauf an, wie weit der Bestandsschutz reicht, den § 613a Abs. 1 S. 1 BGB bewirken möchte. Soll dieser soweit gehen, dass Aufhebungsverträge, die der Arbeitgeber veranlasst, ohne sachliche Rechtfertigungsgründe nur zulässig sind, wenn dessen Veranlassungsverhalten es bezweckt, das Arbeitsverhältnis – im Sinne des *BAG* „endgültig"[277] – zu beenden?
Der Bestandsschutz, den § 613a Abs. 1 S. 1 BGB anordnet, hat zum Ziel, dass sich weder der Inhalt noch der gesamte Bestand des Arbeitsverhältnisses *wegen* des Betriebsübergangs verändern[278]. In diesem grundlegenden Punkt unterscheiden sich § 613a BGB und die Richtlinie 2002/31/EG nicht[279].

(1) „Quasi-Verdinglichung" des Arbeitsvertrages durch § 613a Abs. 1 S. 1 BGB

Die Erhaltung der Kontinuität von Arbeitsverhältnissen, die § 613a Abs. 1 S. 1 BGB bezweckt, bewirkt eine „Quasi-Verdinglichung"[280], die eine Lücke im System des Kündigungsschutzes schließen soll[281]. Diese Lücke wird darin gesehen, dass der ehemalige Betriebsinhaber nach dem Betriebsübergang – jedenfalls in dem

---

[275] Siehe z.B. *Schwanda*, Betriebsübergang in § 613a BGB, S. 93 ff.; *Windt*, Tatbestand des Betriebsübergangs, S. 156 ff.; *Willemsen*/Hohenstatt/Schweibert/Seibt, G 18-G30.

[276] Dazu schon § 4 E. IV. und noch unter § 5 B. I.

[277] Vgl. zu den begrifflichen Schwierigkeiten oben unter § 4 C. II. 2.

[278] *Seiter*, Betriebsinhaberwechsel, S. 54; vgl. auch *Pietzko*, Der Tatbestand des § 613a BGB, S. 22 f.: "Nach h.A. [...] ist der Betriebsübergang i.S.v. § 613a BGB dadurch charakterisiert, dass abgesehen vom Wechsel des Inhabers ‚alles beim alten bleibt'".

[279] *Windt*, Tatbestand des Betriebsübergangs, S. 158 f.; *Heither*, RdA 1996, 96, 102; *Joost*, FS Wlotzke, S. 683, 690.

[280] *Willemsen*/Hohenstatt/Schweibert/Seibt, G 20.

[281] Staudinger-*Annuß*, § 613a BGB Rdnr. 9.

übertragenen Betrieb – keine Arbeitsplätze mehr beherrscht, auf denen er diejenigen Arbeitnehmer einsetzen könnte, die ursprünglich vertraglich an ihn gebundenen waren. Daher könnte er ihnen in nach § 1 Abs. 2 S. 1 KSchG sozial gerechtfertigter Weise aus betriebsbedingten Gründen kündigen[282]. Die Möglichkeit der betriebsbedingten Kündigung ist dem neuen Inhaber wegen des „Gleichlaufs" von Arbeitsplatz und Arbeitsverhältnis verwehrt, den § 613a Abs. 1 S. 1 BGB automatisiert[283]. Denn der neue Betriebsinhaber übernimmt die Betriebsstruktur und kann damit über die Arbeitsplätze verfügen kann, wenn diese nicht – etwa auf Grundlage eines neuen Konzepts[284] – wegfallen. Nicht als eigenständiger Zweck von § 613a Abs. 1 S. 1 BGB, aber in der Folge verhindert diese Zwecksetzung zugleich eine Negativauslese bei Betriebsübergangen[285]. Wegen des Betriebsübergangs sollen die sozial schwächsten Arbeitnehmer nicht den Schutz der Sozialauswahl verlieren, den § 1 Abs. 3 KSchG anordnet[286]: Der Übergang der einzelnen Arbeitsverhältnisse soll nicht vom Willen des Betriebserwerbers abhängen.
Der Hauptzweck von § 613a Abs. 1 S. 1 BGB richtet sich also jedenfalls nicht direkt gegen den Abschluss von Aufhebungsverträgen, sondern gegen Verschlechterungen von Arbeitsbedingungen und Beendigungen des Arbeitsverhältnisses *wegen* des Betriebsübergangs[287].

(2) Lediglich Verbot einseitiger Maßnahmen des Arbeitgebers?

Die weitere Deutung dieser im Wesentlichen unbestrittenen Ausgangslage ist Gegenstand zahlreicher Kontroversen. Es ist insbesondere nicht geklärt, auf welche Art und bis zu welchem Grad die Beteiligung von Arbeitnehmern an dem Verzicht auf diesen Schutz möglich sein soll.
Das Schrifttum zieht aus der beschriebenen Ausgangslage zum Teil den Schluss, dass sich § 613a Abs. 1 S. 1 BGB nur gegen einseitige Maßnahmen des Arbeitge-

---

[282] Siehe bereits *BAG* v. 2.10.1974, AP Nr. 1 zu § 613a BGB; Willemsen/Hohenstatt/Schweibert/Seibt, G 20.
[283] Der Begriff des Gleichlaufs geht wohl zurück auf *Pietzko*, Der Tatbestand des § 613a BGB, S. 36; dem schließen sich z.B. an *Annuß*, BB 1998, 1582, 1583; *Preis*, RdA 2000, 257, 277; Willemsen/Hohenstatt/Schweibert/Seibt, G 20 an; siehe auch *Windt*, Tatbestand des Betriebsübergangs, S. 195, der die unterschiedliche Verwendung dieser Darstellung herausstellt.
[284] Vgl. unter § 4 A. III. 2. zur sog. „Veräußerkündigung auf Erwerberkonzept".
[285] *Pietzko*, Der Tatbestand des § 613a BGB, S. 36; Staudinger-*Annuß*, § 613a BGB Rdnr. 10, die diesen Aspekt sehr stark akzentuieren; vgl. aber auch *BAG* v. 17.1.1980, AP Nr. 18 zu § 613a BGB unter II. 4. der Gründe.
[286] ErfKomm-*Preis*, § 613a BGB Rdnr. 149.
[287] *Hutzler*, BB 1981, 1470, 1471; zu ungenau beispielsweise *Derleder*, AuR 1976, 129, 130 und *Everhardt*, BB 1976, 1611, 1612: Der Schutz bei Betriebsveräußerungen solle ausgebaut werden.

bers, nicht aber gegen einvernehmliche Regelungen richte[288]. Die Entstehungsgeschichte von § 613a BGB lasse nicht erkennen, dass mit der Vorschrift die Befugnis des Arbeitnehmers, über das Arbeitsverhältnis zu disponieren, beschränkt werden solle[289]. Mit Blick allein auf § 613a Abs. 1 S. 1 BGB seien Aufhebungsverträge nach dieser Auffassung wirksam, ohne dass an sie besondere Anforderungen gestellt werden müssten. Es komme – anders als die insoweit strengere *BAG*-Rechtsprechung es prüft – weder auf den Zweck, den die Arbeitsvertragsparteien mit ihrem Abschluss verfolgen, noch auf sachliche Gründe an. Auch einvernehmliche Vereinbarungen dürften aber nicht gesetzliche Rechtsfolgen ausschalten, die an die Bestandschutzfunktion von § 613a BGB anknüpfen[290]. Sie seien unwirksam, wenn zwingende gesetzliche Rechtsfolgen in Verbindung mit dieser Bestandschutzfunktion in funktionswidriger Weise umgangen würden[291].

Indes hat auch das mögliche Auslegungsergebnis – Verbot der Beendigungsveranlassung des Arbeitgebers bei bestimmter Motivlage ohne Rechtfertigung – *einseitige Charakteristika*: Das Veranlassungsverhalten des Arbeitgebers muss zwar die rechtliche Mitwirkung des Arbeitnehmers bezwecken. Zumindest aus Sicht des Arbeitgebers wird die Kündigung, die er sonst aussprechen müsste, durch sein Veranlassungsverhalten substituiert[292]. Richtete sich ein Verbot allein gegen „einseitige Maßnahmen", könnte dies durchaus auch das Veranlassungsverhalten in dem hier verstandenen Sinn betreffen. Gerade beim massenhaften Abschluss von Aufhebungsverträgen übt der Arbeitgeber in besonderer Weise Gestaltungsmacht aus. Jedenfalls eher als individuell ausgehandelte Verträge haben massenhaft abgeschlossene Aufhebungsverträge ferner *inhaltlich* einseitigen – um in den Worten der Kritiker zu bleiben: „arbeitgeberseitigen" – Charakter[293]. Der einseitig-zwingende Charakter von § 613a Abs. 1 S. 1 BGB vermag daher nicht automatisch Aufhebungsverträge einer Kontrolle zu entziehen, die der Arbeitgeber veranlasst.

---

[288] *Willemsen*, RdA 1987, 327, 329 et passim; *ders.*, Anm. zu BAG EzA Nr. 67 zu § 613a BGB, Bl. 13; siehe im Anschluss daran etwa *Lipinski*, Sonderkündigungsschutz bei Betriebsübergang, S. 110 f. und S. 116; *Pietzko*, ZIP 1990, 1105, 1107 ff.; *Krieger/Fischinger*, NJW 2007, 2289, 2290; ähnlich wohl *Grunsky*, EWiR 1986, 773, 774: „Angelpunkt unserer gesamten Privatrechtsordnung, dass im vertraglichen Zusammenwirken Rechtsfolgen begründet werden können, die keine Partei im Alleingang durchsetzen kann."

[289] *Willemsen*, RdA 1987, 327, 329.

[290] Als Beispiel nennt *Willemsen* Vereinbarungen, nach denen für die Berechnung von Abfindungen nach §§ 9, 10 KSchG nur beim neuen Betriebsinhaber geleistete Arbeitszeit zu berücksichtigen wären, und Vereinbarungen, nach denen die Unverfallbarkeitsfristen nach § 1 BetrAVG nach Betriebsübergang neu zu laufen begännen.

[291] *Willemsen*, Anm. zu BAG EzA Nr. 67 zu § 613a BGB, Bl. 14.

[292] Vgl. zum Veranlassungsprinzip unter § 3 C. II. 3.

[293] Vgl. zur Gestaltungsmacht noch unter § 5 A. II.

(3) Schaffung einer „Lücke im Kündigungsschutz"?

Manche Autoren leiten aus der Bestandsschutzfunktion von § 613a BGB ein ganz anderes Ergebnis ab. Sie richten sich insbesondere gegen die Zwischenschaltung von BQG und halten diese selbst nach geltender Rechtsprechung für unzulässig. Denn wirtschaftlich läge bei einer späteren Wiederbeschäftigung kein – im Sinne der Rechtsprechung des *BAG* – „endgültiges Ausscheiden aus dem Betrieb" vor. Gäbe es im Zeitpunkt der Beendigung eine Einstellungszusage des neuen Betriebsinhabers, würde allein den Arbeitnehmern das Risiko aufgebürdet, auch tatsächlich wieder eingestellt zu werden[294]. Überdies würden sie Ansprüche auf Sozialleistungen verlieren, die ihnen ihr ehemaliger Arbeitgeber noch gewährt hat[295].
Im Kern richtet sich die Kritik dagegen, dass eine Sanierung, bei der eine BQG eingeschaltet wird, „geradezu auf Betriebsübergänge angelegt"[296] sei. Aufhebungsverträge, die zum Verlust aller Rechte aus § 613a BGB führen, seien wegen unzulässiger Umgehung nach § 134 BGB nichtig[297]. Die in den Augen dieser Autoren folglich zu großzügige Rechtsprechung des *BAG* ermögliche es dem neuen Betriebsinhaber, eine Sozialauswahl nach § 1 Abs. 3 KSchG zu vermeiden und eine Negativauslese vorzunehmen[298]. Die Rechtsprechung rufe eine „Lücke im Kündigungsschutz" hervor, die §§ 613a Abs. 1 BGB und Abs. 4 eigentlich beseitigen sollten. Daher seien Aufhebungsverträge wie Kündigungen daran zu messen, ob sie „wegen" des Betriebsübergangs abgeschlossen würden. Das sei beispielsweise der Fall, wenn eine Betriebsübernahme erleichtert werden soll, indem z.B. eine Sozialauswahl vermieden wird[299]. Betriebe könnten auch zur Sanierung übernommen würden, ohne dass eine BQG eingeschaltet wird[300]. Denn es sei möglich, Veräußererkündigungen auf Erwerberkonzept auszusprechen und darüber hinaus würden in der Insolvenz zudem die §§ 125, 128 InsO Kündigungen erleichtern.
Ob tatsächlich unter gewissen Umständen eine Negativauslese vorgenommen werden kann, sagt indessen noch nichts über die richtige Auslegung von § 613a Abs. 1 S. 1 BGB aus. Denn zum einen lautet die Frage, wie weit *de lege lata* das Verbot reicht, dass der Arbeitgeber auf die Beendigung von Arbeitsverhältnissen im Zu-

---

[294] *Kreitner*, Kündigungsrechtliche Probleme beim Betriebsinhaberwechsel, S. 196 für das „Lemgoer Modell".
[295] *Kreitner*, Kündigungsrechtliche Probleme beim Betriebsinhaberwechsel, S. 196; der allerdings nicht erkennt, dass in der Verschlechterung der Arbeitsbedingungen gerade der Sinn des „Lemgoer Modell" gibt; zu Recht zitiert *Kreitner*, a.a.O., Fn. 111 Autoren, die den Verzicht der Arbeitnehmer als Regelfall ansehen.
[296] Kittner/Däubler/*Zwanziger*, § 613a BGB Rdnr. 174.
[297] Kittner/Däubler/*Zwanziger*, § 613a BGB Rdnr. 174.
[298] Ascheid/Preis/Schmidt-*Steffan*, § 613a BGB Rdnr. 198; so wohl auch KR-*Pfeiffer*, § 613a BGB Rdnr. 202.
[299] Ascheid/Preis/Schmidt-*Steffan*, § 613a BGB Rdnr. 198.
[300] *Kamanabrou*, ZfA 2006, 659, 668; Ascheid/Preis/Schmidt-*Steffan*, § 613a BGB Rdnr. 198.

sammenhang mit Betriebsübergängen Einfluss nimmt. Genauso wenig wie sich behaupten lässt, dass es einem praktischen Bedürfnis entspreche, dass Aufhebungsverträge bei Betriebsübergängen zulässig sein müssen, lässt sich dem – jedenfalls aus gesetzlicher, nicht rechtspolitischer Sicht – entgegenhalten, dass sie nicht zulässig seien, weil die Erklärung von Kündigungen erleichtert werde: *Fiat justitia et pereat mundus*. Zum anderen ist es ein Charakteristikum von Aufhebungsverträgen, dass Arbeitnehmer mit ihrem Abschluss auf Schutz verzichten[301]. Da Arbeitnehmer zumindest grundsätzlich auch auf Kündigungsschutz verzichten können – darauf wird noch zurückzukommen sein[302] –, stellt sich die Frage, ob sie sich dann nicht auch aus freien Stücken auf eine Negativauslese einlassen können.

b. Sicherung des Fortbestands des Betriebes

Andere Schlussfolgerungen lassen sich aus der Bestandsschutzfunktion von § 613a BGB hingegen sicher ziehen. Der zwingende Gehalt von § 613a Abs. 1 S. 1 BGB darf nicht so weit reichen, dass dadurch der Fortbestand des Betriebes verhindert wird, der übergeht. Denn der Gleichlauf zwischen Arbeitsplatz und Arbeitsverhältnis, den § 613a Abs. 1 S. 1 BGB bewirken möchte[303], wird unmöglich, wenn der Arbeitsplatz mit dem Betrieb untergeht. Der Umstand, dass § 613a BGB keinen generellen Auftrag hat, Arbeitsplätze zu erhalten[304], steht diesem Postulat nicht entgegen. Denn es besteht jedenfalls die Gefahr, dass durch die Vernichtung der Arbeitsplätze die Grundlage für die Arbeitsverhältnisse verloren geht, die nach § 613a Abs. 1 S. 1 BGB übergeleitet werden sollen[305]. Daran ändert auch nichts, dass der Gesetzgeber die negativen Folgen von § 613a BGB auf Sanierungen vor Augen gehabt hat, als durch § 16 Abs. 2 des Spaltungsgesetzes vom 5.4.1991 Art. 232 § 5 EGBGB für die neuen Bundesländer so geändert wurde, dass § 613a BGB im Gesamtvollstreckungsverfahren schließlich bis zum 31.12.1998 nicht angewendet werden sollte. Denn daraus lässt sich kein Schluss ziehen, dass der Gesetzgeber mit § 613a BGB in Kauf nehmen wollte, notfalls auch die Arbeitsplätze zu gefährden, welche die Arbeitsverhältnisse ausfüllen, deren Übergang § 613a BGB anordnet. Ihr Erhalt muss – mit notwendigen Einschränkungen – als übergeordneter Zweck angesehen werden[306].

---

[301] Vgl. oben unter § 2 B. II.
[302] Vgl. unter § 4 E. IV. 4. d. und e.
[303] Zum Begriff des Gleichlaufs vergleiche z.B. *Willemsen*/Hohenstatt/Schweibert/Seibt, G 20; *Pietzko*, Der Tatbestand des § 613a BGB, S. 109.
[304] Siehe statt aller *Windt*, Tatbestand des Betriebsübergangs, S. 164.
[305] Siehe bereits die kritischen Ausführungen zum Regierungsentwurf des BetrVG 1972 von *Galperin*, Regierungsentwurf BetrVG, S. 11: Eine Verhinderung jeder Sanierung notleidend gewordener Betrieb sei sinnwidrig.
[306] Nach Auffassung von *Birk*, Anm. zu BAG AP Nr. 11 zu § 613a BGB, Bl. 61, 62d kann dies aber keine Auswirkungen auf die Zulässigkeit individualvertraglicher Verzichte haben.

Die Rechtsprechung erkennt dies zumindest teilweise, wenn sie beim Erhalt von Arbeitsplätzen eine sachliche Rechtfertigung annimmt: Änderungsverträge und Aufhebungsverträge, welche die Durchbrechung der Kontinuität von Arbeitsverhältnissen bezwecken, sind wegen sachlicher Rechtfertigung wirksam, wenn Arbeitsplätze erhalten werden[307]. Man muss der Rechtsprechung also konzedieren, dass sie den Aspekt des Fortbestands des Betriebs – wenngleich in oberflächlicher Art und Weise – berücksichtigt. Aus diesem Aspekt der Bestandschutzfunktion muss folgen, den zwingenden Charakter von § 613a Abs. 1 S. 1 BGB so auszulegen, dass in Krisenfällen eine am Hauptzweck der Norm ausgerichtete Auslegung der Erreichung desselben nicht entgegensteht.

Doch beantwortet auch dieses Zwischenergebnis noch nicht die Frage, ob eine Einschränkung von Aufhebungsverträgen von § 613a Abs. 1 S. 1 BGB – mögen diese auch im Einzelfall gerechtfertigt sein – dem Zweck der Norm entnommen werden kann.

c. Reichweite des Sonderkündigungsschutzes bei Betriebsübergängen

Oben wurde dargestellt[308], dass für die Beantwortung der Frage, wann eine Veranlassung des Arbeitgebers zu ähnlichen Rechtsfolgen wie eine Arbeitgeberkündigung führen soll, die Reichweite der Umgehungsnorm nicht außer Betracht gelassen werden darf. Dies gilt im Grundsatz auch für die Auslegung von § 613a Abs. 1 S. 1 BGB. Eine unzulässige Umgehung des Verbots der Kündigung wegen des Betriebsübergangs scheidet aus, wenn schon eine Kündigung zulässig wäre, anstelle derer der Arbeitgeber den Arbeitnehmer zur rechtlichen Mitwirkung an der Beendigung des Arbeitsverhältnisses veranlasst[309].

(1) Aufhebungsverträge mit „reiner" Beendigungsfunktion

§ 613a Abs. 4 S. 1 BGB, in dem der Sonderkündigungsschutz seit seiner Schaffung verortet ist[310], verbietet nur Kündigungen, die wegen des Betriebsübergangs aus-

---

[307] So erklärt sich die Auffassung von *Neumann-Duesberg*, NJW 1972, 665, 666 f. bzw. *ders.*, BB 1972, 621 ff., nach dem auch eine Kündigung des Arbeitgebers zulässig sein sollte, wenn eine Übernahme überhaupt nur mit verringerter Belegschaft möglich erscheinen sollte. Indessen bewirkte dies, dass der Betriebsübergang als tragender Grund für eine Kündigung genutzt würde; a.A. daher zu Recht z.B. bereits *Seiter*, Anm. zu BAG AP Nr. 1 zu § 613a BGB.

[308] Vgl. unter § 3 B. III. 4.

[309] Vgl. oben unter § 3 B. III. 4. b.; speziell für Änderungsverträge einerseits und Kündigungen wegen des Betriebsübergangs – und ohne Zuordnung zur Umgehungsdogmatik – andererseits erkennen dies im Ansatz *Heinze*, Anm. zu LAGE Nr. 61 zu § 613a BGB; *Wank*, SAE 1986, 151, 156, *Loritz*, Anm. zu BAG AP Nr. 5 zu § 1 BetrAVG Betriebsveräußerung sowie *Hanau*, ZIP 1998, 1817, 1821: Es sei sinnwidrig, bei Änderungsverträgen nicht ebenfalls zu prüfen, ob sie *wegen* des Betriebsübergangs erfolgen.

[310] Vgl. zur Geschichte von § 613a Abs. 4 BGB § 4 E. III. 3.

gesprochen werden. Nach § 613a Abs. 4 S. 2 BGB ist es dem Arbeitgeber aber unbenommen, aus anderen Gründen – nämlich solchen, die eine Kündigung „aus sich heraus" rechtfertigen – Kündigungen auszusprechen. Die Rechtsprechung sieht dies für gegeben an, wenn der Betriebsübergang nur der äußere Anlass, nicht aber der tragende Grund für die Kündigung ist[311]. Eine Umgehung des Kündigungsverbots durch Aufhebungsverträge muss also immer ausscheiden, wenn es für das Veranlassungsverhalten des Arbeitgebers Gründe gibt, die eine alternativ auszusprechende Kündigung im Sinne der Rechtsprechung zu § 613a Abs. 4 S. 1 BGB „aus sich heraus" rechtfertigen. Insoweit kommt es auf die oben dargestellten Grundsätze an, die für § 613a Abs. 4 S. 1 BGB gelten[312].

Käme etwa eine betriebsbedingte Kündigung wegen des Wegfalls des Arbeitsplatzes in Betracht, so müsste auch ein Aufhebungsvertrag, den der Arbeitgeber veranlasst, wirksam sein. Das ergibt sich nach der geltenden Rechtsprechung in der Regel daraus, dass ein solcher Aufhebungsvertrag auf das „endgültige Ausscheiden aus dem Betrieb" gerichtet sein dürfte. Ist der Wegfall des Arbeitsplatzes für die Erhaltung anderer Arbeitsplätze notwendig, liegt zugleich ein sachlicher Grund im Sinne der Rechtsprechung vor.

(2) Änderung der Arbeitsbedingungen durch Änderungskündigung oder -vertrag

Aufhebungsverträge werden im Zusammenhang mit Betriebsübergängen aber nicht nur eingesetzt, um Arbeitsverhältnisse endgültig zu beenden, sondern auch, um Sanierungen zu ermöglichen[313]. Eine Wieder- oder Weiterbeschäftigung in dem übergegangenen Betrieb erfolgt dann oftmals zu verschlechterten Arbeitsbedingungen. In manchen Fällen ergibt sich die Erhaltung des Arbeitsplatzes erst später – in solchen Fällen wäre eine Kündigung zulässig, weil auf die Kenntnis des Arbeitgeber zum Zeitpunkt ihres Ausspruchs abzustellen ist. Gleiches gilt für Aufhebungsverträge, die in solchen Fällen – wie soeben beschrieben – auf das „endgültige Ausscheiden aus dem Betrieb" gerichtet sind. Es ist aber ebenso möglich, dass sich die Parteien durchaus darüber im Klaren sind, dass es trotz Aufhebungsvertrag zu einer Wiederbeschäftigung kommen kann. Vergleicht man auch für solche Fälle wieder Kündigungen mit dem Veranlassungsverhalten des Arbeitgebers, so ist Folgendes festzustellen: Der Arbeitgeber könnte gem. § 2 KSchG betriebsbedingte Änderungskündigungen aussprechen[314]. Er kann sich aber auch dazu entschließen,

---

[311] *BAG* v. 16.5.2002, AP Nr. 237 zu § 613a BG; *BAG* v. 9.2.1994, AP Nr. 105 zu § 613a BGB unter II. 2. a. der Gründe; *BAG* v. 5.12.1985, AP Nr. 47 zu § 613a BGB.
[312] Vgl. oben unter § 4 A. III.; exemplarisch für die Zulässigkeit von Aufhebungsverträgen mit „reiner" Beendigungsfunktion bereits *D. Gaul*, BB 1979, 1666, 1671.
[313] Vgl. unter § 2 C. II. und III.
[314] In der Praxis ist es indessen oftmals schwierig, im Zusammenhang mit einem Betriebsübergang Änderungskündigungen auszusprechen, weil das Angebot von dem neuen Betriebsinhaber

dem Arbeitnehmer einen Änderungsvertrag anzubieten oder eine mögliche Änderung – etwa weil die Fortführung des Betriebs noch nicht sicher ist, er diesen dem neuen Inhaber aber „unbelastet" übergeben möchte – mit einem Aufhebungsvertrag vorzubereiten. Wenn eine verbindliche Einstellungszusage vorliegt, sind solche Aufhebungsverträge nach gegenwärtiger Rechtsprechung des *BAG* nicht auf das „endgültige Ausscheiden aus dem Betrieb" gerichtet und nur bei Vorliegen eines sachlichen Grundes wirksam. Erfolgt hingegen durch Aufhebung und Neubegründung des Arbeitsverhältnisses gar keine Verschlechterung der Arbeitsbedingungen, liegt jedenfalls kein Verstoß gegen § 613a BGB vor[315], da weder der Inhalt noch der Bestand des Arbeitsverhältnisses zu Lasten der Arbeitnehmer geändert werden.

Die Änderung der Arbeitsbedingungen, die durch eine Änderungskündigung herbeigeführt wird, darf gem. § 2 S. 1 KSchG nicht sozial ungerechtfertigt sein, wobei wie bei Beendigungskündigungen die Wertungen von § 1 Abs. 2 S. 1-3 KSchG, § 1 Abs. 3 S. 1 KSchG und 2 KSchG heranzuziehen sind. Bei einer Änderungskündigung werden – da zugleich ein Angebot an den Arbeitnehmer ausgesprochen wird – sogar geringere Anforderungen an den Kündigungsgrund gestellt. Auch hier gilt, dass Gründe genügen, die eine Änderungskündigung „aus sich heraus" rechtfertigen können. Änderungs- und Aufhebungsverträge sind hingegen nur wirksam, wenn sachliche Gründe vorliegen. Dies ist etwa der Fall, wenn Arbeitsplätze erhalten werden[316]. Betriebsbedingte Kündigungsgründe, die eine Änderungskündigung rechtfertigen, liegen hingegen nicht erst vor, wenn Arbeitsplätze erhalten werden. Eine Änderungskündigung ist bereits gerechtfertigt, wenn der Arbeitgeber eine unternehmerische Entscheidung fällt, auf dessen Grundlage die Beschäftigungsmöglichkeit zu den bisherigen Vertragsbedingungen wegfällt[317]. Der insoweit missverständliche Wortlaut des § 1 Abs. 2 S. 1 KSchG meint mit „dringenden" betrieblichen Erfordernissen nicht etwa, dass die betrieblichen Erfordernisse zu einer Unzumutbarkeit i.S.d. § 626 BGB führen müssen, sondern dass das Verhältnismäßigkeitsprinzip berücksichtigt werden muss[318]. Eine unternehmerische Ent-

---

kommt; die Änderungskündigung aber voraussetzt, dass das neue Angebot von dem bisherigen Arbeitgeber abgegeben wird, siehe zutreffend *Fischer*, NZA 2002, 536, 539.

[315] *Loritz*, Anm. zu BAG AP Nr. 5 zu § 1 BetrAVG Betriebsveräußerung, Bl. 6; die Übernahme der gesamten Belegschaft durch den neuen Betriebsinhaber ist in der Praxis allerdings ausgesprochen selten, vgl. *Gessner/Rhode/Strate/Ziegert*, Konkursabwicklung, S. 509.

[316] Vgl. ausführlich oben unter § 4 C. III.

[317] *BAG* v. 23.6.2005, AP Nr. 81 zu § 2 KSchG; *BAG* v. 7.7.2005, NZA 2006, 266 unter II. 4. a) der Gründe; vgl. bereits *BAG* v. 7.12.1978, AP Nr. 6 zu § 1 KSchG 1969 Betriebsbedingte Kündigung und *BAG* v. 29.3.1990, AP Nr. 50 zu § 1 KSchG 1969 Betriebsbedingte Kündigung; vgl. typische Praxiskonstellationen bei *Fischer*, NZA 2002, 536, 538.

[318] ErfKomm-*Ascheid*, § 1 KSchG Rdnr. 396; auch im Rahmen von § 2 KSchG führt das *BAG* mittlerweile eine Verhältnismäßigkeitsprüfung durch, vgl. *BAG* v. 23.6.2005, AP Nr. 81 zu § 2 KSchG.

scheidung, die zum Wegfall von Arbeitsplätzen führt, ist hingegen nicht erst pauschal anzunehmen, wenn deren Erhaltung ansonsten gefährdet würde.
Folglich ist es unter gewissen Umständen leichter, die Arbeitsbedingungen per Änderungskündigung zu ändern, als eine einvernehmliche Änderung der Arbeitsbedingungen herbeizuführen. Damit werden – sofern die Änderung über Aufhebungsverträge konstruiert wird – höhere Anforderungen an eine einvernehmliche, aber arbeitgeberveranlasste Beendigung gestellt als an eine einseitige Disposition über das Arbeitsverhältnis. Mit anderen Worten: Dem Kündigungsverbot, dessen Umgehung die Rechtsprechung unterbinden möchte, lässt sich weniger entnehmen, als das *BAG* meint.

(3) Sozialauswahl und Negativauslese

Wenn eine Kündigung, an deren Stelle der Arbeitgeber einen Aufhebungsvertrag veranlasst, aus betriebsbedingten Gründen erfolgt, muss er nach § 1 Abs. 3 KSchG eine Sozialauswahl vornehmen. Werden hingegen nicht mit allen Arbeitnehmern, die Aufhebungsverträge abschließen, neue Beschäftigungsverhältnisse zu ggf. schlechteren Bedingungen vereinbart, sondern nur mit einigen, kann unter Umständen eine Sozialauswahl vermieden werden, die nach § 1 Abs. 3 KSchG bei Ausspruch von Arbeitgeberkündigungen durchgeführt werden müsste[319]. Diese Möglichkeit besteht insbesondere, wenn eine BQG eingeschaltet wird, und betrifft die Sozialauswahl in bezug auf die Arbeitsplätze, die schließlich erhalten werden[320].
Aus Sicht des neuen Betriebsinhabers ermöglicht die Vermeidung der Sozialauswahl eine Negativauslese. Denn er stellt nur diejenigen Arbeitnehmer „neu" – also aus betriebsorganisatorischer Sicht „wieder" – ein, die er gerne übernehmen möchte. Bei dem alternativen Ausspruch betriebsbedingter Kündigungen müsste der Arbeitgeber eine Sozialauswahl vornehmen. Die Negativauslese ist gewissermaßen das *Spiegelbild* der Sozialauswahl bei Wiedereinstellungen, die im Zusammenhang mit Betriebsübergängen vorgenommen werden.

---

[319] Erteilt der Arbeitgeber allen Arbeitnehmern eine verbindliche Einstellungszusage, ist die Umgehung der Sozialauswahl nicht gefährdet; darauf weist *Lipinski*, Sonderkündigungsschutz bei Betriebsübergang, S. 116 mit Recht hin.
[320] Vgl. auch die Kritik an der Einschaltung von BQG, die sich auf die Umgehung der Sozialauswahl stützt, oben unter § 4 E. IV. 4. b. (3); eine fehlerhafte Sozialauswahl kann indessen ohnehin nur erfolgreich gerügt werden, wenn der Arbeitnehmer bei richtiger Sozialauswahl von der Kündigung verschont worden wäre. Folglich könnte auch eine Negativauslese nur erfolgreich damit angegriffen werden, dass eine Sozialauswahl dazu geführt hätte, dass dem betroffenen Arbeitnehmer nicht gekündigt worden wäre, vgl. *Naber*, Anm. zu BAG EzA Nr. 40 zu § 613a BGB 2002, Bl. 22 f.

(4) Zusammenfassende Würdigung

Vergleicht man die Voraussetzungen, die an Aufhebungsverträge gestellt werden, mit denen, die für alternativ auszusprechende betriebsbedingte (Änderungs-)Kündigungen gelten, so zeigt sich:

Aufhebungsverträge mit „reiner" Beendigungsfunktion fallen dem Arbeitgeber leichter als Kündigungen. Denn für solche Aufhebungsverträge bedarf es keiner besonderen Gründe, wo hingegen Kündigungen gem. § 613a Abs. 4 S. 1 BGB nicht allein *wegen* des Betriebsübergangs ausgesprochen werden dürfen und deswegen jedenfalls nach ständiger Rechtsprechung des *BAG*[321] „aus sich heraus" gerechtfertigt sein müssen. Die Verschlechterung von Arbeitsbedingungen ist hingegen mit Änderungskündigungen unter geringen Anforderungen möglich als mit Änderungs- oder Aufhebungsverträgen und späterer Neubegründung. Denn das Kriterium des sachlichen Grundes ist strenger als die betriebsbedingten Gründe, die für eine Änderungskündigung verlangt werden. Erfolgt die Änderung von Arbeitsbedingungen – sei es durch einen Änderungsvertrag oder durch einen Aufhebungsvertrag – nicht *wegen* des Betriebsübergangs, scheidet ein Konflikt mit § 613a BGB von voneherein aus. Werden nicht alle Arbeitnehmer wieder eingestellt, kann beim Abschluss von Aufhebungsverträgen und späterer Wiedereinstellung eine Sozialauswahl vermieden werden.

Nach der Rechtsprechung des *BAG* ist damit die Umgehung einer Verbotsnorm schneller erreicht, als die Anforderungen der Verbotsnorm, deren Umgehung in Rede steht. Damit wird das Veranlassungsprinzip aber übersteigert[322]. Zumindest für eine Fallgruppe lässt sich die Rechtsprechung des *BAG* jedenfalls mit der Gefahr einer Umgehung von § 613a Abs. 1 S. 1 BGB nicht begründen. In den anderen Fallgruppen ist es tendenziell leichter, Aufhebungsverträge abzuschließen als Kündigungen auszusprechen. Das heißt indessen nicht zugleich, dass das Kündigungsverbot des § 613a Abs. 4 S. 1 BGB in unzulässiger Weise umgangen wird.

d. Irrelevanz anderer Kündigungsbeschränkungen für Aufhebungsverträge

Würde nicht § 613a Abs. 4 S. 1 BGB als speziellere Norm vorgehen, ließe sich in § 613a Abs. 1 S. 1 BGB ein besonderes Verbot der Kündigung wegen des Betriebsübergangs verorten[323]. Bei Betriebsübergängen gibt es „Sonderkündigungsschutz"[324]. Kündigungsverbote und -beschränkungen, die an besondere Umstände anknüpfen, finden sich auch in anderen Bereichen des Arbeitsrechts. Wie § 613a Abs. 1 S. 1 BGB schützen diese den Bestand von Arbeitsverhältnissen. Wegen der

---

[321] Vgl. ausführlich zur Rechtsprechung zu § 613a Abs. 4 S. 1 BGB oben unter § 4 A. III.
[322] Vgl. unter § 3 B. III. 4. b.
[323] Siehe oben unter § 4 E. IV. 2.
[324] So der Titel der Untersuchung von *Lipinski*: Sonderkündigungsschutz bei Betriebsübergang.

Flankenfunktion, die § 613a Abs. 1 S. 1 BGB im Hinblick auf Kündigungsschutz zugesprochen wird[325], bietet es sich an, die Auswirkungen anderer Sonderkündigungsnormen auf Aufhebungsverträge vergleichend zu untersuchen.

(1) § 85 SGB IX

Nach § 85 SGB IX bedarf die Kündigung des Arbeitsverhältnisses mit einem schwerbehinderten Menschen der Zustimmung des Integrationsamtes. Auf Aufhebungsverträge ist § 85 SGB IX aber nach beinahe einhelliger Auffassung nicht anzuwenden[326].

(2) § 9 MuSchG

Nach § 9 Abs. 1 S. 1 MuSchG ist die Kündigung einer Schwangeren bis zum Ablauf von vier Monaten nach der Entbindung unzulässig, wenn der Arbeitgeber spätestens innerhalb zwei Wochen nach Zugang der Kündigung davon erfährt. Die für Arbeitsschutz zuständige oberste Landesbehörde kann nach § 9 Abs. 3 S. 1 MuSchG eine Ausnahme von diesem Verbot zulassen. Auch dieser Sonderkündigungsschutz hat hingegen nach ganz überwiegender Auffassung keine Auswirkungen auf Aufhebungsverträge[327].

(3) §§ 18, 19 BEEG

Nach § 18 Abs. 1 S. 1 BEEG darf der Arbeitgeber das Arbeitsverhältnis ab dem Zeitpunkt, von dem an Elternzeit verlangt worden ist – höchstens jedoch acht Wochen vor deren Beginn –, und während der Elternzeit nicht kündigen; sofern keine Zulässigkeitserklärung durch die für den Arbeitsschutz zuständige oberste Landesbehörde oder eine durch sie bestimmte Stelle wegen eines besonderen Falles nach § 18 Abs. 1, S. 2, 3 BEEG erfolgt ist. Nach § 18 Abs. 2 BEEG gilt dies auch für Arbeitnehmer, die Teilzeitarbeit während der Elternzeit bei demselben Arbeitgeber

---

[325] Vgl. oben unter § 4 E. IV. 4. a.
[326] KR-*Etzel*, §§ 85-90 SGB IX Rdnr. 9; ErfKomm-*Rolfs*, § 85 SGB IX Rdnr. 13; *Chr. Müller*, Aufhebungsverträge, S. 97 für die Vorgängernorm im SchwbG; a.A. unter dem Gesichtspunkt der Sittenwidrigkeit, weil keine Überlegungsfrist eingeräumt und nicht auf den Verlust von Kündigungsschutz hingewiesen wurde ArbG Hamburg v. 14.10.1994, ArbuR 1995, 29.
[327] BAG v. 16.2.1983, AP Nr. 22 zu § 123 BGB unter I. 3. der Gründe; Henssler/Willemsen/Kalb-*Zirnbauer*, § 9 MuSchG Rdnr. 48; MünchHdbArbR-*Wank*, § 115 Rdnr. 13; *Buchner/Becker*, § 9 MuSchG Rdnr. 93; *Müller*, Aufhebungsverträge, S. 95 f.; so bereits BAG v. 8. 12. 1955, AP Nr. 4 zu § 9 MuSchG; a.A. wohl nur *Herschel*, Anm. zu BAG AP Nr. 22 zu § 123 BGB für den Fall, dass der Aufhebungsvertrag das „Surrogat" einer fehlgeschlagenen Kündigung ist. Es entsteht nach umstrittener, aber wegen des Zwecks der Vorschrift zutreffender Auffassung aber eine Pflicht des Arbeitgebers, die zuständige Arbeitsbehörde nach §§ 9 Abs. 2, 5 Abs. 1 S. 3 MuSchG über die Beendigung durch Aufhebungsvertrag zu informieren, vgl. *Buchner/Becker*, § 9 MuSchG Rdnr. 283; a.A. z.B. BAG AP Nr. 22 zu § 123 BGB unter I. 4. der Gründe; ErfKomm-*Schlachter*, § 9 MuSchG, Rdnr. 15 sowie *Müller*, Aufhebungsverträge, S. 96.

leisten (Nr. 1) oder ohne Elternzeit in Anspruch zu nehmen, Teilzeitarbeit leisten und Anspruch auf Elterngeld nach § 1 BEEG während des Bezugszeitraums nach § 4 Abs. 1 BEEG haben (Nr. 2). Nach § 19 BEEG können Arbeitsverträge zum Ende der Elternzeit vom Arbeitnehmer nur mit einer Frist von drei Monaten gekündigt werden. Weder § 18 BEEG[328] noch § 19 BEEG schließen hingegen Aufhebungsverträge aus[329]. Auch die Frist, die in § 19 BEEG niedergelegt ist, müssen Aufhebungsverträge nicht einhalten[330].

(4) § 22 BBiG

Nach der Probezeit können Ausbildungsverhältnisse gem. § 22 Abs. 2 Nr. 1 BBiG vom Arbeitgeber nur aus einem wichtigen Grund ohne Einhalten einer Kündigungsfrist gekündigt werden. Auch diese Einschränkung hat keine Auswirkungen auf Aufhebungsverträge[331].

(5) § 15 KSchG

§ 15 KSchG schützt diejenigen Personen, die als Arbeitnehmervertreter Ämter bekleiden, in denen es jedenfalls theoretisch zu besonderen Auseinandersetzungen mit Arbeitgebern kommen kann[332]. Geschützt sind namentlich Mitglieder von Betriebs- und Seebetriebsräten, Jugend-/Ausbildungs- und Bordvertretungen (§ 15 Abs. 1 KSchG), Mitglieder von Personalräten, Jugend- oder Ausbildungsvertretungen nach dem BPersVG (§ 15 Abs. 1 KSchG), Wahlvorstände und -bewerber (§ 15 Abs. 3 KSchG) und Initiatoren von Betriebs-/Wahl- oder Bordversammlungen bzw. solche, die die Bestellung eines Wahlvorstandes beantragen (§ 15 Abs. 3a KSchG). Während eines solchen Engagements sind ordentliche Kündigungen ausgeschlossen; außerordentliche Kündigungen bedingen die Zustimmung des Betriebs- oder Personalrats. Nach Ende der Amtszeit bleiben ordentliche Kündigungen für eine bestimmte Zeit ausgeschlossen, bei außerordentlichen Kündigungen müssen Betriebs- bzw. Personalrat beteiligt werden. § 15 Abs. 4 und 5 KSchG re-

---

[328] Durch die Wandlung vom BErzGG in das BEEG hat sich insoweit nichts geändert; siehe zu den alten Normen *LAG Hamm* v. 4.5.1998 – 17 Sa 2270/97 unter B. I. 3. b) aa) der Gründe; KR-*Etzel*, § 18 BErzGG Rdnr. 11; *Buchner/Becker*, § 18 BErzGG Rdnr. 6; MünchHdbArbR-*Wank*, § 115 Rdnr. 13.
[329] *Bauer*, Aufhebungsverträge, S. 155 f., Rdnr. 204; *Buchner/Becker*, § 19 BErzGG Rdnr. 13; KR-*Bader*, § 19 BErzGG Rdnr. 22.
[330] So ausdrücklich z.B. KR-*Bader*, § 19 BErzGG Rdnr. 22.
[331] *BAG* v. 10.11.1988, AP Nr. 8 zu § 15 BBiG unter II. 2. a) der Gründe (§ 15 BBiG ist die Vorgängerregelung zu § 22 BBiG); *Bauer*, Aufhebungsverträge, S. 164, Rdnr. 224; *Müller*, Aufhebungsverträge, S. 99; unwirksam ist indessen eine Vereinbarung, nach der ein Ausbildungsverhältnis bei schlechten Noten automatisch endet, vgl. *BAG* v. 5.12.1985, AP Nr. 10 zu § 620 BGB Bedingung.
[332] Henssler/Willemsen/Kalb-*Zirnbauer*, § 15 KSchG Rdnr. 1.

duzieren den absoluten Schutz vor ordentlichen Kündigungen bei Betriebs- und Abteilungsschließungen.

§ 15 KSchG stellt eine besonders starke Form der Kündigungsbeschränkung dar. Dennoch wird die Vorschrift nicht dahingehend ausgelegt, dass sie auch Aufhebungsverträge einschränkt[333]. Vielmehr werden Aufhebungsverträge von § 15 KSchG nicht tangiert.

(6) In Sonderheit: § 78a BetrVG

Einen Sonderfall bildet in diesem Zusammenhang § 78a BetrVG[334], der besonderen Schutz für Auszubildende gewährt, die Mitglieder einer Arbeitnehmervertretung sind. Möchte der Arbeitgeber ein solches Mitglied nach Ende der Ausbildungszeit nicht übernehmen, hat er dies gem. § 78a Abs. 1 BetrVG drei Monate vor Beendigung des Berufsausbildungsverhältnisses mitzuteilen. Nach § 78a Abs. 2 BetrVG kann durch entsprechendes Verlangen des Auszubildenden innerhalb von drei Monaten vor Ende der Ausbildung ein Arbeitsverhältnis begründet werden. § 78a BetrVG beinhaltet indessen keine Kündigungsbeschränkung, sondern kann den Arbeitgeber unter den genannten Voraussetzungen zu einem Vertragsschluss zwingen. Allerdings ist die Weiterbeschäftigung, die nach § 78a Abs. 2 BetrVG durch das Verlangen des Auszubildenden eintreten kann, insofern § 613a Abs. 1 S. 1 BGB ähnlich, als die Begründung eines Arbeitsverhältnisses ohne die Mitwirkung des – bei § 613a BGB neuen – Arbeitgebers möglich ist.

Nach wohl herrschender Meinung findet § 78a BetrVG zwar auf die Beendigung von Berufsausbildungsverhältnissen durch Aufhebungsvertrag keine Anwendung. § 78a BetrVG soll aber dazu führen, dass Aufhebungsverträge, die vor den letzten drei Monaten des Ausbildungsverhältnisses abgeschlossen werden, nach § 5 BBiG nichtig sind[335]. Während der Drei-Monats-Periode ist der Abschluss von Aufhebungsverträgen hingegen ohne Beschränkungen erlaubt.

(7) Schlussfolgerungen

Anders als das Wasserhaushaltsgesetz (WHG) und das Abfallgesetz (AbfG) enthält § 58 Abs. 2 BImSchG ein Kündigungsverbot zugunsten eines betrieblichen Umweltbeauftragten: Die Norm schützt den Beauftragten für Immissionsschutz. Auch dieses Kündigungsverbot betrifft jedoch keine Aufhebungsverträge[336]. Kündi-

---

[333] *Bauer*, Aufhebungsverträge, S. 170; Henssler/Willemsen/Kalb-*Zirnbauer*, § 15 KSchG Rdnr. 6; KR-*Etzel*, § 15 KSchG Rdnr. 14; *Müller*, Aufhebungsverträge, S. 99.

[334] Vgl. auch § 9 BPersVG; das Verfahren nach § 78a BetrVG wird von *Studt*, AuA 2004, 18 ff. anschaulich beschrieben.

[335] *LAG Frankfurt* v. 9.8.1974, EzB Nr. 2 zu § 78a BetrVG; KR-*Weigand*, § 78a BetrVG Rdnr. 33; Däubler/Kittner/Klebe, § 78a BetrVG Rdnr. 15, der allerdings das BBiG nicht anführt; a.A. Ascheid/Preis/Schmidt-*Künzl*, § 78a BetrVG Rdnr. 87.

[336] *Bauer*, Aufhebungsverträge, S. 172.

gungsverbote enthalten auch § 2 Abs. 1 und Abs. 2 ArbPlSchG, ohne dass daraus jemand die Unwirksamkeit von Aufhebungsverträgen ableitet. Ob aus § 9 Abs. 3 S. 1 ASiG ein Kündigungsverbot folgen kann, wenn die Beteiligung des Betriebsrats bei der Abberufung ausgeblieben ist, ist umstritten[337]. Ein Verbot von Aufhebungsverträgen wird in diesem Zusammenhang jedenfalls nicht erwogen.

(8) Zwischenergebnis

Keine der besonderen Kündigungsbeschränkungen hat Auswirkungen auf den Abschluss von Aufhebungsverträgen, ganz unabhängig davon, ob diese vom Arbeitgeber veranlasst sind oder nicht[338]. Auf den ersten Blick spricht dies dagegen, dass gerade aus § 613a Abs. 1 S. 1 BGB – der noch nicht einmal ein ausdrückliches Verbot enthält – eine strengere Behandlung von Aufhebungsverträgen folgt.

Dagegen lässt sich freilich einwenden, dass alle untersuchten Verbote und Beschränkungen an dauerhafte (z.B. Schwerbehinderteneigenschaft) bzw. vorübergehende (z.B. Schwangerschaft, Mitglied der Arbeitnehmervertretung) *persönliche* Merkmale des Arbeitnehmers anknüpfen, wo hingegen § 613a BGB unabhängig davon den Schutz aller Arbeitnehmer eines bestimmten Betriebes in der *besonderen Situation* seines Übergangs bewirken möchte[339]. Andererseits haben Kündigungsverbote, die an persönlichen Merkmalen des Arbeitnehmers anknüpfen, wegen des starken personalen Einschlags des Arbeitsverhältnisses – diese Erkenntnis diente z.B. gerade der Anerkennung des Widerspruchsrechts der Arbeitnehmer bei Betriebsübergang[340] – einen besonders hohen Stellenwert. Das spricht eher dafür, Aufhebungsverträge, mit welchen Arbeitnehmer auf diesen Schutz verzichten, bei Verboten, die an persönlichen Eigenschaften anknüpfen, ebenso streng zu überprüfen wie bei solchen, die deren Schutz in besonders prekären Situationen gewähren sollen. Die Reichweite anderer besonderer, arbeitsrechtlicher Kündigungsverbote spricht eher dagegen, aus § 613a Abs. 1 S. 1 BGB besondere Voraussetzungen für den wirksamen Abschluss von Aufhebungsverträgen abzuleiten.

Ein abschließendes Auslegungsergebnis zur zwingenden Reichweite vermag die Betrachtung, die an dieser Stelle vorgenommen wurde, freilich nicht vorzugeben. Denn zum einen ist es denkbar, dass gerade § 613a BGB die Ausnahme von der Regel im Sonderkündigungsschutz darstellt, nach der Aufhebungsverträge ohne

---

[337] Vgl. nur *Bloesinger*, NZA 2004, 467 ff. m.w.N.
[338] So auch *BAG* v. 11.3.1999, AP Nr. 12 zu § 17 KSchG 1969 unter II. 4. a) der Gründe; *BAG* v. 30.9.1993, AP Nr. 37 zu § 123 BGB unter II. 8. der Gründe.
[339] Die Unterscheidung zwischen einer rollenspezifischen und einer situationsspezifischen Schutzbedürftigkeit ist aus dem Verbraucherschutzrecht bekannt, wenn untersucht wird, welcher Ansatz zum Ausgleich von Verhandlungsungleichgewicht zwischen den Parteien vorzugswürdig ist; vgl. dazu etwa *Medicus*, FS Kitagawa, S. 471, 484; *Vaupel*, Kompensation von Ungleichgewichtslagen, S. 66 f.
[340] Dazu oben unter § 4 D. II. 1.

weitere Voraussetzungen zulässig sind. Zum anderen ist es ein besonderes Phänomen, dass § 613a BGB oftmals mit Sanierungen und Umstrukturierungen zusammenfällt. In solchen Fällen ist aber die spätere Wieder- oder gar die nahtlose Weiterbeschäftigung von Arbeitnehmern sehr viel üblicher – und mitunter sogar mit dem Sanierungskonzept beabsichtigt – als bei den übrigen Tatbeständen, die Sonderkündigungsschutz gewähren. Nichtsdestoweniger ist als gewichtiges Indiz zu werten, dass der besondere Kündigungsschutz jedenfalls außerhalb von § 613a BGB den Abschluss von Aufhebungsverträgen nicht tangiert.

e. Vergleich mit der Reichweite des allgemeinen Kündigungsschutzes

Der Abschluss eines Aufhebungsvertrages führt dazu, dass der Arbeitnehmer auf den Bestand des Arbeitsverhältnisses freiwillig verzichtet. Im Folgenden soll untersucht werden, inwieweit Arbeitnehmer auf Kündigungsschutz – etwa bereits im Arbeitsvertrag oder durch gesonderte Vereinbarung – verzichten können. Bei oberflächlicher Betrachtung könnte man es für zirkelschlüssig halten, die Frage, ob § 613a Abs. 1 S. 1 BGB eine Umgehung des Kündigungsverbots durch bestimmte Aufhebungsverträge verhindern möchte, danach zu beantworten, ob auf Kündigungsschutz verzichtet werden könne. Denn § 613a Abs. 1 S. 1 BGB – und seit seiner Schaffung § 613a Abs. 4 S. 1 BGB – unterbinden schließlich bestimmte Kündigungen. Andererseits dient der Schutz von § 613a Abs. 1 S. 1 BGB der Flankierung des – allgemeinen und außerhalb von § 613a BGB zu lokalisierenden – Kündigungsschutzes[341]. Können Arbeitnehmer auf Kündigungsschutz verzichten, dann muss aber auch die Flankierung dieses Schutzes verzichtsfähig sein. Wenn man § 613a Abs. 1 S. 1 BGB eine flankierende Funktion gegenüber dem Kündigungsschutz beimisst, drängt sich folglich ein Vergleich mit der zwingenden Reichweite des kündigungsrechtlichen Bestandschutzes geradezu auf.

Diese Prämisse lässt sich auch in die Veranlassungsdogmatik einbetten. Aus ihrer Sicht steht kein Verzicht auf Kündigungsschutz, sondern der Verzicht auf Schutz vor ihrer Reaktion auf das Veranlassungsverhalten des Arbeitgebers in Rede: Wenn ein Arbeitnehmer auf den Schutz vor Kündigungen verzichten kann, dann muss er auch auf diesen „Schutz vor sich selbst" verzichten können. Ansonsten würden an die Rechtssätze, die Umgehungen von Kündigungsnormen verhindern wollen, höhere Anforderungen gestellt als an die Kündigungsnorm selbst[342].

---

[341] Vgl. oben unter § 4 E. IV. 4. a.
[342] Vgl. dazu oben unter § 3 B. III. 4.

(1) Grundsätze des Verzichts auf arbeitsrechtlichen Bestandsschutz

Es ist ein bestandsschutzrechtliches Grundprinzip, dass Arbeitnehmer auf den Bestandsschutz, der ihnen zusteht, auch verzichten können[343]. Dies kann auf mehrere Arten geschehen. Die stärkste Form des Verzichts auf Kündigungsschutz liegt vor, wenn ein Arbeitnehmer aufgrund eines autonomen, vom Arbeitgeber unbeeinflussten Entschlusses das Arbeitsverhältnis selbst einseitig beendet. Das ist etwa durch ordentliche oder außerordentliche Kündigung des Arbeitnehmers möglich.

Ebenso wie § 613a Abs. 1 S. 1 BGB wird auch § 1 KSchG als zwingende Norm angesehen. Auf den allgemeinen Kündigungsschutz können Arbeitnehmer generell *nicht im Vorhinein* – etwa durch einen entsprechenden Passus im Arbeitsvertrag – verzichten[344]. Die Rechtsprechung hat aber mehrfach betont, dass dem Arbeitnehmer durch Kündigungsschutzvorschriften kein Bestandsschutz „aufgedrängt" werden dürfe[345]. *Nach* Ausspruch einer konkreten Kündigung des Arbeitgebers können Arbeitnehmer von der Durchführung eines Kündigungsschutzverfahrens absehen. Deswegen sollen sie dann ausdrücklich auf Kündigungsschutz – und damit etwa auch auf die Vorteile einer Sozialauswahl – verzichten können. Ihren Verzicht auf den allgemeinen Kündigungsschutz können Arbeitnehmer auch in Form der Zustimmung zu einem Aufhebungsvertrag erklären[346]. In diesen Fällen geht dem Verzicht zwar keine Kündigung voraus. Es entspricht aber der arbeitsrechtlichen Beendigungsfreiheit[347], per Aufhebungsvertrag von der Inanspruchnahme von Kündigungsschutz abzusehen.

Der Verzicht auf den allgemeinen Kündigungsschutz wird an keine besonderen materiellen Voraussetzungen – insbesondere an keine sachlichen Gründe[348] – geknüpft[349]. Wenn keine Anhaltspunkte dafür bestehen, dass allgemeine rechtsgeschäftliche Prinzipien verletzt sind, wird nicht geprüft, aus welchem Motiv der Arbeitnehmer einen Aufhebungsvertrag schließt, ob er später wieder eingestellt werden soll, wer den Aufhebungsvertrag veranlasst oder ob und – wenn ja – wie der Arbeitgeber ggf. an dem Verzicht mitwirkt oder diesen hervorgerufen hat. Im Fall

---

[343] *Lipinski*, Sonderkündigungsschutz bei Betriebsübergang, S. 108; *Bauer*, NZA-RR 1999, 1; *Hanau*, ZIP 1998, 1817, 1721; *Pietzko*, ZIP 1990, 1105, 1109.

[344] *BAG* v. 19.12.1974, AP Nr. 3 zu § 620 BGB Bedingung; *BAG* v. 11.3.1976, AP Nr. 1 zu § 95 BetrVG 1972; *BAG* v. 4.12.1991, EZA Nr. 113 zu § 620 BGB; Stahlhacke/*Preis*/Vossen, Rdnr. 1253; ErfKomm-*Ascheid/Oetker*, § 1 KSchG Rdnr. 14;

[345] *BAG* v. 25.9.1969, AP Nr. 36 zu § 1 KSchG; *BAG* v. 30.10.1986, AP Nr. 55 zu § 613a BGB; KR-*Griebeling*, § 1 KSchG Rdnr. 36.

[346] Stahlhacke/*Preis*/Vossen, Rdnr. 1254; ErfKomm-*Ascheid/Oetker*, § 1 KSchG Rdnr. 16; *BAG* v. 11.3.1999, AP Nr. 12 zu § 17 KSchG 1969 unter II. 4. a) der Gründe; *BAG* v. 30.9.1993, AP Nr. 37 zu § 123 BGB unter II. 8. der Gründe.

[347] Siehe § 3 A. II. 2.

[348] Vgl. *Feuerborn*, Sachliche Gründe im Arbeitsrecht, S. 165 und S. 167 f.

[349] Wohl aber muss eindeutig zu erkennen sein, das der Arbeitnehmer den Verzicht auf allgemeinen Kündigungsschutz erklärt, vgl. z.B. *BAG* v. 3.5.1979, EzA Nr. 15 zu § 4 KSchG.

einer konkreten Kündigung steht es dem Arbeitnehmer also frei, auf die Wohltaten des allgemeinen Kündigungsschutzes zu verzichten. Ein Verzicht auf den allgemeinen Kündigungsschutz in Form eines Aufhebungsvertrages ist ohne weiteres möglich. Wenn ein Verzicht des Arbeitnehmers auf das gesamte Arbeitsverhältnis unter konkreten Umständen möglich ist, spricht vieles dafür, dass Arbeitnehmer auch – bei dessen Erhalt – auf einzelne Arbeitsbedingungen verzichten können, sofern dem normative Mindestanforderungen, wie z.B. die gesetzlich oder tarifvertraglich geregelte Mindestanzahl der Urlaubstage oder die Mindestdauer von Kündigungsfristen, nicht entgegenstehen.

(2) Übertragung dieser Grundsätze auf § 613a Abs. 1 S. 1 BGB

Ausgangspunkt der Untersuchung der Reichweite des allgemeinen Kündigungsschutzes ist die Flankenschutzfunktion von § 613a Abs. 1 S. 1 BGB. Die dargestellten Grundsätze lassen sich daher auf die Auslegung von § 613a Abs. 1 S. 1 BGB übertragen.

Zunächst ist festzuhalten, dass die Möglichkeit zur Kündigung des Arbeitnehmers ist auch bei Betriebsübergängen nach § 613a BGB anerkannt ist. Mitunter kündigen in diesem Zusammenhang Arbeitnehmer fristlos[350], etwa wegen der Befürchtung, der Arbeitgeber ihre Lohnansprüche nicht mehr bedienen[351]. Darüber hinaus steht Arbeitnehmern nach § 613a Abs. 6 S. 1 BGB bei Betriebsübergängen die Möglichkeit eines Widerspruchs offen[352]. In gewissen Grenzen ist der sachgrundlose Verzicht auf den Schutz von § 613a Abs. 1 S. 1 BGB also bereits anerkannt.

Die Möglichkeit, ohne besondere Erfordernisse auf den allgemeinen Kündigungsschutz verzichten zu können, wirft aber die Frage auf, wieso darüber hinaus der Verzicht durch Aufhebungsverträge an besondere Voraussetzungen geknüpft werden soll[353]. Denn damit wird durch § 613a Abs. 1 S. 1 BGB ein Schutzniveau geschaffen, welches oberhalb desjenigen des allgemeinen Kündigungsschutzes

---

[350] *BAG* AP Nr. 1 zu § 613a BGB unter III. 3. c. der Gründe; darauf weist *Pietzko*, ZIP 1990, 1105, 1108 zutreffend hin.

[351] *Mohrbutter*, KTS 1983, 2, 17; *Stückemann*, BB 1981, 1102.

[352] Ausführlich dazu unter § 4 D.; *Pietzko*, ZIP 1990, 1105, 1108 f.; in diesem Sinne auch *Schmalenberg*, NZA 1989, Beil. 3, S. 14, 25, der indessen den Schluss zieht, dass auch die Ausübung des Widerspruchsrecht durch die Arbeitnehmer und gleichzeitiger Aufhebungsvereinbarung mit dem ehemaligen Arbeitnehmer eine unwirksame Umgehung darstellen würde; ähnlich, aber ablehnend *Loritz*, Anm. zu BAG AP Nr. 5 zu § 1 BetrAVG Betriebsveräußerung.

[353] *Pietzko*, ZIP 1990, 1105, 1107; *Willemsen*, RdA 1987, 327, 329 f.; *Loritz*, Anm. zu BAG AP Nr. 5 zu § 1 BetrAVG Betriebsveräußerung; *Birk*, Anm. zu BAG EzA Nr. 11 zu § 613a BGB, Bl. 62c f. erkennt zwar die grundsätzliche Möglichkeit des Verzichts bei Betriebsübergängen an, zeigt sich mit dem Erfordernis des sachlichen Grundes jedoch einverstanden und verlangt überdies, dass gerade der Arbeitsplatz, welcher der verzichtende Arbeitnehmer ausfüllt, erhalten bleibt; a.A. *Blomeyer*, Anm. zu BAG AP Nr. 4 zu § 1 BetrAVG Betriebsveräußerung, der indessen die Auslegung von § 613a BGB mit einer „gerichtlichen Billigkeitskontrolle" vermisst.

liegt[354]. Diesen soll § 613a Abs. 1 S. 1 BGB aber lediglich flankieren. Die Rechtsprechung schränkt die Dispositionsbefugnis der Arbeitsvertragsparteien bei Betriebsübergangen nach § 613a BGB stärker ein, als es ansonsten – also fernab von Betriebsübergängen – üblich ist[355]. Eine solche Wirkung, die zu einer Verbesserung des Schutzes wegen des Betriebsübergangs führt, bezwecken jedoch weder der nationale noch der europäische Gesetzgeber mit § 613a Abs. 1 S. 1 BGB: Die Position von Arbeitnehmern soll sich gegenüber der allgemeinen Ausgangslage lediglich nicht verschlechtern, weil es zu einem Betriebsübergang kommt[356]. Insbesondere die *EuGH*-Rechtsprechung zur Betriebsübergangsrichtlinie lässt dieses Verständnis deutlich erkennen[357]: Ein Verzicht des Arbeitnehmers auf den Schutz bei Betriebsübergängen soll in demselben Umfang erlaubt sein, indem dies die allgemeinen mitgliedstaatlichen Vorschriften – außerhalb von Betriebsübergängen – gestatten.

Es fällt schwer, in Aufhebungsverträgen, die ein bestimmtes Motiv verfolgen oder für die es keine sachlichen Gründe gibt, eine Umgehung von § 613a Abs. 1. S. 1 BGB zu sehen, wenn diese Norm ein System schützen möchte, das Aufhebungsverträge ohne Einschränkungen akzeptiert. Den allgemeinen Vorschriften entsprechend ausgeschlossen ist es lediglich, bereits per Arbeitsvertrag oder – von einer konkreten Beendigung durch Aufhebungsvertrag losgelösten Vereinbarung – auf den Schutz von § 613a Abs. 1 S. 1 BGB zu verzichten[358]. Denn einen derart pauschalen Verzicht würde auch § 1 KSchG nicht gestatten. Die Flankierung des allgemeinen Kündigungsschutzes, die § 613a Abs. 1 S. 1 BGB bezweckt, erfordert es aber gerade nicht, Aufhebungsverträge im Zusammenhang mit Betriebsübergängen nach § 613a BGB an besondere Anforderungen zu stellen. Vielmehr entspricht es gerade einem Grundsatz des allgemeinen Kündigungsschutzes, dass Arbeitnehmer auf ihn verzichten können.

Wiederum lässt das Veranlassungsprinzip in Verbindung mit diesem Grundsatz fruchtbar machen: Die Berücksichtigung der Veranlassung des Arbeitgebers dient der Verhinderung von Umgehungen. Eine Umgehung von Kündigungsnormen durch Aufhebungsverträge scheidet aber aus, wenn schon auf den allgemeinen Kündigungsschutz verzichtet werden kann. Dies gilt vor allem für das viel zitierte „Verbot einer Negativauslese". Dieses Verbot ist das Spiegelbild der Sozialauswahl

---

[354] *Pietzko*, ZIP 1990, 1105, 1109.
[355] *Von Maydell*, SAE 1987, 219; *Moll*, NJW 1993, 2016, 2022.
[356] Vgl. zum deutschen Recht § 4 E. IV. 4. b. und zum europäischen Recht oben unter § 4 A. II. 3. b.
[357] Vgl. dazu oben unter § 4 A. II. 3. b. (3) (b) (i).
[358] Anders aber wohl *Posth*, Betriebsinhaberwechsel, S. 62 und *Krejci*, Betriebsübergang und Arbeitsvertrag, S. 248, 295, die bereits einen arbeitsvertraglichen Verzicht auf die Folgen des Betriebsübergangs für zulässig halten. Damit würde aber der Kündigungsschutz, der flankiert werden soll, unterlaufen.

bei betriebsbedingten Kündigungen[359]. Wer aber auf eine Sozialauswahl wirksam verzichten kann, muss auch auf die Begünstigung durch ein Verbot der Negativauslese wirksam verzichten können. Die oben dargestellten Gründe, die zur Anerkennung des Widerspruchsrechts des Arbeitnehmers geführt haben, bevor dieses normiert wurde[360], nähren die Zweifel an der Rechtsprechung mit rechtspolitischen Argumenten: Wenn der Arbeitnehmer per Widerspruchsrecht die freie Wahl seines Arbeitsplatzes verwirklicht und diese Möglichkeit von einigen gar mit seiner persönlichen Würde begründet wird – warum sollte ihm dann benommen sein, die Modalitäten der Beendigung des Arbeitsverhältnisses bei Betriebsübergängen einvernehmlich mit dem Arbeitgeber zu regeln?

Es wurde bereits gezeigt, dass es auf mehrere Arten möglich ist, die einvernehmliche Änderung von Arbeitsbedingungen im Zusammenhang mit Betriebsübergängen rechtlich zu konstruieren: Ursprünglich erreichten Kautelarjuristen diese mit Änderungsvereinbarungen, später mit der Beendigung und Neubegründung von Arbeitsverhältnissen[361]. Bei Sanierungen, bei denen es möglicherweise zu einer Wieder- oder gar Weiterbeschäftigung kommen kann, haben Aufhebungsverträge bei Betriebsübergängen aus Sicht des Arbeitnehmers zwei wesentliche Nachteile: Sie können dadurch die Vorteile einer für sie günstigen Sozialauswahl verlieren, wenn der neue Betriebsinhaber nicht alle ehemaligen Arbeitnehmer wiedereinstellt. Werden sie später wieder eingestellt, müssen sie ferner befürchten, dass ihre Arbeitsbedingungen – wie nach Abschluss eines Änderungsvertrags – schlechter sind als diejenigen, die sie einmal mit dem ehemaligen Betriebsinhaber vereinbart hatten.

Sofern vorgebracht wird, dass es gerade die Verknüpfung eines Aufhebungsvertrages mit einer Wiedereinstellungszusage ist, welche die Unzulässigkeit einer Umgehung begründet, kann dem jedoch nicht gefolgt werden[362]. Vielmehr spricht der Zweck von § 613a Abs. 1 S. 1 BGB dafür, dass Arbeitnehmer sowohl per Änderungsvertrag als auch per Aufhebungsvertrag und (spätere) Neubegründung den Inhalt des Arbeitsverhältnis in gleicher Weise einvernehmlich verändern können, wie dies außerhalb von Betriebsübergängen möglich ist. Der Abschluss eines Aufhebungsvertrages entspringt der Vertragsfreiheit der Arbeitsvertragsparteien und verwirklicht ihren Willen. Eine „Funktionswidrigkeit" von Aufhebungsverträgen lässt sich aus der Absicht, welche die Parteien mit ihrem Abschluss verfolgen,

---

[359] Vgl. oben unter § 4 E. IV. 4. c. (3).
[360] Siehe unter § 4 E. II.
[361] Vgl. oben unter § 4 C. III. 2. siehe auch die Ausführungen zu den europarechtlichen Anforderungen an Änderungs- und Aufhebungsvereinbarungen unter § 4 A. II. 3. b.
[362] *Kreitner*, Kündigungsrechtliche Probleme beim Betriebsinhaberwechsel, S. 197 zum „Lemgoer Modell"; ähnlich *Willemsen*, Anm. zu BAG EzA Nr. 67 zu § 613a BGB, Bl. 14 sowie Bl. 16: „funktionswidriger" Gebrauch. Willemsen sieht im „Lemgoer Modell"– anders als die Ausführungen von *Kreitner* vermuten lassen – indessen gerade keinen isolierten Verstoß gegen § 613a BGB.

nicht pauschal begründen. Auch fernab von Betriebsübergängen ist ein Verzicht auf die Vorzüge einer Sozialauswahl – wie soeben gezeigt – möglich.
Schließlich kommt es – jedenfalls für die Auslegung von § 613a Abs. 1 S. 1 BGB – auch nicht darauf an, ob ein Sanierungsmodell dazu führt, dass alle oder doch nur einige Arbeitsverhältnisse bei verschlechterten Arbeitsbedingungen bestehen bleiben oder nicht[363]. Von den ethischen Schwierigkeiten dieser – letztendlich zwingenden – Abwägung von Arbeitsplätzen gegeneinander[364] ganz abgesehen, spricht ein anderes Argument entscheidend dagegen: Eine Kontrolle, welches Schutzniveau im Einzelfall für Arbeitnehmer angemessen ist oder ob der Verzicht der Arbeitnehmer typischerweise von einer Unterlegenheit der Arbeitnehmer gekennzeichnet ist, die ihre rechtsgeschäftliche Entscheidungsbefugnis einschränkt, hat nichts mit der Auslegung von § 613a Abs. 1 S. 1 BGB zu tun. Denn das ist eine Angelegenheit der Schutzgebotslehre[365], die von der Auslegungsfrage streng zu unterscheiden ist, ob und inwieweit § 613a Abs. 1 S. 1 BGB Arbeitnehmer trotz oder wegen eines Betriebsübergangs daran hindert, freiwillig auf Bestandsschutz verzichten können.

5. Zwischenergebnis

§ 613a Abs. 1 S. 1 BGB soll den Kündigungsschutz flankieren. Dieses Ziel setzt der Kontrolle von Aufhebungsverträgen zugleich eine Grenze: Nur für Aufhebungsverträge, die mit dem Kündigungsschutz in Konflikt geraten können, kann eine Auslegung von § 613a Abs. 1 S. 1 BGB zu dem Ergebnis kommen, dass sie unter bestimmten Umständen unzulässig sind. Es zeigt sich jedoch, dass im Ergebnis nicht nur Änderungskündigungen leichter auszusprechen sind als vergleichbare Aufhebungsverträge abgeschlossen werden können. Weder der allgemeine noch der besondere Kündigungsschutz knüpfen an Aufhebungsverträge, die der Arbeitgeber veranlasst, besondere Anforderungen. Gleiches muss dementsprechend für die richtige Auslegung von § 613a Abs. 1 S. 1 BGB gelten.

F. Kontrollfreiheit und andere zwingende Vorschriften

I. Verstoß gegen § 613a Abs. 1 S. 2 bis 4 BGB

Schließlich ist auf einige besondere Fragen einzugehen, die mit den Ergebnissen verbunden sind, die bereits gefunden wurden. Oben wurde u.a. festgestellt[366], dass

---

[363] So aber angedeutet bei *Pietzko*, ZIP 1990, 1105, 1111 f.
[364] Siehe zu den Schwierigkeiten einer solchen Abwägung *Willemsen*, ZIP 1983, 411, 415.
[365] Dazu ausführlich gleich unter § 5 A.
[366] Vgl. zur Zusammenfassung § 4 E. IV. 5.

es möglich ist, mit einem Aufhebungsvertrag eine Änderung von Arbeitsbedingungen vorzubereiten.
Es stellt sich aber die Frage, ob das auch für Rechte gilt, die gem. § 613a Abs. 1 S. 2-4 BGB in das Arbeitsverhältnis transformiert werden. Das wichtigste Argument für das obige Ergebnis ist, dass eine Aufhebung und ein Verzicht auf Rechte – innerhalb der gesetzlichen Grenzen – auch jenseits von § 613a BGB möglich ist. Im Geltungsbereich von Tarifverträgen gehen für den Arbeitnehmer günstigere Vorschriften nach § 4 Abs. 3 TVG vor; ein Verzicht auf entstandene tarifliche Rechte ist gem. § 4 Abs. 4 S. 1 TVG unzulässig, wenn er nicht durch einen Vergleich der Tarifvertragsparteien gebilligt ist. Eine Änderung oder Ersetzung eines Vertrages ist daher für zwingende tarifliche Rechte nicht möglich[367].
Gleiches gilt für Ansprüche, die sich aus Betriebsvereinbarungen herleiten: Auch diese sind nach § 77 Abs. 4 S. 1 BetrVG grundsätzlich zwingend[368]. Daher ist es auch ausgeschlossen, vor Ablauf der einjährigen Veränderungssperre, die § 613a Abs. 1 S. 2 BGB anordnet, einvernehmlich über die ehemals tarifvertraglich bzw. per Betriebsvereinbarung vereinbarten und mit Betriebsübergang in den Individualvertrag transformierten Rechte zu disponieren[369]. Nicht zuletzt streitet dafür auch die Entstehungsgeschichte der § 613a Abs. 1 S. 2-4 BGB[370], die schließlich eine Transformation in den Individualvertrag wegen verfassungsrechtlicher Bedenken gegen eine einjährige kollektivrechtliche Weitergeltung zur Folge hatte.
Dies gilt indessen nur für solche Ansprüche, die kollektivrechtlich wirklich zwingend sind[371] und daher nicht für Ansprüche, die sich etwa im Wege der Nachwirkung gem. § 4 Abs. 5 TVG ergeben. Auch die Vorgaben der Richtlinie 2001/23/EG verlangen lediglich, dass kollektivvertragliche Ansprüche auf irgendeine Weise für ein Jahr ab Betriebsübergang erhalten werden. Könnten diese außerhalb des Betriebsübergangs abgeändert werden, schreibt die Richtlinie kein Änderungsverbot vor, solange diese nicht allein auf dem Betriebsübergang beruhen. Aufhebungsverträge können daher auch eingesetzt werden, um zwingende kollektive Rechte, die

---

[367] *LAG Bremen* v. 30.3.2006, NZA-RR 2006, 458, 461, das klarstellt, dass daran auch die Entscheidung des *BAG* v. 18.8.2005, AP Nr. 31 zu § 620 BGB Aufhebungsvertrag, nichts ändert. *Meyer*, NZA 2002, 246, 249; Nicht von § 4 Abs. 4 S. 1 TVG erfasst sind Ansprüche, die aufgrund von § 4 Abs. 5 TVG während der Nachwirkung entstehen, vgl. Wiedemann-*Wank*, § 4 TVG Rdnr. 669.

[368] Vgl. zur zwingenden Wirkung in Betriebsvereinbarungen z.B. GKBetrVG-*Kreutz*, § 77 BetrVG Rdnr. 229 ff.; *Fitting*, § 77 BetrVG Rdnr. 124 ff.: Nicht zwingend sind beispielsweise Regelungsabreden oder Regelungen in Betriebsvereinbarungen, die die Betriebsparteien den Arbeitsvertragsparteien zur Disposition stellen.

[369] *Gaul/Otto*, ZIP 2006, 644, 647; LAG Bremen v. 30.3.2006, NZA-RR 2006, 458, 461.

[370] Vgl. dazu bereits oben unter § 4 E. IV. 3.

[371] Zu undifferenziert daher LAG Bremen v. 30.3.2006, NZA-RR 2006, 458, 461, welches lediglich zwischen tarifvertraglichen Ansprüchen und freiwilligen betrieblichen Sonderleistungen differenziert.

gem. § 613a Abs. 1 S. 2 BGB in individualrechtlicher Form weitergelten, nach Ablauf eines Jahres abzuändern.

II. Verstoß gegen andere Vorschriften

Die Vereinbarkeit mit § 613a BGB und die hinreichende Vertragsparität der Parteien allein schließen einen Verstoß von Aufhebungsverträgen gegen andere Vorschriften nicht aus[372]. Neben § 613a BGB kommen weitere gesetzliche Schranken der Vertragsfreiheit in Betracht, die einen angemessenen Schutz der Arbeitnehmer gewährleisten sollen. Zu nennen sind insbesondere § 123 BGB – Anfechtbarkeit wegen arglistiger Täuschung – bzw. §§ 3 und 4 BetrAVG, welche die Grenzen von Abfindung und Übertragung von unverfallbaren Anwartschaften bestimmen[373]. Ferner zählen dazu Vorschriften wie § 4 Abs. 4 TVG und § 77 Abs. 4 BetrVG, welche die Freiheit des Arbeitnehmers, sich selbst durch Verträge zu benachteiligen, einschränken oder ausschließen[374]. Auch die Grundsätze des § 313 BGB, nach denen bei Störung der Geschäftsgrundlage eine Anpassung des Vertrages (§ 313 Abs. 1 BGB) bzw. ein Rücktritts- bzw. Kündigungsrecht (§ 313 Abs. 3 BGB) in Betracht kommt, sind zu beachten[375]. Schließlich ist § 622 BGB zwingende Wirkung beizumessen, die bei einem späteren Betriebsübergang dazu führen kann, dass vorherige Betriebszugehörigkeitszeiten angerechnet werden[376].

G. Zwischenergebnis

Für Aufhebungsverträge, die im Zusammenhang mit Betriebsübergängen nach § 613a BGB abgeschlossen werden, gelten die allgemeinen Grundsätze der Ver-

---

[372] *Roemheld*, SAE 1980, 181; *Willemsen*, Anm. zu BAG EzA Nr. 67 zu § 613a BGB, S. 13, der betont, dass ein „isolierter" Verstoß gegen § 613a BGB nicht, ein Verstoß gegen § 613a BGB in Verbindung mit anderen Vorschriften indessen sehr wohl zur Unwirksamkeit von Aufhebungsvereinbarungen führen kann; vgl. auch *Posth*, Betriebsinhaberwechsel, S. 65.

[373] *Kraft*, FS 25 Jahre BAG, S. 299, 313; *Lipinski*, Sonderkündigungsschutz bei Betriebsübergang, S. 112 f.; *von Maydell*, SAE 1987, 219; *Moll*, NJW 1993, 2016, 2022; *Posth*, Betriebsinhaberwechsel, S. 65 ; *Pietzko*, ZIP 1990, 1105, 1107 et passim; *Roemheld*, SAE 1980, 181, 182; *Thies*, Abschluss arbeitsrechtlicher Aufhebungsverträge, S. 208 ff.; *Willemsen*, RdA 1987, 327, 329 et passim und exemplarisch aus der Rechtsprechung z.B. *BAG* v. 30.9.1993, AP Nr. 37 zu § 123 BGB unter II. der Gründe; *BAG* v. 15.2.2005, AP Nr. 66 zu § 123 BGB; *BAG* v. 23.11.2006, AP Nr. 1 zu § 613a BGB Wiedereinstellung; *LAG Hamm* v. 20.11.2002 – 18 Sa 946/02.

[374] *Pietzko*, ZIP 1990, 1105, 1107 und *Willemsen*, RdA 1987, 327, 329 betonen das ausdrücklich.

[375] Siehe aber *BAG* v. 23.11.2006, AP Nr. 1 zu § 613a BGB Wiedereinstellung unter II. 2. a) der Gründe: Selbst ein späterer Betriebsübergang konnte die Geschäftsgrundlage nicht erschüttern; dazu etwa *Müller*, BB 2007, 1057, 1058.

[376] Vgl. *LAG Nürnberg* v. 19.4.2005, NZA-RR 2005, 469, 470: Verstoß gegen § 613a BGB und gegen § 622 BGB.

tragsfreiheit. Nimmt man das Diktum ernst, dass § 613a BGB die Position des Arbeitnehmers bei Betriebsübergängen nicht verbessern, sondern ihn lediglich vor Verschlechterungen wegen des Betriebsübergangs schützen soll, dann findet die Einschränkung der Vertragsfreiheit, die das *BAG* in ständiger Rechtsprechung vornimmt, jedenfalls in § 613a BGB keine Grundlage. Dieses Ergebnis deckt sich mit den europarechtlichen Mindestanforderungen, die lediglich verlangen, dass Betriebsübergänge nicht dazu führen, dass die Position von Arbeitnehmern verschlechtert wird. Von den soeben dargestellten zwingenden Ausnahmen abgesehen, lässt sich § 613a BGB damit nicht entnehmen, dass Aufhebungsverträge unwirksam sind, wenn diese nicht das endgültige Ausscheiden aus dem Betrieb bezwecken oder keine sachliche Rechtfertigung vorliegt. Die Motivkontrolle, die das *BAG* vornimmt, lässt sich in § 613a BGB ebenso wenig wie der sachliche Grund verorten, der ausnahmsweise Aufhebungsverträgen zur Wirksamkeit verhelfen soll, die nicht auf das „endgültige Ausscheiden aus dem Betrieb" gerichtet sind.

Ausgangspunkt dieses Ergebnisses ist der Umstand, dass es Hauptfunktion von § 613a BGB ist, den allgemeinen und den besonderen Kündigungsschutz zu flankieren. Die Berücksichtigung der Veranlassung des Arbeitgebers bewirkt keinen Arbeitnehmerschutz, auf den nur unter strengeren Voraussetzungen verzichtet werden dürfte als auf den Schutz von Kündigungsverboten. Dann muss aber der Verzicht auf den Schutz vor dem Veranlassungsverhalten des Arbeitgebers unter gleichen Voraussetzungen möglich sein. Dem System des allgemeinen und besonderen Kündigungsschutzes ist es jedoch fremd, dass Arbeitnehmer nicht freiwillig und ohne besondere Voraussetzungen durch Aufhebungsvertrag auf ihren Schutz verzichten können. Nach der Rechtsprechung des BAG ist es unter gewissen Umständen sogar leichter, eine Änderungskündigung auszusprechen, als eine einvernehmliche Änderung des Arbeitsvertrages ggf. mit einem Aufhebungsvertrag vorzubereiten. In der Diskussion um § 613a BGB ist festzustellen, dass die Frage der konkreten Auslegung von § 613a BGB oftmals mit der Frage vermengt wird, unter welchem Entscheidungszwang rechtsgeschäftliche Erklärungen der Arbeitnehmer zustande kommen. Letzterem Punkt widmet sich der nächste §.

§ 5 Vertragsfreiheit und die Lehre von den Schutzpflichten

Ein weiterer Ansatzpunkt, die Freiheit der Arbeitsvertragsparteien, Aufhebungsverträge abzuschließen, einzuschränken, ist möglicherweise mit dem Schutz der Grundrechte der Beteiligten zu rechtfertigen.

Mittels der Lehre von den Schutzpflichten kann über die zivilrechtlichen Generalklauseln die Vertragsfreiheit der Arbeitsvertragsparteien eingeschränkt werden[377]. Nach der Rechtsprechung des BVerfG ist dies erforderlich, wenn eine der Vertragsparteien typischerweise *strukturell unterlegen* ist[378]. Maßgeblich ist die konkrete Situation, in der sich die Parteien gegenüberstehen[379]. *Strukturell unterlegen* in diesem Sinne ist eine Partei nicht schon, wenn sie gegenüber ihrem Vertragspartner in irgendeiner Weise benachteiligt ist. Im Regelfall gibt es auch nicht nur eine einzige vertretbare Abwägung zwischen den grundrechtlich geschützten Interessen von Privaten[380]. Von einer Schutzbedürftigkeit im Sinne der Lehre von den Schutzpflichten kann man nur ausgehen, wenn aufgrund der strukturellen Unterlegenheit einer Partei in der konkreten Situation des Vertragsschlusses bei typisierender Betrachtung der Inhalt des Vertrages für eine Partei „ungewöhnlich belastend und als Interessenausgleich offensichtlich ungeeignet ist"[381].

Doch wozu führt diese Lehre bei Aufhebungsverträgen, die im Zusammenhang mit Betriebsübergängen geschlossen werden? Die Wirkung der Lehre von den Schutzpflichten muss sich nicht darin erschöpfen, die Rechtsprechung des *BAG* zu bestätigen, welche Aufhebungsverträge im Zusammenhang mit Betriebsübergängen

---

[377] Vgl. BVerfGE 39, 1, 42; BVerfGE 53, 30, 57; BVerfGE 56, 54, 73; BVerfGE 79, 174, 201 f.; *Hesse*, Grundzüge des Verfassungsrechts in der Bundesrepublik Deutschland, Rdnr. 350; *Callies*, JZ 2006, 321, 322. Szczekalla, Schutzpflichten, S. 92 ff.; kritisch zur Herleitung z.B. *Preu*, JZ 1991, 265 ff; a.A. zuvor offenbar noch *v. Hoyningen-Huene*, Billigkeit im Arbeitsrecht, S. 129, der die Berücksichtigung der Grundrechte innerhalb der Prüfung der §§ 138, 242 BGB nicht annimmt.

[378] BVerfGE 89, 214, 232; in diesem Sinne bereits *v. Hoyningen-Huene*, Billigkeit im Arbeitsrecht, S. 136: Der Schutz vor kleineren Nachteilen sei nicht Aufgabe der Rechtsordnung.

[379] *Vaupel*, Kompensation von Ungleichgewichtslagen, S. 25 f.; *Drexl*, Die wirtschaftliche Selbstbestimmung des Verbrauchers, S. 275 f.

[380] *Wege*, Religion im Arbeitsverhältnis, S. 86 ff. und insb. S. 88: „Für welche der verbleibenden Varianten sich der Rechtsanwender entscheidet, ist allerdings nicht verfassungsrechtlich vorgegeben, sondern Sache der Instanzgerichte.".

[381] So ausdrücklich BVerfGE 89, 214, 234; *Vaupel*, Kompensation von Ungleichgewichtslagen, S. 28, stellt klar, dass die starke Belastung gerade auf der ungleichen Verhandlungsstärke beruhen muss.

nach § 613a BGB nur unter bestimmten Voraussetzungen für zulässig hält. Es ist durchaus denkbar, aus ihr abzuleiten, dass Arbeitnehmern, die solche Verträge abschließen, ein noch höheres Schutzniveau zuzusprechen ist, so dass die Voraussetzungen, welche an die Wirksamkeit von Aufhebungsverträgen zu knüpfen sind, nach oben angepasst werden müssten[382]. Ebenso ist es möglich, dass am Ende der Prüfung das Ergebnis steht, dass Arbeitnehmer in geringerem Maße *strukturell unterlegen* sind, als sie es sein müssten, um die Vertragsfreiheit der Arbeitsvertragsparteien so wie das BAG einschränken zu können.

Im Folgenden wird daher zunächst eine einfachgesetzliche Grundlage für diese Art der Kontrolle von Aufhebungsverträgen gesucht (A.). Dann wird die unterschiedliche Rechtsprechung zur Kontrolle von Aufhebungsverträgen dargestellt (B.). Im Anschluss wird die (mögliche) strukturelle Unterlegenheit von Arbeitnehmern, die im Zusammenhang mit Betriebsübergängen nach § 613a BGB einen Aufhebungsvertrag abschließen, unter verschiedenen Aspekten untersucht (C.). Schließlich wird geprüft, ob das Angebot des Arbeitgebers an mehrere Arbeitnehmer, Aufhebungsverträge abzuschließen, möglicherweise rechtsmissbräuchlich sein könnte (D.).

A. Einfachgesetzliche Grundlage für die Einschränkung der Vertragsfreiheit

Die Grundrechte wirken auf das Zivilrecht nach folgendem Mechanismus ein: Halten Fachgerichte eine bestimmte Personengruppe in einem bestimmten Sachverhalt typischerweise für unterlegen, ist es ihre Aufgabe, dem Untermaßverbot gerecht zu werden und auch einvernehmliche Vereinbarungen einzuschränken. Dies erfolgt mittels Anwendung der einfachgesetzlichen Generalklauseln im Zivilrecht (z.B. §§ 242, 138, 307 Abs. 1 Satz 1, 315 BGB, 105 GewO)[383]. Werden Aufhebungsverträge im Zusammenhang mit einem Betriebsübergang nach § 613a BGB abgeschlossen, gibt es mehrere mögliche Ursachen für *die strukturelle Unterlegenheit* von Arbeitnehmern.

Wenn im Schrifttum vorgetragen wird, dass es für die Rechtsprechung des *BAG* zum sachlichen Grund keine gesetzliche Grundlage gäbe[384], ist diese Aussage da-

---

[382] In diesem Sinne – ohne diese Lehre zu benennen – wohl Kittner/Däubler/*Zwanziger*, § 613a BGB Rdnr. 174, der die *BAG*-Rechtsprechung zur Überleitung von Arbeitsverhältnissen auf eine BQG für falsch hält, weil eine am Sozialstaatsgebot und dem Grundrecht auf freie Wahl des Arbeitsplatzes orientierte Auslegung von § 138 BGB ergebe, dass sich Arbeitnehmer an solchen Vereinbarungen „nicht festhalten lassen" müssten.

[383] BVerfGE 81, 242; *Preis*, Grundfragen der Vertragsgestaltung, S. 47.

[384] *Kraft*, FS 25 Jahre BAG, S. 299, 312; *Lipinski*, Sonderkündigungsschutz bei Betriebsübergang, S. 111; *Seiter*, Betriebsinhaberwechsel, S. 99; dahin tendierend auch *Hadding/Häuser*, SAE 1978, 54, 56; a.A. *Pietzko*, ZIP 1990, 1105, 1114 f., der § 2 KSchG analog anwenden möchte; vgl. weitere Nachweise oben in Fn. 179.

her nicht pauschal zutreffend. Denn grundsätzlich kommen die zivilrechtlichen Generalklauseln als gesetzliche Grundlage in Betracht, um die Vertragsfreiheit einzuschränken. Nur wenn sich aus den grundrechtlich geschützten Interessen der beteiligten Arbeitnehmer, die innerhalb der Generalklauseln zu berücksichtigen sind, kein Schutzbedarf ergibt, besteht keine gesetzliche Grundlage zur Einschränkung der Vertragsfreiheit. Einer Analogie zu § 2 KSchG – wie *Pietzko* sie erwägt – bedarf es jedenfalls nicht[385].

I. Kontrolle am Maßstab von § 307 Abs. 1 S. 1 BGB

Einen Ansatzpunkt zur Einschränkung der Vertragsfreiheit bietet beim massenhaften Abschluss arbeitsrechtlicher Aufhebungsverträge die einseitige Gestaltungsmacht, welche der Arbeitgeber auf den Inhalt der Aufhebungsverträge ausübt.
Es wurde bereits darauf hingewiesen, dass Aufhebungsverträge bei Umstrukturierungen und Sanierungen in aller Regel auf Veranlassung des alten oder neuen Betriebsinhabers abgeschlossen werden[386]. Wenngleich sie oftmals mit den Vertretern der Arbeitnehmer abgestimmt sind, gehen diese Aufhebungsverträge auch inhaltlich auf den Arbeitgeber bzw. dessen Berater zurück. Aus Sicht des einzelnen Arbeitnehmers besteht jedoch typischerweise kaum Einfluss auf die Gestaltung des Vertrages. Die einseitige Verteilung vertraglicher Gestaltungsmacht hat den Gesetzgeber zur Schaffung des AGB-Rechts bewogen, welches heute in den §§ 305-310 BGB kodifiziert ist[387]. Es stellt sich daher die Frage, ob man aus dem Ausschluss der Gestaltungsmacht Beschränkungen der Vertragsfreiheit der Parteien des Arbeitsvertrags ableiten kann. Massenhaft abgeschlossene Aufhebungsverträge, die vom Arbeitgeber gestellt werden, sind als AGB im Sinne dieser Vorschriften zu behandeln[388]. Zur Einschränkung der Wirksamkeit der Verträge insgesamt – zu welcher das *BAG* mit seiner oben dargestellten Rechtsprechung gelangt – kommen zwar nicht die einzelnen Klauselverbote in § 308 BGB und § 309 BGB, aber womöglich die Generalklausel des § 307 Abs. 1 S. 1 BGB in Betracht.
§ 307 Abs. 3 BGB beschränkt indessen den Kreis kontrollfähiger Vereinbarungen auf solche Klauseln, die von Rechtsvorschriften abweichen oder diese ergänzen[389]. Die Kontrolle von Hauptvertragspflichten durch § 307 Abs. 1 S. 1 BGB ist deshalb

---

[385] *Pietzko*, ZIP 1990, 1105, 1114.

[386] Vgl. dazu § 3.

[387] BT-Drucks. 7/3919, S. 47 ff.; zur Rechtslage vor Schaffung des AGBG vgl. z.B. *Wolf*/Horn/Lindacher, Einl. Rdnr. 5 ff.

[388] *Preis*, NZA 2003, Beil. 2, S. 19, 30 f. nennt sogar dreiseitige Aufhebungsverträge als Beispiel für vorformulierte Aufhebungsverträge.

[389] *BAG* v. 27.11.2003, AP Nr. 1 zu § 312 BGB; *BAG* v. 22.4.2004, AP Nr. 20 zu § 620 Aufhebungsvertrag; *BAG* v. 3.6.2004 – 2 AZR 427/03; Zweifel an dem Bestand dieser Rechtsprechung hegt *Hümmerich*, NJW 2004, 2921, 2930.

nicht möglich[390]. Dies gilt auch für Aufhebungsverträge. Die Kontrollfreiheit nach AGB-Recht umfasst bei arbeitsrechtlichen Aufhebungsverträgen die Regelung über die Beendigung eines bestehenden Arbeitsverhältnisses[391], die möglicherweise vereinbarte Abfindung[392], den beiderseitigen Verzicht der Parteien auf künftige Ansprüche[393] und – in dreiseitigen Aufhebungsverträgen – ggf. den Passus über den Wechsel in eine BQG[394]. Knüpfte man die Wirksamkeit gesamter Aufhebungsverträge aber unter Berufung auf § 307 Abs. 1 S. 1 BGB an besondere Voraussetzungen, führte man gleichzeitig eine mittelbare Kontrolle der Hauptvertragspflichten ein. Die Wirksamkeitsvoraussetzungen, welche das *BAG* für Aufhebungsverträge bei Betriebsübergängen verlangt, – „endgültiges Ausscheiden aus dem Betrieb" oder ein sachlicher Grund – betreffen aber die Wirksamkeit von Aufhebungsverträgen „als Ganze". § 307 Abs. 1 S. 1 BGB kann daher jedenfalls nicht für Einschränkungen der Vertragsfreiheit, wie sie die Rechtsprechung des *BAG* vornimmt, herangezogen werden[395].

II. Kontrolle am Maßstab von § 242 BGB

Das heißt aber nicht zugleich, dass für eine Kontrolle arbeitsrechtlicher Aufhebungsverträge neben § 307 Abs. 1 S. 1 BGB kein Raum ist. Eine Kontrolle am Maßstab der (übrigen) zivilrechtlichen Generalklauseln hat die Rechtsprechung bereits vor In-Kraft-Treten des AGBG und danach für die Gebiete des Arbeits-[396]

---

[390] *Wolf*/Horn/Lindacher, § 8 AGBG Rdnr. 8; *Franz*, Abschluss eines Aufhebungsvertrages, S. 178 ff.; so bereits zu Zeiten des AGBG BGH v. 15.1.1987, NJW 1987, 2014, 1015; BGH v. 12.3.1987, BGHZ 100, 157, 174; *Heinrichs*, EWiR 1987, 437 f.; zum Arbeitsrecht seit der Schuldrechtsreform siehe *Bauer*, NZA 2002, 169, 172; *Preis*, NZA 2003, Beil. 2, S. 19, 31; *Rolfs*, RdA 2006, 349, 353; a.A. – allerdings nur für eine Kontrolle des Lohns am Maßstab von Tarifverträgen – *Däubler*, NZA 2001, 1329, 1335 f.; *Däubler*/Dorndorf, § 307 BGB Rdnr. 272 ff.; Hauptleistungspflichten unterfallen überdies der Kontrolle nach § 305c Abs. 1 BGB; mit Recht erhebt *Fastrich*, Richterliche Kontrolle im Privatrecht, S. 185 f. grundsätzliche Einwände gegen eine solche Kontrolle.

[391] BAG v. 22.4.2004, AP Nr. 20 zu § 620 BGB Aufhebungsvertrag; *LAG Hamm* v. 1.4.2003, NZA-RR 203, 401; *LAG Rheinland-Pfalz* v. 12.7.2006 – 9 Sa 324/06; *Coester*, FS Löwisch, S. 57, 62; *Bauer*, NZA 2002, 169, 173; *Junker*, BB 2007, 1270, 1274; *Lingemann*, NZA 2002, 181, 185; *Thies*, Abschluss arbeitsrechtlicher Aufhebungsverträge, S. 273; *Preis*, NZA 2003, Beil. 2, S. 19, 31; *Thüsing*, RdA 2005, 257, 267.

[392] *LAG Hamm* v. 1.4.2003, NZA-RR 2003, 401, 402; *Bauer*, NZA 2002, 169, 173; *Gotthardt*, Arbeitsrecht nach der Schuldrechtsreform, Rdnr. 308; *Lingemann*, NZA 2002, 181, 185; *Thies*, Abschluss arbeitsrechtlicher Aufhebungsverträge, S. 273 f.; *Preis*, NZA 2003, Beil. 2, S. 19, 31.

[393] *Däubler*/Dorndorf, Einl. Rdnr. 158; *Naber*, Anm. zu BAG EzA Nr. 40 zu § 613a BGB 2002, Bl. 25; einschränkend *LAG Meck.-Vor.* v. 29.6.2006 – 1 Sa 52/06, das in einem besonderen Fall die Verzichtsvereinbarung einer Billigkeitskontrolle nach § 307 BGB unterwirft, vgl. dazu sogleich.

[394] *Naber*, Anm. zu BAG EzA Nr. 40 zu § 613a BGB 2002, Bl. 25.

[395] *Naber*, Anm. zu BAG EzA Nr. 40 zu § 613a BGB 2002, Bl. 25.

[396] Aufhebungsverträge fallen ebenfalls unter „Arbeitsrecht" im Sinne von § 310 Abs. 4 S. 2 BGB; ebenso *Henssler*, RdA 2002, 129, 139.

und Gesellschaftsrechts vorgenommen, die durch § 23 Abs. 1 AGBG aus dem Anwendungsbereich des AGBG ausgenommen wurden[397]. Bedenkt man, dass die Ausdehnung der AGB-Kontrolle auf das Arbeitsrecht das Schutzniveau auf dasjenige des Zivilrechts anheben[398], es aber nicht senken wollte, so muss – wie vor der Schuldrechtsmodernisierung – grundsätzlich die Möglichkeit einer Kontrolle von arbeitsrechtlichen Vereinbarungen bestehen, die nach AGB-Recht kontrollfrei bleiben[399]. Diese Kontrolle schließt zwar eine reine Billigkeitskontrolle am Maßstab von § 242 BGB aus. Sie setzt aber ein, wenn Arbeitnehmer typischerweise *strukturell unterlegen* sind und ein Vertrag für einen angemessenen Interessenausgleich offensichtlich ungeeignet ist[400]. Die Durchführung einer solchen Kontrolle im Rahmen der zivilrechtlichen Generalklauseln ist nicht nur möglich, sondern grundrechtlich geboten.

B. Rechtsprechung zur strukturellen Unterlegenheit bei Aufhebungsverträgen

Die Frage, ob man aufgrund der Lehre von den Schutzpflichten die Freiheit der Arbeitsvertragsparteien, Aufhebungsverträge abzuschließen, einschränken kann, ist von der Auslegung von § 613a BGB strikt zu trennen. Allein aus dessen Existenz lässt sich insbesondere nicht schließen, dass Aufhebungsverträgen bei Betriebsübergängen nach § 613a BGB keine weiteren Grenzen zu setzen sind[401]. Denn schließlich könnte es sein, dass der Gesetzgeber irrt und ein zu geringes Schutzniveau für Arbeitnehmer ansetzt. Den „Schutzauftrag der Verfassung" müssten dann die Fachgerichte erfüllen[402].

Es kommt entscheidend darauf an, ob Arbeitnehmer bei Betriebsübergängen typischerweise *strukturell unterlegen* sind, so dass eine Einschränkung der Vertragsfreiheit erforderlich ist, weil den Vertragsparteien kein angemessener, ihre grundrechtlichen Interessen würdigender Ausgleich möglich ist. Eine Störung der Vertragsparität zwischen den Arbeitsvertragsparteien, die die Fachgerichte zum Schutz der Arbeitnehmer verpflichtet, müsste sich aus der besonderen Belastung bei Betriebsübergängen ergeben.

---

[397] Siehe z.B. BGHZ 64, 238 zur Inhaltskontrolle eines Gesellschaftsvertrags; weitere Nachweise zum Gesellschaftsrecht bei Wolf/*Horn*/Lindacher, § 23 AGBG Rdnr. 82; siehe als Beispiel für das Arbeitsrecht *BAG* v. 24.11.1993, AP Nr. 11 zu § 611 BGB Mehrarbeitsvergütung.
[398] BT-Drucks. 14/6857, S. 54.
[399] *BAG* v. 25.5.2005, AP Nr. 1 zu § 310 BGB; *Zöllner*, NZA 2006, Beil. 3, S. 99, 101; zustimmend *Bayreuther*, NZA 2005, 1337, 1338; a.A. zumindest für das Verhältnis von Leistung und Gegenleistung mit beachtlichen Argumenten *Rolfs*, RdA 2006, 349, 353: Reine Kontrolle am Maßstab von § 138 BGB.
[400] So *BAG* v. 25.5.2005, AP Nr. 1 zu § 310 BGB.
[401] So aber wohl *Lipinski*, Sonderkündigungsschutz bei Betriebsübergang, S. 110 ff.
[402] *BVerfG* v. 7.2.1990, AP Nr. 65 zu Art. 12 GG, unter I. 3. der Gründe.

I. Vertragsparität bei Betriebsübergängen

Das *BAG* begründet seine Rechtsprechung, die für inhaltsändernde Abreden im Zusammenhang mit Betriebsübergängen nach § 613a BGB einen sachlichen Grund fordert, mit der „den beteiligten Arbeitnehmern typischerweise fehlenden erforderlichen rechtsgeschäftlichen Entscheidungsfreiheit". Sie sähen sich vor die Aussicht gestellt, entweder eine Verschlechterung der Arbeitsbedingungen hinzunehmen oder ihren Arbeitsplatz ganz zu verlieren[403]. Dieser Druck begründe, dass sie in besonderem Maße geschützt werden müssen, was durch eine Prüfung der Verträge erreicht werde[404]. Damit zeigt das *BAG* Anklänge an die Lehre von den Schutzpflichten, ohne sie beim Namen zu nennen.

Schon oben wurde dargestellt, dass die Ungleichbehandlung von Änderungs- im Verhältnis zu Aufhebungsverträgen – wurde diese durch die jüngere Rechtsprechung auch teilweise reduziert – nicht einleuchtet[405]. Soll das Arbeitsverhältnis endgültig beendet werden, stellt das *BAG* keine besonderen Anforderungen und fordert insbesondere keinen sachlichen Grund. Konsequenterweise müssten aber gerade an die vollständige Aufgabe des Arbeitsverhältnisses hohe Anforderungen gestellt werden, wenn man ein Schutzbedürfnis der Arbeitnehmer, die einvernehmlich mit dem Arbeitgeber den Verzicht auf ihre Rechte regeln, annehmen möchte.

Bei Einschaltung von BQG, die für betroffene Arbeitnehmer die Hoffnung bringt, doch noch einmal bei dem Arbeitgeber beschäftigt werden zu können, stehen sie – im Sinne der Rechtsprechung zu Änderungsvereinbarungen – unter besonderem Druck: Sie handeln nicht mit Arbeitsbedingungen, um ihren Arbeitsplatz zu erhalten, sondern mit ihrem ganzen Arbeitsvertrag, sozusagen der Summe aller Arbeitsbedingungen. Liegt aber im Zeitpunkt des Aufhebungsvertrages noch keine verbindliche Einstellungszusage des neuen Betriebsinhabers vor, sind solche Aufhebungsverträge ohne weiteres zulässig.

II. Vertragsparität bei Aufhebungsverträgen außerhalb von Betriebsübergängen

Weitere allgemeine, nicht explizit auf Betriebsübergänge bezogene Anhaltspunkte zur Vertragsparität bei Aufhebungsverträgen lassen der in den 1990er-Jahren geführten Debatte entnehmen, ob sich Arbeitgeber nur unter gewissen Umständen auf

---

[403] *BAG* v. 18.8.2005, AP Nr. XY zu § 613a BGB, unter II. 2. a) der Gründe; *BAG* v. 12.5.1992, AP Nr. 14 zu § 1 BetrAVG Betriebsveräußerung unter II. 2.) der Gründe; *BAG* v. 29.10.1985, AP Nr. 4 zu § 1 BetrAVG Betriebsveräußerung, unter III. 3. b) der Gründe; siehe ausführlich die Entwicklung der Rechtsprechung oben unter § 4 B.
[404] Von „Schutz" ausdrücklich spricht *BAG* v. 12.5.1992, AP Nr. 14 zu § 1 BetrAVG Betriebsveräußerung unter II. 2.) der Gründe.
[405] Vgl. oben unter § 4 C. III. 2.

Aufhebungsverträge berufen können[406]. Das *LAG Hamburg* hielt es für unzulässige Rechtsausübung, wenn der Arbeitgeber den Abschluss eines Aufhebungsvertrag geltend macht, nachdem er einen Arbeitnehmer zu einem Gespräch geladen, ihn dort überraschend mit dem Angebot eines Aufhebungsvertrags konfrontiert und ihm weder Bedenkzeit noch Rücktritts- oder Widerrufsrecht eingeräumt hat[407]. Schon das *LAG Hamburg* schränkte seine Rechtsprechung aber dahingehend ein, dass sie womöglich nicht in Ausnahmefällen gelten solle, in denen das Vorgehen des Arbeitgebers nicht zu beanstanden ist, wenn beispielsweise dem Arbeitnehmer wegen vorausgegangener Vorfälle klar sein musste, dass ein anderer Inhalt als die Auflösung des Arbeitsverhältnisses für das Gespräch nicht in Betracht komme[408]. Wenn im Zusammenhang mit Betriebsübergängen nach § 613a BGB massenhaft Aufhebungsverträge abgeschlossen werden und ggf. Arbeitnehmervertreter eingeschaltet sind, ist es praktisch ausgeschlossen, dass es ein Arbeitnehmer nicht ahnt, dass ihm ein Aufhebungsvertrag angeboten wird, sollte er zu diesem Zweck überhaupt noch zu einem gesonderten Gespräch vom Arbeitgeber geladen werden.

Das *BAG* lehnt es ab, auf Grundlage von § 138 Abs. 1 BGB ein Widerrufsrecht bei Aufhebungsverträgen zu begründen, da es für den Schutz vor Drohsituation mit § 123 BGB eine Spezialregelung gebe und zusätzliche, besondere Umstände auftreten müssten, damit ein Geschäft nach seinem Gesamtcharakter als sittenwidrig anzusehen sei[409]. Auch § 242 BGB könne nicht herangezogen werden, um die Privatautonomie zu beschränken, da – ohne die Argumentation des *BAG* zur Methodik der Rechtsfortbildung im Einzelnen darzustellen – es der freien Entscheidung des Arbeitnehmers obliege, ob er an dem Arbeitsvertrag festhalten oder, etwa weil er durch „gute Worte" oder das Angebot einer Abfindung dazu bewegt wird, dem Aufhebungsvertrag zustimmen möchte. Diese Entscheidung sei grundsätzlich selbstbestimmt und vom Arbeitnehmer selbst zu verantworten[410]. Der Arbeitnehmer könne dem Arbeitgeber ggf. ein schlichtes „Nein" entgegensetzen, weswegen ihm nicht abgesprochen werden könne, dass er über hinreichend Verhandlungsmacht verfügt, um seine berechtigten Interessen durchzusetzen. Er könne sämtliche Modalitäten der Aufhebung des Arbeitsverhältnisses von seiner Zustimmung abhängig machen[411].

---

[406] Vgl. dazu bereits oben unter § 3 B. IV. 2.
[407] *LAG Hamburg* v. 3.7.1991, NZA 1992, 309 unter 2. b) der Gründe.
[408] *LAG Hamburg* v. 3.7.1991, NZA 1992, 309 ebenfalls unter 2. b) der Gründe.
[409] *BAG* v. 30.9.1993, AP Nr. 2 zu § 242 BGB unter 6. der Gründe.
[410] *BAG* v. 30.9.1993, AP Nr. 2 zu § 242 BGB unter 8. c) der Gründe; ohne die Argumentation im Detail zu wiederholen bestätigt durch *BAG* v. 22.4.2004, NJOZ 2004, 4096 unter I. 3. der Gründe.
[411] *BAG* v. 14.2.1996, AP Nr. unter II. 2. der Gründe.

III. Übertragung der Wertung zu § 138 Abs. 1 BGB auf § 613a BGB

Die Argumentation des *BAG* zu § 138 Abs. 1 BGB, nach der ganz besondere Umstände vorliegen müssen, damit neben § 123 BGB eine Sittenwidrigkeit angenommen werden kann, lässt sich auf Aufhebungsverträge übertragen, die im Zusammenhang mit einem Betriebsübergang nach § 613a BGB geschlossen werden. Der Schutz vor Kündigungen und aufdiktierten inhaltlichen Verschlechterungen der Arbeitsbedingungen ist wegen § 613a BGB bei Betriebsübergängen sogar weiter reichend, als wenn Arbeitnehmer lediglich nach einem Vertragsschluss gem. § 123 BGB anfechten können. Ob die Entscheidung des Arbeitnehmers, einen Aufhebungsvertrag zu schließen, gerade bei einem Betriebsübergang nach § 613a BGB weniger selbstbestimmt ist als bei einer Überraschungssituation, ist ebenfalls ausgesprochen fraglich. Die Angst um den Verlust des Arbeitsvertrages allein schränkt nicht die Selbstbestimmung des Arbeitnehmers ein. Gerade in Sanierungssituationen besteht durch Einschaltung von Betriebsräten und Gewerkschaften die Möglichkeit, das Für und Wider und die rechtlichen Konsequenzen eines Aufhebungsvertrages mit professioneller Hilfe zu analysieren. Ähnlich wie es mit § 123 BGB Schutz vor Überraschungssituationen gibt, existiert mit § 613a BGB eine Vorschrift, welche besonderen Schutz bei Betriebsübergängen bewirkt. Diese Vorschrift ist spezieller als die Generalklauseln – und wie oben gezeigt lässt sich ihr eben nicht entnehmen, Aufhebungsverträge einer Motivkontrolle zu unterziehen, wie das *BAG* es tut.

Vergleicht man die allgemeine Haltung des *BAG* zu Aufhebungsverträgen mit der zu Aufhebungsverträgen bei Betriebsübergängen nach § 613a BGB, lassen sich gewisse Wertungswidersprüchlichkeiten deswegen nicht von der Hand weisen.

C. Strukturelle Unterlegenheit bei Betriebsübergängen

Inwieweit Arbeitnehmer ob der Drucksituation bei Betriebsübergängen nach § 613a BGB *strukturell unterlegen* sind, so dass eine Kontrolle von Verträgen gerechtfertigt ist, wird vom Schrifttum unterschiedlich bewertet.

Die Vertragsparteien sind nach der Lehre von den Schutzpflichten schutzwürdig, wenn sie in solcher Weise der anderen Partei strukturell unterlegen sind, dass sie in der konkreten Situation des Vertragsschlusses typischerweise so benachteiligt sind, dass ein Vertrag für sie „ungewöhnlich belastend und als Interessenausgleich offensichtlich ungeeignet ist"[412]. Dies ist eine sehr allgemeine Formel, welche Verfassungsrechtler für das gesamte Zivilrecht entworfen haben. Hier geht es darum, die Rechtsprechung des *BAG* zu Aufhebungsverträgen bei Betriebsübergängen nach § 613a BGB kritisch zu hinterfragen. Dafür soll eine mögliche strukturelle

---

[412] Siehe in der Einleitung zu § 4.

Unterlegenheit unter den verschiedenen Gesichtspunkten – namentlich wegen einer Drucksituation (I.) und wegen der existentiellen Angewiesenheit auf einen Vertrag (II.) – untersucht werden.

I. Drucksituation

Einige Stimmen im Schrifttum halten die Rechtsprechung des *BAG* zum Abschluss arbeitsrechtlicher Aufhebungsverträge bei Betriebsübergängen nach § 613a BGB noch für zu großzügig. Bei der Drucksituation, die typischerweise bei einem Betriebsübergang besteht, komme es zu einer Einschränkung der rechtsgeschäftlichen Entscheidungsfreiheit der Arbeitnehmer. Die Veranlassung durch den neuen oder alten Arbeitgeber sei hierfür wichtiges Indiz[413].

Allgemein seien Arbeitnehmer bei drohender Insolvenz strukturell unterlegen; der drohende Verlust auf ihre durch § 613a BGB angeordneten Rechte sei für sie in besonderem Maße belastend[414]. In Wirklichkeit wolle der Arbeitnehmer, der einen Aufhebungsvertrag abschließt, seinen Arbeitsplatz nämlich behalten oder zumindest nicht endgültig aufgeben, wenn die Fortführung des Betriebs vorgesehen ist[415]. Auch das Sozialstaatsgebot und das Grundrecht des Arbeitnehmers aus Art. 12 GG, seinen Arbeitsplatz frei zu wählen, geböten eine Auslegung von § 138 BGB, nach welcher der vertragliche Übergang auf eine BQG als sittenwidrig anzusehen sei[416]. Damit wird ausdrücklich auf die oben zitierten *BVerfG*-Entscheidungen zu der Lehre von den Schutzpflichten Bezug genommen.

Zum Kriterium des sachlichen Grundes bei Änderungsverträgen wird angeführt, dass jedenfalls die schwierige Lage eines Betriebes als sachlicher Grund nicht ausreiche, um den Verzicht auf arbeitsvertragliche Ansprüche zu rechtfertigen[417]. Dies sei „unbillig"[418]. Grundsätzlich seien Verzicht und Wechsel des Betriebsinhabers zumindest nicht unabhängig voneinander. Über die Grundsätze des Wegfalls der Geschäftsgrundlage bzw. die Umdeutung eines unwirksamen Verzichts in eine wirksame Stundung seien darüber hinaus Nachzahlungsansprüche zu konstruieren, wenn sich die wirtschaftliche Lage später bessere[419].

---

[413] So ausdrücklich KR-*Pfeiffer*, § 613a BGB Rdnr. 202.
[414] Kittner/Däubler/*Zwanziger*, § 613a BGB Rdnr. 174.
[415] ErfKomm-*Preis*, § 613a BGB Rdnr. 155; Ascheid/Preis/Schmidt-*Steffan*, § 613a BGB Rdnr. 198.
[416] Kittner/Däubler/*Zwanziger*, KSchR, § 613a BGB Rdnr. 174.
[417] *Mayer-Maly*, Anm. zu BAG AP Nr. 4 zu § 613a BGB.
[418] So ausdrücklich *Mayer-Maly*, Anm. zu BAG AP Nr. 4 zu § 613a BGB.
[419] *Mayer-Maly*, Anm. zu BAG AP Nr. 4 zu § 613a BGB.

1. Differenzierung nach dem Zeitpunkt des Vertragsschlusses

Pfeiffer bewertet die Drucksituation für den Arbeitnehmer ähnlich, ist aber etwas großzügiger. Eine Drucksituation, die es rechtfertige, die Vertragsfreiheit einzuschränken, sei zwar grundsätzlich bei Betriebsübergängen anzunehmen, aber – so heißt es – ausnahmsweise nicht gegeben, wenn der Aufhebungsvertrag erst nach Betriebsübergang geschlossen wird[420]. Eine Drucksituation läge überdies nicht vor, wenn durch den Aufhebungsvertrag lediglich die Folgen herbeigeführt werden, die auch durch die Ausübung des Widerspruchsrechts durch den Arbeitnehmer erzeugt würden[421].

Beide Einschränkungen sind indessen unabhängig von der Frage, ob überhaupt eine strukturelle Unterlegenheit gegeben ist, die einen besonderen Schutz der Arbeitnehmer erfordert, nicht zu begründen. Der genaue Zeitpunkt des Betriebsübergangs ist nämlich oftmals genauso zufällig wie – das haben schon die Ausführungen zum Veranlassungsprinzip gezeigt[422] – der Zeitpunkt, welcher bei einem mehraktigen Beendigungstatbestand rechtlich relevant wird. Wenn man ein Schutzbedürfnis des Arbeitnehmers anerkennen möchte, kann es auf den Zeitpunkt also nicht ankommen[423]. Auf die mangelnde Vergleichbarkeit von Aufhebungsverträgen mit dem Widerspruchsrecht wurde ebenfalls bereits hingewiesen[424]. Daher lassen sich pauschale Rückschlüsse vom Widerspruchsrecht des Arbeitnehmers auf ein strukturelles (Un-)Gleichgewicht beim Abschluss von Aufhebungsverträgen nicht ziehen. Anerkennenswert ist jedoch der Ansatz, die Wertung des Gesetzgebers zu berücksichtigen, um freiwillige Ausnahmen vom Arbeitnehmerschutz des § 613a BGB zuzulassen. Diese dürfte eher dagegen sprechen, eine strukturelle Ungleichgewichtslage anzuerkennen, wegen der man die Vertragsfreiheit einschränken muss.

2. Kein Druck wegen Schutz durch § 613a BGB

Andere Autoren sind der Auffassung, dass beim Abschluss arbeitsrechtlicher Aufhebungsverträge keine Drucksituation bestünde, die zu einer strukturellen Unterlegenheit des Arbeitnehmers führe. Folglich sei eine Einschränkung der Vertragsfreiheit nicht rechtfertigt. Denn ein Arbeitnehmer habe keine Kündigung zu befürchten, die allein wegen des Betriebsübergangs als solchem ausgesprochen werde[425].

---

[420] KR-*Pfeiffer*, § 613a BGB Rdnr. 202.
[421] KR-*Pfeiffer*, § 613a BGB Rdnr. 202.
[422] Siehe dazu oben unter § 3 C. II.
[423] Mit der Bestimmung einer Zeitspanne zum Schutz bei Betriebsübergängen sind ohnehin Schwierigkeiten verbunden, auf die oben unter § 4 C. IV.
[424] Oben unter § 4 D. III. 3.
[425] *Moll*, NJW 1993, 2016, 2022; so schon vor In-Kraft-Treten von § 613a Abs. 4 BGB *Kraft*, FS 25 Jahre BAG, S. 299, 313.

Es sei kein Arbeitnehmerschutz erforderlich, der über § 613a BGB hinausgehe[426]. Der Arbeitnehmer brauche ein Angebot auf Abschluss eines Aufhebungsvertrages nicht anzunehmen[427], sondern könne dem Arbeitgeber ein schlichtes „Nein" entgegensetzen[428]. Bestehen hingegen Kündigungsgründe, die auch ohne den Betriebsübergang auftreten könnten, sei nichts gegen eine einvernehmliche Beendigung des Arbeitsverhältnisses einzuwenden[429]. Ergänzend wird im Schrifttum zutreffend auf Folgendes hingewiesen: Gesteigerter Druck in dem Sinne, wie er bei einem Betriebsübergang nach § 613a BGB wahrzunehmen ist, bestehe auch bei der Veräußerung von Gesellschaftsanteilen oder wenn ohne einen Betriebsübergang Arbeitsplätze abgebaut werden. In diesen Fällen wird indessen keine strukturelle Unterlegenheit des Arbeitnehmers angenommen und Aufhebungsverträge folglich auch nicht unter besonderen Anforderungen gestellt. Dies spreche dagegen, diese gerade dann anzunehmen, wenn die Voraussetzungen des § 613a BGB vorliegen[430].

Diese Argumentation ist überzeugend. Sie lässt sich abstrahieren: Die *strukturelle Unterlegenheit* im Sinne der Lehre von den Schutzpflichten gründet sich stets auf typischerweise vorliegende *tatsächliche* Umstände. Auch die Voraussetzungen, nach denen ein Betriebsübergang gem. § 613a Abs. 1 S. 1 BGB vorliegt – der Übergang einer wirtschaftlichen Einheit unter Wahrung ihrer Identität[431] –, ergibt sich aus tatsächlichen Umständen. Das „Alles-oder-Nichts"-Prinzip, was oftmals für eine *strukturelle Unterlegenheit* von Arbeitnehmern angeführt wird, die im Zusammenhang mit Betriebsübergängen einer Verschlechterung der Arbeitsbedingungen zustimmen, knüpft jedoch an die unterlegene Stellung des Arbeitnehmers aufgrund einer drohenden betriebsbedingten Kündigung – also die mögliche Folge, welche der Arbeitgeber an die tatsächlichen Umstände knüpft – an. Die besondere Belastung für den Arbeitnehmer resultiert nicht aus dem Betriebsübergang nach § 613a BGB als solchem, sondern aus den Folgen der wirtschaftlichen Lage. Der Druck, welcher auf dem Arbeitnehmer lastet, resultiert nicht primär aus dem Wechsel seines Arbeitgebers, sondern aus den wirtschaftlichen Schwierigkeiten des Betriebs, in dem er tätig ist.

---

[426] *Feudner*, DB 1996, 830, 832.
[427] *Von Maydell*, SAE 1987, 219; *Seiter*, Betriebsinhaberwechsel, S. 99.
[428] *Hillebrecht*, NZA 1989, Beil. 4, S. 10, 11; *Willemsen*, RdA 1987, 327, 328; diese Argumentation ähnelt derjenigen zu der Frage, ob Aufhebungsverträge unwirksam sind, wenn keine Bedenkzeit bzw. kein Widerrufsrecht zugunsten des Arbeitnehmers besteht; siehe dazu oben unter § 3 B. IV. 2. und soeben unter § 4 F. II. 2.
[429] *Kraft*, FS 25 Jahre BAG, S. 299, 313; *Schwerdtner*, FS G. Müller, S. 557, 584 verlangt, dass sich der Arbeitnehmer des durch § 613a BGB insoweit gewährten Schutzes bewusst ist.
[430] *Moll*, NJW 1993, 2016, 2022; *Willemsen*, Anm. zu BAG EzA Nr. 67 zu § 613a BGB, Bl. 15 f.; *ders.*, RdA 1987, 327, 330.
[431] Vgl. dazu oben unter § 4 A. I.

Mit einem Betriebsübergang nach § 613a BGB hat die Drucksituation nur insofern etwas gemein, als die Rechtsprechung dieser Vorschrift hinsichtlich Aufhebungsverträgen einen Regelungsgehalt beimisst, der ihr in Wirklichkeit nicht zu entnehmen ist. Aus Sicht der Lehre von den Schutzpflichten ist die strenge Anknüpfung an einen Betriebsübergang nach § 613a BGB demzufolge inkonsequent. Man müsste – wenn überhaupt – an die Drucksituation aufgrund einer Krise anknüpfen und diese folgerichtig unabhängig von Betriebsübergängen nach § 613a BGB bei jedweden wirtschaftlichen Schwierigkeiten annehmen, bei denen dem Arbeitnehmer eine betriebsbedingte Kündigung droht.

Gegen eine strukturelle Unterlegenheit von Arbeitnehmern, die bei Betriebsübergängen Aufhebungsverträge schließen, lässt sich außerdem ein anderes in der Literatur aufgeworfenes Argument anführen: In aller Regel begleitet der Betriebsrat die Sanierungsplanungen des Arbeitgebers sehr intensiv. Ist er nicht ohnehin – wie eigentlich üblich und gesetzlich vorgesehen – an den Beratungen beteiligt, kann der Betriebsrat jedenfalls im Rahmen seiner allgemeinen Überwachungspflicht nach § 80 Abs. 1 Nr. 1 BetrVG dafür Sorge tragen, dass der Verzicht auf Bestandsschutz nicht mit unberechtigten Drohungen herbeigeführt wird[432]. In Einzelfällen kann der Arbeitgeber nach § 82 Abs. 2 S. 2 BetrVG gar verpflichtet sein, ein Mitglied des Betriebsrats zu einem Gespräch über einen Aufhebungsvertrag hinzuzuziehen[433].

3. Zwischenergebnis

Alles in allem bestehen nach Analyse der Rechtsprechung und des Schrifttums große Zweifel, ob gerade dann eine *strukturelle Unterlegenheit* anzunehmen ist, wenn die Voraussetzungen von § 613a BGB gegeben sind. Die Rechtsprechung des *BAG* zum Widerrufsrecht des Arbeitnehmers bei Aufhebungsverträgen zeigt sich sehr viel liberaler als die zu Betriebsübergängen nach § 613a BGB. Auch viele Stellungnahmen in der Literatur weisen darauf hin, dass nicht der Betriebsübergang, sondern allgemeine wirtschaftliche Gegebenheiten eine Zwangslage für den Arbeitnehmer begründen können. Mit Recht wird es nicht in Erwägung gezogen, Aufhebungsverträge stets einer besonderen Kontrolle zu unterziehen, wenn wirtschaftliche Gründe den Arbeitsplatz des ihn abschließenden Arbeitnehmers gefährden. Dieses allgemeine Risiko ist zu wenig intensiv, als dass man eine strukturelle Unterlegenheit damit begründen könnte.

---

[432] Ähnlich *Wiedemann/Willemsen*, RdA 1979, 418, 423 sowie *Willemsen*, Arbeitnehmerschutz bei Betriebsänderungen, S. 399; je nach Größe sind auch Verbände und andere öffentliche Einrichtungen – wie etwa die Agenturen für Arbeit – beratend beteiligt; vgl. z.B. die Sachverhalte in *BAG* v. 10.12.1998, AP Nr. 185 zu § 613a BGB und *BAG* v. 18.8.2005, AP Nr. 31 zu § 620 BGB Aufhebungsvertrag.

[433] Vgl. *BAG* v. 16.11.2004, AP Nr. 3 zu § 82 BetrVG.

II. Existentielle Angewiesenheit auf einen Vertrag

Einen weiteren Ansatzpunkt, die *strukturelle Unterlegenheit* von Arbeitnehmern festzustellen, ermöglicht ein Vergleich mit den Entscheidungen, in denen das *BVerfG* die Lehre von den Schutzpflichten adaptiert hat. Sowohl in der Handelsvertreter-[434] als auch in der Bürgschaftsentscheidung[435] hatte eine der beiden Parteien vor Abschluss eines Vertrages ein so starkes Übergewicht, dass sie den anderen Teil praktisch fremd bestimmen konnte, weil sie jede vertragliche Regelung einseitig durchzusetzen in der Lage war. Nicht nur der Arbeitsvertrag kommt in diesem Zusammenhang als die Vereinbarung in Betracht, auf die ein Arbeitnehmer existenziell angewiesen sein könnte (1. und 2.). Wegen der beschriebenen Vorteile könnte dies möglicherweise auch für den Abschluss eines Aufhebungsvertrages gelten (3.).

1. Vertragsparität vor und während des Arbeitsverhältnisses

Doch besteht auch beim Abschluss einvernehmlicher Vereinbarungen zur Beendigung von Arbeitsverhältnissen eine existenzielle Angewiesenheit von Arbeitnehmern, die von Verfassung wegen die Einschränkung der Vertragsfreiheit bedingt? Anders als in den genannten Fällen der strukturellen Unterlegenheit sind Arbeitnehmer, bevor sie Aufhebungsverträge schließen, nicht existentiell auf den Abschluss eines Rechtsgeschäfts hingewiesen. Im Gegenteil ist gerade der Arbeitsvertrag, den sie damit beseitigen würden, Grundlage ihrer Existenz. Der Begriff der existentiellen Abhängigkeit beschreibt primär eine Marktsituation mit einem Überhang an angebotener gegenüber nachgefragter Arbeitsleistung, aber keine wirtschaftlichen oder intellektuellen Unterschiede zwischen Arbeitgeber und Arbeitnehmer[436]. Vor Abschluss eines Arbeitsvertrages nehmen Arbeitnehmer eine schwache Position ein. Zwar werden sie sozialversicherungsrechtlich abgesichert. Sie haben aber keine Möglichkeit, sich durch Arbeit schöpferisch zu verwirklichen. Vor allem gibt erst ein bestehendes Arbeitsverhältnis die Möglichkeit, arbeitsrechtlichen Schutz in Anspruch zu nehmen[437].

Die Ausgangsposition beim Abschluss von arbeitsrechtlichen Aufhebungsverträgen ist schwer mit derjenigen zu vergleichen, die beim Abschluss von Arbeitsverträgen vorliegt. Denn der Arbeitnehmer, der einem Aufhebungsvertrag zustimmt, hat schon einen Arbeitsvertrag in der Hand. Er hat – im Vergleich zum Zeitpunkt des

---

[434] BVerfGE 81, 242.
[435] BVerfGE 89, 214.
[436] Dies erkennt *Versteyl*, Obergrenze arbeitsrechtlichen Schutzes, S. 71; in diese Richtung bereits *Geißler*, JuS 1991, 617, 621.
[437] Durch mittelbare Beschränkungen der Abschlussfreiheit gilt dies selbstverständlich auch teilweise für die Position potenzieller Arbeitnehmer, bevor diese einen Arbeitsvertrag abschließen.

Arbeitsvertragsschlusses – eine starke Position[438]. Zwar ist der Arbeitnehmer auch im bestehenden Arbeitsverhältnis als unterlegen anzusehen und zu schützen[439], damit der Schutz beim Vertragsschluss nicht leer läuft, indem ihm das Arbeitsverhältnis oder dessen Inhalt durch einseitige Maßnahmen des Arbeitgebers aus der Hand geschlagen wird. Die einvernehmliche – also von der Zustimmung des Arbeitnehmers gedeckte und ohne diese gar nicht mögliche – Änderung oder Aufhebung des Arbeitsverhältnisses begründet im Hinblick auf die existentielle Angewiesenheit des Arbeitnehmers auf das Arbeitsverhältnis indessen keine strukturelle Unterlegenheit[440].

Gelingt es dem Arbeitgeber, den Arbeitnehmer dazu zu veranlassen, an der Aufhebung des Arbeitsverhältnisses rechtlich mitzuwirken, liegt zwar strukturell eine einseitige Handlung des Arbeitgebers vor, die seine Kündigung ersetzt[441]. Diese allein ändert aber – liegt noch keine rechtliche Mitwirkung des Arbeitnehmers vor – nichts an dem Bestand des Arbeitsverhältnisses. Es bestehen große Zweifel, ob unter dem Gesichtspunkt der existentiellen Angewiesenheit eine Störung der Vertragsparität beim Abschluss von Aufhebungsverträgen angenommen werden kann.

2. Auswirkungen des Schutzes von § 613a BGB

Es wurde bereits darauf hingewiesen, dass § 613a BGB Sanierungen im Wege stehen kann[442]. § 613a BGB stattet die Arbeitnehmer mit besonderem Bestandsschutz aus. Oben wurde bereits gegen eine Drucksituation beim Abschluss von Aufhebungsverträgen angeführt, dass Arbeitnehmer entsprechender Gesinnung des Arbeitgebers ein einfaches „Nein" entgegensetzen können[443]. Dem lässt sich jedenfalls nicht damit entgegentreten, dass in der Arbeitsgerichtspraxis eine Vielzahl von Kündigungsschutzverfahren mit einem Beendigungsvergleich erledigt wird, so dass ein Arbeitgeber, der einen Arbeitnehmer um jeden Preis „loswerden" wolle, sein

---

[438] *Lingemann*, NZA 2002, 181, 185; *Henssler*, RdA 2002, 129, 139 spricht sogar von überlegener Verhandlungsstärke des Arbeitnehmer angesichts seines Kündigungsschutzes; diesen Umstand verkennt *Thies*, Abschluss arbeitsrechtlicher Aufhebungsverträge, S. 24, wenn er die strukturelle Disparität gerade mit der Sorge vor Arbeitslosigkeit zu begründen versucht.

[439] *BVerfG* v. 23.11.2006, NZA 2007, 85, 87.

[440] Mit der gleichen Argumentation kritisieren in der Paralleldebatte über das Erfordernis eines sachlichen Grundes für die nachträgliche Befristung von unbefristeten Arbeitsverhältnissen das *BAG* Ascheid/Preis/Schmidt-*Künzl*, § 2 KSchG Rdnr. 92; *Preis*, Grundfragen der Vertragsgestaltung, S. 431 ff.; *Preis/Bender*, NZA-RR 2005, 337, 344 f.; *Löwisch*, ZfA 1986, 1, 7; aus der Instanzrechtsprechung siehe *LAG Berlin* v. 12.5.1995, DB 1996, 231; siehe aber die wenig überzeugende Erwiderung in *BAG* v. 8.7.1998, AP Nr. 201 zu § 620 BGB Befristeter Arbeitsvertrag, unter II. 3. der Gründe, nach welcher gerade deswegen eine Kontrolle erforderlich ist, weil der Arbeitnehmer auf den bereits bestehenden Kündigungsschutz für den Zeitpunkt verzichtet, für den die Befristung vorgesehen ist.

[441] Siehe § 3 C. II. 3.

[442] Vgl. oben in der Einleitung zu § 5.

[443] Siehe unter § 5 B. II.

Ziel stets auch ohne Mitwirkung des Arbeitnehmers erreichen könne[444]. Auch ein gerichtlicher Vergleich setzt die Zustimmung des Arbeitnehmers voraus.

Bei Betriebsübergängen – so könnte man dagegen argumentieren – ist die Situation ein wenig anders, weil sich Arbeitnehmer für den Fall, dass sie sich gegen die Zustimmung zu einem Aufhebungsvertrag entscheiden, in besonderem Maße der Gefahr aussetzen, eine Kündigung des Arbeitgebers zu erhalten. In diesem Zusammenhang ist indessen nicht nur auf die gesetzliche Wertung von § 613a BGB, dass bei Betriebsübergängen nach § 613a BGB besonderer Arbeitnehmerschutz bestehen soll, abzustellen. In Betracht zu ziehen ist vielmehr auch, dass § 613a BGB einen besonderen Schutz erzeugt, den Arbeitnehmer beanspruchen können, so sie das Angebot des Arbeitgebers tatsächlich ablehnen, ihr Arbeitsverhältnis einvernehmlich aufzulösen. Wenn sie dies tun, haben sie zwar eine Kündigung aus betriebsbedingten Gründen zu befürchten. Aber allein *wegen* des Betriebsübergangs kann der Arbeitgeber ihnen gem. § 613a Abs. 4 S. 1 BGB nicht kündigen[445]. Nur wegen des Wechsels des Arbeitgebers allein steigt folglich das Risiko nicht, eine Kündigung zu erhalten. Der besondere Schutz von § 613a BGB mindert daher – gegenüber anderen wirtschaftlichen Schwierigkeiten seines Arbeitgebers – den Druck, der auf dem Arbeitnehmer lastet. Seine Position wird durch § 613a BGB komfortabler, wenn er abwägt, ob er einen Aufhebungsvertrag schließen soll oder nicht. Der Schutz von § 613a BGB führt dazu, dass beim Abschluss von Aufhebungsverträgen eher weniger als mehr strukturelle Unterlegenheit gegeben ist als bei Sanierungsfällen außerhalb von Betriebsübergängen[446].

So gesehen lässt sich – jedenfalls im Verhältnis zum normalen Verlauf eines Arbeitsverhältnisses – keine besonders ausgeprägte Ungleichgewichtslage zu Lasten der Arbeitnehmer annehmen, die einen Aufhebungsvertrag schließen. Aus rechtlicher Sicht ist die Position der Arbeitnehmer bei Betriebsübergängen nach § 613a BGB vergleichsweise stärker als sonst. Insbesondere ist sie stärker als im Zusammenhang mit „betriebsübergangsfernen" Sanierungen oder Umstrukturierungen. Arbeitsrechtliche Aufhebungsverträge, die im Zusammenhang mit einem Betriebsübergang nach § 613a BGB geschlossen werden, unterscheiden sich schon im Ausgangspunkt von den typischen Fällen, in denen man von Gesetzgeber oder Rechtsprechung Schutz einfordern muss, um die grundrechtlich geschützten Interessen der Vertragsparteien zu sichern. Das spricht dagegen, an Aufhebungsverträge unter

---

[444] *Thies*, Abschluss arbeitsrechtlicher Aufhebungsverträge, S. 21 f.
[445] Vgl. zum Kündigungsverbot des § 613a Abs. 4 S. 1 BGB oben unter § 4 A. III.
[446] Aus dem allgemeinen Kündigungsschutz leiten eine besonders starke Position des Arbeitnehmers z.B. ab: *Bengelsdorf*, BB 1995, 978, 982 f.; *ders.*, BB 1996, 904, 907; *Boemke*, NZA 1993, 532, 537; *Weber/Ehrich*, NZA 1997, 414, 421; vgl. umfassend *Feuerborn*, Sachliche Gründe im Arbeitsrecht, S. 171.

dem Gesichtspunkt der Lehre von den Schutzpflichten besondere Anforderungen zu stellen.

3. Angewiesenheit wegen Vorteilen von Aufhebungsverträgen

Ein letzter Punkt soll nicht außer Betracht gelassen werden: Oben wurde erläutert, dass es auch für den Arbeitnehmer mit erheblichen Vorteilen verbunden sein kann, einen Aufhebungsvertrag abzuschließen[447]. Es ist daher nicht völlig ausgeschlossen, dass Arbeitnehmer – ähnlich wie auf einen Arbeitsvertrag – auf einen Aufhebungsvertrag „existentiell" angewiesen sein könnten[448]. Ähnlich wie beim Abschluss von Arbeitsverträgen könnte diese Überlegung Grundlage dafür sein, eine Inhaltskontrolle einzuführen, so dass Arbeitgeber die einzelnen Bedingungen des Aufhebungsvertrages nicht zu sehr nach ihren Gunsten gestalten.

Andererseits beschränken gerade in Sanierungs- und Umstrukturierungsfällen wirtschaftliche Umstände die Gestaltungsfreiheit des Arbeitgebers von außen. Ferner sind Arbeitnehmer – weil der Vergleich zwischen der Wirkung von Kündigungen und Aufhebungsverträgen nicht zu vergleichen ist mit dem Unterschied zwischen Beschäftigung und Arbeitslosigkeit – schon im Ansatz nicht ähnlich stark auf den Abschluss von Aufhebungsverträgen angewiesen. Die positiven Auswirkungen, die ein Aufhebungsvertrag einem Arbeitnehmer – insbesondere bei Einschaltung einer BQG – gegenüber der sicheren Arbeitslosigkeit bietet, sprechen deswegen auch nicht dafür, eine strukturelle Unterlegenheit anzunehmen, die im Hinblick auf die Lehre von den Schutzpflichten eine Einschränkung der Vertragsfreiheit rechtfertigt.

III. Zwischenergebnis

Im Ergebnis lässt sich typischerweise keine *strukturelle Unterlegenheit* von Arbeitnehmern erkennen, die im Zusammenhang mit einem Betriebsübergang nach § 613a BGB Aufhebungsverträge abschließen. Auf Grundlage ihres Arbeitsverhältnisses, welches durch § 613a BGB besonderen Schutz erfährt, können sie vielmehr – anders als in anderen Krisensituationen – eine autonome Entscheidung über die Annahme des Angebots des Arbeitgebers bzw. über den Umgang mit dessen Veranlassungsverhalten treffen.

Keinesfalls aber ist die Freiheit ihrer Entscheidung im Regelfall so stark eingeschränkt, dass man Aufhebungsverträge nur dann für wirksam halten darf, wenn sie besondere Kriterien – wie etwa solche, die das *BAG* und einige Stimmen in der Literatur verlangen – erfüllen. Wird ein Aufhebungsvertrag im Zusammenhang mit einem Betriebsübergang nach § 613a BGB geschlossen, ist ein Arbeitnehmer we-

---

[447] Vgl. oben unter § 2 B. II.
[448] Weitere, indessen untergeordnete Ansatzpunkte für die strukturelle Unterlegenheit sieht etwa *Fastrich*, Richterliche Kontrolle im Privatrecht, S. 187 m.w.N., in der Unausgeglichenheit des Arbeitsmarkts und der Immobilität von Arbeitnehmern.

der besonderem Druck ausgesetzt noch ist er existenziell in solcher Weise auf den Vertrag angewiesen, dass dieser typischerweise nicht in der Lage wäre, einen angemessenen Ausgleich der Interessen herbeizuführen.

D. Rechtsmissbrauch durch kollektives Angebot von Aufhebungsverträgen

Schließlich ist noch darauf einzugehen, dass insbesondere solche Aufhebungsverträge, die eine Änderung der Arbeitsbedingungen vorbereiten, unter den Schlagworten „Rechtsmissbrauch" oder „Funktionswidrigkeit" für unwirksam gehalten werden. Die Prüfung des Rechtsmissbrauchs wird allgemein als Unterfall von § 242 BGB angesehen[449].

I. Umgehung von § 613a BGB

Zum Teil wird ein Rechtsmissbrauch durch Aufhebungsverträge, die nicht auf das endgültige Ausscheiden aus dem Betrieb gerichtet sind, mit Blick auf § 613a BGB begründet. Diese Vorschrift dürfe nicht ausgehöhlt werden. Es bestünde Missbrauchsgefahr, wenn Sanierungen durch den Abschluss von Aufhebungsverträgen durchgeführt würden; eine „Aushöhlung" von § 613a BGB könnte die Folge sein[450]. Gegenstand eines „Missbrauchs" von § 613a BGB können Aufhebungsverträge aber nur sein, wenn § 613a BGB überhaupt zu entnehmen ist, dass Aufhebungsverträge im Zusammenhang mit Betriebsübergängen bestimmten Anforderungen zu unterliegen hätten. Wie oben gezeigt[451], ist das nicht der Fall. Auch ein Missbrauch des Instituts des Aufhebungsvertrags, der in manchen Fällen genutzt wird, um eine Änderung der Arbeitsbedingungen herbeizuführen, scheidet aus. Denn jedenfalls § 613a BGB steht auch der einvernehmlichen Änderung von Arbeitsbedingungen nicht entgegen[452]. Überdies deckt die Vertragsfreiheit der Arbeitsvertragsparteien auch die freie Wahl der Form, derer sie sich zur Beendigung von Arbeitsverträgen bedienen möchten[453].

II. Massenhaftigkeit

Wenngleich dies weder in Schrifttum noch in Rechtsprechung bislang mit Blick auf Aufhebungsverträge erörtert wurde, erscheint es nicht von vorneherein ausgeschlossen, dass man massenhaft abgeschlossene Aufhebungsverträge unter dem Gesichtspunkt der Massenhaftigkeit wegen Rechtsmissbrauchs untersucht.

---

[449] Siehe statt aller MünchKomm-*Roth*, § 242 BGB Rdnr. 211.
[450] So z.B. *Hilger*, ZGR 1984, 158, 262.
[451] Vgl. die Zusammenfassung unter § 4 E. IV. 5.
[452] Vgl. ebenda.
[453] Vgl. oben unter § 3 A. II. 2.

Denn ein Rechtsmissbrauch durch massenhafte Rechtsausübung wird bei Betriebsübergängen nach § 613a BGB auch bei der kollektiven Ausübung des Widerspruchsrechts durch Arbeitnehmer diskutiert[454]. In diesen Fällen machen Arbeitnehmer durch mehr oder weniger planmäßige Abstimmung kollektiv ein Widerspruchsrecht wegen des Betriebsübergangs geltend, um damit Druck auf die unternehmerische Entscheidungsfreiheit des Arbeitgebers auszuüben. Mit der Mehrheit des Schrifttums[455] hält das *BAG*[456] die kollektive Ausübung des Widerspruchsrechts für zulässig, wenn sie innerhalb der allgemeinen Schranken der Privatrechtsordnung erfolgt. Das *BAG* prüft dabei insbesondere, ob Rechtsmissbrauch (§ 242 BGB) vorliegt[457].

Man könnte überlegen, ob nicht die Massenhaftigkeit des Angebots, Aufhebungsverträge abzuschließen, rechtsmissbräuchlich ist. Dafür spricht, dass die Wirksamkeit der einzelnen Aufhebungsverträge regelmäßig unter der Voraussetzung steht, dass alle Arbeitnehmer Aufhebungsverträge abschließen und die Sanierung insgesamt gelingt[458]. Dem lässt sich indessen entgegenhalten, dass ein bloßes Angebot keinerlei rechtliche, sondern allenfalls tatsächliche Wirkung auf Arbeitnehmer erzeugt. Das massenhafte Angebot bewirkt auch gerade dadurch, dass es massenhaft erfolgt, keine stärkere Wirkung auf den Einzelnen. Dies unterscheidet das massenhafte Angebot von Aufhebungsverträgen von der kollektiven Ausübung des Widerspruchsrechts. Denn mit jedem weiteren Arbeitnehmer, der von seinem Widerspruchsrecht Gebrauch macht, kann sich die Situation für den Betriebsveräußerer verändern. Ein Vergleich scheidet daher aus. Die Massenhaftigkeit von Angeboten, Aufhebungsverträge abzuschließen, ist nicht rechtsmissbräuchlich.

E. Zwischenergebnis

Ebenso wenig wie § 613a BGB vermag beim massenhaften Abschluss von arbeitsrechtlichen Aufhebungsverträgen im Zusammenhang mit Betriebsübergängen die

---

[454] Vgl. hier statt aller ErfKomm-*Preis*, § 613a BGB Rdnr. 106 und die nachfolgenden Nachweise.
[455] Siehe z.B. Staudinger-*Annuß*, § 613° BGB, Rdnr. 142; Henssler/Willemsen/Kalb-*Willemsen/Müller-Bonanni*, § 613a BGB Rdnr. 354; *Kreitner*, Kündigungsrechtliche Probleme beim Betriebsinhaberwechsel, S. 158 f.; *Pietzko*, Der Tatbestand des § 613a BGB, S. 317 ff.; *D. Gaul*, ZfA 1990, 87, 91; *Schnitker/Grau*, EWiR 2004, 173; für eine Prüfung, die sich an Arbeitskampfmitteln orientiert *Seiter*, Betriebsinhaberwechsel, S. 75; für eine Wirksamkeit ohne Einschränkungen z.B. Soergel-*Raab*, § 613a BGB Rdnr. 163; *Simon*, ZfA 1987, 311, 334; zu einem grundsätzlichen Ausschluss tendiert dagegen *Bauer*, Unternehmensveräußerung und Arbeitsrecht, S. 58 m.w.N.
[456] BAG v. 30.9.2004, AP Nr. 275 zu § 613a BGB.
[457] BAG v. 30.9.2004, AP Nr. 275 zu § 613a BGB unter II. 1. b) dd) (2) der Gründe.
[458] Vgl. zu der vertragsrechtlichen Gestaltung oben unter § 2 C. III. 3.

Lehre von den Schutzpflichten, durch welche die Grundrechte mittels der Generalklauseln Einzug in das Privatrecht erhalten, die Vertragsfreiheit zu beschränken. Wie das *BAG* an anderer Stelle – nämlich bei der Frage, ob ihnen ein Widerrufsrecht einzuräumen ist – zutreffend erkannt hat, spricht dafür entscheidend, dass Arbeitnehmer dem Angebot des Arbeitgebers, einen Aufhebungsvertrag abzuschließen, nicht zwingend Folge zu leisten haben. Sie können sich dem Abschluss von Aufhebungsverträgen vielmehr ohne irgendwelche negative Folgen verweigern.

Allgemeine wirtschaftliche Sorgen, die bei Umstrukturierungen auftreten können, begründen keine grundrechtlich relevante *strukturelle Unterlegenheit* von Arbeitnehmern, wegen derer man ihre Vertragsfreiheit beschneiden müsste. Die Verstärkung des Bestandsschutzes durch § 613a BGB verbessert die Position von Arbeitnehmern bei Betriebsübergängen sogar. Bei Betriebsübergängen nach § 613a BGB geraten Arbeitnehmer typischerweise weder so sehr unter Druck, dass ein Vertrag über die Beendigung des Arbeitsverhältnisses keinen angemessenen Ausgleich darstellt, noch sind Arbeitnehmer in ähnlicher Weise entweder auf den Arbeits- oder den Aufhebungsvertrag existentiell angewiesen. Schließlich ist eine Einschränkung der Vertragsfreiheit auch nicht unter dem Gesichtspunkt des Rechtsmissbrauchs geboten.

Insgesamt zeigt sich, dass die Motivkontrolle des *BAG* keine gesetzliche Grundlage findet. Aufhebungsverträge sind im Zusammenhang mit Betriebsübergängen nach § 613a BGB – wie auch sonst – kontrollfrei.

§ 6 Massenhaft abgeschlossene Aufhebungsverträge und das BetrVG

Der massenhafte Abschluss von Aufhebungsverträgen hat eine kollektive Dimension. Es liegt auf der Hand, dass sich diese auch in der kollektivrechtlichen Behandlung von Aufhebungsverträgen niederschlägt. In der Praxis werden bei jeder größeren Umstrukturierung oder Sanierung – ganz unabhängig davon, ob sie durch den massenhaften Abschluss von Aufhebungsverträgen erfolgt – Arbeitnehmervertreter beteiligt.
In § 6 wurde die Befugnis des Betriebsrats, die Belegschaft oder einzelne Arbeitnehmer – wie etwa nach § 80 Abs. 1 S. 1 BetrVG und § 82 Abs. 2 S. 2 BetrVG – beratend zu unterstützen, bereits angesprochen[1]. Beim massenhaften Abschluss von Aufhebungsverträgen sind jedoch nicht lediglich Beteiligungsrechte des Betriebsrats problembehaftet. Von Interesse ist es auch, unter welchen Voraussetzungen Aufhebungsverträge mit anderen Beendigungstatbestände im Rahmen betriebsverfassungsrechtlicher Normen gleichgesetzt werden.
Im Folgenden wird die Behandlung von Aufhebungsverträgen nach § 92 BetrVG (A.), nach § 102 BetrVG (B.) und nach den §§ 111 ff. BetrVG (C.) untersucht.

A. Personalplanung nach § 92 BetrVG

Nach § 92 BetrVG besteht ein Beteiligungsrecht des Betriebsrats an der Personalplanung. Der Arbeitgeber hat den Betriebsrat gem. § 92 Abs. 1 BetrVG umfassend zu informieren. Nach § 92 Abs. 2 BetrVG hat der Betriebsrat das Recht, eigene Vorschläge zu unterbreiten. Diese Vorschläge sind zwar für den Arbeitgeber nicht verbindlich[2]. Er muss sich mit diesen aber ernsthaft befassen[3]. § 92 Abs. 1 und Abs. 2 BetrVG gelten gem. § 92 Abs. 3 BetrVG entsprechend für Maßnahmen nach § 80 Abs. 1 Nr. 2a und 2b, insbesondere für die Aufstellung und Durchführung von Maßnahmen zur Förderung der Gleichstellung von Frauen und Männern.

---

[1] Vgl. bereits oben unter § 5 C. III.
[2] *BAG* v. 6.11.1990, AP Nr. 3 zu § 92 BetrVG 1972 unter B. II. 3. bb der Gründe; MünchHdbArbR-Matthes, § 346 Rdnr. 30; GKBetrVG-*Kraft/Raab*, § 92 BetrVG Rdnr. 37; Richardi-*Thüsing*, § 92 BetrVG Rdnr. 42 f.
[3] *BAG* v. 6.11.1990, AP Nr. 3 zu § 92 BetrVG 1972 unter B. II. 3. bb der Gründe; Richardi-*Thüsing*, § 92 BetrVG Rdnr. 42 f.

Spezielle Auswirkungen auf Aufhebungsverträge – auch wenn diese massenhaft abgeschlossen werden – hat § 92 BetrVG hingegen nicht. Zwar umfasst die Personalplanung auch solche Entlassungen, die mit Aufhebungsverträgen durchgeführt werden. Ein Verstoß gegen das Beteiligungsrecht nach § 92 Abs. 1 BetrVG hat indessen weder Auswirkungen auf die Wirksamkeit der gesamten Personalplanung noch auf die individualrechtlichen Maßnahmen, also Kündigungen oder Aufhebungsverträge, die diese Personalplanung umsetzen[4]. Verletzt ein Arbeitgeber § 92 BetrVG, kann dies allenfalls einen Unterlassungsanspruch nach § 23 Abs. 3 BetrVG[5] oder ein Bußgeld nach § 121 BetrVG nach sich ziehen[6].

B. Anhörung des Betriebsrats nach § 102 BetrVG

Der Betriebsrat ist gem. § 102 Abs. 1 S. 1 BetrVG vor jeder Kündigung zu hören. Gem. § 102 Abs. 1 S. 2 BetrVG hat der Arbeitgeber ihm die Gründe dafür mitzuteilen. Erfolgt keine Anhörung, ist die Kündigung nach § 102 Abs. 1 S. 3 BetrVG unwirksam.

I. Pflicht zur Anhörung nur bei Kündigungen

Nach ganz herrschender Auffassung erschöpft sich die Reichweite der Pflicht, den Betriebsrat anzuhören, in dem, was der Wortlaut von § 102 Abs. 1 BetrVG nahe legt: Nur vor Kündigungen sei der Betriebsrat zu konsultieren, nicht aber vor dem Abschluss von Aufhebungsverträgen[7].

II. § 102 BetrVG und Aufhebungsverträge *de lege lata*

Nur vereinzelt halten Stimmen im Schrifttum eine Anwendung von § 102 BetrVG auf Aufhebungsverträge für geboten, wobei mitunter offen bleibt, ob sich diese schon aus der Auslegung von § 102 BetrVG oder aus einer analogen Anwendung der Norm ergeben soll. *Keppeler* möchte § 102 BetrVG auf alle Aufhebungsverträ-

---

[4] *Buhlinger*, Mitbestimmung bei Massenentlassungen, S. 90; MünchHdbArbR-*Matthes*, § 346 Rdnr. 33; Däubler/Kittner/Klebe-*Schneider*, § 92 BetrVG Rdnr. 48; GKBetrVG-*Kraft/Raab*, § 92 BetrVG Rdnr. 45; Richardi-*Thüsing*, § 92 BetrVG Rdnr. 50; *Fitting*, § 92 Rdnr. 45.
[5] Richardi-*Thüsing*, § 92 BetrVG Rdnr. 50; *Fitting*, § 92 Rdnr. 45.
[6] GKBetrVG-*Kraft/Raab*, § 92 BetrVG Rdnr. 45.
[7] KR-*Etzel*, § 102 BetrVG Rdnr. 42; *Fitting*, § 102 BetrVG Rdnr. 15; Ascheid/Preis/Schmidt-*Koch*, § 102 BetrVG Rdnr. 33; GKBetrVG-*Raab*, § 92 BetrVG Rdnr. 25 unter c); *Thies*, Abschluss arbeitsrechtlicher Aufhebungsverträge, S. 379 ff.; Richardi-*Thüsing*, § 102 BetrVG Rdnr. 21; nach herrschender Auffassung besteht auch keine Anzeigepflicht etwa bei der Beendigung durch Ablauf von Befristungen, auflösende Bedingungen, Arbeitnehmerkündigungen oder Freistellungen; vgl. die o.g. Fundstellen. Ein anderes gilt freilich, wenn eine Anhörungspflicht für andere Beendigungstatbestände als Kündigungen gesetzlich angeordnet ist, wie etwa in § 72a Abs. 2 LPVG NRW, siehe dazu *LAG Hamm* v. 4.7.1996, AP Nr. 1 zu § 72a LPVG NW.

ge anwenden[8]. Überwiegend verlangen diejenigen Autoren, die eine (entsprechende) Anwendung von § 102 BetrVG auf Aufhebungsverträge propagieren, aber darüber hinaus, dass diese gerade eine Kündigung ersetzen, die ansonsten ausgesprochen würde[9].

1. Wortlaut von § 102 BetrVG

Gegen eine Anhörung des Betriebsrats beim Abschluss von Aufhebungsverträgen in direkter Anwendung des § 102 BetrVG spricht der Wortlaut der Norm[10], der von „Kündigung" spricht und nicht etwa – wie z.B. die §§ 111 ff. BetrVG – einen neutralen Begriff wie „Entlassung" benutzt. *Für ein Anhörungsrecht vor dem Abschluss von Aufhebungsverträgen nach § 102 BetrVG in seiner geltenden Fassung lässt sich jedenfalls auch nicht anführen, dass dadurch nicht in die Privatautonomie eingegriffen würde*[11]. Denn selbstverständlich stellt die Rechtsfolge des § 102 Abs. 1 S. 3 BetrVG – Unwirksamkeit! – einen Eingriff in die Privatautonomie dar. Auch der Umstand, dass auf die Anhörung nach § 102 BetrVG nach herrschender Meinung nicht verzichtet werden darf[12], lässt sich nicht als Argument dafür anführen, dass bereits ein *Erfordernis* der Betriebsratsanhörung beim Abschluss von Aufhebungsverträgen besteht.

2. Auslegung nach dem Zweck der Anhörung

Großen Einfluss darauf, ob zumindest solche Aufhebungsverträge, deren Abschluss der Arbeitgeber veranlasst, einer Anhörungspflicht nach § 102 BetrVG unterfallen, hat der Zweck der Vorschrift. Dies gilt insbesondere, wenn bestimmt werden soll, ob Aufhebungsverträge, welche der Arbeitgeber veranlasst, zur Vermeidung einer unzulässigen Umgehung von Kündigungsnormen entsprechend zu behandeln sind[13]. Man wird jedenfalls nicht pauschal ausschließen können, dass ein Arbeitgeber mit dem Abschluss eines Aufhebungsvertrages bezweckt, der Anhörung nach § 102 BetrVG auszuweichen, die bei einer Kündigung erforderlich wäre.

---

[8] *Keppeler*, AuR 1996, 263, 265 f.
[9] *Becker/Rommelspacher*, ZRP 1976, 40, 42; *Zöllner*, Gutachten D zum 52. Juristentag, S. 113 u. 126; *Säcker*, Kündigungsschutztagungen, S. 143; *Meyer*, Kündigungsschutztagungen, S. 108; *Weiss*, Kündigungsschutztagungen, S. 137 f.
[10] *Müller*, Aufhebungsverträge, S. 188.
[11] So aber *Keppeler*, AuR 1996, 263, 265.
[12] *Raab*, ZfA 1995, 479, 533; vgl. aber Richardi-*Thüsing*, § 102 BetrVG Rdnr. 133; KR-*Etzel*, § 102 Rdnr. 75: Ausnahmsweise Verstoß gegen § 242 BGB, wenn der Arbeitnehmer den Arbeitgeber zunächst ausdrücklich gebeten hat, auf die Anhörung des Betriebsrats zu verzichten und ihr Fehlen später für die Unwirksamkeit der Kündigung anführt.
[13] Vgl. zu den grundsätzlichen Fragen, die damit verbunden sind, oben unter § 3.

Das Verfahren nach § 102 BetrVG dient dazu, die Willensbildung des Arbeitgebers zu beeinflussen, um eine Kündigung möglicherweise zu verhindern[14], so dass der individualrechtliche Kündigungsschutz kollektivrechtlich verstärkt wird[15]. Daneben soll § 102 BetrVG – wie sich etwa an § 102 Abs. 3 Nr. 2 BetrVG zeige – die Mitbestimmung des Betriebsrats bei der Zusammensetzung des Betriebs schützen[16]. Die personelle Zusammensetzung des Betriebs ist indessen von jeder Beendigung – auch von einer solchen, die allein auf den Arbeitnehmer zurückgeht – betroffen. Allenfalls kann § 102 BetrVG also die arbeitgebergesteuerte Zusammensetzung des Betriebs beeinflussen wollen.

Die Hauptfunktion von § 102 BetrVG liegt in der Beeinflussung des Arbeitgeberverhaltens[17]. Wie in § 3 gezeigt, kann gerade auch das rein tatsächliche Veranlassungsverhalten des Arbeitgebers kontrollfähig sein[18]. So gesehen machte ein Anhörungsrecht für Aufhebungsverträge Sinn: Denn bei einer Anhörung könnte der Betriebsrat den Arbeitgeber womöglich davon überzeugen, auf die Einwirkung auf den Arbeitnehmer, dem ein Aufhebungsvertrag angeboten wird, zu verzichten. Die Beeinflussung des Arbeitgeberverhaltens nach § 102 BetrVG dient aber – ähnlich wie in materieller Hinsicht § 613a Abs. 1 S. 1 BGB – dazu, das Kündigungsverfahren verfahrensmäßig zu flankieren. Deswegen ist es sinnlos, auch bei Aufhebungsverträgen einen Verfahrensschutz vorzuschalten: Denn für sie gilt weder der allgemeine noch der besondere Kündigungsschutz[19]. Dieser kann bei Aufhebungsverträgen also gar nicht durch ein vorgeschaltetes Verfahren ergänzt werden. Dagegen könnte man anführen, dass auch eine Anhörung nach § 102 BetrVG bei Kündigungen nicht voraussetzt, dass der Anwendungsbereich des Kündigungsschutzgesetzes eröffnet ist[20]. Doch bei solchen Kündigungen lässt das *BAG* die Mitteilung eines Werturteils oder pauschaler Gründe zumindest angesichts § 102 BetrVG genügen[21]. Im Schrifttum wird selbst dieser Informationsumfang teilweise noch für zu weitge-

---

[14] *BAG* v. 2.11.1983, AP Nr. 29 zu § 102 BetrVG 1972; *BAG* v. 16.9.1993, AP Nr. 62 zu § 102 BetrVG; *Kraft*, FS Kissel, S. 611, 613 f.; Däubler/*Kittner*/Klebe, § 102 BetrVG Rdnr. 3; GKBetrVG-*Raab*, § 102 BetrVG Rdnr. 3.
[15] So ausdrücklich GKBetrVG-*Raab*, § 102 BetrVG Rdnr. 3.
[16] *BAG* v. 13.7.1978, AP Nr. 17 zu § 102 BetrVG; GKBetrVG-*Raab*, § 102 BetrVG Rdnr. 3.
[17] So schon *BAG* v. 2.11.1983, AP Nr. 29 zu § 102 BetrVG 1972 unter A. I. 2. b) der Gründe: „Die Anhörung soll in geeigneten Fällen dazu beitragen, dass es erst gar nicht zum Ausspruch einer Kündigung kommt"; ähnlich GKBetrVG-*Raab*, § 102 BetrVG Rdnr. 3: Beeinflussung des Willensbildungsprozesses.
[18] Siehe unter § 3 C. II. 3.
[19] Vgl. unter § 4 E. IV. 2. d. und e.
[20] *BAG* v. 13.7.1978, AP Nr. 17 zu § 102 BetrVG 1972; *BAG* v. 11.7.1991, AP Nr. 81 zu § 102 BetrVG 1972; Richardi-*Thüsing*, § 102 BetrVG Rdnr. 14; MünchHdbArbR-*Matthes*, § 356 Rdnr. 3.
[21] *BAG* v. 8.9.1988, EzA Nr. 73 zu § 102 BetrVG 1972; *BAG* 3.12.1998, EzA Nr. 100 zu § 102 BetrVG 1972.

hend gehalten[22]. Insbesondere soll die Rechtsprechung des *BVerfG* zum Mindestkündigungsschutz durch die zivilrechtlichen Generalklauseln[23] nicht dazu führen, dass der Anhörungsumfang bei Kündigungen über denjenigen des KSchG hinaus erweitert wird[24].

Der allgemeine Kündigungsschutz außerhalb des KSchG beschränkt sich im Wesentlichen darauf, willkürliches Handeln des Arbeitgebers zu unterbinden. Wie Kündigungen gehen massenhaft abgeschlossene Aufhebungsverträge in der Regel auf den Arbeitgeber zurück. Für ihre Wirksamkeit muss es aber – nach hier vertretener Auffassung sogar nicht einmal im Zusammenhang mit Betriebsübergängen nach § 613a BGB – keine Gründe geben, die Gegenstand der Erörterung des Betriebsrats sein können. Darin liegt ein wesentlicher Unterschied zwischen Aufhebungsverträgen und Kündigungen, welcher eine Beteiligung des Betriebsrats überflüssig macht. Das Veranlassungsverhalten des Arbeitgebers ist damit nicht in solcher Weise kontrollfähig wie seine Kündigung. Wer nicht schon im Wortlaut von § 102 BetrVG hinreichend Anhaltspunkte dafür findet, dass die Vorschrift nicht für Aufhebungsverträge gilt, wird also jedenfalls an ihrem Zweck scheitern.

3. Analogiefähigkeit von § 102 BetrVG

Mangels vergleichbarer Interessenlage ist auch keine Analogie zu § 102 BetrVG zulässig[25]. Ferner wird es kaum möglich sein, dem Gesetzgeber angesichts § 112a Abs. 1 S. 2 BetrVG und § 17 Abs. 1 S. 2 KSchG und den Diskussionen, die im Schrifttum über eine Anwendung von § 102 BetrVG auf Aufhebungsverträge geführt wurden, eine planwidrige Regelungslücke nachzuweisen[26].

III. Pflicht zur Anhörung bei Aufhebungsverträgen *de lege ferenda*?

Auch der Vorschlag einiger Autoren[27], dem Betriebsrat *de lege ferenda* auf Wunsch des Arbeitnehmers ein Recht zur Teilnahme an der Verhandlung zu sichern, geht fehl. Zwar lässt sich wohl annehmen, dass das Bedürfnis eines Arbeitnehmers auf Beratung bei Gesprächen über die Beendigung des Arbeitsverhältnisses größer ist, wenn der Arbeitgeber sie initiiert[28]. Indes kann kein Arbeitnehmer dazu gezwungen werden, ohne Unterstützung in Verhandlungen mit dem Arbeitge-

---

[22] *Isenhardt*, FS 50 Jahre BAG, S. 943, 959 ff.
[23] *BVerfG* v. 27.1.1998, EzA Nr. 17 zu § 23 KSchG.
[24] *Isenhardt*, FS 50 Jahre BAG, S. 943, 960 f; etwas einschränkend Richardi-*Thüsing*, § 102 Rdnr. 72 mit Blick auf die Rechtsprechung des *BVerfG* zum Kündigungsschutz in Kleinbetrieben.
[25] So auch *Franz*, Abschluss eines Aufhebungsvertrages, S. 545 ff.
[26] *Franz*, Abschluss eines Aufhebungsvertrages, S. 543 ff.
[27] Zuletzt schlug *Kotthaus*, Aufhebungsvertrag, S. 80 f. u.a. einen § 102a BetrVG vor; *Becker/Rommelspacher*, ZRP 1976, 40, 42 f.: Beteiligung des Betriebsrats „wünschenswert".
[28] *Streckel*, Anm. zu BAG EzA Nr. 1 zu § 82 BetrVG Bl. 16.

ber einzutreten[29]. Ferner erkennt das *BAG* in gewissen Konstellationen – jedenfalls, wenn eine Beratung seitens des Betriebsrats aufgrund der Umstände des Einzelfalls zwingend ist – einen Anspruch § 82 Abs. 2 S. 2 BetrVG auf Hinzuziehung eines Betriebsratsmitglieds zu solchen Gesprächen an[30]. Eines „Mindestschutzes", der womöglich fehlenden Verfahrensschutz bei Aufhebungsverträgen ergänzen könnte, bedarf es folglich nicht.

C. Aufhebungsverträge und Betriebsänderungen (§§ 111 ff. BetrVG)

Nach § 111 Abs. 1 S. 1 BetrVG hat in Unternehmen mit in der Regel mehr als zwanzig wahlberechtigten Arbeitnehmern der Unternehmer den Betriebsrat über geplante Betriebsänderungen, die wesentliche Nachteile für die Belegschaft oder erhebliche Teile der Belegschaft zur Folge haben können, rechtzeitig und umfassend zu unterrichten und die geplanten Betriebsänderungen mit ihm zu beraten. Eine Betriebsänderung erfordert den Abschluss eines Interessenausgleichs und eines Sozialplans (§ 112 BetrVG). Weicht der Arbeitgeber ohne zwingenden Grund vom Interessenausgleich ab, können Arbeitnehmer, die infolge der Abweichung entlassen werden, eine Abfindung gegen den Arbeitgeber einklagen (§ 113 Abs. 1 BetrVG). Gleiches gilt gem. § 113 Abs. 3 BetrVG, wenn der Arbeitgeber eine geplante Betriebsänderung durchführt, ohne einen Interessenausgleich mit dem Betriebsrat versucht zu haben.

Im Hinblick auf Umstrukturierungen und Sanierungen, die zumindest auch mittels massenhaft abgeschlossenen Aufhebungsverträgen durchgeführt werden, ergeben sich folgende Fragen:

Welchen Einfluss haben Aufhebungsverträge darauf, ob der Tatbestand einer Betriebsänderung gem. § 111 BetrVG erfüllt ist (I.)? Unter welchen Voraussetzungen gelten Aufhebungsverträge in Sozialplänen als Beendigungstatbestände, die Ansprüche der Arbeitnehmer, insbesondere auf Zahlung von Abfindungen, begründen können (II.)? Und unter welchen Voraussetzungen gelten Aufhebungsverträge als „Entlassungen" im Sinne von § 113 Abs. 1 und Abs. 3 BetrVG (III.)?

I. Aufhebungsverträge und der Tatbestand der Betriebsänderung

Ob eine Betriebsänderung vorliegt, konkretisiert § 111 S. 3 BetrVG. Für die Frage, ob im Sinne dieser Vorschrift eine wesentliche Einschränkung eines Betriebsteils gegeben ist, wird herrschend auf die Schwellenwerte in § 17 Abs. 1 S. 1 KSchG,

---

[29] So zutreffend dagegen *Bauer*, Aufhebungsverträge, S. 188.
[30] Vgl. oben unter § 4 C. III.; *M. Reichel*, AuA 2005, 499, 500 schlägt daher vor, dem Wunsch des Arbeitnehmers auf Hinzuziehung eines Betriebsratsmitglieds stets zu entsprechen; für eine großzügige Handhabung von § 82 BetrVG auch *Thies*, Abschluss arbeitsrechtlicher Aufhebungsverträge, S. 389 ff.

sowie ergänzend auf eine Schwelle von 5 % der Belegschaft abgestellt[31]. Inwieweit daneben § 112a Abs. 1 BetrVG für die Anwendung von § 111 S. 3 Nr. 1 BetrVG von Bedeutung ist, ist umstritten: § 112a BetrVG entbindet nur von den Pflichten, die § 112 Abs. 4 und Abs. 5 BetrVG für die Aufstellung eines Sozialplans anordnen (vgl. im Einzelnen § 112a Abs. 2 BetrVG), lässt die Verpflichtung zur Einigung über einen Interessenausgleich aber unberührt. Nach wohl herrschender Auffassung kann eine Betriebsänderung nach § 111 S. 3 Nr. 1 BetrVG auch gegeben sein, wenn der Personalabbau unterhalb der Schwellenwerte in § 112a Abs. 1 S. 1 BetrVG liegt, eine Betriebsänderung jedoch aufgrund anderer Umstände anzunehmen ist[32].

Zu Recht geht ein Teil des Schrifttums außerdem davon aus, dass das Erreichen der Schwellenwerte in § 112a Abs. 1 S. 1 BetrVG allein keine Betriebsänderung konstituiert. Denn § 112a Abs. 1 S. 1 BetrVG nimmt auf § 111 S. 3 Nr. 1 BetrVG qua Wortlaut bezug, so dass dessen Voraussetzungen ebenfalls gegeben sein müssen[33].

1. Der Gedanke des § 112a Abs. 1 S. 2 BetrVG und § 111 BetrVG

Soweit § 112a Abs. 1 S. 2 BetrVG daher solche Aufhebungsverträge Entlassungen gleichstellt, die ein Arbeitgeber aus Gründen einer Betriebsänderung veranlasst, betrifft dies nur einen Teilbereich des Tatbestands der Betriebsänderung. Bedeutender ist die Frage, ob sich dieser Gedanke insgesamt auf § 111 BetrVG übertragen lässt.

In der Literatur wird zu Recht erkannt, dass sich aus dem Schutzzweck der §§ 111 ff. BetrVG ergibt, dass jedenfalls nur solche Arbeitnehmer mitzuzählen sind, die auf Grund der Betriebsänderung betriebsbedingt ausscheiden[34]. Diese Einschränkung lässt Anklänge an die allgemeinen Grundlagen des Veranlassungsprinzips erkennen[35]: Ein Arbeitgeber kann die Voraussetzungen von § 111 BetrVG nicht umgehen, indem er Aufhebungsverträge abschließt, wenn er nicht überhaupt aufgrund seiner Pläne über eine Betriebsänderung eine „Entlassung" des Arbeitnehmers erwägen würde. Berücksichtigte man andere Aufhebungsverträge, würde der

---

[31] *BAG* v. 2.8.1983, AP Nr. 12 zu § 111 BetrVG; *BAG* v. 7.8.1990, EzA Nr. 27 zu § 111 BetrVG; GKBetrVG-*Oetker*, § 111 BetrVG Rdnr. 90; Richardi-*Annuß*, § 111 BetrVG Rdnr. 86; siehe aber *Bulla*, RdA 1976, 233, 236 ff., der eine „Betriebseinschränkung" nur in den unternehmerischen Entscheidungen sehen möchte, die einer Massenentlassung vorausgehen.

[32] *BAG* v. 2.12.1988, AP Nr. 26 zu § 111 BetrVG Bl. 2; GKBetrVG-*Oetker*, § 111 BetrVG Rdnr. 91; Richardi-*Annuß*, § 111 BetrVG Rdnr. 80; ErfKomm-*Kania*, § 111 BetrVG Rdnr. 9; a.A. Stege/Weinspach/Schiefer, § 111-113 BetrVG Rdnr. 43 b; *Rumpff/Boewer*, S. 281 ff.

[33] GKBetrVG-*Oetker*, § 111 BetrVG Rdnr. 92; a.A. Richardi-*Annuß*, § 111 BetrVG Rdnr. 80; *Streckel*, Anm. zu BAG AP Nr. 26 zu § 111 BetrVG 1972, Bl. 5.

[34] *Bauer*, Aufhebungsverträge, S. 395; vgl. dazu bereits ausführlich das unter § 3 B. III. 4. b. genannte Beispiel.

[35] Siehe dazu § 3.

Umgehungsschutz abermals weiter reichen als die Reichweite der Norm für Kündigungen: Um Aufhebungsverträge stünde es dann – aus Sicht des Arbeitgebers – schlechter als um Kündigungen[36].

2. Zweck der Beteiligungspflicht bei Betriebsänderung gem. § 111 BetrVG

Eine andere Frage ist es, ob die Einbeziehung von Aufhebungsverträgen, die der Arbeitgeber veranlasst, in den Tatbestand von § 111 BetrVG überhaupt gerechtfertigt ist. Sieht man den Zweck der §§ 111 ff. BetrVG in der Linderung der negativen Folgen einer Betriebsänderung für diejenigen Arbeitnehmer, die davon betroffen sind[37], ergeben sich Zweifel. Denn ein Arbeitnehmer, der einvernehmlich aus dem Betrieb ausscheidet, wirkt an der Beendigung des Arbeitsverhältnisses mit und sollte die Folgen seiner Mitwirkung abschätzen können[38].

Legte man den Tatbestand von § 111 BetrVG derart restriktiv aus, könnte die Einigungsbereitschaft eines einzigen Arbeitnehmers indessen auch auf alle diejenigen Arbeitnehmer Einfluss haben, die sich nicht auf Aufhebungsverträge einlassen möchten: Der Tatbestand der Betriebsänderung würde womöglich gerade wegen seiner Einigungsbereitschaft vereitelt, wenn man ihn deswegen nicht mitzählt. Die Kriterien, welche die Rechtsprechung zu § 111 BetrVG entwickelt hat, stellen aber eine Schwelle dar, ab deren Erreichen die Entscheidung des Arbeitgebers für die *gesamte* Belegschaft so gravierend ist, dass dem auf kollektive Weise – nämlich durch Interessenausgleichs- und Sozialplanregelungen – zugunsten aller betroffenen Arbeitnehmer entgegengewirkt werden soll. Seitdem § 112a Abs. 1 S. 2 BetrVG geschaffen wurde, spricht systematisch ein weiteres Argument dafür, Aufhebungsverträge, die der Arbeitgeber veranlasst, für den Tatbestand einer Betriebsänderung zu berücksichtigen: Bei einem reinen Personalabbau zählen Aufhebungsverträge gem. § 112a Abs. 1 S. 2 BetrVG mit. Liegt aber kein reiner Personalabbau vor, sondern beispielsweise eine für die Arbeitnehmer möglicherweise gravierendere Einschränkung oder Stilllegung von Anlagen, mit der ein Personalabbau einhergeht, sollte die Beteiligungspflicht nicht an der Form der Beendigung einzelner Arbeitsverhältnisse scheitern.

Der Zweck von § 111 BetrVG deutet darauf hin, dass es gerade auf das Ausscheiden von Arbeitnehmern „als solches" – unabhängig davon, in welcher rechtstechnischen Form dies geschieht – ankommt. Für den reinen Personalabbau dokumentiert dies § 112a Abs. 1 S. 2 BetrVG. Das erinnert an die Ausgangsüberlegung zum Veranlassungsprinzip: Sind nicht die Form der Beendigung, sondern ihre materiel-

---

[36] Siehe dieses Beispiel bereits unter § 3 B. III. 4. b.
[37] Siehe statt aller Richardi-*Annuß*, § 111 BetrVG Rdnr. 15.
[38] So für die Frage, inwieweit Aufhebungsverträge in einem Sozialplan Kündigungen gleichgestellt werden müssen *BAG* v. 19.7.1995, AP Nr. 96 zu § 112 BetrVG unter III. 2. a).

len Gründe maßgeblich, soll es auf die Form auch nicht ankommen[39]. Für die Frage, ob man eine Betriebsänderung bejaht, kommt es daher nur darauf an, wie viele Arbeitsverhältnisse der Arbeitgeber beenden möchte, um seine Vorstellungen umzusetzen.

II. Reichweite von Sozialplanansprüchen bei Aufhebung des Arbeitsverhältnisses

Den Betriebsparteien wird für die inhaltliche Gestaltung des Sozialplans ein weiter Gestaltungsspielraum zugesprochen[40]. Ihnen werden mit den Grundsätzen von Recht und Billigkeit (vgl. § 75 Abs. 1 S. 1 BetrVG) jedoch Schranken gesetzt. Zu diesen Grundsätzen wird auch die Berücksichtigung des Gleichbehandlungsgrundsatzes gezählt. Problematisch sind inhaltliche Bestimmungen in Sozialplänen – vor allem Ansprüche auf Abfindungen – die lediglich die Kündigung des Arbeitgebers, nicht aber andere Beendigungstatbestände mit Rechten des Arbeitnehmers verbinden.

Die ganz herrschende Auffassung differenziert danach, ob der Arbeitgeber die Beendigung – unabhängig davon, ob sie rechtstechnisch als Aufhebungsvertrag oder als Eigenkündigung des Arbeitnehmers konstruiert wurde – veranlasst hat. Insbesondere das *BAG* geht stets davon aus, dass die rechtstechnische Form der Auflösung eines Arbeitsverhältnisses unerheblich ist. Maßgeblich sei nur der materielle Auflösungsgrund. Zwar dürften die Parteien grundsätzlich andere Regelungen für Eigenkündigungen des Arbeitnehmers treffen[41]. Regelungen in Sozialplänen, die an Arbeitgeberkündigungen anknüpfen, sollen aber auch für andere, vom Arbeitgeber veranlasste Beendigungstatbestände gelten, weil „§ 75 i.V. mit § 112a Abs. 1 BetrVG" dies gebiete[42]. Das *BAG* agiert also im Wesentlichen mit zwei Argumenten, wenn es beim Abschluss von Aufhebungsverträgen Ansprüche aus Sozialplanregelungen herleitet, die an Arbeitgeberkündigungen anknüpfen: Zum einen stützt es sich auf § 75 Abs. 1 S. 1 BetrVG und das Verbot ungerechtfertigter Ungleichbehandlungen. § 112a Abs. 1 S. 2 BetrVG soll zum anderen einen Gedanken zum Ausdruck bringen, der so allgemein ist, dass er die §§ 111 ff. BetrVG vollständig durchdringt. Vereinzelt wird auch der Zweck des Sozialplans angeführt, die durch

---

[39] Vgl. § 3.
[40] *BAG* v. 15.1.1991, AP Nr. 57 zu § 112 BetrVG 1972; *BAG* v. 28.4.1993, AP Nr. 67 zu § 112 BetrVG; *BAG* v. 20.4.1994, AP Nr. 77 zu § 112 BetrVG; *BAG* v. 19.7.1995, AP Nr. 96 zu § 112 BetrVG 1972.
[41] *BAG* v. 11.8.1993, AP Nr. 71 zu § 112 BetrVG; so auch die Regelung in *BAG* v. 16.4.2002, AP Nr. 153 zu § 112 BetrVG 1972, in der diese Rechtsfrage allerdings nicht mehr problematisiert wurde.
[42] *BAG* v. 19.7.1995, AP Nr. 96 zu § 112 BetrVG 1972; *BAG* v. 6.5.2003, AP Nr. 161 zu § 112 BetrVG; zustimmend z.B. *von Hoyningen-Huene*, AP Nr. 96 zu § 112 BetrVG 1972; *Bauer*, Aufhebungsverträge, S. 397.

den Arbeitsplatzverlust entstandenen Nachteile für diejenigen Arbeitnehmer durch eine Abfindung zu mildern oder auszugleichen, die ihren Arbeitsplatz gerade infolge der Betriebsänderung verloren haben[43].
Für andere, „nicht-arbeitgeberveranlasste" Aufhebungsverträge oder Eigenkündigungen gelte dies nicht[44]. Eine Unterscheidung zwischen „nichtarbeitgeberveranlassten" Aufhebungsverträgen einerseits und Eigenkündigungen andererseits hält das *BAG* für zulässig, weil erstere von der Zustimmung des Arbeitgebers abhängen[45]. Keine Ansprüche aus Sozialplänen begründen im Regelfall Aufhebungsverträge aus personen- oder verhaltensbedingten Gründen[46] oder solche, die in keinerlei Zusammenhang zu einer Betriebsänderung stehen[47]. Die konsequente Begründung dafür muss lauten, dass man ansonsten aus Kündigungen weniger ableiten könnte, als aus Aufhebungsverträgen, die an ihrer Stelle vereinbart werden.

1. § 75 BetrVG und ungerechtfertigte Ungleichbehandlungen

Anders der Tatbestand einer Betriebsänderung[48], betrifft die Frage, inwieweit der Gestaltungsspielraum der Betriebsparteien bei Aufhebungsverträgen beschränkt wird bzw. ob unabhängig von der rechtstechnischen Form der Beendigung individuelle Ansprüche bestehen, allein die Absicherung einzelner Arbeitnehmer. In vielen Fällen dürfte sich bereits aus der – selbstverständlich über seinen Wortlaut hinausgehenden[49] – Auslegung des Sozialplans ergeben, dass auch Arbeitnehmern, die nicht auf Grund von Arbeitgeberkündigungen, aber auf Grund der Betriebsänderung ausscheiden, Ansprüche wegen der Beendigung des Arbeitsverhältnisses zustehen[50]. Manche Sozialpläne enthalten gar Definitionen, wann eine Beendigung vom Arbeitgeber veranlasst wird. Jedenfalls steht es den Betriebsparteien offen, entsprechende Klauseln in den Sozialplan einzuführen.

---

[43] *BAG* v. 28.4.1993, AP Nr. 67 zu § 112 BetrVG.
[44] *BAG* v. 19.7.1995, AP Nr. 96 zu § 112 BetrVG 1972; *BAG* v. 16.4.2002, AP Nr. 153 zu § 112 BetrVG 1972; *BAG* v. 6.8.2002, AP Nr. 154 zu § 112 BetrVG 1972.
[45] *BAG* v. 19.7.1995, AP Nr. 96 zu § 112 BetrVG 1972 unter III. 3. a) der Gründe.
[46] *Bauer*, Aufhebungsverträge, S. 395; *Müller*, Aufhebungsverträge, S. 191; *Bauer/Röder*, NZA 1985, 201, 204.
[47] So richtig *BAG* v. 20.4.1994, *BAG* 1995, 489, 490; *Bauer*, Aufhebungsverträge, S. 397; *Müller*, Aufhebungsverträge, S. 191; *Bauer/Röder*, NZA 1985, 201, 204.
[48] Dazu unter § 6 C. I.
[49] *A. Wolff*, Gestaltungsformen des Sozialplans, S. 179; *BAG* v. 5.2.1997, AP Nr. 112 zu § 112 BetrVG 1972.
[50] Siehe sogar etwa *BAG* v. 28.4.1993, AP Nr. 67 zu § 112 BetrVG 1972: Der Sozialplan könne „insbesondere im Hinblick auf § 75 BetrVG" nur so ausgelegt werden, dass Aufhebungsverträge wie Arbeitgeberkündigungen behandelt werden. Dies ist sicherlich zu weitreichend: Konsequenterweise hätte man die Regelung im Sozialplan für unzulässig befinden und durch eine wirksame Regelung – nämlich eine solche, nach der auch Aufhebungsverträge, die der Arbeitgeber veranlasst, zur Abfindung berechtigen – ersetzen müssen.

Probleme entstehen jedoch, wenn sich die Ansprüche, die ein Sozialplan begründet, auf diejenigen Arbeitnehmer beschränken, denen der Arbeitgeber gekündigt hat. Es ist – anders als das *BAG* meint – nämlich zweifelhaft, auf Grund von § 75 Abs. 1 S. 1 BetrVG pauschal anzunehmen, dass vom Arbeitgeber veranlasste Aufhebungsverträge Arbeitgeberkündigungen gleichzustellen sind. Denn ein sachlicher Grund, der eine Durchbrechung des Gleichbehandlungsgrundsatzes erlaubt, könnte in der rechtlichen Mitwirkung des Arbeitnehmers an der Beendigung zu sehen sein. Ferner enthalten Aufhebungsverträge eigene – also individualvertragliche – Abfindungsklauseln, die in aller Regel auf die im Sozialplan vereinbarten Abfindungen angerechnet werden[51]. Das *BAG* hat es sogar bereits in Erwägung gezogen, Abfindungen in Aufhebungsverträgen mit solchen in Sozialplänen zu verrechnen, wenn eine Verrechnungsklausel nicht ausdrücklich vereinbart wurde[52]. Schließlich kann kein Arbeitnehmer gezwungen werden, einem Aufhebungsvertrag zuzustimmen. Möchte er sicher gehen, die Abfindung aus dem Sozialplan zu erhalten, könnte er auch auf eine Kündigung des Arbeitgebers warten. Aus der Warte des Gleichbehandlungsgrundsatzes und damit auch am Maßstab von § 75 Abs. 1 S. 1 BetrVG ist eine Gleichstellung von Arbeitgeberkündigungen und von Aufhebungsverträgen, die dieser veranlasst, – anders als die ganz herrschende Meinung dies sieht – nicht geboten.

2. *Wertung des § 112a Abs. 1 S. 2 BetrVG*

Neben dem Gleichbehandlungsgrundsatz, der durch § 75 Abs. 1 S. 1 BetrVG die Kontrolle von Sozialplänen erfasst, wird die Wertung des § 112a Abs. 1 S. 2 BetrVG angeführt, um arbeitgeberveranlasste Aufhebungsverträge mit Sozialplanansprüchen zu verbinden. Es sei wertungswidersprüchlich, Arbeitnehmer für die Annahme einer Sozialplanpflicht wegen Betriebsänderung zu berücksichtigen, ihnen aber keine Ansprüche daraus zuzusprechen[53].

Indes ist es durchaus stringent, auf *kollektivrechtlicher* Ebene alle Beendigungen von Arbeitsverhältnissen, die mit der geplanten Betriebsänderung in Zusammenhang stehen, zu erfassen, um deren Beteiligungspflicht zu bestimmen, und bei der Frage der Gestaltungsgrenzen des Sozialplans zu differenzieren. Denn die Reichweite der Sozialplanpflicht wirkt sich nur auf den *individuellen* Arbeitnehmer aus, der sein Schicksal selbst in der Hand hat. Eine Gefahr, dass durch den Abschluss von Aufhebungsverträgen, die der Arbeitgeber veranlasst, ein Ausgleich der Nachteile unterbunden wird, die alle Arbeitnehmer – also auch diejenigen, die sich nie-

---

[51] Siehe etwa die Empfehlungen von *Bauer*, Aufhebungsverträge, S. 400; *Müller*, Aufhebungsverträge, S. 196.
[52] *BAG* v. 13.12.1978, AP Nr. 6 zu § 112 BetrVG 1972; *BAG* v. 13.6.1989, AP Nr. 19 zu § 113 BetrVG 1972.
[53] So *BAG* v. 20.4.1994, NZA 1995, 489, unter II. 2. a) der Gründe.

mals auf einen Aufhebungsvertrag einlassen würde – erleiden, besteht nicht. Darüber hinaus hätte der Gesetzgeber, hätte er Aufhebungsverträge, die der Arbeitgeber veranlasst, Arbeitgeberkündigungen in jeder Hinsicht in den §§ 111 ff. BetrVG gleichstellen wollen, eine deutliche Regelung treffen können. Dass er erkannt hat, dass Betriebsänderungen mit Aufhebungsverträgen umgesetzt werden, hat er gezeigt, als er § 112a Abs. 1 S. 2 BetrVG erlassen hat.

Überdies entspricht es nicht dem Telos von § 112a Abs. 1 S. 2 BetrVG, der umfassenden Gleichbehandlung von arbeitgeberveranlassten Aufhebungsverträgen in den §§ 111 ff. BetrVG das Wort zu reden. Der Gesetzgeber bezweckte mit der Einfügung von § 112a BetrVG, einen Anreiz für die Neugründung von Unternehmen und damit neue Arbeitsplätze zu schaffen, indem für bestimmte Betriebsänderungen die Anwendung von § 112 Abs. 4 und Abs. 5 BetrVG ausgeschlossen wurde[54]. Es ging ihm um die Einschränkung der Sozialplanpflicht in bestimmten Konstellationen, nicht aber um eine Auslegung von Sozialplänen, die im Ergebnis dazu führt, dass jegliche Beendigungen, welche der Arbeitgeber veranlasst, Ansprüche gegen ihn hervorrufen können.

3. Aus Perspektive der Veranlassungsdogmatik

Schließlich verwirklicht § 112a Abs. 1 S. 2 BetrVG keinen „allgemeinen Rechtsgedanken", auf Grund dessen auch jenseits des originären Anwendungsbereichs der Norm arbeitgeberveranlasste Aufhebungsverträge solche Sozialplanansprüche begründen könnten, die an Kündigungen anknüpfen. Denn die Frage, ob die Veranlassung der Beendigung des Arbeitgebers einzubeziehen ist, ist durch Auslegung des jeweiligen Rechtssatzes zu beantworten[55].

Es kommt für die Bestimmung des Inhalts von Sozialplänen gerade nicht allein darauf an, ob überhaupt ein Arbeitnehmer ausscheidet. Für die Frage, inwieweit er durch Ansprüche aus dem Sozialplan abgesichert werden muss, sind andere Umstände – etwa die Aussicht auf eine andere Beschäftigung – maßgeblich. Der Arbeitgeber könnte eine Sozialplanregelung zwar „umgehen", indem er einen Aufhebungsvertrag anbietet und versucht, den Arbeitnehmer von seiner Zustimmung zu überzeugen. Lässt der Arbeitnehmer sich die Zustimmung zu einem Aufhebungsvertrag mit einer vergleichbar hohen Abfindung abkaufen, besteht kein Bedürfnis, eine Umgehung anzunehmen, die man für unzulässig erklärt, indem man auf die Veranlassung des Arbeitgebers abstellt. Im Ergebnis besteht für die Rechtsprechung des *BAG*, Ansprüche in Sozialplänen, die an Arbeitgeberkündigungen anknüpfen, automatisch auf arbeitgeberveranlasste Aufhebungsverträge anzuwenden, keine rechtliche Grundlage.

---

[54] BT-Drucks. 10/2102, S. 17 f.
[55] Vgl. § 3 B. III. 2.

III. Aufhebungsverträge als Entlassungen nach § 113 BetrVG

§ 113 BetrVG betrifft die Missachtung des Beteiligungsverfahrens bei Betriebsänderungen. Für den Zweck dieser Untersuchung ist vor allem die Frage interessant, wann Arbeitnehmer i.S.v. § 113 Abs. 1 und Abs. 3 BetrVG Arbeitnehmer „entlassen" werden.

1. Gleichstellung entsprechend § 112a Abs. 1 S. 2 BetrVG

Nach wohl einhelliger Auffassung gelten Aufhebungsverträge, die der Arbeitgeber i.S.d. § 112a Abs. 1 S. 2 BetrVG veranlasst, als Entlassungen im Sinne von § 113 BetrVG[56]. Doch der Begründung dieser Auslegung mit § 112a Abs. 1 S. 2 BetrVG – welche die ganz herrschende Meinung vornimmt – sind ähnliche Einwände ausgesetzt wie bei der Frage, ob die Inhaltsbestimmung von Sozialplänen am Maßstab dieser Norm möglich ist.

2. Zweck von § 113 BetrVG

Einerseits dient § 113 BetrVG der Absicherung von Beteiligungsrechten des Betriebsrats bei Betriebsänderungen, indem die Vorschrift deren Nichtbeachtung sanktioniert[57]. Andererseits hat § 113 BetrVG aber auch den Ausgleich von Nachteilen der Arbeitnehmer im Auge[58]. Letzterer Zweck legt eine Auslegung wie soeben nahe, nach der die alleinigen Auswirkungen auf einzelne Arbeitnehmer und deren Umstände dagegen sprechen, auch arbeitgeberveranlasste Aufhebungsverträge als Entlassungen anzusehen. Denn haben Arbeitnehmer aufgrund der Beendigung des Arbeitsverhältnisses Nachteile zu befürchten, können sie diese (zunächst) vermeiden, indem sie einem Aufhebungsvertrag nicht zustimmen.

Insbesondere *Oetker* hat zu Recht mehrfach festgestellt, dass die Ausgleichsfunktion von § 113 BetrVG seinen Sanktionszweck nicht überlagert, sondern ein Mittel zu dessen Erreichung darstellt[59]. Dieser Auffassung ist offensichtlich auch das *BAG*. Denn zwar verrechnet es Ansprüche aus § 113 Abs. 3 BetrVG mit möglicherweise parallel bestehenden Sozialplananspruchen von Arbeitnehmern, so dass der Arbeitgeber nur insoweit sanktioniert wird, wie die Arbeitnehmer durch die Missachtung der Beteiligungsrechte des Betriebsrats benachteiligt werden[60]. Doch

---

[56] *BAG* v. 23.8.1988, AP Nr. 17 zu § 113 BetrVG 1972, Bl. 4 f.; *BAG* v. 23.9.2003, AP Nr. 43 zu § 113 BetrVG 1972 Bl. 3; ErfKomm-Kania, § 113 BetrVG Rdnr. 5; GKBetrVG-*Oetker*, § 113 BetrVG Rdnr. 62.
[57] Richardi-*Richardi/Annuß*, § 113 BetrVG Rdnr. 4.
[58] *BAG* v. 13.6.1989, AP Nr. 19 zu § 113 BetrVG 1972, S. 9; *BAG* v. 20.11.2001, AP Nr. 39 zu § 113 BetrVG 1972, Bl. 3 f.; Richardi-*Richardi/Annuß*, § 113 BetrVG Rdnr. 2.
[59] *Oetker*, Anm. zu BAG AP Nr. 42 zu § 113 BetrVG 1972, Bl. 11R; *ders.*, Anm. zu LAGE Nr. 1 zu § 122 InsO, Bl. 15 f.; GKBetrVG-*ders.*, § 113 BetrVG Rdnr. 5.
[60] Zuletzt *BAG* v. 20.11.2001, AP Nr. 39 zu § 113 BetrVG 1972 unter II. 1. der Gründe; kritisch gegenüber dieser Verrechnung *Mauthner*, Massenentlassungsrecht, S. 185.

geht das *BAG* nicht zugleich davon aus, dass die Verrechnung der Ansprüche den Sanktionszweck beseitigt. Ein Anspruch auf Nachteilsausgleich nach § 113 BetrVG bestehe unabhängig davon, ob die Betriebsänderung sozialplanpflichtig ist[61]. Ferner will das *BAG* die Höhe möglicher Nachteilsausgleichsansprüche weder durch die Leistungen des Sozialplans[62] noch durch § 112 Abs. 5 S. 2 BetrVG[63] begrenzt wissen. Andere Autoren halten den Sanktionscharakter von § 113 Abs. 3 BetrVG gegenüber dessen Ausgleichsfunktion sogar für überlegen[64].

Würde man Aufhebungsverträge, die der Arbeitgeber veranlasst, nicht als Entlassungen i.S.d. § 113 BetrVG zählen, hätten solche Arbeitgeber keine Sanktionen zu befürchten, die eine Betriebsänderung allein mit Aufhebungsverträgen durchführen. Damit könnte in der Tat die Wertung von § 112a Abs. 1 S. 2 BetrVG unterlaufen werden. Denn eine Absicherung der Beteiligungsrechte bei solchen Betriebsänderungen würde vereitelt. Daher sind arbeitgeberveranlasste Aufhebungsverträge als Entlassungen zu verstehen. Freilich muss vorausgesetzt werden, dass die „Entlassung" wiederum im Zusammenhang mit der Betriebsänderung steht[65]. Daher müssen Aufhebungsverträge, welche eine Betriebsänderung gem. § 111 BetrVG begründen können, im Ergebnis als Entlassungen i.S.d. § 113 BetrVG berücksichtigt werden.

3. Unterscheidung zwischen normkonformem und normwidrigem Verhalten

Freilich bewirken die bisherigen Ergebnisse eine auf den ersten Blick möglicherweise merkwürdig anmutende Unterscheidung: Einigen sich Arbeitgeber und Betriebsrat auf einen Sozialplan und knüpfen darin nur an Arbeitgeberkündigungen Abfindungen, können Arbeitnehmer, die aufgrund arbeitgeberveranlasster Aufhebungsverträge ausscheiden, darauf keine Ansprüche begründen. Unterlässt der Arbeitgeber es hingegen, den Betriebsrat zu beteiligen oder weicht er von der erzielten Vereinbarung ab, entstünden auch solchen Arbeitnehmern Ansprüche aus § 113 BetrVG. Die Arbeitnehmer sind demzufolge verhältnismäßig besser gestellt, wenn sich der Arbeitgeber normwidrig verhält und die Beteiligungsrechte nach den §§ 111 ff. BetrVG missachtet.

Dieser Widerspruch ist jedoch nur scheinbar: Er lässt sich dadurch rechtfertigen, dass § 113 BetrVG einen Arbeitgeber, welcher die Beteiligungsrechte des Betriebsrats missachtet, in einer kollektivrechtlichen Dimension strafen möchte. Für die

---

[61] *BAG* v. 8.11.1988, AP Nr. 18 zu § 113 BetrVG 1972.
[62] *BAG* v. 13.6.1989, AP Nr. 19 zu § 113 BetrVG 1972.
[63] *BAG* v. 10.12.1996, AP Nr. 32 zu § 113 BetrVG 1972.
[64] *Däubler*/Kittner/Klebe, § 113 BetrVG Rdnr. 1; ErfKomm-*Kania*, § 113 BetrVG Rdnr. 1; *Fitting*, § 113 BetrVG Rdnr. 2; so auch *Mauthner*, Massenentlassungsrecht, S. 183, die darauf hinweist, dass der Gesetzgeber diese Frage unbeantwortet gelassen hat, siehe BT-Drucks. 6/1786, S. 55.
[65] Richtig *LAG Berlin* v. 1.9.1986, DB 1987, 181 für eine Eigenkündigung.

Angemessenheit einer „Bestrafung" kommt es nur darauf an, ob infolge der Betriebsänderung überhaupt Arbeitsverhältnisse beendet wurden. Es geht wiederum um die Beendigung von Arbeitsverhältnissen „als solcher".

D. Zwischenergebnis

Die Auswirkungen des BetrVG auf den massenhaften Abschluss von Aufhebungsverträgen lassen sich damit wie folgt zusammenfassen: Richtet sich eine Vorschrift daran, die *kollektive Interessen* der Arbeitnehmerschaft zu wahren, zählen Aufhebungsverträge grundsätzlich mit. Daraus folgt, dass die Wertung des § 112a Abs. 1 S. 2 BetrVG sowohl auf § 111 BetrVG als auch auf § 113 BetrVG zu übertragen ist.

Sind hingegen allein diejenigen *Individualinteressen* der Arbeitnehmer tangiert, welche sich auf einen Aufhebungsvertrag einlassen, gelten die Tatbestände des BetrVG für Arbeitgeberkündigungen nicht. Daher muss bei Abschluss von Aufhebungsverträgen keine Anhörung nach § 102 BetrVG erfolgen und für Ansprüche aus Sozialplänen gelten Aufhebungsverträge – wurde keine entsprechende Vereinbarung getroffen – nicht automatisch als Beendigungstatbestand, aus dem sich (Abfindungs-)Ansprüche herleiten ließen.

§ 7 Massenhaft abgeschlossene Aufhebungsverträge als Massenentlassungen

Massenentlassungsrecht ergänzt die allgemeinen Vorschriften, die für (einzelne) Beendigungen von Arbeitsverhältnissen gelten. Wer sich dem massenhaften Abschluss von arbeitsrechtlichen Aufhebungsverträgen annimmt, kommt daher nicht umhin, sich mit den Vorschriften auseinander zu setzen, welche die massenhafte Beendigung von Arbeitsverträgen gezielt ins Auge fassen.
Es mag überraschen, dass sich im deutschen Recht schon sehr viel länger besondere Regeln für Massenentlassungen nachweisen lassen als Vorschriften, die einzelne Arbeitnehmer vor Kündigungen schützen. Doch das Alter der Vorschriften verheißt keine Lösung aller mit ihnen verbundenen Probleme. Denn nicht nur der deutsche, sondern auch der europäische Gesetzgeber hält die massenhafte Beendigung von Arbeitsverhältnissen für regelungsbedürftig.
In diesem Teil der Untersuchung werden zunächst die Grundlagen des Massenentlassungsrechts (A.) sowie dessen Entstehungsgeschichte in Deutschland und Europa (B.) beleuchtet. Besondere Bedeutung hat die „Junk"-Entscheidung des *EuGH* (C.), welche die Frage nach dem methodischen Verhältnis zwischen deutschem Recht und europäischen Richtlinien aufwirft (D.). Schließlich wird untersucht, was aus alledem für massenhaft abgeschlossene Aufhebungsverträge folgt (E.).

A. Grundlagen des Massenentlassungsrechts

Das Recht der Massenentlassungen ist in gewisser Weise eine zeitlose Materie. Es steht aber zugleich in engem Zusammenhang zu den jeweils aktuellen gesellschaftlichen und wirtschaftlichen Entwicklungen[1].

I. Begriff und Regelungsanlass

„Massenentlassungsrecht" heißt, dass im Falle einer Massenentlassung besondere Vorschriften gelten, die das allgemeine Recht zu „singulären" Beendigungstatbeständen für diese besondere Situation ersetzen oder doch zumindest ergänzen.

---

[1] *Bellinghausen*, Massenentlassungsschutz, S. 3 ff.

1. Negative Effekte innerhalb eines bestimmten Zeitraums

Der Begriff Massenentlassung ist negativ besetzt: Die Beendigung von Arbeitsverhältnissen, die der Wortbestandteil *Entlassung* charakterisiert, wird als negativ empfunden. Liegt eine *Masse* von Entlassungen vor, bedeutet dies, dass eine bedeutende Häufung von Entlassungen vorliegt. „Massenentlassung" steht also für eine Vielzahl unangenehmer Ereignisse *innerhalb eines bestimmten Zeitraums*. Aus der Existenz besonderen Rechts für Massenentlassungen lässt sich entnehmen, dass diese Situation als so unangenehm empfunden wird, dass sich der Staat in seiner Funktion als Gesetzgeber berufen fühlt, gesetzliche Rahmenbedingungen für sie zu schaffen. Es ist keine Überraschung, dass das staatliche Handeln angesichts der negativen Wahrnehmung von Massenentlassungen darauf gerichtet sein wird, diese zu verhindern, diese zu erschweren oder zumindest ihre Folgen zu lindern.

2. Massenentlassung als gesteuerte Maßnahme

Der allgemeine Sprachgebrauch kennt die „Massenentlassung"[2]. Der Begriff wird im Singular gebraucht, obwohl doch eine Vielzahl von Arbeitsverhältnissen beendet wird. Daran zeigt sich: Massenentlassungsrecht knüpft nicht an eine zufällige, bei mehreren Arbeitgebern verursachten Beendigung von Arbeitsverhältnissen an, sondern zielt vielmehr auf die einzelne, in einem bestimmten Betrieb – oder zumindest Unternehmen oder Konzern – gesteuerte Maßnahme ab. Gerade aus der Planmäßigkeit der Massenhaftigkeit erwächst besonderer Regelungsbedarf.

3. Unterschiedliche Regelungsansätze

Bereits *Bellinghusen*[3] hat erkannt, dass es verschiedene Motive dafür gibt, für Massenentlassungen besonderen Regeln zu erlassen. Er differenziert zwischen wirtschaftspolitischen und sozialpolitischen Zwecken, die den Staat zum Handeln verleiten können. Innerhalb der sozialpolitischen Motive sei zwischen solchen mit „arbeitseinsatzpolitischen" Zielen[4] und dem „individuellen Arbeitnehmerschutz" zu unterscheiden[5]. Im Ansatz ist diese Differenzierung richtig. Bedenklich ist hingegen die Gleichgültigkeit, die ihr im Regelfall entgegengebracht wird.

---

[2] *Duden*, S. 635.
[3] *Bellinghusen*, Massenentlassungsschutz, S. 5.
[4] Gemeint sind Ziele, die heute als „arbeitsmarktpolitisch" bezeichnet würden.
[5] *Bellinghusen*, Massenentlassungsschutz, S. 3 f.

II. Interessenlage bei Massenentlassungen

1. Arbeitnehmer- und Arbeitnehmervertreterinteressen

Massenentlassungen gehen zunächst diejenigen Arbeitnehmer an, deren Entlassung ansteht. Sie können ihren Arbeitsplatz verlieren, werden aber zumindest – sollten sie unmittelbar einen neuen finden – ihrer Besitzstände beraubt, die sie mit Dauer des alten Arbeitsverhältnisses erworben haben. Falls eine Massenentlassung nicht durch die Stilllegung eines Betriebes bedingt wird, wirkt sich diese auch auf die ehemaligen Betriebskollegen der Entlassenen aus. Abgesehen von dem Verlust persönlicher Kontakte kann sich eine Massenentlassung etwa in zu bewältigender Mehrarbeit auswirken. Eine Massenentlassung kann aber unter Umständen auch erforderlich sein, um ihre Arbeitsverhältnisse zu erhalten. Das ist insbesondere der Fall, wenn die erfolgreiche Sanierung von einer Verkleinerung des Personals abhängt.

Auch Arbeitnehmervertreter (nach deutschem Recht also insbesondere Betriebsräte, Aufsichtsratsmitglieder und Gewerkschaftsfunktionäre) werden bemüht sein, sowohl die Interessen der Arbeitnehmer, denen eine Entlassung droht, als auch die Interessen derjenigen Arbeitnehmer wahrzunehmen, die weiterbeschäftigt werden sollen. Um diese Aufgabe zu erfüllen, müssen sie angemessen über die Umstände der Massenentlassung informiert werden.

2. Öffentliche Interessen

Auch den Staat treffen Massenentlassungen. In seine Fähigkeit zur Bewältigung der Folgen von Massenentlassungen vertrauen die Bürger[6]. Gelingt es nicht, Massenentlassungen zu verhindern oder erträglich zu gestalten, wird dieses Vertrauen strapaziert. Wegen Transferleistungen an Arbeitslose, wegen des Verlusts von Steuereinnahmen und wegen der Verringerung der volkswirtschaftlichen Leistung, die mit einer Massenentlassung einhergeht, werden ferner die fiskalischen Interessen des Staates berührt. Massenentlassungen wirken sich auch auf die Solidargemeinschaft der Versicherten aus, die gemeinsam – für den Fall, dass die Entlassenen keine neue Tätigkeit finden – Versicherungsleistungen gewährt. Mit dem Staat teilen die Versicherten den Wunsch, dass Entlassene so schnell in neue Beschäftigungsverhältnisse vermittelt werden, so dass für die Arbeitslosenversicherung möglichst geringe Kosten entstehen. Das setzt voraus, dass staatliche Stellen über Massenentlassungen rechtzeitig informiert werden, um sich auf sie einstellen zu können.

Ferner tangieren Massenentlassungen die Interessen anderer Arbeitsuchender insofern, als sich ihre Chancen auf eine neue Beschäftigung jedenfalls theoretisch

---

[6] Vgl. *Bellinghausen*, Massenentlassungsschutz, S. 2; *Frick*, Massenentlassungsschutz, S. 16.

verschlechtern, wenn das Angebot an Arbeitskräften signifikant erhöht wird. Es entspricht also auch ihrem Interesse, Massenentlassungen zu erschweren oder zumindest ihre Folgen zu lindern.

3. Unternehmerische Interessen

Schließlich gehen Massenentlassungen auch andere Beteiligte des Wirtschaftslebens an, nämlich insbesondere andere Unternehmen – und in ihrer Gesamtheit: die gesamte Volkswirtschaft. Denn der Produktionsfaktor Arbeit wird von den Entlassenen nicht eingebracht, bis sie eine neue Beschäftigung finden.

Vor allem betreffen Massenentlassungen denjenigen Arbeitgeber, der sie durchführen möchte. Dessen Produktionskapazitäten werden reduziert und er hat eine Schädigung seines Images zu befürchten. Es entspricht aber zugleich seinem Interesse, die Entscheidung, eine Massenentlassung durchzuführen, ohne besondere Erschwernisse in die Tat umsetzen zu können. Dies gilt jedenfalls, wenn eine Massenentlassung betriebswirtschaftlich notwendig ist. Auch potenzielle Investoren werden – fürchten sie im Moment ihrer Investition eine spätere Massenentlassung – deren Durchführbarkeit entscheiderisch oder jedenfalls kalkulatorisch beachten.

III. Interessenkonflikte

Damit bestehen unterschiedliche Interessen, welche berücksichtigt werden müssen, wenn besondere Vorschriften für Massenentlassungen geschaffen werden. Doch diese Interessen sind nicht widerspruchsfrei.

1. Konflikte zwischen den Interessenträgern

Oftmals entsteht bei Sanierungen und Umstrukturierungen hohe Eilbedürftigkeit[7]. Wer zusätzliche Vorschriften für Massenentlassungen beachten und befolgen muss, hat – in Abhängigkeit von ihrer Regelungswirkung – mehr oder weniger hohe administrative und möglicherweise auch finanzielle Belastungen zu ertragen. Sondervorschriften zu Massenentlassungen können demzufolge sowohl zeitlich als auch wirtschaftlich sanierungshemmend wirken. Insoweit belasten sie den Arbeitgeber und in der Folge auch diejenigen Arbeitnehmer eines Sanierungsbetriebs, die nicht entlassen werden sollen. Denn durch diese Belastung kann die Wahrscheinlichkeit einer erfolgreichen Sanierung beeinträchtigt werden, was sich auf den Erhalt weiterer Arbeitsplätze negativ auswirken kann.

---

[7] Deswegen eignen sich Aufhebungsverträge in besonderer Weise für Massenentlassungen; vgl. auch schon unter § 2 B. I.

Außerdem können Massenentlassungsvorschriften in die unternehmerische Entscheidungsfreiheit eingreifen[8]. Verbietet Massenentlassungsrecht Massenentlassungen oder knüpft es daran hohe administrative Hürden oder Sanktionen, wird der Handlungsspielraum des Unternehmers unmittelbar oder mittelbar eingeengt. Auch dieser Aspekt ist nicht zu vernachlässigen.

2. *Konflikte zwischen den Regelungszwecken*

Aber auch zwischen den einzelnen Regelungszwecken des Massenentlassungsrechts können sich Konflikte ergeben. Diese verbergen sich hinter der Unterscheidung zwischen den verschiedenen möglichen Funktionen des Massenentlassungsrechts. Massenentlassungsrecht kann einerseits *wirtschaftspolitisch*, andererseits *sozialpolitisch*[9] ausgerichtet sein.

a. Konflikte zwischen wirtschafts- und sozialpolitischen Regelungsansätzen

Auf der Hand liegen diese Probleme für die Konkurrenz zwischen dem *wirtschaftspolitischen* und dem *sozialpolitischen* Funktionsansatz des Massenentlassungsrechts: Steht im Vordergrund des Massenentlassungsrechts, dass wegen Arbeitslosigkeit Arbeitskraft als Produktionsfaktor ungenutzt bleibt, verfolgen die Vorschriften also wirtschaftspolitische Zwecke, muss es darauf ankommen, in erster Linie eben diesen Zustand zu verhindern. Dieses Ziel lässt sich mit vergleichsweise rigiden Vorschriften erreichen, die Kündigungen kategorisch ausschließen oder gar private Betriebe staatlicher Zwangsbewirtschaftung unterwerfen.

Bewertet man die Gefahr, dass auch weitere Arbeitsplätze verloren gehen und einzelne Arbeitnehmer davon durch Arbeitslosigkeit betroffen werden, als größer – geht es also primär um Sozialpolitik –, darf man hingegen nicht außer Betracht lassen, dass Massenentlassungsvorschriften notwendige Sanierungen hemmen können. Die rechtlichen Hürden sollten dann möglichst niedrig bleiben und sich etwa auf administrative Begleitpflichten und die Linderung der sozialen Folgen konzentrieren, die eine Massenentlassung hervorrufen kann.

b. Konflikte innerhalb der sozialpolitischen Ansätze

Um es vorweg zu nehmen: Im Sinne dieser Unterscheidung ist das heutige Massenentlassungsrecht *sozialpolitisch* ausgerichtet. Aber auch – und dies scheint auf den ersten Blick sehr überraschend – innerhalb der sozialpolitischen Schwerpunktsetzung finden sich Konflikte. Wenn Massenentlassungsrecht eine Massenentlassung

---

[8] Frühere Entscheidungen des *BAG* zum Massenentlassungsrecht sprechen in diesem Zusammenhang von der Beschränkung der „Entschließungsfreiheit des Arbeitgebers", vgl. z.B. *BAG* v. 6.11.1958, AP Nr. 1 zu § 15 KSchG 1951, Bl. 5R f.
[9] Siehe oben unter § 7 A. I. 3.

erschweren möchte und zu diesem Zweck besondere Regelungen gelten, müssen diese schon gelten, *bevor* eine Massenentlassung negative Effekte entfaltet. Wie man diesen negativen Effekt definiert, hängt indessen von der genauen Ausprägung des Regelungszwecks ab. Man kann innerhalb des sozialpolitischen Regelungszwecks zwischen einer *arbeitsmarktpolitischen* Ausrichtung einerseits und einer *individualschützenden* Ausrichtung andererseits unterscheiden[10].

Soll in erster Linie Arbeitslosigkeit verhindert werden, liegt der negative Effekt einer Massenentlassung darin, dass viele Arbeitsverhältnisse zu einer bestimmten, gleichen Zeit enden. Mögliche Informations-, Beratungs- und Anzeigepflichten müssen auf diesen Zeitpunkt gerichtet sein. Die Massenentlassungsvorschriften sollten daher an das Ende der Kündigungsfrist oder eine entsprechende Vereinbarung zwischen Arbeitgeber und Arbeitnehmer anknüpfen, z.B. eine Befristungsabrede oder eine entsprechende Klausel im Aufhebungsvertrag.

Sollen primär einzelne Arbeitnehmer vor einer Massenentlassung geschützt werden, kommt es hingegen nicht in erster Linie darauf an, *wann* sie arbeitslos werden, sondern *dass* sie überhaupt ihre Arbeit verlieren. Der Anknüpfungspunkt für Massenentlassungsvorschriften ist dann folglich das Ob der Beendigung und damit der Beendigungstatbestand selbst, also etwa eine Kündigungserklärung oder eine Aufhebungsvertrag. Nicht maßgeblich ist, wann der Beendigungstatbestand, an den angeknüpft wird, Wirkung entfaltet.

(1) Unterscheidung zwischen Beendigungsursache und Beendigungswirkung

Aus der Massenhaftigkeit einzelner Beendigungstatbestände folgt die massenhafte Wirkung, die den Gesetzgeber zur Schaffung von Massenentlassungsrecht veranlasst. Es ist indessen gesetzlichen Differenzierungen und vertraglichen Flexibilisierungsmöglichkeiten geschuldet, dass zwischen der Beendigungsursache – also dem Beendigungstatbestand – und der Beendigungswirkung unterschiedlich lange Zeiträume liegen. Die Länge von Kündigungsfristen bestimmt sich im modernen Arbeitsleben etwa durch die Betriebszugehörigkeit oder individuelle oder kollektive Vereinbarungen. Aufhebungsverträge geben den Parteien des Arbeitsvertrags gar Gelegenheit, die einzelnen Modalitäten der Beendigungswirkung – innerhalb der gesetzlichen Grenzen der Vertragsfreiheit – frei zu regeln[11]. Die Zeitspanne zwischen Beendigungstatbestand und Beendigungswirkung ist also *nicht starr, sondern flexibel.*

Für das Massenentlassungsrecht wird diese Gegebenheit weitgehend übersehen oder als unerheblich erachtet[12]. In der Folge wird eine ernsthafte Unterscheidung

---

[10] Vgl. § 7 A. I. 3.
[11] Siehe dazu § 3 und insbesondere § 3 B.
[12] Siehe. z.B. *Bellinghausen*, Massenentlassungsschutz, S. 6, der zwar zwischen verschiedenen sozialpolitischen Zwecken des Massenentlassungsrechts differenziert, aber betont, das sich diese

vernachlässigt, ob ein einzelner Arbeitnehmer vor einem Beendigungstatbestand geschützt wird oder ob sich die Beschränkung der massenhaften Beendigung von Arbeitsverhältnissen reflexartig zu seinen Gunsten auswirkt.
Wenn Gesetze aber gerade die *Massenhaftigkeit* von Entlassungen ins Auge fassen, darf nicht außer Acht bleiben, dass ihnen die Überlegung zugrunde liegt, dass eine große Zahl von Entlassungen *innerhalb eines bestimmten Zeitraums* vorgenommen wird[13]. Die Zeitspanne zwischen Beendigungstatbestand zwischen Beendigungswirkung dauert nicht in allen Fällen gleich lang. Daraus folgt, dass der Zeitpunkt, in welchem die *Beendigungswirkung* eintritt, sich nicht automatisch aus dem Zeitpunkt berechnen lässt, in welchem der *Beendigungstatbestand* zustande kommt.

(2) Folgen der unterscheidungslosen Konzeption des Massenentlassungsrechts

Ist der Zeitraum, innerhalb dessen das Massenentlassungsrecht eine Vielzahl von Entlassungen als „Massenentlassung" qualifiziert, geringer als die maximale Dauer zwischen *Beendigungstatbestand* und *Beendigungswirkung*, entstehen deswegen Probleme: Knüpft das Massenentlassungsrecht an den Beendigungstatbestand an, kann eine „Massenentlassung" vorliegen, obwohl der Arbeitsmarkt tatsächlich gar nicht besonders stark belastet wird, weil unterschiedlich lange Kündigungsfristen gelten. Zugleich ist es möglich, dass innerhalb dieses Zeitraums – ggf. sogar an einem Tag – Beendigungstatbestände Wirkung entfalten, die zu ganz unterschiedlichen Zeitpunkten zustande gekommen sind. Die arbeitsmarktpolitischen Zwecke des Massenentlassungsrechts werden auf diese Weise also in vielen Fällen – und angesichts immer flexiblerer Beendigungsregelungen, nicht einmal „typischerweise"[14] – erreicht.
Orientiert sich das Massenentlassungsrecht hingegen an der *Beendigungswirkung*, entstehen spiegelbildliche Probleme: Zwar setzt die rechtliche Beendigung eines Arbeitsverhältnisses – im modernen Arbeitsrecht – einen Beendigungstatbestand voraus, der von der Rechtsordnung anerkannt wird[15]. Ob sich ein besonderer, durch die üblichen Umstände einer Massenentlassung begründeter Individualschutz von Arbeitnehmern aber damit rechtfertigen lässt, dass über eine lange Periode verteilte Kündigungen innerhalb eines bestimmten Zeitraums Wirkung entfalten, ist fraglich. Denn der einzelne Arbeitnehmer beansprucht ohnehin allgemeinen und ggf. auch besonderen Kündigungsschutz. Wenn man die Häufung von Kündigungen aus

---

verschiedenen „Zwecke nicht vollends voneinander trennen lassen" (S. 6); vgl. unten unter § 7 E. III. 2. b. zu den Auswirkungen dieses Irrtums.

[13] Vgl. oben unter § 7 A. I. 1.
[14] Siehe zur Befugnis des Gesetzgebers zur Typisierung bereits § 3 B. II. 2.
[15] *Göller*, Entwicklung des Kündigungsschutzrechts, S. 95; *Preis*, Prinzipien des Kündigungsrechts bei Arbeitsverhältnissen, S. 12: Materieller Kündigungsschutz setzt voraus, dass für eine zulässige Kündigung bestimmte, vom Gesetzgeber festgelegte Kündigungsgründe gegeben sein müssen – oder bestimmte Umstände gerade nicht gegeben sind.

individualschützender Perspektive als besonders dramatisch empfindet, kann es indessen auf die Entfaltung der besonders starken kollektiven *Beendigungswirkung* innerhalb einer bestimmten Periode nicht ankommen. Ob auch seine Kollegen zeitgleich arbeitslos werden, ist für den individuellen Schutz eines Arbeitnehmers von untergeordneter Bedeutung. Allenfalls lässt sich dafür anführen, dass er schlechtere Chancen auf dem Arbeitsmarkt hat, weil dieser zur gleichen Zeit mit einer hohen Anzahl weiterer Arbeitsuchender gefüllt wird. Dieser Wettbewerbsnachteil kann aber auch aus – massenentlassungsrechtlich irrelevanten – Entlassungen bei anderen Arbeitgebern folgen.

(3) Berücksichtigung des Regelungszwecks als Weichenstellung

Der Begriff „Massenentlassungsrecht" betrifft eine Vielzahl von Interessen und hat mehrere mögliche Regelungszwecke zum Hintergrund. Sowohl die Interessen als auch die Regelungszwecke sind nicht widerspruchsfrei. Selbst diejenigen Zwecke, die sozialpolitischen Motiven zugeordnet werden, sind schon bei allgemeiner Betrachtung nicht ohne weiteres miteinander zu vereinbaren. Es ist daher ein Vorrang entweder der *individualschützenden* oder aber der *arbeitsmarktpolitischen* Ziele zu schaffen. Diese Weichenstellung kann dem Gesetzgeber nicht abgenommen werden. Denn sie bestimmt sich unter anderem dadurch, ob das Massenentlassungsrecht an der *Beendigungsursache* oder an der *Beendigungswirkung* anknüpft.

B. Konzeption und Geschichte des heutigen Massenentlassungsrechts

Die historische Entwicklung des Massenentlassungsrechts lässt Rückschlüsse auf den Willen des deutschen und des europäischen Gesetzgebers zu: Was wollten die Ahnen und Urahnen des Massenentlassungsrechts erreichen? Das europäische (I.) und das deutsche Massenentlassungsrecht (II.) haben sich zum Teil parallel entwickelt.

I. Europäisches Massenentlassungsrecht

1. Entwicklung

Das europäische Massenentlassungsrecht geht auf die 1970er Jahre zurück. Auslöser war keine gesamtvolkswirtschaftliche Entwicklung, sondern eine einzige, von der Öffentlichkeit besonders kritisch wahrgenommene Maßnahme: 1972 wurde bekannt gegeben, binnen anderthalb Jahren vier Werke des AKZO-Konzerns stufenweise stillzulegen[16]. Obgleich der Konzern auch in den Niederlanden und Deutschland Betriebsstätten hatte, wurde das belgische Werk zur Schließung be-

---

[16] Vgl. dazu *Langwieler*, Betriebsstilllegungen im Akzo-Konzern, S. 24 ff.

stimmt, weil Entlassungen in Belgien leichter durchzuführen waren[17]. In der Folge wurde – auch in Zusammenhang mit einem „sozialpolitischen Aktionsprogramm" des Rates[18] – die Richtlinie 75/129/EWG[19] erlassen. Diese Richtlinie wurde durch die Richtlinie 92/56/EWG[20] modifiziert. Schließlich wurde sie – ohne dass jedoch Änderungen vorgenommen wurden – zur Richtlinie 98/59/EG[21]. In dieser Form beansprucht sie bis heute Geltung.

2. Überblick über die Vorschriften der Richtlinie 98/59/EG

a. Allgemeine Bestimmungen

Art. 1 der Richtlinie 98/59/EG legt fest, dass Massenentlassungen Entlassungen sind, die ein Arbeitgeber aus einem oder mehreren Gründen vornimmt, die nicht in der Person des Arbeitnehmers liegen (Art. 1 Abs. 1 a). Eine Massenentlassung im Sinne der Richtlinie ist zahlenmäßig gegeben – die Mitgliedstaaten haben insoweit ein Wahlrecht –, wenn entweder innerhalb von 30 Tagen mindestens zehn in Betrieben zwischen 20 und 99 Arbeitnehmern; mindestens 10 % in Betrieben zwischen 100 und 299 Arbeitnehmern und mindestens 30 Arbeitnehmer in größeren Betrieben (Art. 1 Abs. 1 a) i) oder aber unabhängig von der Betriebsgröße innerhalb von 90 Tagen mindestens 20 Arbeitnehmern (Art. 1 Abs. 1 a) ii) entlassen werden[22]. Nach Art. 6 der Richtlinie müssen den Arbeitnehmervertretern und Arbeitnehmern angemessene administrative bzw. gerichtliche Verfahren zur Rechtsdurchsetzung zur Verfügung stehen.

b. Konsultationsverfahren

Art. 2 regelt das *Konsultationsverfahren*: Nach Art. 2 Abs. 1 müssen die Arbeitnehmervertreter (vgl. Art. 1 Abs. 1 b) rechtzeitig informiert werden, um zu einer Einigung zu gelangen. Diese Konsultation umfasst nach Art. 2 Abs. 2 zumindest

---

[17] *Hilf/Willms*, JuS 1992, 368, 269: Der „Vorteil" des belgischen Rechts bestand indessen nicht in den Erschwernissen des damaligen deutschen und niederländischen Massenentlassungsrechts, sondern darin, dass in Belgien Arbeitsverhältnisse gegen Abfindungen beendet werden konnten, wo hingegen in Deutschland z.B. ein Sozialplan ausgehandelt werden musste; vgl. auch *Hinrichs*, Massenentlassungen, S. 23.
[18] Vgl. dazu *Mauthner*, Massenentlassungsrecht, S. 29.
[19] Richtlinie zur Angleichung der Rechtsvorschriften der Mitgliedstaaten über Massenentlassungen vom 17.2.1975, ABl. EG vom 22.2.1975, Nr. L 48/92; vgl. ausführlich zur Entstehungsgeschichte *Mauthner*, Massenentlassungsrecht, S. 29 ff.
[20] Richtlinie zur Änderung der Richtlinie 75/129/EWG zur Angleichung der Rechtsvorschriften der Mitgliedstaaten über Massenentlassungen vom 24.6.1992, ABl. EG vom 26.8.1992, Nr. L 245/3.
[21] Richtlinie 98/59/EG des Rates vom 20.7.1998 zur Angleichung der Rechtsvorschriften der Mitgliedstaaten über Massenentlassungen, ABl. EG vom 12.8.1998, Nr. L 225/16.
[22] Siehe zu den besonderen Regeln für Aufhebungsverträge § 7 E. I. 1.

die Möglichkeit, Massenentlassungen zu vermeiden oder zu beschränken, sowie die Möglichkeit, ihre Folgen durch soziale Begleitmaßnahmen, die insbesondere Hilfen für eine anderweitige Verwendung oder Umschulung der entlassenen Arbeitnehmer zum Ziel haben, zu mildern. Nach Art. 2 Abs. 3 müssen den Arbeitnehmervertretern in Art. 2 Abs. 3 a) – b) vi) detailliert aufgeführte Informationen zukommen. Der Arbeitgeber hat zudem eine Abschrift der Information an die zuständige Behörde (vgl. dazu sogleich Art. 3) bzw. zumindest von den Punkten, die in Art. 2 Abs. 2 b) i) - v) aufgeführt sind, zu übermitteln.

c. Anzeigeverfahren

Die Artt. 3 und 4 der Richtlinie 98/59/EG bestimmen das *Anzeigeverfahren* gegenüber der „zuständigen Behörde": Nach Art. 3 Abs. 1 müssen dieser alle beabsichtigten Massenentlassungen schriftlich angezeigt werden, wobei die Mitgliedsstaaten vorsehen können, dass bei einer „gerichtlichen Entscheidung über die Einstellung der Tätigkeit eines Betriebs" die schriftliche Anzeige nur auf Verlangen erfolgen muss.

Weiter muss die Anzeige alle zweckdienlichen Angaben über die beabsichtigte Massenentlassung und die Konsultationen der Arbeitnehmervertreter gemäß Art. 2 der Richtlinie enthalten, insbesondere die Gründe der Entlassung, die Zahl der zu entlassenden Arbeitnehmer, die Zahl der in der Regel beschäftigten Arbeitnehmer und den Zeitraum, in dem die Entlassungen vorgenommen werden sollen. Art. 3 Abs. 2 der Richtlinie legt fest, dass der Arbeitgeber den Arbeitnehmervertretern eine Abschrift der Anzeige zu übermitteln hat. Die Arbeitnehmervertreter können Stellungnahmen an die zuständige Behörde richten.

Nach Art. 4 Abs. 1 der Richtlinie werden beabsichtigte Massenentlassungen, die der zuständigen Behörde angezeigt wurden, frühestens 30 Tage nach Eingang der Anzeige wirksam; die im Fall der Einzelkündigung für die Kündigungsfrist geltenden Bestimmungen bleiben unberührt. Die Mitgliedstaaten können der zuständigen Behörde aber die Möglichkeit einräumen, die Frist des UAbs. 1 zu verkürzen. Art. 4 Abs. 2 verpflichtet die zuständige Behörde dazu, die 30-Tage-Frist dazu zu nutzen, nach Lösungen für die durch die beabsichtigten Massenentlassungen aufgeworfenen Probleme zu suchen. Art. 4 Abs. 3 ermöglicht es den Mitgliedstaaten, die Frist in Art. 4 Abs. 1 zu verlängern, wobei diese Verlängerung vor Ablauf der ursprünglichen Frist des Abs. 1 mitzuteilen und zu begründen ist. Art. 4 Abs. 4 ermöglicht es den Mitgliedsstaaten schließlich, Massenentlassungen bei Betriebsstilllegungen aufgrund gerichtlicher Entscheidungen von der Anzeigepflicht auszunehmen.

3. Zielsetzung des europäischen Massenentlassungsrechts

Sozialpolitisch ausgerichtetes Massenentlassungsrecht kann – wie oben dargestellt[23] – in erster Linie entweder individualschützend oder arbeitsmarktschützend sein. Aus dem konzeptionellen Spielraum des Massenentlassungsrechts leitet sich zugleich die große Bedeutung ab, seine Regelungszwecke zu vergleichen, wenn sich – wie im deutschen und im europäischen Massenentlassungsrecht – diese historisch herausgebildet haben.

Übergeordneter Zweck aller Richtlinien ist die Angleichung der Rechtsvorschriften der Mitgliedstaaten (vgl. Art. 94 EGV). Dieser Harmonisierungsgedanke trägt auch das europäische Massenentlassungsrecht. Wie dieses im Einzelnen ausgestaltet ist – mit anderen Worten: welche Weichenstellung der europäische Gesetzgeber vorgenommen hat[24] – wird im Folgenden untersucht.

a. Geschichte der Massenentlassungs-Richtlinien

Bereits der Ursprung des europäischen Massenentlassungsrechts zeigt individualschützende Anklänge. Denn die Entlassungen bei AKZO, die Anstoß zur Regelung gaben, wurden nicht wegen ihrer Auswirkungen auf den Arbeitsmarkt als besonders dramatisch empfunden. Vielmehr war das – je nach Mitgliedsstaat unterschiedliche – Schutzniveau Regelungshintergrund[25].

b. Erwägungsgründe der Richtlinien

Ein wichtiger Anhaltspunkt für die Auslegung von Richtlinien sind deren Erwägungsgründe[26]. Die Erwägungsgründe der Massenentlassungsrichtlinien zeigen, dass sich das europäische Massenentlassungsrecht als Schutzrecht zugunsten einzelner, von Massenentlassungen betroffener Arbeitnehmer begreift. Schon Erwägungsgrund 1 der Richtlinie 75/127/EWG lässt sich entnehmen, dass das europäische Massenentlassungsrecht dazu dienen soll, den „Schutz der Arbeitnehmer bei Massenentlassungen zu verstärken". Dieses Ziel wiederholt Erwägungsgrund 2 der Richtlinie 98/59/EG wortwörtlich.

Erwägungsgrund 1 der Richtlinie 92/59/EWG und Erwägungsgrund 6 der Richtlinie 98/59/EG nehmen auf die am 9. Dezember 1989 von den Staats- und Regierungschefs von elf Mitgliedstaaten angenommene „Gemeinschaftscharta der sozialen Grundrechte der Arbeitnehmer" Bezug. Sie leiten aus der Forderung, dass die Verwirklichung des Binnenmarktes der „Verbesserung der Lebens- und Arbeitsbe-

---

[23] Vgl. oben unter § 7 III. 2. b.
[24] Siehe oben unter § 7 A. III. 2. b. (3).
[25] Siehe zur Entstehung soeben unter § 7 B. I. 3. a.
[26] *Neuner*, Privatrecht und Sozialstaat, S. 192; *Grundmann/Riesenhuber*, JuS 2001, 529, 530 ff.

dingungen" dienen soll, das Bedürfnis ab, Massenentlassungsvorschriften vorzusehen. Die sozialpolitischen Ziele, die in der Sozialcharta aufgeführt sind – z.B. Regelungen zur Nacht- und Teilzeitarbeit oder zu befristeten Arbeitsverhältnissen[27] –, haben gemeinsam, dass sie sich auf den einzelnen Arbeitnehmer und dessen Schutz in besonders prekären Situationen beziehen. Ebenso lässt sich der Verweis auf Art. 117 EGV[28] verstehen, der ebenfalls eine „Verbesserung der Lebens- und Arbeitsbedingungen der Arbeitskräfte" anpeilt. Der heutige Art. 136 EG weist sogar ausdrücklich auf den „angemessenen sozialen Schutz" hin, den Gemeinschaft und Mitgliedstaaten verfolgen. Arbeitnehmerschutz schreibt der europäische Gesetzgeber im Massenentlassungsrecht also groß.

Andere Ziele lassen sich in den Erwägungsgründen sehr viel schwerer nachweisen. *Mauthner* identifiziert als Nachweis für arbeitsmarktpolitische Ziele den Verweis des Erwägungsgrunds 4 der Richtlinie 75/129/EWG und des Erwägungsgrunds 5 der Richtlinie 98/59/EG auf das sozialpolitische Aktionsprogramm vom 21. Januar 1974[29]. In diesem seien als Zielvorgabe eine gemeinsame und aufeinander abgestimmte Beschäftigungspolitik genannt. Auch der Wirtschafts- und Sozialausschuss habe in seiner Stellungnahme zur Richtlinie 75/129/EWG darauf hingewiesen, dass diese – neben den Arbeitnehmern – den Arbeitsmarkt schützen solle[30]. Dieser Ausschuss ist allerdings ein reines Beratungsgremium[31]. Sofern man aus seiner Meinungsäußerung arbeitsmarktpolitische Ziele der Richtlinien ableiten möchte, sind diese jedenfalls von zweitem Rang.

Die Erwägungsgründe der Richtlinien legen nahe, dass der Zweck der Richtlinien in erster Linie individualschützend ist. Die Massenentlassungsrichtlinie in ihrer aktuellen Fassung stellt nicht nur arbeitsmarktpolitische Zielvorgaben auf, sondern möchte vor allem einen (Mindest-)Schutz des einzelnen Arbeitnehmers verwirklichen, der von einer Massenentlassung betroffen ist.

c. Rechtsprechung des EuGH zum Zweck der Richtlinien

Diesen Befund bestätigt der *EuGH* mit seiner ständigen Rechtsprechung. Mehrfach hat der *EuGH* betont, dass der europäische Gesetzgeber mit den Richtlinien einen „vergleichbaren Schutz der Rechte der Arbeitnehmer in den verschiedenen Mitgliedstaaten gewährleisten" und „die für die Unternehmen in der Gemeinschaft mit

---

[27] Vgl. weitere Beispiele bei *Hilf/Willms*, JuS 1992, 368, 372.
[28] Heute: Art. 136 EG.
[29] *Mauthner*, Massenentlassungsrecht, S. 44; die Umsetzung arbeitsmarktpolischer Ziele wäre mit Art. 94 EG zu vereinbaren; vgl. *dies.*, S. 44 f., die allerdings missverständlich von „sozialpolitischen Zielen" spricht.
[30] Ausführlich zu den einzelnen Stellungnahmen zu den Entwürfen der Richtlinie 75/129/EWG: *Hinrichs*, Massenentlassungen, S. 33 ff.
[31] Vgl. *Wiegner*, Die Funktion des Wirtschafts- und Sozialausschusses, S. 148 ff.

diesen Schutzvorschriften vergleichbaren Belastungen einander angleichen" möchte[32]. Später heißt es noch eindeutiger: „Nach ihrer ersten Begründungserwägung ist ihr [der Richtlinie, eingef. v. Verf.] Ziel der Schutz der Arbeitnehmer im Falle von Massenentlassungen"[33].

II. Deutsches Massenentlassungsrecht

Das deutsche Massenentlassungsrecht reicht deutlich weiter zurück als das europäische und geht weit in die erste Hälfte des 20. Jahrhunderts zurück.

1. Wirtschaftspolitische Motive als Ursprung

Die erste Entwicklungsphase des deutschen Massenentlassungsrechts war maßgeblich von wirtschaftspolitischen Motiven geprägt. Sie setzte unmittelbar nach Ende des Ersten Weltkriegs ein[34].

a. Demobilmachungsverordnung vom 19.2.1920

Die „Verordnung über die Einstellung und Entlassung von Arbeitern und Angestellten während der Zeit der wirtschaftlichen Demobilmachung" (Demobilmachungsverordnung)[35] vom 19. Februar 1920 wird als erster Beleg für Massenentlassungsrecht angeführt[36]. Diese Verordnung – die bereits bestehende, ähnliche Verordnungen zusammenfasste[37] – verlangte von Betrieben und Verwaltungen u.a. die Wiedereinstellung von Arbeitnehmern, die früher dort beschäftigt waren, aber kriegsbedingt ihre Beschäftigung aufgeben mussten[38].

b. Stillegungsverordnung vom 8.11.1920

Die Demobilmachungsverordnung wurde am 8.11.1920 mit der „Verordnung betreffend Maßnahmen gegenüber Betriebsabbrüchen und -Stilllegungen" (Stillegungsverordnung)[39] ergänzt. Für den Fall, dass Produktions- oder Verkehrsbetriebe mit mehr als 20 Beschäftigten ganz oder teilweise stillgelegt wurden, musste dies der Demobilmachungsbehörde angezeigt werden, wenn mehr als 50 Arbeitnehmer

---

[32] *EuGH* v. 8.6.1994 (Kommission/Vereinigtes Königreich), Slg.-I 1994. S. 2479, Rdnr. 27.
[33] *EuGH* v. 17.12.1998 (John Lauge u.a.), NZA 1999, 305, Rdnr. 19.
[34] Siehe auch *Kaskel*, Arbeitsrecht, S. 122 f. und S. 130.
[35] RGBl. 1920, 218.
[36] *Hinrichs*, Massenentlassungen, S. 25; *Mauthner*, Massenentlassungsrecht, S. 59 f; KR-*Weigand*, § 17 KSchG Rdnr. 1: „erster gesetzgeberischer Niederschlag".
[37] Ascheid/Preis/Schmidt-*Moll*, Vor §§ 17 ff. KSchG Rdnr. 2; *Hueck/Nipperdey/Dietz*, § 20 AOG Rdnr. 1; diese historische Entwicklung wird von vielen anderen Autoren leider verkannt.
[38] Näher dazu *Hinrichs*, Massenentlassungen, S. 25.
[39] Verordnung betreffend Maßnahmen gegenüber Betriebsabbrüchen und -stilllegungen vom 8. November 1920, RGBl. 1920, S. 1901.

bzw. – in Betrieben mit mehr als 200 Arbeitnehmern – mehr als 5 Prozent der Arbeitnehmer entlassen wurden. Die Anzeige erzeugte eine Sperrfrist von vier bzw. sechs Wochen, innerhalb derer die Betriebsstilllegung nur wirksam wurde, wenn die Demobilmachungsbehörde zugestimmt hatte. Danach blieb noch ein Monat für die Stilllegung.

c. Verordnung über Betriebsstilllegungen und Arbeitsstreckung vom 15.10.1923

Die Verordnung über Betriebsstilllegungen und Arbeitsstreckung vom 15.10.1923[40] fasste die beiden vorherigen Verordnungen zusammen. Die Genehmigungspflicht, die sich bislang auf die Betriebsstilllegung beschränkte, wurde auf solche Entlassungen erweitert, die durch die Stilllegungen hervorgerufen wurden.

Die frühen Ausprägungen des Massenentlassungsrechts verfolgten eine wirtschaftspolitische Zielsetzung. Dies gilt vor allem für die Stilllegungsverordnung von 1923, die den volkswirtschaftlich unerwünschten Stillstand von Anlagen verhindern sollte[41]. Die sozialpolitischen Auswirkungen von Massenentlassungen waren zur Zeit der Verordnungen in der Weimarer Republik von untergeordneter Bedeutung. Jedenfalls sollten einzelne Arbeitnehmer nicht von den Erschwernissen profitieren, unter denen Massenentlassungen und Betriebsstilllegungen nur noch möglich waren[42]. Das erklärt sich auch damit, dass das Bild des Arbeitsmarktes von dem heutigen gänzlich verschieden war. Dass im 19. Jahrhundert ein Arbeitsmarkt mit der Wandlung der patriarchalisch geordneten Gesellschaft zu einer Industriegesellschaft entstanden war, hatte man zunächst übersehen[43]. Eine ernsthafte Regulierung der – zuvor weitgehend unbeschränkt zulässigen[44] – Vermittlung von Arbeitsuchenden erfolgte erst mit dem Stellenvermittlungsgesetz vom 2.6.1910[45].

---

[40] RGBl. 1923 I, S. 983; vgl. *Hueck/Nipperdey/Dietz*, 20 AOG Rdnr. 1, die erläutern, warum ein „Stilllegungsgesetz", welches zunächst geplant war, gescheitert ist.

[41] Vgl. *Nikisch*, Arbeitsrecht, S. 838; siehe dazu auch frühere Entscheidungen des *RAG*, in denen diese Zielsetzung deutlich wird, etwa *RAG* v. 11.2.1931, RAGE 8, 53, 56: Die Verordnung soll verhindern, dass „ein größerer Betrieb ganz plötzlich allein nach dem Willen des Unternehmers stillgelegt wird."; noch klarer lässt diese *RAG* v. 3.12.1932, RAGE 12, 108, 112 erkennen: „Erfolgt die Entlassung nicht zum Zwecke oder als Anlass der beabsichtigten Stilllegung, sondern aus einem anderen Grunde, so fehlt es an dem für die Annahme einer Verpflichtung zur Erstattung der Stilllegungsanzeige erforderlichen Zusammenhange zwischen der Entlassung und der beabsichtigten Stilllegungsmaßnahme.". Der Arbeitgeber hatte in diesem Fall keinen Lohn mehr zahlen können, wollte den Betrieb aber fortführen.

[42] *Hueck/Nipperdey/Dietz*, § 20 AOG Rdnr. 1;

[43] *Rauschhofer*, Arbeitsvermittlungsmonopol, S. 25 f., insbesondere S. 26: „Den Arbeitsmarkt überließ man zunächst sich selbst."

[44] Einzelstaatliche Regelung zur Bestellung gewerblicher Vermittler und zur Festlegung ihrer Gebühren in Preußen wurden durch die Gewerbeordnung des Norddeutschen Bundes vom 21. Juni 1869 aufgehoben, vgl. *Rauschhofer*, Arbeitsvermittlungsmonopol, S. 28; vgl. zu ersten mittelalterlichen Normen *Kühne*, Vermittlungsmonopol, S. 52.

[45] RGBl. 1910, S. 860.

Dieses Gesetz diente aber nicht in erster Linie dazu, dass Arbeitslose möglichst schnell und effizient vermittelt wurden, sondern sollte verhindern, dass Arbeitssuchende von kriminellen Vermittlern ausgebeutet wurden[46].
Noch im ersten Weltkrieg wurde der Arbeitsmarkt zwangsbewirtschaftet[47]. Die staatliche Arbeitslosenversicherung wurde erst mit dem „Gesetz über Arbeitsvermittlung und Arbeitslosenversicherung" (AVAVG) vom 16.7.1927[48] eingeführt. Die Gedanken, die heutzutage mit der in erster Linie arbeitsmarktpolitischen Zielsetzung der §§ 17 ff. KSchG verbunden werden[49] – also insbesondere die Erleichterung der Vermittlung durch ein effizientes Frühwarnsystem bei Massenentlassungen – waren dem historischen Gesetzgeber unbekannt.

2. Arbeitsmarktpolitisch motivierte Vorschriften

Die erste – im Wesentlichen wirtschaftspolitische – Entwicklungsphase ging zu Ende, als mit den Vorschriften über Massenentlassungen zunehmend arbeitsmarktpolitische Zwecke verwirklicht werden sollten. Mit der Umsetzung arbeitsmarktpolitischer Zwecke ist die Verhinderung von Arbeitslosigkeit im allgemeinen Interesse gemeint[50].

a. Anzeigepflicht nach § 20 AOG

§ 20 AOG (Gesetz zur Ordnung der nationalen Arbeit)[51] löste die Vorschriften der Stillegungsverordnungen ab. Nach § 20 Abs. 1 AOG musste dem „Treuhänder für Arbeit"[52] Anzeige erstattet werden, bevor in Betrieben mit weniger als 100 Beschäftigten mehr als neun (§ 20 Abs. 1 a AOG) bzw. in größeren Betrieben mehr als 10 % bzw. mehr als 50 Beschäftigte innerhalb von vier Wochen entlassen wurden. § 20 AOG diente damit in erster Linie arbeitsmarktpolitischen Zwecken[53]. Dies zeigt sich insbesondere dadurch, dass – anders als noch in der Stillegungsver-

---

[46] *Schüren*, Einl. Rdnr. 23.
[47] Vgl. *Schüren*, Einl. Rdnr. 27; vgl. *Kühne*, Vermittlungsmonopol, S. 54 f. zu weiteren Nachteilen des vorherigen Systems der gewerblichen Stellenvermittlung.
[48] RGBl. 1927 I, S. 187.
[49] Siehe zur kritischen Auseinandersetzung § 7 B. II. 3. c.
[50] *Ascheid/Preis/Schmidt-Moll*, Vor §§ 17 ff. KSchG Rdnr. 8.
[51] RGBl. 1934 I, S. 45, 47 f. (§ 20 AOG).
[52] „Treuhänder der Arbeit" wurden gem. § 18 Abs. 1 AOG für „größere Wirtschaftsgebiete", über deren Abgrenzung der Reichsarbeitsminister im Einvernehmen mit dem Reichswirtschaftsminister und dem Reichsminister des Innern bestimmt; sie waren nach § 18 Abs. 2 AOG an die Weisungen der Reichsregierung gebunden hatten nach § 19 Abs. 1 für die „Erhaltung des Arbeitsfriedens" zu sorgen; vgl. zum Zusammenhang zwischen „Treuhändern der Arbeit" und dem System der staatlichen Zwangsschlichtung in der Weimarer Republik *Kittner*, Arbeitskampf, S. 524 ff.
[53] *Hueck/Nipperdey/Dietz*, § 20 AOG Rdnr. 1: „§ 20 AOG trägt also ausschließlich sozialpolitischen Charakter."

ordnung – die Anzeigepflicht nicht mehr an das gleichzeitige Vorliegen einer Betriebsstillegung gekoppelt wurde: Entscheidend war die Anzahl der Entlassungen im Verhältnis zur Beschäftigtenzahl. Hintergrund der Vorschrift war, dass durch die rechtzeitige Anzeige zusätzliche Zeit für eine erfolgreiche Vermittlung der betroffenen Arbeitnehmer gewonnen werden konnte[54]. Dies verdeutlicht den Wandel der Zweckbestimmung des Massenentlassungsrechts.

Nach § 20 Abs. 2 AOG setzte die Wirksamkeit der Entlassung die Zustimmung des Treuhänders für Arbeit voraus; die Modalitäten der Zustimmungen wurden im Einzelnen bestimmt. § 20 Abs. 2 S. 4 AOG nahm fristlose Entlassungen von der Anzeigepflicht aus. § 20 Abs. 3 AOG ermöglichte dem Unternehmer die „Streckung der Arbeit" – ein Vorläufer der heutigen Kurzarbeit. Schließlich nahm § 20 Abs. 4 AOG Saison- und Kampagnebetriebe für solche Entlassungen aus der Anzeigepflicht aus, die sich aus der Eigenart der Betriebe ergaben.

Das AOG wurde am 30.4.1946 aufgehoben[55]. Nach Kontrollratsbefehl Nr. 3 Ziff. 17 vom 17. Januar 1946 mussten Massenentlassungen dem Arbeitsamt lediglich im Voraus mitgeteilt werden. Überdies gab es einige, inhaltlich unterschiedliche landesrechtliche Bestimmungen zu Massenentlassungen[56].

b. Anzeigepflicht nach §§ 15 ff. KSchG 1951

Das KSchG 1951 führte wieder zu einer bundeseinheitlichen Regelung des Massenentlassungsrechts. In der Begründung zu den §§ 15 ff. KSchG 1951 heißt es zu der Anzeigepflicht ausdrücklich[57]:

> „Die Überwachung von Massenentlassungen hat in erster Linie den arbeitsmarktpolitischen Zweck, Arbeitslosigkeit im Allgemeininteresse möglichst zu verhindern. [...] Sie [die Entlassungssperre, eingefügt vom Verf.] will den Arbeitgeber veranlassen, sich laufend auf eine angemessene Sicht mit den Möglichkeiten der Beschäftigung seiner Belegschaft zu befassen und den Dienststellen der Arbeitsverwaltung ausreichend Zeit geben, die anderweitige Vermittlung der frei werdenden Arbeitskräfte vorzubereiten. Schutz des einzelnen Arbeitnehmers ist nicht der Zweck dieses Verfahrens; dieser regelt sich nach den Vorschriften des ersten Abschnitts."

Auch die §§ 15 ff. KSchG 1951 bezweckten also die „Schonung des Arbeitsmarktes"[58]. Die arbeitsmarktpolitische Zielsetzung hinter den §§ 15 ff. KSchG 1951 – und die Ablehnung von Individualschutz – zeigt sich auch daran, dass es überwie-

---

[54] *Hueck/Nipperdey/Dietz*, § 20 AOG Rdnr. 1; *Nikisch*, Arbeitsrecht, S. 838 f.
[55] Durch das Kontrollratsgesetz Nr. 40.
[56] *Weller*, Arbeitslosigkeit und Arbeitsrecht, S. 125 ff.; *Hinrichs*, S. 26; auch die Gesetzesbegründung zum KSchG 1951 erwähnt landesrechtliche Vorschriften.
[57] Siehe die Begründung des KSchG 1951, abgedruckt in RdA 1951, 61, 65: „Schutz des einzelnen Arbeitnehmers ist nicht der Zweck dieses Verfahrens; dieser regelt sich nach den Vorschriften des ersten Abschnitts.".
[58] *Nikisch*, Arbeitsrecht, S. 839.

gender Auffassung[59] und der Verwaltungspraxis der Arbeitsämter entsprach, für die Berechnung einer Massenentlassung gleichzeitige Neueinstellungen zu berücksichtigen[60]. Am Rande sei bemerkt, dass zu damaliger Zeit § 66 Abs. 2 BetrVG eine Regelung enthielt, nach welcher der Arbeitgeber geplante Massenentlassungen dem Betriebsrat mitzuteilen und mit ihm zu beraten hatte. Diese Vorschrift wurde indessen nicht in das BetrVG 1972 übernommen[61]. Im Einzelnen orientierten sich die §§ 15 ff. KSchG 1951 sehr stark an § 20 AOG[62].

c. Übernahme in die §§ 17 ff. KSchG

Aus den §§ 15 ff. KSchG 1951 wurden durch das „Erste Gesetz zur Bereinigung arbeitsrechtlicher Vorschriften"[63] 1969 die §§ 17 ff. KSchG. Inhaltlich änderte sich nichts an den Vorschriften über Massenentlassungen; die Änderungen der Paragraphenziffern beruht auf einer Ermächtigung an den damaligen Bundesminister für Arbeit und Sozialordnung[64]. Bis die Vorgaben der Richtlinie 75/129/EWG den Gesetzgeber veranlassten, § 17 KSchG zu ergänzen, wurden die Vorschriften nicht geändert.

d. Zwischenbilanz: Der traditionelle Zweck für deutsches Massenentlassungsrecht

Aus heutiger Perspektive lassen sich im Rahmen der Kategorisierung, die unter § 7 A. vorgestellt wurde, zwei wesentliche Ziele des nationalen Massenentlassungsrechts ausmachen, die einander abgelöst haben. Standen zunächst wirtschaftspolitische Zwecke im Vordergrund, wurden diese mit der Zeit – seit Schaffung von § 20 AOG – durch sozialpolitische, namentlich arbeitsmarktpolitische, Zwecke verdrängt. Es folgte die Umsetzung der zuvor beschriebenen europäischen Vorgaben. Jedenfalls bis dahin verfolgte das deutsche Massenentlassungsrecht in erster Linie arbeitsmarktpolitische Ziele[65].

---

[59] Vgl. *Bellinghausen*, Massenentlassungsschutz, S. 177 ff.; dies galt schon für § 20 AOG, siehe *Hueck/Nipperdey/Dietz*, § 20 AOG Rdnr. 1.
[60] Siehe den Erlass an die Präsidenten der Landesarbeitsämter vom 30.12.1952 (Ic 1/5120/1754/52 – IIa/7344), ANBA 1953, S. 6, 8; Schreiben an die Präsidenten der Landesarbeitsämter vom 24.2.1954 (Ic1/5120/1754/52 – IIa/7344), ANBA 1954, S. 254 f.; dazu LAG Bayern v. 17.11.1953, St.Ber.Reg.Nr. 38-44/53 III; in diesem Sinne bereits *Jacobi*, JW 1925, 187, 190.
[61] *Löwisch*, NJW 1978, 1237 mutmaßt, dass der Gesetzgeber die Beteiligungsrechte nach §§ 92, 111 ff. BetrVG für ausreichend hielt.
[62] Siehe auch *Hinrichs*, Massenentlassungen, S. 26: „wenige Änderungen".
[63] BGBl. 1969 I, S. 1317.
[64] Vgl. dazu *Hinrichs*, Massenentlassungen, S. 27, insb. Fn. 56.
[65] Siehe *Schwartz*, FS Leinemann, S. 365, 366; ErfKomm-*Ascheid*, 5. Aufl., § 17 KSchG Rdnr. 7; KR-*Weigand*, 7. Aufl., § 17 KSchG Rdnr. 7 f.

3. Umsetzung der Richtlinien in deutsches Recht

Wegen der europäischen Richtlinien sah sich der deutsche Gesetzgeber zweimal veranlasst, die bestehenden Vorschriften über Massenentlassungen zu ergänzen. Das nationale Massenentlassungsrecht wurde durch zwei Änderungen der §§ 17 ff. KSchG an die europäischen Vorgaben angepasst[66].

a. Anpassung an die Richtlinie 75/129/EWG

Auf die Richtlinie 75/129/EWG reagierte der deutsche Gesetzgeber verspätet[67] mit dem „Zweiten Gesetz zur Änderung des Kündigungsschutzgesetzes"[68]. Die Schwellenwerte in § 17 Abs. 1 KSchG wurden an die europäischen Vorgaben angepasst[69]. Aus den bisherigen Absätzen 2 und 3 wurden die Absätze 4 und 5.

In § 17 Abs. 2 KSchG fügte der Gesetzgeber die Konsultationspflicht des Arbeitgebers ein. Dieser hat den Betriebsrat rechtzeitig vor einer nach Abs. 1 anzeigepflichtigen Entlassung über die Gründe für die Entlassungen, die Zahl der zu entlassenen Arbeitnehmer, die Zahl der in der Regel beschäftigten Arbeitnehmer und den Zeitraum, innerhalb dessen die Entlassungen vorgenommen werden, schriftlich zu informieren und „weitere zweckdienliche Auskünfte" zu erteilen. Nach § 17 Abs. 2 S. 2 KSchG haben Arbeitgeber und Betriebsrat insbesondere die Möglichkeiten zu beraten, Entlassungen zu vermeiden oder einzuschränken und ihre Folgen zu mildern[70].

In § 17 Abs. 3 KSchG wurde die Regelung der Anzeigepflicht an das Arbeitsamt an die Vorgaben der Richtlinie 75/129/EWG angepasst. Nach § 17 Abs. 3 S. 1 KSchG hat der Arbeitgeber eine Abschrift der Mitteilung an den Betriebsrat gleichzeitig dem Arbeitsamt zuzuleiten. § 17 Abs. 3 S. 2 und 3 KSchG regeln die Beifügung der Stellungnahme des Betriebsrats an das Arbeitsamt. § 17 Abs. 3 S. 4 KSchG bestimmt schließlich den Inhalt der Anzeigepflicht. Nach § 17 Abs. 3 S. 6 KSchG hat der Arbeitgeber dem Betriebsrat die Abschrift der Anzeige zuzuleiten, die dieser nach § 17 Abs. 3 S. 7 KSchG durch weitere Stellungnahmen ergänzen

---

[66] Zweites Gesetz zur Änderung des KSchG vom 27.4.1978 (BGBl. 1978 I, 500) und Gesetz zur Anpassung arbeitsrechtlicher Bestimmungen an das EG-Recht vom 20.7.1995 (BGBl. 1995 I, 946).
[67] Die Umsetzungsfrist von zwei Jahren wurde damit überschritten, vgl. *Mauthner*, Massenentlassungsrecht, S. 47.
[68] BGBl. 1978 I, S. 550.
[69] Vgl. im Einzelnen ebenfalls *Mauthner*, Massenentlassungsrecht, S. 48, insbesondere Fn. 144; siehe auch *dies.*, S. 49, Fn. 147 zur – nicht im Zusammenhang mit der Richtlinie 75/129/EWG stehenden – Änderung des § 20 Abs. 4 KSchG.
[70] Vgl. dazu auch den Wortlaut des früheren § 66 Abs. 2 BetrVG 1952; es war umstritten, ob die Massenentlassungsrichtlinie zwingend durch Änderung des BetrVG umzusetzen war: dafür *Becker*, NJW 1976, 2057, 2058; dagegen *Marschall*, DB 1978, 981, 982.

kann, deren Abschriften er nach § 17 Abs. 3 S. 8 KSchG wiederum dem Arbeitgeber zukommen lassen muss.

Beachtenswert ist die ursprüngliche Regelung des § 17 Abs. 3 S. 5 KSchG, nach dem die Anzeige an das Arbeitsamt im Einvernehmen mit dem Betriebsrat „für die Arbeitsvermittlung" Angaben über Geschlecht, Alter, Beruf und Staatsangehörigkeit der zu entlassenden Arbeitnehmer enthalten konnte[71]. Diese Ergänzung wurde durch die Richtlinie 75/129/EWG nicht gefordert[72] und lässt sich als weiteren Beleg heranziehen, dass dem deutschen Gesetzgeber die Erleichterung der Vermittlung – also auch die Schonung des Arbeitsmarktes – wichtiger war als dem europäischen.

b. Anpassung an die Richtlinie 92/56/EWG zur Änderung der Richtlinie 75/129/EWG

Die Änderung der europäischen Vorgaben wurde vom nationalen Gesetzgeber – wiederum mit Verspätung[73] – mit dem Gesetz zur Anpassung arbeitsrechtlicher Bestimmungen an das EG-Recht vom 20.7.1995[74] berücksichtigt.

In § 17 Abs. 1 S. 2 KSchG wurde – für diese Untersuchung besonders wichtig – ergänzt, dass andere Beendigungen des Arbeitsverhältnisses, die vom Arbeitgeber veranlasst werden, Entlassungen nach S. 1 gleichstehen. Der Informationskatalog des § 17 Abs. 2 KSchG wurde nummeriert und erweitert, nunmehr umfasst er die Gründe für die Entlassungen (Nr. 1), die Zahl und – neuerdings – die Berufsgruppen der zu entlassenden Arbeitnehmer (Nr. 2), die Zahl und – ebenfalls neu – Berufsgruppen der beschäftigten Arbeitnehmer (Nr. 3), den Zeitraum, in dem die Entlassungen vorgenommen werden sollten (Nr. 4) sowie mit der Neuregelung auch die vorhergesehenen Kriterien für die Auswahl der zu entlassenden Arbeitnehmer (Nr. 5) sowie die für die Berechnung etwaiger Abfindungen vorgesehenen Kriterien (Nr. 6). § 17 Abs. 3 S. 1 KSchG wurde entsprechend der Erweiterung in Abs. 2 – mit Ausnahme von Nr. 6 – erweitert und in überschießender Richtlinienumsetzung wurde § 17 Abs. 3 S. 4 KSchG dahingehend ergänzt, dass auch die Anzeige an das Arbeitsamt diese Informationen enthalten muss[75]. Neu eingeführt wurde § 17 Abs. 3a KSchG, nachdem die Pflichten nach den Abs. 1-3 auch gelten sollen,

---

[71] Ob diese Vorschrift den Anforderungen an das AGG bzw. die Richtlinien 2000/78/EG und 2000/43/EG entspricht oder nicht zumindest dazu führen kann, dass sich Arbeitgeber durch detaillierte Angaben Prozessrisiken aussetzen, vermag man zur Zeit noch nicht abzuschätzen.
[72] *Mauthner*, Massenentlassungsrecht, S. 49.
[73] *Mauthner*, Massenentlassungsrecht, S. 47.
[74] BGBl. 1995 I, S. 946.
[75] Zur Begründung vgl. BT-Drucks. 13/668, S. 14: Damit sollte sichergestellt werden, dass das Arbeitsamt umfassende Informationen enthält, falls es – mangels Betriebsrat – keine Informationen aus der Information des Betriebsrats entnehmen konnte.

wenn die Entscheidung über die Entlassung in einem Unternehmen getroffen werden, welches den Arbeitgeber beherrscht[76]. Beachtenswert ist, dass der Gesetzgeber – unter Verweis auf die bestehenden Beratungspflichten in den §§ 111 ff. BetrVG – den Umfang der Konsultationspflicht nicht präzisiert hat und hinsichtlich der Einschaltung von Sachverständigen – unter Verweis auf § 80 Abs. 3 BetrVG – ebenfalls untätig geblieben ist[77].

Seit 1995 erfolgten keine nennenswerten Änderungen der §§ 17 ff. KSchG. Im Zuge der Arbeitsmarktreformen wurde mit Wirkung zum 1.1.2004 aus dem „Arbeitsamt" die „Agentur für Arbeit"[78]. Die – zunächst vergessene – Anpassung des § 17 Abs. 3 S. 7 KSchG, wurde nachgeholt[79]. Dieses Versäumnis belegt, dass selbst der Gesetzgeber mittlerweile den Überblick über § 17 KSchG verloren hat.

c. Rechtspolitische Folgekritik an den §§ 17 ff. KSchG

Rechtspolitisch wird nach den zahlreichen Änderungen die gegenwärtige Konzeption der §§ 17 ff. KSchG wegen ihrer mangelnden Effizienz kritisiert. Kritikwürdig seien die Akkumulation von Beteiligungsrechten des Betriebsrats[80] und insbesondere der Anzeigepflichten an die Agentur für Arbeit: Sowohl § 37b SGB III[81] als auch die §§ 216a und 216b SGB III[82] gewährleisteten eine frühzeitige Information über die anstehende Beendigung eines Arbeitsverhältnisses. Darüber hinaus werden tatsächliche Auswirkungen des Massenentlassungsrechts, die über eine Belastung der Arbeitgeber mit einem zusätzlichen Verfahren hinaus gehen, in Frage gestellt[83]. In der Tat entspricht es der Praxis der Agenturen für Arbeit, sich der Vermittlung von Arbeitnehmern, denen ein Verlust des Arbeitsvertrags droht, aus eigenem Antrieb – und ohne vorherige Anzeige einer der Beteiligten – zu widmen[84]. Die Mühlen dieser Kritik erhalten neues Wasser aus Europa – infolge der „Junk"-Entscheidung des *EuGH*[85], deren Auswirkungen hier noch beleuchtet werden[86],

---

[76] Dies diente der Umsetzung von Art. 2 Abs. 4 der Richtlinie, vgl. *Grünberger*, NJW 1995, 2809, 2813.
[77] Vgl. BT-Drucks. 13/668, S. 9 und die Beschlussempfehlung des Ausschusses für Arbeit und Sozialordnung, BT-Drucks. 13/1753, S. 13; ebenso *Mauthner*, Massenentlassungsrecht, S. 50.
[78] Gesetz vom 23.12.2003, BGBl. 2003 I, S. 2848.
[79] Durch Gesetz vom 19.11.2004, BGBl. 2004 I, S. 2902 mit Wirkung zum 27.11.2004.
[80] Vgl. die Übersicht bei *Opolony*, NZA 1999, 791, 794 f; auf die Verlangsamung weist ausdrücklich hin Ascheid/Preis/Schmidt-*Moll*, Vor §§ 17 ff. KSchG Rdnr. 21.
[81] *Dornbusch/Wolff*, BB 2005, 885, 888; *Grimm/Brock*, EWiR 2005, 213, 214.
[82] *Kohte*, jurisPR-ArbR 45/2005.
[83] Siehe z.B. *Dzida/Hohenstatt*, DB 2006, 1897, 1901: „weltfremd".
[84] Dies geschieht insbesondere bei Entlassungen in einem größerem Umfang: So wurden etwa vor der Bundestagswahl 2005 im Bundestag Anlaufstellen für Abgeordnetenmitarbeiter eingerichtet, die befürchteten, sich nach der Wahl eine neue Beschäftigung suchen zu müssen; siehe Pressemitteilung des Deutschen Bundestages vom 15. Juni 2005.
[85] Dazu ausführlich unter § 7 C.

sehen viele Autoren eine grundlegende Überarbeitung der §§ 17 ff. KSchG angezeigt[87].

4. Individualschützende Merkmale im deutschen Massenentlassungsrecht

Das deutsche Massenentlassungsrecht wurde ursprünglich von volkswirtschaftlichen und sozialpolitischen Interessen getragen. Die individualschützenden Motive, die das europäische Massenentlassungsrecht prägen, standen nicht im Vordergrund[88]. Arbeitsmarktpolitische und individualschützende Motive können einander widersprechen[89]. Noch heute hält das *BAG* die §§ 17 ff. KSchG in erster Linie dafür bestimmt, den Arbeitsmarkt zu schützen[90]. Im Schrifttum werden in letzter Zeit zunehmend die individualschützenden Aspekte der §§ 17 ff. KSchG betont, aber überwiegend – gegenüber dem tradierten arbeitsmarktpolitischen Zweck – als nachrangig angesehen[91]. Wieviel Individualschutz steckt nun in den §§ 17 ff. KSchG?

a. Konsultation nach § 17 Abs. 2 KSchG als Arbeitnehmerschutz

Das – wegen der europäischen Richtlinien[92] – eingeführte Konsultationsverfahren wird als Beleg dafür angeführt, dass neben dem Schutz des Arbeitsmarktes in den §§ 17 ff. KSchG auch Individualschutz von Arbeitnehmern verankert ist[93]. Freilich dient die Beteiligung der Arbeitnehmervertreter immer auch dem Schutz von Ar-

---

[86] Unter § 7 C. IV.
[87] Siehe etwa *Bauer/Krieger/Powietzka*, DB 2005, 445, 450; *Wolf*, AuA 2005, 340, 342; für eine Einbettung der Anzeigepflicht in die Beteiligungsrechte nach dem BetrVG *Jacobs/Naber*, SAE 2006, 61, 68; zu einem ähnlichen Befund gelangt *Buhlinger*, Mitbestimmung bei Massenentlassungen, S. 201, in ihrer rechtsvergleichenden Untersuchung.
[88] Vgl. „Parti I: Report on the study of the system of sanctions applied when Member States the provisions of Directives 75/129 and 92/65 on collective redundancies", S. 3: § 17 KSchG "is motivated by considerations of labour market-policy", "Individual protection is not provided for ...".
[89] Vgl. dazu § 7 A. III. 2.
[90] *BAG* v. 23.3.2006, AP Nr. 21 zu § 17 KSchG 1969 unter B. II. 2. a) cc) (3) der Gründe; etwas abgeschwächter aber schon *BAG* v. 13.7.2006, AP Nr. 22 zu § 17 KSchG 1969 unter II. 1. d) bb) der Gründe: Erweiterung des arbeitsmarktpolitischen Zweckes um Individualschutz durch Umsetzung der Richtlinien.
[91] *Hennings*, EWiR 2005, 69, 70, siehe auch die Unterscheidung des *BAG* v. 11.3.1999, AP Nr. 12 zu § 17 KSchG 1969 unter 4. b) der Gründe: „Der Individualschutz des Arbeitnehmers gemäß §§ 1 f. KSchG bleibt nach dieser Rechtsprechung von den §§ 17 f. KSchG unberührt, und die Zustimmung des Landesarbeitsamts zu einer Massenentlassung nimmt dem einzelnen nicht den Schutz des § 1 KSchG."
[92] Vgl. oben unter § 8 B. II. 3.
[93] Ascheid/Preis/*Moll*, Vor §§ 17 ff. KSchG Rdnr. 11.

beitnehmern[94]. Doch allein darin erschöpft sich die Funktion des Konsultationsverfahrens in § 17 Abs. 2 KSchG nicht. Durch den Wandel des Arbeitsförderungsrecht – *Mauthner*[95] weist auf den neuen § 2 SGB III hin, nachdem es auch den Betriebsparteien obliegt, den Arbeitsmarkt zu schonen – lässt sich in diesem Verfahren nach nationalem Verständnis auch eine gewichtige arbeitsmarktpolitische Dimension sehen. Dies gilt umso mehr, wenn man berücksichtigt, dass die Konsultation nach § 17 Abs. 2 KSchG wegen § 17 Abs. 3 S. 1-3 KSchG mit dem Anzeigeverfahren – also einem öffentlich-rechtlichen Verfahren – stark verwoben ist.

Für den Schutz des Arbeitsmarktes bringt das Konsultationsverfahren nach § 17 Abs. 2 KSchG – betrachtet man es isoliert nach der bisherigen Lesart der §§ 17 ff. KSchG – indessen keine großen Vorteile[96]: Erfolgt die Konsultation nach Wirksamkeit des Beendigungstatbestands, hat sie bestenfalls auf den Zeitpunkt der rechtlichen Beendigung Auswirkungen. Es ist aber kaum vorstellbar, dass die Stellungnahme des Betriebsrats auf die spätere Vermittlung durch die Agentur für Arbeit Einfluss hat. Noch weniger Einfluss hat die Konsultation des Betriebsrats – muss sie wie bisher nicht zwingend vor Entscheidung des Arbeitgebers über die Massenentlassung erfolgen – allerdings auf die Position des einzelnen Arbeitnehmers: Die „nachträgliche" Beratung mit dem Betriebsrat wird kaum dazu führen, dessen Stellung zu verbessern.

b. Anzeigeverfahren nach § 17 Abs. 3 KSchG als Arbeitnehmerschutz

Ähnliches gilt für das Anzeigeverfahren nach § 17 Abs. 3 KSchG: Es ist älter das europäische Massenentlassungsrecht und verwirklicht – sozusagen traditionell – den arbeitsmarktpolitischen Zweck der §§ 17 ff. KSchG.

Zwar lässt sich § 20 Abs. 4 KSchG, nach dem auch die Arbeitnehmerinteressen in die Entscheidungen der Agentur für Arbeit nach § 18 Abs. 1 und Abs. 2 KSchG einzubeziehen sind, als Beleg dafür anführen, dass auch dem Anzeigeverfahren die Einzelinteressen der Arbeitnehmer nicht wesensfremd sind[97]. Doch dies ist bestenfalls ein Nebenaspekt. Vorrangig soll das deutsche Massenentlassungsrecht den Arbeitsmarkt schützen.

---

[94] Däubler/Kittner/Klebe-*Schneider*, Einl. Rdnr. 112; *Fitting*, § 1 BetrVG Rdnr. 1 und 194 ff.; MünchHdbArbR-*Matthes*, § 330 Rdnr. 2.
[95] *Mauthner*, Massenentlassungsrecht, S. 65.
[96] Anders wohl *Bieback*, AuR 1986, 161, 162, der das Konsultationsverfahren bei Massenentlassungen mit „betrieblicher Arbeitsmarktpolitik" apostrophiert.
[97] BAG v. 11.3.1999, AP Nr. 12 zu § 17 KSchG 1969 unter II. 4. b) der Gründe; so auch *Mauthner*, Massenentlassungsrecht, S. 64.

c. Individualschutz im Wege richtlinienkonformer Auslegung

Schließlich sind die europäischen Hintergründe des Massenentlassungsrechts auch für das deutsche Recht von Relevanz. Im Wege richtlinienkonformer Auslegung[98] sei in das nationale Recht Individualschutz hereinzulesen[99], den das europäische Recht als vorrangiges Ziel des Massenentlassungsrechts ansieht[100]. Ob und inwieweit in das deutsche Recht solche Aspekte hereingelesen werden können, hängt jedoch davon ab, welchen methodischen Grenzverlauf zwischen europäischem und deutschem Recht man für richtig hält[101]. Für sich genommen ist das deutsche Massenentlassungsrecht zwar nicht gänzlich frei von individualschützendem Inhalt. Indes hat der Individualschutz sehr viel geringeres Gewicht als im europäischen Massenentlassungsrecht: Entspricht der (Individual-)Arbeit-nehmerschutz dem primären Zweck der Richtlinien, lässt sich der Individualschutz in Deutschland allenfalls reflexartig aus dem Regelungssystem ablesen, welches in erster Linie arbeitsmarktpolitische Interessen wahren soll. Bei der Auslegung des Entlassungsbegriffs zeigt sich diese besonders deutlich[102].

III. Vergleich: Schutzrichtung des europäischen und des deutschen Rechts

Eine ganz eindeutige Weichenstellung zugunsten individualschützenden oder arbeitsmarktpolitischen Zwecken lässt sich weder im europäischen noch im deutschen Massenentlassungsrecht erkennen. Aber es gibt sowohl im europäischen wie im deutschen Recht stark ausgeprägte Tendenzen zugunsten jeweils eines Regelungsschwerpunktes. Die Zwecksetzung des nationalen und europäischen Massenentlassungsrechts ist unterschiedlich ausgerichtet. Hinter den §§ 17 ff. KSchG finden sich zwar individualschützende Anklänge; die Vorschriften sollten aber zumindest ursprünglich in erster Linie dem Schutz des Arbeitsmarkts dienen. Die Gesetze, mit denen das nationale Massenentlassungsrecht an die Vorgaben der europäischen Richtlinien angepasst werden sollten, haben den anders gelagerten europäischen Regelungszweck nicht berücksichtigt[103]. Genau umgekehrt ist es im europäischen Recht: Vage arbeitsmarktpolitische Anklänge werden von dem aus-

---

[98] Vgl. dazu ausführlich § 7 D.
[99] Ascheid/Preis/Schmidt-*Moll*, Vor §§ 17 ff. KSchG Rdnr. 12; *Mauthner*, Massenentlassungsrecht, S. 72; MünchHdbArbR-*Birk*, § 19; Hanau/Steinmeyer/*Wank*, S. 673 ff.
[100] Siehe § 7 B. I. 3.
[101] Dazu unten unter § 7 D. III.
[102] Siehe dazu noch § 7 E. III. 2. b.
[103] Vgl. z.B. Henssler/Willemsen/Kalb-*Pods*, 1. Aufl., § 17 KSchG Rdnr. 1 und Ascheid/Preis/Schmidt-*Moll*, Vor § 17 ff. KSchG Rdnr. 10 ff., die §§ 17 ff. KSchG unter Berufung auf die genannten Erwägungsgründe der Richtlinien auch individualschützende Wirkung zusprechen; dieser Interpretation scheint sich das *BAG* anzuschließen, siehe *BAG* v. 13.7.2006, AP Nr. 22 zu § 17 KSchG 1969 unter II. 1. d) bb) der Gründe.

drücklichen geäußerten Ziel des europäischen Gesetzgebers überlagert, dass die Richtlinie Individualschutz bezwecken sollen. Der deutsche Gesetzgeber hat es versäumt, diese konzeptionellen Unterschiede zu identifizieren und sich bisher darauf beschränkt, die schon bestehenden Vorschriften über Massenentlassungen um solche Regelungen zu ergänzen, die offensichtlich notwendig waren, um den Vorgaben der Richtlinien gerecht zu werden. Dieses Versäumnis ist nur unproblematisch, wenn der Schutz des Arbeitsmarkts sozusagen die „Summe" des Individualschutzes darstellt. Ob die unterschiedliche Gewichtung bloß eine differenzierte Nuancierung in Einzelfragen zur Folge hat[104], oder ob sie einen nicht überwindbaren Konzeptionsunterschied ausmacht, ist im Folgenden zu untersuchen. Die allgemeinen Aussagen, die zu den Gestaltungsmöglichkeiten des Massenentlassungsrecht getroffen worden[105], sprechen für eher für Letzteres.

C. Zäsur durch die „Junk"-Entscheidung des *EuGH*

Im Januar 2005 bewirkte der *EuGH* mit der „Junk"-Entscheidung eine Zäsur für das deutsche Massenentlassungsrecht. Der *EuGH* machte zugleich – ohne dies ausdrücklich zu benennen – die unterschiedlichen Grundtendenzen des deutschen im Verhältnis zum europäischen Massenentlassungsrecht deutlich.

I. Frühere Auslegung der §§ 17 ff. KSchG

Vor der „Junk"-Entscheidung war die – bis in die Zeit vor dem Zweiten Weltkrieg zurückverfolgbare – arbeitsmarktpolitische Schwerpunktsetzung des Massenentlassungsrechts deutlich in dessen Auslegung wahrzunehmen. Der individuelle Kündigungsschutz, der in den §§ 1-16 KSchG verankert ist, war ein vom Massenentlassungsrecht getrennter Regelungsbereich und hatte mit der massenhaften Kündigung oder Entlassung anderer Arbeitnehmer nichts zu tun[106].

1. Rechtliche Beendigung als Angelpunkt des Massenentlassungsrechts

Das *BAG*[107] verstand – unter Zustimmung des ganz herrschenden Schrifttums[108] – unter „Entlassung" in § 17 Abs. 1 S. 1 KSchG die rechtliche Beendigung des Ar-

---

[104] Vgl. z.B. *Alber*, FS Wißmann, S. 507: „für die Interpretation auslegungsbedürftiger Begriffe wichtig".
[105] Siehe § 4 A. III. 2. b. (3).
[106] Ascheid/Preis/Schmidt-*Moll*, Vor §§ 17 ff. KSchG Rdnr. 17; *Mauthner*, Massenentlassungsrecht, S. 67; vgl. bereits *BAG* v. 27.2.1958, AP Nr. 1 zu § 1 KSchG Betriebsbedingte Kündigung.
[107] *BAG* v. 13.4.2000, AP Nr. 13 zu § 17 KSchG 1969, Bl. 2R f.; *BAG* v. 18.9.2003, AP Nr. 14 zu § 17 KSchG 1969, Bl. 8; siehe bereits *BAG* v. 6.12.1973, EzA Nr. 1 zu § 17 KSchG.

beitsverhältnisses[109]. Damit war der Zeitpunkt gemeint, in dem die Arbeitnehmer aus dem Betrieb ausschieden. Dieser bestimmt sich durch Ablauf der Kündigungsfrist. Angesichts der Grundsätze, die für das Massenentlassungsrecht gelten[110], ist diese Auslegung konsequent: Wer „in erster Linie" den Arbeitsmarkt schützen möchte, muss nicht die Erklärung der Kündigung fokussieren, sondern den Zeitpunkt der Beendigung des Arbeitsverhältnisses. Der Arbeitsmarkt ist primär von der *Beendigungswirkung* betroffen. Wenn mehrere rechtliche Beendigungen zusammenfallen, wenn also zu einem bestimmten Zeitpunkt bzw. innerhalb eines knapp bemessenen Zeitraums viele Arbeitnehmer arbeitslos zu werden drohen, wird der Arbeitsmarkt besonders belastet. Um ihn schützen zu können, muss also die *drohende massenhafte Erhöhung der Arbeitslosigkeit zu einem bestimmten Zeitpunkt* entscheidendes Kriterium dafür sein, ob Schutz vor Massenentlassungen greift. Die herrschende Auffassung war somit mit Blick auf die primär arbeitsmarktpolitische Zielsetzung konsequent. Sie wurde im Übrigen weitgehend für richtlinienkonform gehalten[111].

2. Folgen fehlerhafter oder unterbliebener Anzeigen

Die Folgen einer fehlerhaften Anzeige gegenüber dem Arbeitsamt bestimmt heute § 18 KSchG.

a. Frühere Rechtsprechung des BAG: Unwirksamkeit der Kündigung

Die frühere Rechtsprechung des *BAG* hielt bei unterbliebener Massenentlassungsanzeige die Kündigung des Arbeitgebers für unwirksam. Die Unwirksamkeit der Kündigung setzte aber voraus, dass sich der Arbeitnehmer auf die Verletzung der

---

[108] Vgl. nur ErfKomm-*Ascheid*, 5. Aufl., § 17 KSchG Rdnr. 12; und KR-*Weigand*, 7. Aufl., § 17 KSchG Rdnr. 32 jeweils m.w.N.; *Opolony*, NZA 1999, 791, 793; anschaulich *Braun*, ArbRB 2005, 209: „einsame Insel der Rechtssicherheit"; a.A. aber *Steike*, DB 1995, 675 und kritisch ebenfalls *Hinrichs*, Massenentlassungen, S. 207 f; vgl. auch *Schelp*, Anm. zu BAG AP Nr. 6 zu § 15 KSchG 1951, Bl. 3R: „So besteht ein Bedürfnis dafür, den Zeitpunkt der Entlassung wenigstens zunächst nach dem jeweiligen, in den Kündigungen manifestierten Willen des Arbeitgebers zu beurteilen."

[109] Zur missverständlichen, aber leider häufig gelesenen Bezeichnung als „tatsächliche" Beendigung siehe *Jacobs/Naber* SAE 2006, 61, 62, Fn. 8; diese sprachliche Ungenauigkeit findet sich ebenfalls schon in einem Erlass an die Präsidenten der Landesarbeitsämter vom 30.12.1952 (Ic 1/5120/1754/52 – IIa/7344), ANBA 1953, S. 6, 8 (unter 5.: „tatsächliche Entlassungen").

[110] Vgl. dazu § 7 A. III.

[111] Siehe nur KR-*Weigand*, 7. Aufl., § 17 KSchG Rdnr. 75: keine Anhaltspunkte in Art. 2 f. der Richtlinie 98/59/EG; *Mauthner*, Massenentlassungsrecht, S. 93: grundsätzliche Berechtigung der Mitgliedstaaten, eine der Rechtstradition entsprechende Begrifflichkeit zu wählen, soweit dies den Zielen der Richtlinie nicht entgegensteht.

Anzeigepflicht berief[112]. Dass aus der Verletzung der Anzeigepflicht die Unwirksamkeit der Kündigung folgte, änderte indessen nichts daran, dass die Anzeige erst vor der rechtlichen Beendigung zu erstatten war[113].

b. Rechtsprechung des BAG seit Anfang der 1970er-Jahre

Seit Anfang der 1970er-Jahre entsprach es aber der ständigen Rechtsprechung des *BAG*, dass ein Verstoß gegen die Pflicht zur Anzeige nach § 17 Abs. 3 KSchG nicht die Unwirksamkeit der Kündigungserklärung zur Folge haben sollte[114]. Insbesondere eine richtlinienkonforme Auslegung der §§ 17 ff. KSchG dahingehend, dass ein Verstoß gegen die Anzeigepflicht die Unwirksamkeit der Kündigung bewirken könne, hielt das *BAG* nicht für möglich[115]. Ein Verstoß gegen die Anzeigepflicht sei „keine hinreichend wirksame, verhältnismäßige und abschreckende Sanktion"[116] für die Umsetzung der Anzeigepflicht. Vielmehr sah das *BAG* eine solche nach § 18 Abs. 1 Hs. 1 KSchG in einer Entlassungssperre in Form eines „privatrechtsgestaltenden Akts der Arbeitsverwaltung"[117]: Die Rechtsfolge der wirksamen Kündigungserklärung konnte erst eintreten, nachdem die Anzeige nachgeholt worden war. Eine nachträgliche Anzeige entfaltete dann bestenfalls bis zu dem Tag rückwirkende Geltung, an dem sie eingereicht wurde (vgl. § 18 Abs. 1 Hs. 2 KSchG).

Offen gelassen hat das *BAG*, ob die Erfüllung der Anzeigepflichten auch die Erfüllung von § 17 Abs. 2 Satz 1 Nr. 6 und § 17 Abs. 2 Satz 2 KSchG voraussetzt und ein Verstoß gegen die Auskunfts- und Beratungspflicht zur Unwirksamkeit der Anzeige und damit zu einer Entlassungssperre nach § 18 KSchG führt[118]. In der Zustimmung der Arbeitsämter zu einer Massenentlassung wurde vom *BAG* ein bestandskräftiger Verwaltungsakt gesehen, den Arbeitsgerichte anerkennen mussten[119]. Daher konnten sich Arbeitnehmer nicht erfolgreich auf die Fehlerhaftigkeit

---

[112] *BAG* v. 6.11.1958, AP Nr. 1 zu § 15 KSchG; *BAG* v. 13.12.1958, AP Nr. 2 zu § 15 KSchG 1951; *BAG* v. 23.10.1959, AP Nr. 5 zu § 15 KSchG 1951
[113] Vgl. *BAG* v. 3.10.1963, AP Nr. 9 zu § 15 KSchG 1951.
[114] *BAG* v. 24.10.1996 AP Nr. 8 zu § 17 KSchG 1969; *BAG* v. 11.3.1999, AP Nr. 12 zu § 17 KSchG 1969; *BAG* v. 13.4.2000, AP Nr. 13 zu § 17 KSchG 1969; *BAG* v. 18.9.2003, AP Nr. 14 zu § 17 KSchG 1969.
[115] *BAG* v. 18.9.2003, AP Nr. 14 zu § 17 KSchG 1969, unter B. III. 4. c) der Gründe.
[116] *BAG* v. 18.9.2003, AP Nr. 14 zu § 17 KSchG 1969, Rdnr. 52 ff; a.A. *Hinrichs*, Massenentlassungen, S. 130.
[117] *BAG* v. 13.4.2000, AP Nr. 13 zu § 17 KSchG 1969, Bl. 5R; *BAG* v. 11.3.1999, AP Nr. 12 zu § 17 KSchG 1969.
[118] *BAG* v. 18.9.2003, AP Nr. 14 u § 17 KSchG 1969, unter B. III. 2. a) der Gründe: § 17 Abs. 3 KSchG nehme nur auf § 17 Abs. 2 S. 1 Nr. 1-5 KSchG Bezug.
[119] *BAG* v. 24.10.1996, AP Nr. 8 zu § 17 KSchG; etwas einschränkend *BAG* v. 18.9.2003, AP Nr. 14 zu § 17 KSchG 1969, unter B. III. 2. b) der Gründe: „mit Blick auf die bisherige Senatsrechtsprechung problematisch".

der Anzeige gegenüber der Agentur für Arbeit berufen. Die Entlassungssperre konnte aber dazu führen, dass der Arbeitgeber Annahmeverzugslohn (vgl. § 615 BGB) zahlen muss. Das *BAG* betonte, dass für seine Rechtsprechung der öffentliche, nämlich arbeitsmarktpolitische, Zweck der §§ 17 ff. KSchG maßgeblich war[120].

3. Folgen der unzureichenden Konsultation der Arbeitnehmervertreter

Für die unvollständige Erfüllung der Konsultationspflichten hat der Gesetzgeber keine Regelung vorgesehen. Die Pflicht des Arbeitgebers aus § 17 Abs. 2 S. 2 KSchG, mit dem Betriebsrat die Möglichkeiten zu beraten, Massenentlassungen zu vermeiden und ihre Folgen zu mindern, sah das *BAG* bereits mit dem Abschluss eines Interessenausgleichs als erfüllt an[121]. Die Sozialplanverhandlungen mussten hingegen nicht abgeschlossen sein[122].

Das *BAG* hat zumindest in einem Fall, in dem keine Information des Betriebsrats nach § 17 Abs. 2 Nr. 6 KSchG (Berechnung der Abfindung) erfolgt war, keine Konsequenzen gezogen[123]. Dies könnte indessen auch an den besonderen Umständen des Einzelfalles gelegen haben[124]. Inwieweit die ordnungsgemäße Konsultation Voraussetzung für eine wirksame Anzeige an das Arbeitsamt war, ließ das *BAG* unbeantwortet[125].

---

[120] Vgl. anschaulich *BAG* v. 24.10.1996, AP Nr. 8 zu § 17 KSchG unter B. II. 3. b) der Gründe: „Die Dienststellen der Bundesanstalt für Arbeit sollen in die Lage versetzt werden, vorausschauend Arbeitsvermittlungs- und andere Maßnahmen einzuleiten, um die Folgen der Massenentlassung von den betroffenen Arbeitnehmern möglichst abzuwenden." und unter Rdnr. 37: „Stimmt das Landesarbeitsamt in dem Verfahren nach §§ 17 ff. KSchG , das öffentlichen Interessen dient, einer bestimmten Entlassung zu einem bestimmten Zeitpunkt durch bestandskräftigen Verwaltungsakt zu und stellt damit inzident fest, dass eine wirksame Massenentlassungsanzeige vorlag, so darf der Arbeitgeber den betreffenden Arbeitnehmer entlassen."

[121] *BAG* v. 20.11.2001, AP Nr. 39 zu § 113 BetrVG 1972; *BAG* v. 18.9.2003, AP Nr. 14 u § 17 KSchG 1969.

[122] *BAG* v. 18.9.2003, AP Nr. 14 u § 17 KSchG 1969: „Eine [... solche, eingefügt vom Verf.] Regelung würde nach deutschem Recht wegen des gesetzlich vorgesehenen Verfahrens über den Abschluss eines Interessenausgleichs und eines Sozialplans und die zusätzlich erforderliche Anhörung des Betriebsrats zu jeder einzelnen Kündigung nach § 102 BetrVG zu einer ganz erheblichen Verzögerung sozialplanpflichtiger Betriebsänderungen führen"; a.A. *Hinrichs*, Massenentlassungen, S. 168.

[123] *BAG* v. 18.9.2003, AP Nr. 14 zu § 17 KSchG 1969, Bl. 7R; dagegen z.B. KR-*Weigand*, 7. Aufl., § 17 KSchG Rdnr. 63.

[124] In diesem Verfahren konnte der Arbeitgeber die Anzeige vor Abschluss der Verhandlungen über einen Sozialplan nicht erfüllen. Folglich hat das *BAG* entscheidend auf die Entstehungsgeschichte von § 17 Abs. 2 S. 1 Nr. 6 KSchG abgestellt, die eine Beteiligung des Betriebsrats auch gewährleisten soll, wenn nicht zugleich eine nach § 111 ff. BetrVG sozialplanpflichtige Betriebsänderung vorliegt.

[125] Siehe oben unter § 7 C. I. 2.

II. Vorgeschichte des „Junk"-Verfahrens

Die Vors. Richterin der 36. Kammer des *ArbG Berlin*, *Oda Hinrichs*, kam in ihrer 2001 erschienenen Dissertation[126] zu dem Ergebnis, dass der deutsche Gesetzgeber die Richtlinie 98/59/EG – hinsichtlich der Sanktionierung von Verstößen gegen die Anzeigenpflicht, hinsichtlich § 17 Abs. 5 S. 1 KSchG und in Betrieben, in denen die §§ 111 ff. BetrVG nicht ergänzend zu den §§ 17 ff. KSchG angewendet werden können[127] – nicht ordnungsgemäß umgesetzt hat. „Vielfältige Probleme bei der praktischen Handhabung"[128] ergäben sich, weil die §§ 17 ff. KSchG an das Ausscheiden aus dem Arbeitsverhältnis, aber nicht an den Ausspruch der Kündigung anknüpfen[129]. Die 36. Kammer des *ArbG Berlin* legte mit Beschluss vom 30.4.2003[130] dem *EuGH* gem. Art. 234 EG zwei Fragen vor: Ist unter dem Begriff „Entlassung" in der Richtlinie 1998/59/EG die Kündigung als „erster Akt" zur Beendigung des Arbeitsverhältnisses oder die Beendigung des Arbeitsverhältnisses – so das bisherige nationale Verständnis[131] – zu verstehen? Falls unter „Entlassung" i.S.d. Richtlinie 1998/59/EG zu verstehen ist, verlangt die Richtlinie, dass sowohl das Konsultationsverfahren als auch das Anzeigeverfahren vor dem Ausspruch der Kündigung abgeschlossen sein müssen?

Der Generalanwalt *Tizzano* sah diese Frage mit Blick auf die Harmonisierung des Rechts, die von Richtlinien angestrebt werde, für bedeutend an und hielt ebenfalls den Ausspruch der Kündigung für maßgeblich[132].

III. „Junk"-Entscheidung des EuGH vom 27.1.2005

Der *EuGH* stellte mit Entscheidung vom 27.1.2005 fest, dass unter „Entlassung" im Sinne der Richtlinie 98/59/EG die Kündigungserklärung des Arbeitgebers zu verstehen ist[133]. Vor Ausspruch der Kündigung müssen – so die weitere Aussage in Sachen „Junk" – sowohl Konsultation der Arbeitnehmervertreter als auch die Anzeige der Massenentlassung beendet sein[134]. Diese folge aus verschiedenen Sprachfassungen der Richtlinie. Die Vermeidung von Kündigungen oder deren Beschrän-

---

[126] Vgl. insbesondere das „Resümee" auf den S. 204 ff.; schon das im Titel genannte Topos „Kündigungsschutz" nimmt ein wichtiges Ergebnis der Arbeit vorweg, nämlich die Anerkennung des individualschützenden Charakters der §§ 17 ff. KSchG.
[127] So z.B. in Tendenzbetrieben.
[128] *Hinrichs*, Massenentlassungen, S. 207.
[129] *Hinrichs*, Massenentlassungen, S. 207 f.
[130] ArbG Berlin v. 30.4.2003, ZIP 2003, 1265; vgl. dazu *v. Hoyningen-Huene*, EWiR 2003, 1133 f.
[131] Vgl. § 7 C. I.
[132] Anträge des Generalanwalts *Tizzano* Rdnr. 47.
[133] *EuGH* v. 27.1.2005 (Junk), AP Nr. 18 zu § 17 KSchG, Rdnr. 39.
[134] *EuGH* v. 27.1.2005 (Junk), AP Nr. 18 zu § 17 KSchG, Rdnr. 54.

kung könne nicht erreicht werden, wenn die Konsultation der Arbeitnehmervertreter erst nach der Entscheidung des Arbeitgebers stattfinde[135].
Auf die zweite Vorlagefrage entgegnete der *EuGH*, dass das Anzeigeverfahren zumindest eingeleitet sein müsse[136]. Dies ergebe sich aus der Formulierung von Art. 2 Abs. 1 der Richtlinie[137]. Die Kündigung dürfe erst nach Abschluss des Konsultationsverfahrens ausgesprochen werden, da die Rücknahme der Entscheidung des Arbeitgebers erheblich schwieriger sei als der Verzicht, eine beabsichtigte Entscheidung in die Tat umzusetzen[138]. Gem. Art. 4 Abs. 1 UAbs. 2 und Abs. 3 der Richtlinie müsse den staatlichen Behörden eine Mindestfrist von 30 Tagen zur Verfügung stehen[139]. Daher sei es erforderlich, dass die Anzeige der beabsichtigten Massenentlassung vor dem Ausspruch der Kündigung erfolge[140].

IV. Umsetzung der „Junk"-Entscheidung in deutsches Recht

Verständlicherweise stieß die „Junk"-Entscheidung des *EuGH* im deutschen Rechtskreis auf starke Resonanz. Sie wurde als „Paukenschlag"[141] oder schlicht als „Wende im Massenentlassungsrecht"[142] bezeichnet. Gleichzeitig setzte sich eine Vielzahl von Äußerungen im Schrifttum[143] und Instanzgerichten[144] mit den Fragen auseinander, die sich für das geltende deutsche Recht aus der Entscheidung ergeben sollten.

1. Folgeprobleme der „Junk"-Entscheidung

Die Folgeprobleme resultierten auch daraus, dass der deutsche Gesetzgeber nicht auf die „Junk"-Entscheidung reagierte – und bis heute nicht darauf reagiert hat[145]. Die staatliche Umsetzung der Rechtsprechung – und damit der Richtlinie – wurde der Judikative überlassen.
Zunächst drängte sich die Frage auf, ob es möglich ist, §§ 17 ff. KSchG dahingehend richtlinienkonform auszulegen, dass unter „Entlassung" die Kündigungserklä-

---

[135] *EuGH* v. 27.1.2005 (Junk), AP Nr. 18 zu § 17 KSchG, Rdnr. 38.
[136] *EuGH* v. 27.1.2005 (Junk), AP Nr. 18 zu § 17 KSchG, Rdnr. 41.
[137] *EuGH* v. 27.1.2005 (Junk), AP Nr. 18 zu § 17 KSchG, Rdnr. 42 f.
[138] *EuGH* v. 27.1.2005 (Junk), AP Nr. 18 zu § 17 KSchG, Rdnr. 44 f.
[139] *EuGH* v. 27.1.2005 (Junk), AP Nr. 18 zu § 17 KSchG, Rdnr. 48 ff.
[140] *EuGH* v. 27.1.2005 (Junk), AP Nr. 18 zu § 17 KSchG, Rdnr. 53.
[141] *Boeddinghaus*, AuR 2005, 389; *Wolf*, AuA 2005, 340.
[142] *Wolter*, AuR 2005, 135.
[143] Siehe den Überblick bei *Jacobs/Naber*, SAE 2006, 61, Fn. 3.
[144] Vgl. z.B. *LAG Frankfurt* v. 20.4.2005, NZA-RR 2005, 522; *LAG Berlin* v. 27.4.2005, NZA-RR 2005, 412; *LAG Hamburg* v. 28.10.2005 – 6 Sa 13/05; weitere Nachweise bei *Dzida/Hohenstatt*, DB 2006, 1897, Fn. 6 und 7.
[145] Siehe aber die konkreten Vorschläge zur Änderung der §§ 17 ff. KSchG bei *Löwisch*, GPR 2005, 150, 153; *Schwartz*, FS Leinemann, S. 365, 378; eine Änderung regen z.B. auch *Bauer/Krieger/Powietzka*, DB 2005, 445, 450 an.

rung zu verstehen ist. Diese Frage wurde von den Instanzgerichten überwiegend mit „Nein" beantwortet[146] – demzufolge könnte richtlinienkonformes Massenentlassungsrecht in Deutschland nur durch eine Änderung der §§ 17 ff. KSchG durch den Gesetzgeber erreicht werden. Im Schrifttum hielten sich die Stimmen für und wider die Zulässigkeit richtlinienkonformer Auslegung von § 17 Abs. 1 S. 1 KSchG die Waage[147]. Mitunter wurden die Grundsätze richtlinienkonformer Rechtsfortbildung bemüht, um die Richtlinienkonformität der §§ 17 ff. KSchG herzustellen[148].

Bereits zu früherer Zeit hatte sich das *BAG* mit einer anderen Frage auseinandergesetzt, nämlich damit, ob man die §§ 17 ff. KSchG dahingehend richtlinienkonform auslegen kann, dass man bei einem Verstoß gegen § 17 Abs. 2 S. 1 Nr. 6 bzw. Abs. 2 S. 2 KSchG die Kündigung für unwirksam halten kann[149]. Das *BAG* hatte dies verneint. Auf dieser Grundlage wurde zuweilen prognostiziert, das *BAG* werde auch unter „Entlassung" in § 17 Abs. 1 S. 1 KSchG nicht die Kündigungserklärung – richtlinienkonform – verstehen können, und konstatiert, dass Arbeitgebern, die im Vertrauen auf diese Rechtsprechung eine Massenentlassungsanzeige unterließen, jedenfalls Vertrauensschutz zugesprochen werden müsse.

Die Frage, ob aus einem Verstoß gegen § 17 Abs. 2 KSchG die Unwirksamkeit der Kündigungserklärung folgen muss, oder ob man unter „Entlassung" in § 17 Abs. 1 S. 1 KSchG Kündigungserklärung verstehen kann, sind zwei – wenngleich miteinander verwandte – verschiedene Auslegungsfragen. Aus der Verneinung der ersten Frage konnte man allenfalls Indizien dafür gewinnen, dass sich das *BAG* auch der richtlinienkonformen Auslegung von § 17 Abs. 1 S. 1 KSchG richtlinienkonform sperrt. Es existiert nicht bloß eine mögliche Art, die §§ 17 ff. KSchG richtlinienkonform auszulegen und es ist sogar vorstellbar, dass man manche Auslegungsfragen im Komplex des deutschen Massenentlassungsrechts richtlinienkonform beantwortet, wenn man gleichzeitig andere verneint und die Richtlinienkonformität damit dem Gesetzgeber anvertraut. Bejaht man die Möglichkeit, im Wege richtlinienkonformer Rechtsfindung die §§ 17 ff. KSchG im Sinne der „Junk"-

---

[146] *LAG Hamm* v. 8.7.2005 – 7 Sa 684/05; *LAG Köln* v. 10.05.2005, ZIP 2005, 1524; *ArbG Krefeld* v. 14.4.2005, NZA 205, 582; *ArbG Lörrach* v. 24.3.2005, NZA 2005, 584; a.A. beispielsweise *ArbG Berlin* v. 1.3.2005, NZA 2005, 585; *ArbG Berlin* v. 7.6.2005 – 79 Ca 8986/05; *ArbG Bochum* v. 17.3.2005, NZA 2005, 587.

[147] Dafür etwa *Appel*, DB 2005, 1002, *Dornbusch/Wolff*, BB 2005, 885 f.; *Nicolai*, NZA 2005, 206; *Wolter*, AuR 2004, 135, 136 f.; *Osnabrügge*, NJW 2005, 1093, 1094; *Kohte*, jurisPR-ArbR 45/2005; dagegen z.B.: *Bauer/Krieger/Powietzka*, DB 2005, 445 f.; *dies.*, DB 2005, 1006; *Bauer*, FA 2005, 290-293; *Jacobs/Naber*, SAE 2006, 61, 63 ff., *Braun*, ArbRB 2005, 209, 210; *Kleinebrink*, FA 2005, 130, 131; *Schwartz*, FS Leinemann, S. 365, 375 f.; *Wolf*, AuA 2005, 340 f.; offen gelassen z.B. bei *Löwisch*, GPR 2005, 150, 151 ff.

[148] So *Riesenhuber/Domröse*, EWS 2005, 97, 101 und *dies.*, NZA 2005, 568, 569, die sich aber, anders als z.B. *Reichold*, ZESAR 2005, 474, 476, nicht festlegen.

[149] *BAG* v. 18.9.2003, AP Nr. 14 zu § 17 KSchG 1969.

Entscheidung des *EuGH* auslegen zu können, ergeben sich Folgefragen, die u.a. praktisch relevant wurden, weil einige Instanzgerichte eine solche Auslegung für möglich hielten[150]: Sollte eine fehlerhafte Durchführung des Konsultationsverfahrens oder eine Verletzung der Anzeigepflicht nicht doch die Unwirksamkeit der Kündigung zur Folge haben? Und wie ist § 18 KSchG zu verstehen, wenn die Entlassung nach § 17 Abs. 1 S. 1 KSchG die Kündigungserklärung ist?
Hielt man nach richtlinienkonformer Auslegung und bei Mängeln in Konsultation- und/oder Anzeigeverfahren die Kündigung für unwirksam, musste ein weiteres Problem gelöst werden: Musste den Arbeitgebern, die auf die bisherige Auslegung der §§ 17 ff. KSchG vertrauen durften, nicht Vertrauensschutz gewährt werden? Und wenn ja: Bis zu welchem Zeitpunkt?

2. Rechtsprechung des BAG nach „Junk"

Das *BAG* hat es zunächst unterlassen, Klarheit zu schaffen[151], aber mit mehreren Entscheidungen im Jahr 2006 die „Junk"-Entscheidung umgesetzt.
Der 2. Senat des *BAG*[152] hält eine richtlinienkonforme Auslegung von § 17 Abs. 1 S. 1 KSchG dahingehend, unter „Entlassungen" Kündigungserklärungen zu verstehen, für möglich. Der Wortlaut erlaube dies und die Systematik verböte es nicht, wenngleich § 18 Abs. 1 KSchG nur ein beschränkter Anwendungsbereich bliebe und § 18 Abs. 4 KSchG ggf. teleologisch reduziert werden müsse. Der Gesetzgeber wollte die Richtlinie aber ordnungsgemäß umsetzen und der arbeitsmarktpolitische Zweck könne durch die neue Lesart ebenfalls erreicht werden; eine frühzeitige Meldung von Entlassungen an die Agentur für Arbeit erforderten schon bisher die §§ 2 Abs. 2 S. 2 Nr. 3, 37b S. 1 und § 216a f. SGB III. Ohne sich endgültig festzulegen stellt das *BAG* weiter fest, dass die verspätete Massenentlassungsanzeige aber nicht generell zur Unwirksamkeit der Kündigungserklärung führe. Dies folge nicht zwingend aus dem Telos des Anzeigeverfahrens. Im konkreten Fall sei dem Arbeitgeber ohnehin Vertrauensschutz zu gewähren: Eine Rechtsprechungsänderung dürfe nicht dazu führen, Handlungspflichten zu verlangen, die nicht mehr erfüllt werden könnten. Auf das Fortbestehen der alten Rechtsprechung habe vertraut werden können, da das *BAG* selbst noch im September 2003[153] eine andere – nämlich richtlinienkonforme – Auslegung von § 17 KSchG abgelehnt hatte, was herrschender Auffassung in Literatur und nicht zuletzt auch der Verwaltungspraxis der Agentur für Arbeit entsprochen habe. Der Vorlagebeschluss des *ArbG Berlin* und die ihm zugrunde liegende Dissertation von *Hinrichs* haben das Vertrauen genauso wenig erschüttern können wie die Schlussanträge des Generalanwalts *Tizzano*.

---

[150] Siehe die Nachweise in Fn. 146.
[151] Möglich gewesen wäre dies in *BAG* v. 24.2.2005, AP Nr. 20 zu § 17 KSchG 1969.
[152] *BAG* v. 23.3.2006, AP Nr. 21 zu § 17 KSchG.
[153] *BAG* v. 18.9.2003, AP Nr. 14 zu § 17 KSchG.

Einwände der Agentur für Arbeit gegen die Anzeige des Arbeitgebers hätten nicht vorgelegen. Der mit der Massenentlassungsrichtlinie verbundene Zweck – die effektive Verwaltung von Massenentlassungen und der Massenarbeitslosigkeit – hätte auch nicht besser erreicht werden können[154]. Schutzwürdige Belange der klagenden Arbeitnehmer stünden der Anerkennung von Vertrauensschutz nicht entgegen. Da es dem *BAG* auch zustehe, über den Vertrauensschutz zu entscheiden, sei keine Vorlage an den *EuGH* erforderlich gewesen. Das Vertrauen könne daher frühestens mit Bekanntgabe der „Junk"-Entscheidung entfallen – im zu entscheidenden Sachverhalt wurde aber bereits 2004 massenhaft entlassen. In späteren Entscheidungen ist das *BAG* dieser Auffassung gefolgt[155].

Die Frage, inwieweit das Vertrauen, das BAG würde an seiner ursprünglichen Rechtsprechung festhalten, geschützt ist, ist für diese Untersuchung nicht relevant[156].

D. Grundsätze richtlinienkonformer Rechtsfindung

Viele gegenwärtige Fragen des Massenentlassungsrechts stehen unter europäischem Einfluss. Übergeordneter Zweck aller Richtlinien ist die Angleichung der Rechtsvorschriften der Mitgliedstaaten (vgl. Art. 94 EGV). Richtlinien müssen von ihnen in das jeweilige nationale Recht umgesetzt werden (vgl. Art. 249 Abs. 3 EGV), weil sie – anders als Verordnungen – grundsätzlich keine unmittelbare Wirkung entfalten. Das ist nur ausnahmsweise möglich, wenn das Verhältnis zwischen Staat und Bürger betroffen ist, und setzt voraus, dass die Richtlinie inhaltlich genau und unbedingt ist und der Staat durch sie verpflichtet und der Bürger durch sie begünstigt wird[157].

Aus methodischer Sicht bestehen mehrere Wege, Richtlinien zur Geltung zu verhelfen, wenn geschriebenes mitgliedstaatliches Recht die europarechtlichen Vorgaben nicht aus sich heraus umfassend oder hinreichend klar erfüllt. Weil viele der Rechtsfragen, die sich in den §§ 17 ff. KSchG stellen, mit dem europäischen Massenentlassungsrecht zusammenhängen, werden im Folgenden die Grundsätze rich-

---

[154] Diese Aussage ist fragwürdig. Denn es ist gerade nicht der primäre Zweck der Richtlinie, den Arbeitsmarkt zu schützen (s.o. unter § 7 B. I. 3.); richtig ist aber, dass der Zweck der Richtlinie nicht besser hätte erreicht werden können, da für das Erreichen der Mindestvorlauffrist von 30 Tagen muss die Anzeige nicht zwingend vor der Kündigungserklärung vorliegen.

[155] Vgl. etwa *BAG* v. 22.3.2007, NZA 2007, 1101 ff.; *BAG* v. 12.7.2007, NZA 2008, 476 ff.

[156] Siehe dazu etwa *BAG* v. 13.7.2006, AP Nr. 22 zu § 17 KSchG 1969; *BAG* v. 20.9.2006, AP Nr. 24 zu § 17 KSchG 1969; *BAG* v. 6.7.2006, AP Nr. 25 zu § 17 KSchG 1969.

[157] *EuGH* v. 5.4.1979 (Ratti), NJW 1979, 1764, 1765; *EuGH* v. 26.2.1986 (Marshall I), NJW 1986, 2178; siehe auch *Herdegen*, Europarecht, Rdnr. 174 ff.

tlinienkonformer Rechtsfindung[158] – also der richtlinienkonformen Auslegung und der richtlinienkonformen Rechtsfortbildung – dargestellt.

I. Richtlinienkonforme Auslegung

Unter Privaten – also auch zwischen Arbeitnehmer und privatem Arbeitgeber – gelten europäische Richtlinien in den einzelnen Mitgliedstaaten nicht unmittelbar[159]. Dennoch sind – gestützt auf Art. 249 Abs. 3 EG[160] und Art. 10 EG[161] – bei der Auslegung nationaler Vorschriften die Ziele der Richtlinie(n), die der Vorschrift zugrunde liegen, zu berücksichtigen. Es ist die gemeinschaftsrechtliche Pflicht der mitgliedstaatlichen Gerichte als Staatsgewalt, nationales Recht richtlinienkonform auszulegen, so weit Richtlinienwortlaut und -zweck dies gebieten[162]. Der Auslegungsspielraum des nationalen Rechts legt die methodische Grenze der richtlinienkonformen Auslegung fest. Die Gerichte müssen das nationale Recht so weit richtlinienkonform auslegen, wie dies methodisch erlaubt ist[163]. Sie sollen aber nicht mit nationalem Recht brechen, um die Vorgaben der Richtlinie zu erreichen[164]. Diese Auslegungsgrenze ergibt sich schon aus dem deutschen Recht, welches nicht in solcher Weise interpretiert werden darf, dass sein eindeutiger Wort-

---

[158] Der europäische Auslegungsbegriff reicht weiter als der deutsche und umfasst nach hiesigem Verständnis sowohl „Auslegung" als auch „Rechtsfindung", vgl. *Canaris*, FS Bydlinski, S. 47, 81 ff., Riesenhuber-*Roth*, S. 318 ff., § 14 Rdnr. 17 ff.; *Riesenhuber/Domröse*, RIW 2005, 47, 50; als Oberbegriff sollte man daher „richtlinienkonforme Rechtsfindung" wählen, so Riesenhuber-*Roth*, S. 320, § 14 Rdnr. 24.
Richtlinienkonforme Rechtsfindung ist ferner nicht mit gemeinschaftsrechtskonformer Auslegung zu verwechseln, welche auf dem Vorrang des Gemeinschaftsrechts beruht und das europäische Primärrecht einschließt. „Gemeinschaftsrechtskonforme Auslegung" taugt als Ordnungsbegriff, dem die richtlinienkonforme Rechtsfindung unterfällt, so auch Riesenhuber-*Roth*, S. 312 f., § 14 Rdnr. 9.
[159] *EuGH* v. 26.2.1986 (Marshall I), NJW 1986, 2178, 2189 Rdnr. 47 ff.; *EuGH* v. 14.7.1994 (Faccini Dori), NJW 1994, 2473, Rdnr. 20 ff.
[160] Grundlegend *EuGH* v. 13.11.1990 (Marleasing), Slg.-I 1990, S. 4153, Rdnr. 8; *EuGH* v. 5.10.2004 (Pfeiffer), AP Nr. 12 zu EWG-Richtlinie 93/104, *EuGH* v. 16.6.2005 (Pupino), NJW 2005, 2839; *von Danwitz*, JZ 2007, 697, 700.
[161] *EuGH* v. 10.4.1984 (von Colson); AP Nr. 1 zu § 611a BGB; *EuGH* v. 14.7.1994 (Faccini Dori), NJW 1994, 2473; *Kokott*, RdA 2006, Beil. zu Heft 6, S. 30, 31; Art. 10 EG ergänzt die Bindung der Gerichte an die Vorgaben der Richtlinien dabei nur, vgl. Riesenhuber-*Roth*, S. 310, § 14 Rdnr. 5; einige Stimmen aus dem Schrifttum stützen sie auf den Vorrang des Gemeinschaftsrechts, vgl. z.B. *Frisch*, Richtlinienkonforme Auslegung, S. 68.
[162] *EuGH* v. 5.10.2004 (Pfeiffer), AP Nr. 12 zu EWG-Richtlinie 93/104, Rdnr. 113 ff.; *EuGH* v. 4.7.2006 (Adeneler/Galaktos), NZA 2006, 909, Rdnr. 108; diese Pflicht entsteht mit Ablauf der Umsetzungsfrist der Richtlinie, vgl. *EuGH* v. 27.6.2000 (Océano Grupo Editorial), NJW 2000, 2571; *EuGH* v. 22.11.2005 (Mangold/Helm), AP Nr. 1 zu Richtlinie 2000/78/EG; vgl. zu den unterschiedlichen Auffassungen in der Literatur zur Reichweite der richtlinienkonformen Auslegung *Brechmann*, Richtlinienkonforme Auslegung, S. 127 ff.
[163] *EuGH* v. 5.10.2004 (Pfeiffer), AP Nr. 12 zu EWG-Richtlinie 93/104.
[164] *EuGH* v. 16.6.2005 (Pupino), NJW 2005, 2839.

laut oder sein Sinn verfehlt werden[165]. Daher ist stets zu prüfen, ob die Grenzen zulässiger Auslegung überschritten sind, d.h. ob das Auslegungsergebnis nach den methodischen Grundsätzen nationalen Rechts auch vertretbar wäre, wenn man die Richtlinie außer Acht gelassen hätte[166].

II. Richtlinienkonforme Rechtsfortbildung

Ist nach diesen Grundsätzen keine richtlinienkonforme Auslegung möglich, bleibt die Möglichkeit, das nationale Recht in richtlinienkonformer Weise fortzubilden. Allgemein bedeutet Rechtsfortbildung, dass Gerichte – weil sie die planwidrige Unvollständigkeit des Gesetzes festgestellt haben – durch Analogie, teleologische Extension oder Reduktion zu einem Ergebnis jenseits dessen gelangen, was durch Auslegung zu ermitteln ist[167]. Die deutsche Methodenlehre stützt diese Form der Rechtsfindung auf Art. 20 Abs. 3 GG[168]. Dabei sind verschiedene Arten der Rechtsfortbildung zu unterscheiden: Das geschriebene Recht selbst kann Grundlage sein, um die Regelungslücke festzustellen und zu schließen (Rechtsfortbildung *praeter legem*). Ferner kommt es vor, dass überhaupt keine gesetzliche Regelung existiert. Dann können auch ungeschriebene rechtliche Wertungen die Grundlage für eine Rechtsfortbildung bilden (Rechtsfortbildung *extra legem*)[169]. Schließlich gibt es Fälle, in denen die Rechtsfortbildung in Widerspruch zu dem geschriebenen Recht steht (Rechtsfortbildung *contra legem*). Die Zulässigkeit dieser letzten Art der Rechtsfindung ist umstritten.

III. Grenzen richtlinienkonformer Rechtsfindung

Schon das nationale Methodenverständnis hegt Zweifel an der Zulässigkeit der Rechtsfortbildung *contra legem*. Die herrschende Meinung hält sie für unzulässig, weil sie die Grenzen zwischen Judikative und Legislative verwischt, die durch Art. 20 Abs. 3 GG und Art. 100 GG gezogen werden[170]. Teilweise wird für Rechtsfortbildung *contra legem* in ganz besonderen Ausnahmesituationen anerkannt

---

[165] BVerfGE 63, 131, 148; BVerfGE 67, 369, 380 f.; BVerfGE 69, 92, 104 f.
[166] *Hergenröder*, FS Zöllner, S.1139, 1154 unter Berufung auf *Franzen*, EAS C Richtlinie 77/187/EWG Art. 1 Nr. 19, S. 18 f.
[167] Vgl. *Bultmann*, JZ 2004, 1100, 1101 f.; Riesenhuber-*Roth*, S. 329, § 14 Rdnr. 52; *Gebauer*/Wiedmann, S. 114 ff. m.w.N.
[168] Riesenhuber-*Roth*, S. 327, § 14 Rdnr. 47 m.w.N.
[169] Erkennt man beide Formen der Rechtsfortbildung an, kann eine trennscharfe Unterscheidung ausbleiben, siehe *Canaris*, FS Bydlinski, S. 47, 84; *Gebauer*/Wiedmann, S. 115, Rdnr. 140.
[170] *Kramer*, Juristische Methodenlehre, S. 75 f.; *Canaris*, FS Bydlinski, S. 47, 91 ff; *ders.*, FS Kramer, S. 141, 158; *Schnorbus*, AcP 201 (2001), 897 f.; siehe umfassend zu dem Problem der Reichweite von Art. 100 GG *Neuner*, Die Rechtsfindung contra legem, S. 178 ff.; diesen Grundsätzen vertraut z.B. das *BAG* in seiner Entscheidung zum Bereitschaftsdienst mit Blick auf das ArbZG, siehe *BAG* v. 18.2.2003, AP Nr. 12 zu § 611 BGB Arbeitsbereitschaft.

("Rechtsnotstand")[171]; nur wenige Autoren hegen gar keine Bedenken gegen diese Art der Rechtsfindung[172]. Auch das europäische Recht zwingt dem mitgliedstaatlichen Gerichten keinen Bruch mit nationalen Vorschriften auf: Der *EuGH* hat mehrfach festgestellt, dass die Berücksichtigung von Richtlinien nicht zu einer „Auslegung" – also nach deutschem Methodenverständnis zur Auslegung oder Rechtsfortbildung[173] – *contra legem* führen darf[174]. Recht wird auch – und vor allem! – *contra legem* fortgebildet, wenn die Zwecksetzungen von nationalem Recht und Richtlinie unvereinbar sind[175]. Gegen die Möglichkeit der richtlinienkonformen Rechtsfortbildung *contra legem* spricht neben den allgemeinen methodischen Bedenken und den erwähnten Einschränkungen des *EuGH*, dass sie die Hierarchie der Rechtsakte der europäischen Gemeinschaft auflösen würde. Ließe man zu, dass im Wege richtlinienkonformer Rechtsfortbildung Ergebnisse erzielt werden, die im Widerspruch zur Auslegung geschriebenen nationalen Rechts stehen, würde in unzulässiger Weise die Unterscheidung zwischen Verordnungen – die unmittelbare Wirkung zwischen Privaten entfalten – und Richtlinien und zwischen – automatisch vorrangigem – europäischen Primärrecht einerseits und Sekundärrecht andererseits verwischt[176]. Folglich ist es nicht möglich, das nationale Recht *contra legem* richtlinienkonform auszulegen oder fortzubilden.

---

[171] *Larenz/Canaris*, Methodenlehre, S. 251; *v. Hoyningen-Huene*, FS 600 Jahre Heidelberg, S. 353, 355; *Jacobs/Naber*, SAE 2006, 61, 67; *Kohler-Gehrig*, JA 1998, 807, 808; a.A. *Riesenhuber/Domröse*, NZA 2005, 568, 569, *dies.*, EWS 2005, 97, 101 und *dies.*, RIW 2005, 47, 51 die Richtlinienwidrigkeit den „bestimmten Fallgruppen" zuordnen, in denen eine richtlinienkonforme Rechtsfortbildung *contra legem* zulässig ist; siehe auch *Neuner*, Die Rechtsfindung contra legem, S. 185 der *contra-legem*-Judizieren für zulässig hält, wenn die Prinzipien der Volkssouveränität und Rechtssicherheit und die verfassungsrechtliche Kompetenzaufteilung zur Verwerfung von Normen gewahrt werden.
[172] *Hergenröder*, FS Zöllner, S. 1139, 1149 et passim ; ähnlich *Lutter*, JZ 1992, 593, 607; unentschieden mit Blick auf die Stellung der Richtlinien in der Gesamtrechtsordnung wohl *Auer*, NJW 2007, 1106, 1108.
[173] Vgl. bereits Fn. 158 dazu, dass „Auslegung" besser mit Rechtsfindung übersetzt wäre.
[174] *EuGH* v. 16.6.2005 (Pupino), NJW 2005, 2839, Rdnr. 47; *EuGH* v. 4.7.2006 (Adeneler/Galaktos), NZA 2006, 909, Rdnr. 110; die ausdrückliche Nennung der *contra-legem*-Grenze erfolgte nicht erst in der Entscheidung in Sachen „Adeneler/Galaktos", a.A. *Auer*, NJW 2007, 1106, 1107; für ein sehr enges Verständnis des Begriffs *contra legem* Riesenhuber/Domröse, NZA 2005, 568, 569.
[175] *Gebauer*/Wiedmann, S. 115.
[176] *Canaris*, FS Bydlinski, S. 47, 96 ff.; *Gebauer*/Wiedmann, S. 115; *Naber*, JuS 2007, 614, 616; ohne nähere Begründung auch *Kokott*, RdA 2006, Beil. zu Heft 6, S. 30, 34; a.A. *Hergenröder*, FS Zöllner, S. 1139, 1149 ff.

IV. Unbeabsichtigte Richtlinienwidrigkeit umsetzender Normen

1. Unmittelbare Anwendung von Richtlinien

Das Schrifttum erwägt für Ausnahmefälle eine unmittelbare Anwendung von Richtlinien, wenn sich der nationale Gesetzgeber dieser zwar angenommen, sie aber falsch oder – weil er das geltende nationale Recht für ausreichend hielt – gar nicht umgesetzt hat[177]. Diese unmittelbare Wirkung kann nicht weiter reichen als gegenüber dem Staat: Es darf kein gesetzgeberischer Umsetzungsspielraum bestehen[178]. Besteht gar keine gesetzliche Regelung, muss es sich um eine „verordnungsgleiche"[179] Richtlinie handeln. Sehr fragwürdig ist in solchen Fällen, ob es nicht Aufgabe des europäischen Gesetzgeber ist, dann gleich per Verordnung und nicht per umsetzungsbedürftiger Richtlinie gesetzgeberisch tätig zu werden. Es besteht ansonsten wiederum die Gefahr, dass die Hierarchie der europäischen Rechtsakte aufgehoben wird[180].

Für die Umsetzung der Richtlinie 98/59/EG etwa steht den mitgliedstaatlichen Gesetzgebern ein weiter Umsetzungsspielraum zu. Diese Richtlinie lässt sich schon deswegen kaum unmittelbar anwenden, weil sie viele Bereiche der Regelung der Mitgliedstaaten überlässt[181]. Eine unmittelbare Anwendung der Richtlinie 98/59/EG scheitert bereits daran.

2. Der Umsetzungswillen des Gesetzgebers bei der Rechtsfindung

Wollte der Gesetzgeber die Umsetzung einer Richtlinie nicht bewusst verhindern, so ist sein Umsetzungswille in die Auslegung der – vermeintlich – umsetzenden nationalen Normen einzubeziehen[182]: Die Judikative sei ermächtigt, „die erforderlichen Korrekturen bzw. Nachbesserungen vorzunehmen"[183]. Der Sache nach ist diese „Technik" nichts anderes als eine besonders starke Akzentuierung der historischen Auslegung. Probleme angesichts Art. 20 Abs. 3 GG mag man noch vermeiden, indem man die rechtsstaatliche Gesetzesbindung auch für Richtlinien annimmt. Doch auch die Berücksichtigung des Umsetzungswillens gestattet keinen

---

[177] *Canaris*, FS Bydlinski, S. 47, 99; ähnlich *Lutter*, JZ 1992, 593, 607; im Ergebnis auch *Riesenhuber/Domröse*, RIW 2005, 47, 51 f. und *dies.*, NZA 2005, 568, 569, die im letztgenannten Beitrag ohne weiteres die Rechtsfortbildung *contra legem* annehmen, wenn diese der korrekten Umsetzung von Richtlinien dient. Differenzierend: Riesenhuber-*Roth*, S. 331 ff., § 14 Rdnr. 57 ff.
[178] *Canaris*, FS Bydlinski, S. 47, 99.
[179] Kritisch zu diesem Begriff aber *Egger*, EuZW 2005, 652, 654, Fn. 19.
[180] *Reichold*, ZESAR 2005, 474, 475 betont zutreffend die Gefahr der „Verwechslung" mit der Figur der unmittelbaren Direktwirkung von Richtlinien.
[181] Siehe ausführlich dazu § 7 E. III. 1. a. und b.
[182] Damit erklärt sich die Differenzierung bei Riesenhuber-*Roth*, S. 332 f., § 14 Rdnr. 58 ff.
[183] So wörtlich Riesenhuber-*Roth*, S. 332 f., § 14 Rdnr. 59.

Schritt über die *contra legem*-Grenze, deren genauen Definition sich gerade aus der Auslegung des geschriebenen Rechts ergibt: Die historische Sinngebung darf Wortlaut, Systematik und Zweck nicht ohne weiteres überspielen. Der Umsetzungswille des Gesetzgebers kann gar mit anderen historischen Elementen kollidieren, wenn der Regelungszweck der Richtlinie anderen Zwecken, die der Gesetzgeber verfolgt, widerstrebt[184].

V. Schlussfolgerungen für das Massenentlassungsrecht

Massenentlassungsrecht existiert in Deutschland sehr viel länger als in Europa und der deutsche Gesetzgeber ging davon aus, dass geringfügige Änderungen genügen, um die Anforderungen der Richtlinie zu erfüllen. Seine Konzeption – und mit ihm die Entwicklung des Regelungszwecks – reicht weiter zurück: Seit § 20 AOG soll das deutsche Massenentlassungsrecht dem Arbeitsmarkt dienen. Sofern man im Wege der Rechtsfindung den Willen des Gesetzgebers berücksichtigen möchte, die Richtlinie umzusetzen, muss man konstatieren, dass sich der Gesetzgeber über die konzeptionellen Differenzen zwischen deutschem und europäischem Recht keine Gedanken gemacht hat. Der deutsche Gesetzgeber wollte die Vorgaben der Massenentlassungsrichtlinie zwar verwirklichen, hat aber verkannt, dass sich arbeitsmarktpolitische und individualschützende Regelungszwecke nur schwer miteinander vereinbaren lassen.

Der Gesetzgeber bewegt sich an der schmalen Grenze zwischen vorsätzlicher und fahrlässiger Verfehlung der Richtlinienvorgaben. *Bewusst* handelt aber auch ein Gesetzgeber, dem „bewusste Fahrlässigkeit"[185] zur Last gelegt werden muss[186]. Hat der Gesetzgeber verkannt, dass der europäische Regelungszweck im Widerspruch zum nationalen Recht steht, behält die Bindung der Gerichte an mitgliedstaatliche Normen Vorrang[187]. Sofern es in den §§ 17 ff. KSchG also gerade auf den arbeitsmarktpolitischen Primärzweck ankommt, ist richtlinienkonforme Rechtsfindung in hohem Maße problematisch.

---

[184] *Neuner*, Die Rechtsfindung contra legem, S. 132, sieht die Missachtung der Regelungsabsicht des historischen Gesetzgebers als definitorisches Merkmal des *contra-legem*-Judizierens an.

[185] Dieser Begriff ist dem Strafrecht entliehen, siehe nur *Roxin*, Strafrecht AT I, S. 1086 f. m.w.N.

[186] Die bewusste Abweichung von Richtlinienvorgaben sehen auch als Grenze richtlinienkonformer Rechtsfortbildung: *Brechmann*, Richtlinienkonforme Auslegung, S. 269; Riesenhuber-*Roth*, S. 333, § 14 Rdnr. 60; *Riesenhuber/Domröse*, RIW 2005, 47, 51.

[187] Wie hier *Brechmann*, Richtlinienkonforme Auslegung, S. 271: „Die Grenze einer [...] Uminterpretation wird indes in dem Wortlaut bzw. in einer eindeutigen historischen gesetzgeberischen Regelungsabsicht zu finden sein."

E. Behandlung von Aufhebungsverträgen nach den §§ 17 ff. KSchG

Massenentlassungen werden oftmals durch den massenhaften Abschluss von Aufhebungsverträgen durchgeführt[188], so dass es nahe liegt, das Massenentlassungsrecht auf Aufhebungsverträge anzuwenden[189].

I. Einführung

§ 17 Abs. 1 S. 2 KSchG bestimmt, dass „Entlassungen" andere Beendigungstatbestände gleich stehen, die vom Arbeitgeber veranlasst werden. Damit öffnen sich die §§ 17 ff. KSchG – zunächst einmal unabhängig davon, wie man den Begriff „Entlassung" genau versteht – für Aufhebungsverträge.

1. Europarechtliche Vorgaben

Die Richtlinie 75/129/EWG enthielt keine Bestimmung zu anderen Beendigungstatbeständen als Arbeitgeberkündigungen. In Konsequenz stellte der *EuGH* fest, dass vom Arbeitgeber durch Zahlungseinstellung veranlasste Eigenkündigungen von Arbeitnehmern nicht unter den Anwendungsbereich der Massenentlassungsrichtlinie fielen. Denn einerseits trete dies aus dem Wortlaut der Richtlinie nicht hervor und andererseits hätten die Arbeitnehmer dann die Möglichkeit, durch ihre Eigenkündigungen erst eine Massenentlassung im Sinne der Richtlinie herbeizuführen[190]. Damit meinte der *EuGH* offensichtlich, dass anderenfalls tatbestandlich eine Massenentlassung gegeben sein könnte, obgleich keine Steuerung der Entlassungen durch den Arbeitgeber vorliegt.

Diese Ausgangslage änderte sich mit der Änderungsrichtlinie 92/56/EWG, die Art. 1 Abs. 1 um den Unterabsatz ergänzte, dass für die *Berechnung* der Zahl der Entlassungen solche Beendigungen des Arbeitsvertrags Entlassungen gleichgestellt werden, die auf Veranlassung des Arbeitgebers und aus einem oder mehreren Gründen erfolgen, die nicht in der Person der Arbeitnehmer liegen, sofern die Zahl der Entlassungen mindestens fünf beträgt. Bereits dieser Wortlaut deutet an, dass Aufhebungsverträge nur für die *Berechnung*, nicht aber hinsichtlich der *Rechtsfolgen* – also der Artt. 2 ff. der Massenentlassungsrichtlinie – bedeutsam sind. Noch deutlicher wird dies durch die englische Fassung der Richtlinie in der es „for the purpose of calculating the number of redundancies" heißt. Die Gesetzgebungsgeschichte stützt diesen Eindruck: Der erste Entwurf der Kommission für eine Änderungsrichtlinie[191] und die Stellungnahme des Wirtschafts- und Sozial-

---

[188] Siehe dazu bereits die Einleitung zu § 1.
[189] *Mauthner*, Massenentlassungsrecht, S. 100.
[190] *EuGH* v. 12.2.1985 (Dansk Metalarbejderforbund), Slg. 1985, S. 553 ff.
[191] KOM (91), 292 endg. v. 20.9.1991, Abl. EG C 310 v. 30.11.1991, S. 5 ff.

ausschusses[192] sahen keine Erweiterung des Anwendungsbereichs des europäischen Massenentlassungsrechts um andere Beendigungsformen als Arbeitgeberkündigungen vor. Erst der Vorschlag des Parlaments[193] führte dazu, dass darüber diskutiert wurde. Die Kommission hielt diese Eingabe für „durchaus logisch, umso mehr, als das Ziel des Verfahrens der Unterrichtung und Konsultation der Arbeitnehmervertreter gerade darin besteht, Entlassung zu vermeiden oder zu verringern, wodurch häufig Formen des Erlöschens oder der Einstellung der Arbeitsbeziehungen Anwendung finden, die mit dem Arbeitnehmern und ihren Vertretern ausgehandelt waren (ausgehandelte Beendigung des Arbeitsverhältnisses, Vorruhestand usw.)."
Doch sah der zweite Vorschlag der Kommission ganz offensichtlich noch vor, alle Formen der Beendigung von Arbeitsverhältnissen vollständig dem Massenentlassungsrecht zu unterwerfen: Dafür spricht schon der Entwurf für einen neuen Erwägungsgrund 4[194], nach dem „die sich aus der Richtlinie ergebenden Verpflichtungen (…) für den Arbeitgeber" gelten sollten, „wenn die festgelegten Grenzzahlen erreicht sind, und zwar entweder durch Entlassungen oder durch andere Formen der Beendigung des Arbeitsvertrags aufgrund der Tatsache, dass das Unternehmen Arbeitsplätze abbaut." Eine klare Unterscheidung zwischen der Einbeziehung in die Berechnung und der Anwendung der Rechtsfolgen liest sich anders. Die Vorstellungen der Kommission lassen sich an ihrem Formulierungsvorschlag für Art. 1 Abs. 1 a) noch deutlicher ablesen, nach welchem es heißen sollte: „Massenentlassung ist jede von einem Arbeitgeber aus einem oder mehreren Gründen, die nicht in der Person der Arbeitnehmer liegen, ausgehende Beendigung von Arbeitsverträgen,…". Damit wäre der Begriff der „Massenentlassung" insgesamt erweitert worden, womit ebenfalls sämtliche Rechtsfolgen betroffen gewesen wären, weil „Massenentlassung" Tatbestandsvoraussetzung der Artt. 2 ff. der Richtlinie ist. Der Änderungsvorschlag hätte also bewirkt, dass sämtliche Vorschriften der Richtlinie für sämtliche Formen der Beendigung von Arbeitsverträgen Anwendung finden.
Ihren Vorschlag konnte die Kommission indes nicht durchsetzen. Die endgültige Fassung der Richtlinie 92/56/EWG formuliert nämlich in ihren Erwägungsgründen lediglich, dass es sich empfehle, „im Hinblick auf die Berechnung der Zahl der Entlassungen gemäß der Definition der Massenentlassung (…) andere Arten einer Beendigung des Arbeitsverhältnisses, die auf Veranlassung des Arbeitgebers erfolgt, gleichzustellen." Dieser Erwägung wurde auch rechtstechnisch entsprochen: Statt einer Neudefinition des Begriffs der „Massenentlassung", die andere Beendigungsformen einbezieht – so noch der Kommissionsvorschlag –, wurde der zu Beginn dieses Abschnitts vorgestellte Unterabsatz eingefügt.

---

[192] Stellungnahme v. 30.1.1992, Abl. EG C 79 v. 30.3.1992, S. 12 ff.
[193] Legislative Entschließung v. 11.3.1992, Abl. EG C 94 v. 13.4.1992, S. 154 ff.
[194] KOM (92), 127 endg. v. 31.3.1992, Abl. EG C 117 v. 8.5.1992, S. 11.

Aufhebungsverträge haben für das europäische Massenentlassungsrecht nur Bedeutung, wenn der Arbeitgeber sie veranlasst. Und es gilt weiter: Arbeitgeberveranlasste Aufhebungsverträge zählen nur für die Berechnung. Die Rechtsfolgen treffen sie hingegen nicht. Die Pflichten der Artt. 2 ff. der Richtlinie 98/59/EG und die Folgen ihrer Verletzung finden selbst auf Aufhebungsverträge, die der Arbeitgeber veranlasst, keine Anwendung.

2. Entwicklung des deutschen Rechts

Auf die Änderungsrichtlinie fügte der deutsche Gesetzgeber § 17 Abs. 1 S. 2 KSchG durch das Gesetz zur Anpassung arbeitsrechtlicher Bestimmungen an das EG-Recht vom 20.7.1995[195] in das deutsche Massenentlassungsrecht ein. Die Beschränkungen auf Entlassungen mit mindestens fünf Arbeitnehmern wurden nicht in das deutsche Recht übernommen[196]. Es fällt auf, dass sich § 17 Abs. 1 S. 2 KSchG eine ausdrückliche Beschränkung auf die *Berechnung*, wie sie die Richtlinie vorsieht, nicht entnehmen lässt. Vielmehr stellt § 17 Abs. 1 S. 2 KSchG „andere Beendigungen, die vom Arbeitgeber veranlasst werden", pauschal Entlassungen gleich.

Dies lässt sich historisch erklären: Schon eine Verwaltungsanweisung der Bundesanstalt für Arbeit von 1952 legte fest, dass es auch als – massenentlassungsrechtlich relevante – „Entlassung" zählt, wenn die Parteien die „Auflösung des Arbeitsverhältnisses ohne Einhaltung einer Kündigungsfrist vereinbart haben"[197]. Auch die frühere Rechtsprechung des *BAG* beschränkte sich nicht darauf, das Massenentlassungsrecht auf Arbeitgeberkündigungen anzuwenden. 1969 stellte das *BAG* fest, dass im Prozessvergleich einvernehmlich beendete Arbeitsverhältnisse bei der Berechnung der Massenentlassung mitzuzählen seien[198]. Die Arbeitsbehörden könnten nicht warten, bis sich im Prozess herausstellte, dass einvernehmliche Vergleiche über die Beendigung erzielt werden. Später entschied der 2. Senat des *BAG*, dass zwar der Begriff der „Entlassung" grundsätzlich nicht den Fall erfasse, dass der Arbeitnehmer aufgrund einer von ihm ausgesprochenen Kündigung ausscheidet, dass der Sinn und Zweck der KSchG §§ 17 ff. aber ausnahmsweise etwas anderes ergeben könne. Eine „Entlassung" läge auch vor, wenn der Arbeitnehmer selbst gekündigt hat, weil seiner Kündigung die Erklärung des Arbeitgebers vorausgegangen ist, er werde dem Arbeitnehmer zum gleichen Zeitpunkt kündigen,

---

[195] BGBl. 1995 I, S. 946.
[196] Diese Abweichung ist als gegenüber den Vorgaben der Richtlinie günstigere Regelung zulässig; vgl. statt aller Ascheid/Preis/Schmidt-*Moll*, § 17 KSchG Rdnr. 31.
[197] Erlass an die Präsidenten der Landesarbeitsämter vom 30.12.1952 (Ic 1/5120/1754/52 – IIa/7344), ANBA 1953, S. 6, 8; aus einem späteren Hinweis zu den arbeitslosenversicherungsrechtlichen Folgen (S. 9, linke Spalte unten) ergibt sich, dass auch damit jedenfalls auch Aufhebungsverträge gemeint waren.
[198] *BAG* v. 13.3.1969, AP Nr. 10 zu § 15 KSchG 1951 unter 2. d) der Gründe.

wenn dieser der Aufforderung zur Kündigung nicht nachkomme[199]. Auch am Massenentlassungsrecht zeigt sich, dass die Rechtsprechung Vorschriften, die ursprünglich nur für Arbeitgeberkündigungen angelegt waren, auf andere Beendigungstatbestände angewendet hat, die der Arbeitgeber veranlasst hat.

Mit Schaffung von § 17 Abs. 1 S. 2 KSchG wollte der Gesetzgeber die Änderungsrichtlinie umsetzen[200]. Der Gesetzgeber nahm in seiner Begründung auf die bisherige *BAG*-Rechtsprechung Bezug[201] und hielt es – wie diese Rechtsprechung – für sinnvoll, wenn das Arbeitsamt „möglichst vollständig Kenntnis" über die Zahl der freigestellten Arbeitnehmer enthält[202]. Mit dem Sinn und Zweck hatte auch das *BAG* für den Fall der Eigenkündigung von Arbeitnehmern argumentiert und nicht nur eine Anzeigepflicht hinsichtlich der konkreten Kündigung angenommen, sondern auf sie auch die Rechtsfolgen übertragen, die eintreten, wenn der Arbeitgeber seine massenentlassungsrechtlichen Verpflichtungen nicht wahrnimmt[203]. Dieser Umstand deutet – wie bereits der Wortlaut von § 17 Abs. 1 S. 2 KSchG – darauf hin, dass der deutsche Gesetzgeber nicht lediglich die Berechnungsgrundlage, sondern auch den Anwendungsbereich der Rechtsfolgen verbreiten wollte. Nach Schaffung von § 17 Abs. 1 S. 2 KSchG hat das *BAG* keinen Zweifel daran gelassen, dass nicht nur die Berechnung, sondern der Entlassungsbegriff insgesamt um Beendigungen, die vom Arbeitgeber veranlasst werden, erweitert werden muss[204]. Damit eröffnen sich die gesamten §§ 17 ff. KSchG für arbeitgeberveranlasste Aufhebungsverträge. Der deutsche Gesetzgeber überimplementiert die Massenentlassungsrichtlinie. Dieses „Mehr" an Massenentlassungsrecht gegenüber den europäischen Vorgaben erklärt sich wiederum mit dem arbeitsmarktpolitischen Schwerpunkt: Denn es kommt aus Sicht des Arbeitsmarktes weniger auf die Ursache einer Beendigung als darauf an, dass überhaupt die Beendigungswirkung eintritt[205]. Der einzelne Arbeitnehmer – den das europäische Recht in erster Linie schützen möch-

---

[199] *BAG* v. 6.12.1973, AP Nr. 1 zu § 17 KSchG 1969; davon, dass die ursprünglichen §§ 17 ff. KSchG auf Aufhebungsverträge „in der Regel" unanwendbar sind, ging offenbar aber *Pauly*, MDR 1995, 1081, 1082 aus; *G. Hueck*, Anm. zu BAG AP Nr. 1 zu § 17 KSchG 1969 Bl. 6f. war indessen der Auffassung, das nur für die Berechnung der Schwellenwerte, nicht aber für die Rechtsfolgen gelten sollte – so auch die spätere Regelung in der Richtlinie.

[200] Vgl. BT-Drucks. 13/668, S. 1 ff. und insbesondere S. 13; vgl. auch die Stellungnahme des Ausschusses für Arbeit und Sozialordnung, BT-Drucks. 13/1753, S. 12 f.

[201] Wenngleich die zuvor erwähnte *BAG*-Entscheidung AP Nr. 1 zu § 17 KSchG 1969 in der Gesetzesbegründung falsch datiert wird.

[202] BT-Drucks. 13/668, S. 13.

[203] *BAG* v. 6.12.1973, AP Nr. 1 zu § 17 KSchG 1969.

[204] Vgl. *BAG* v. 13.11.1996, AP Nr. 4 zu § 620 BGB Aufhebungsvertrag unter II. 1. b) der Gründe: Das *BAG* prüft eine Anzeigepflicht bei einem Aufhebungsvertrag, verneint diese aber, weil die Schwellenwerte nicht erreicht wurden; siehe vor allem *BAG* v. 11.3.1999, AP Nr. 12 zu § 17 KSchG 1969 unter II. 2. der Gründe und dazu noch ausführlicher unten unter § 7 E. IV. 4.

[205] Siehe BT-Drucks. 13/668, S. 13.

te – bedarf hingegen nicht zwingend des Schutzes durch die Rechtsfolgen des Massenentlassungsrechts, wenn er einen Aufhebungsvertrag abschließt. Denn er kann selbst abschätzen, worauf er sich einlässt.

3. Überprüfungsbedarf nach der „Junk"-Entscheidung

Vor der „Junk"-Entscheidung des EuGH führte die deutsche Lesart dazu, dass es nach § 17 Abs. 1 S. 2 KSchG unerheblich war, welcher Beendigungsform sich der Arbeitgeber für eine Massenentlassung bediente. Ob eine Massenentlassung vorlag bzw. ob ein Aufhebungsvertrag, den ein Arbeitgeber veranlasst hatte, zusammen mit anderen Entlassungen dafür relevant war, hing maßgeblich von der Beendigungsfrist ab, welche die Arbeitsvertragsparteien mit ihrem Aufhebungsvertrag vereinbart hatten. Lag keine Anzeige vor, galt – ebenso wie für Kündigungen – für Aufhebungsverträge eine „Entlassungssperre"[206].

Die „Junk"-Entscheidung des *EuGH* gibt jedoch Anlass, auch die Behandlung von Aufhebungsverträgen bei der Durchführung von Massenentlassungen einer eingehenden Überprüfung zu unterziehen. Wie wirkt sich die richtlinienkonforme Auslegung, unter „Entlassung" Kündigungserklärungen zu verstehen, auf arbeitgeberveranlasste Aufhebungsverträge aus? Von der Beantwortung dieser Frage hängt ab, zu welchem Zeitpunkt Konsultations- und Anzeigepflichten – die nach deutschem Recht auch für Aufhebungsverträge gelten – erfüllt werden müssen. Und in der Folge stellt sich die Frage nach den Auswirkungen fehlerhafter Anzeigen oder Konsultationen. Hält man bereits den Beendigungstatbestand für die „Entlassung", ist dieser – angesichts § 18 KSchG – möglicherweise selbst in seiner Wirksamkeit von den Rechtsfolgen des Massenentlassungsrechts betroffen.

II. Tatbestand der Massenentlassung und Aufhebungsverträge

Doch zunächst ist zu klären, welche Beendigungen überhaupt von § 17 Abs. 1 S. 2 KSchG erfasst werden. Im Folgenden wird untersucht, inwieweit Aufhebungsverträge andere Beendigungen des Arbeitsverhältnisses sind (1.) und welche Anforderungen § 17 Abs. 1 S. 2 KSchG an die Veranlassung durch den Arbeitgeber stellt (2.).

1. Aufhebungsverträge als „andere Beendigungen des Arbeitsverhältnisses"

Es entspricht einhelliger Auffassung, dass Aufhebungsverträge – wie auch Arbeitnehmerkündigungen – „andere Beendigungen des Arbeitsverhältnisses" i.S.d. § 17

---

[206] *BAG* v. 11.3.1999, AP Nr. 12 zu § 17 KSchG 1969 ist die einzige Entscheidung, die sich bislang überhaupt dezidiert mit massenentlassungsrechtlichen Problemen bei Aufhebungsverträgen auseinandergesetzt hat.

Abs. 1 S. 2 KSchG sind[207], ohne dass es dabei auf die Gründe ankommt, aus denen sie abgeschlossen werden[208].
Oben wurde bereits darauf hingewiesen, dass Aufhebungsverträge in der Praxis mehrere Funktionen erfüllen können[209]. Die verschiedenen Einsatzbereiche von Aufhebungsverträgen legen es nahe, auch im Rahmen von § 17 Abs. 1 S. 2 KSchG zu unterscheiden.

a. Aufhebungsverträge mit „reiner" Beendigungsfunktion

Traditionell dienen Aufhebungsverträge dazu, Arbeitsverhältnisse für immer zu beenden. Solche Aufhebungsverträge – oben wurden diese als Aufhebungsverträge mit „reiner" Beendigungsfunktion bezeichnet – sind unzweifelhaft von § 17 Abs. 1 S. 2 KSchG erfasst, sofern sie vom Arbeitgeber veranlasst werden.

b. Aufhebungsverträge mit Wiedereinstellungsoption

Aufhebungsverträge werden aber auch eingesetzt, wenn zwischen den Parteien des Arbeitsvertrags eine Wiedereinstellung – möglicherweise sogar eine nahtlose Weiterbeschäftigung zu anderen Arbeitsbedingungen – nicht ausgeschlossen wird[210]. Mit Blick auf den – zumindest traditionell vorrangigen arbeitsmarktpolitischen Zweck der §§ 17 ff. KSchG – bestehen Zweifel, ob solche Verträge ebenso wie Aufhebungsverträge mit „reiner" Beendigungsfunktion dem Massenentlassungsrecht unterfallen sollen. Es spricht zumindest *prima facie* einiges dafür, dass die Neubegründung eines Arbeitsverhältnisses mit demselben Arbeitgeber dazu führt, Aufhebungsverträge ausnahmsweise aus den Massenentlassungsvorschriften auszunehmen. Denn in solchen Fällen ist die Chance auf ein neues Arbeitsverhältnis – sogar mit demselben Arbeitgeber – deutlich größer als nach dem Ausspruch von Arbeitgeberkündigungen[211].

---

[207] Statt aller Ascheid/Preis/Schmidt-*Moll*, § 17 KSchG Rdnr. 32; siehe *Grünberger*, NJW 1995, 2809, 2813; *Schiefer*, DB 1995, 1910, 1912 dafür, dass dafür nach der früheren Rechtsprechung des *BAG* eigentlich keine Ergänzung des § 17 Abs. 1 S. 2 KSchG nötig gewesen wäre; von einer Änderung der Rechtspraxis durch die Einfügung von § 17 Abs. 1 S. 2 KSchG geht offenbar *Hold*, AuA 1995, 289, 290 aus.

[208] Vgl. BAG v. 8.6.1989 AP Nr. 6 zu § 17 KSchG, MünchHdbArbR-*Berkowsky*, § 156 Rdnr. 14; KR-*Weigand*, § 17 KSchG Rdnr. 47 ff; vgl. auch Ascheid/Preis/Schmidt-*Moll*, § 17 KSchG Rdnr. 37 weist darauf hin, dass damit die Massenentlassungsrichtlinie überimplementiert wird, die lediglich verlangt, dass Gründe vorliegen, die außerhalb der Person des Arbeitnehmers liegen.

[209] Vgl. § 2 C.

[210] Vgl. dazu § 2 C. II.

[211] Vgl. ausführlich oben unter § 2 C. II.

(1) Relevanz von Neueinstellungen beim entlassenden Arbeitgeber

Es entspricht indessen heutzutage herrschender Meinung, dass Neueinstellungen für die Frage, ob eine Massenentlassung vorliegt oder nicht, irrelevant sind[212]. Dies wird zu Recht damit begründet, dass die Massenentlassungsvorschriften an einzelne Entlassungen anknüpfen, nicht aber auf das Absinken der Arbeitnehmerzahl *in toto* abstellen. Orientiert man sich an dem Wortlaut von § 17 KSchG, so lässt sich nüchtern feststellen, dass Neueinstellungen – ebenso wenig wie anderweitige Beschäftigungen[213] – einer Massenentlassung nicht entgegenstehen. Gesetzestechnisch ließe sich die Berücksichtigung von Neueinstellungen etwa konstruieren, indem man ein negatives Tatbestandsmerkmal („soweit die Entlassungen nicht durch Neueinstellungen in vergleichbarer Zahl ausgeglichen werden") schafft.

Auch die Richtlinie 98/59/EG berücksichtigt Neueinstellungen nicht. Vielmehr wird der individualschützende Charakter der Richtlinie sogar gegen die Berücksichtigung von Neueinstellungen angeführt[214]. Soweit man diesen überhaupt heranziehen kann, um das deutsche Recht auszulegen[215], muss dieses Argument jedoch auf Kündigungen beschränkt bleiben. Denn ein Arbeitnehmer, der einen Aufhebungsvertrag abschließt, verzichtet freiwillig auf den Individualschutz, der ihm zugesprochen wird[216]. Ferner – so heißt es – könnten die Agenturen für Arbeit mit Maßnahmen gegen die Verhinderung größerer Arbeitslosigkeit nicht darauf warten, ob tatsächlich eine Massenentlassung vorliegt oder ob diese durch Neueinstellungen kompensiert wird. Deswegen komme es allein darauf an, wie viele Entlassungen binnen vier Wochen vorgenommen werden[217]. Allenfalls könne die Wiedereinstellung eines Arbeitnehmers innerhalb der 30-Tage-Frist ab seiner Entlassung relevant sein[218].

Die herrschende Auffassung überzeugt, wenn sie der Wiedereinstellung eines zuvor entlassenen Arbeitnehmers – ob innerhalb von 30 Tagen oder später – aus arbeitsmarktpolitischer Perspektive keine Bedeutung beimisst. Denn es ist gerade ein Ziel der §§ 17 ff. KSchG, den Agenturen für Arbeit die Vermittlung von Arbeitnehmern durch frühzeitige Information zu erleichtern. Wenn die schnelle Vermittlung dem Zweck der §§ 17 ff. KSchG entspricht, ist es widersprüchlich, eine Massenentlas-

---

[212] *BAG* v. 13.3.1969, AP Nr. 10 zu § 15 KSchG 1951; KR-*Weigand*, § 17 KSchG Rdnr. 51; Ascheid/Preis/Schmidt-*Moll*, § 17 KSchG Rdnr. 53; a.A. *Bellinghausen*, Massenentlassungsschutz, S. 177 ff.; *Löwisch/Spinner*, § 17 KSchG Rdnr. 37: Unterscheidung z.B. nach Betriebs- und Branchenüblichkeit; siehe auch die ursprünglichen Richtlinien der Agentur für Arbeit sowie die damalige Rechtsprechung des *BAG* unter § 7 B. II. 2. b.
[213] Dazu sogleich.
[214] Ascheid/Preis/Schmidt-*Moll*, § 17 KSchG Rdnr. 53.
[215] Vgl. zur problematischen Berücksichtigung individualschützender Merkmale § 7 E. III. b. (3).
[216] Vgl. dazu noch unter § 7 E. IV. 4. b. (2).
[217] *BAG* v. 13.3.1969, AP Nr. 10 zu § 15 KSchG 1951, Bl. 2R.
[218] Ascheid/Preis/Schmidt-*Moll*, § 17 KSchG Rdnr. 53.

sung tatbestandsmäßig gerade deswegen abzulehnen, weil der Regelungszweck des Massenentlassungsrechts durch Neueinstellungen erreicht wird. Hinzu kommt, dass die Agenturen für Arbeit nicht nur diejenigen Arbeitnehmer, die im Zuge der Massenentlassung entlassen werden, sondern auch schon länger Arbeitssuchende vermitteln möchten. Wenn Arbeitnehmer zunächst entlassen, später aber wieder eingestellt werden, konkurrieren sie auf dem Arbeitsmarkt zumindest vorübergehend mit anderen Arbeitssuchenden. Gerade darin zeigt sich die überindividuelle Komponente, welche die Ausrichtung des Massenentlassungsrechts auf den Schutz des Arbeitsmarktes bewirkt. Darüber hinaus ist nicht jede Form der Neueinstellung ohne weiteres mit der Entlassung spiegelbildlich vergleichbar. So kann sich etwa der Aufgabenbereich, der einem Arbeitsplatz zugewiesen ist, durch Umstrukturierungen erheblich verändern. Es ist indessen kaum möglich, rechtssichere Kriterien zu entwickeln, nach denen eine Neueinstellung zu leicht oder stark veränderten Bedingungen noch oder gerade nicht mehr zu einer hinreichenden Kompensation für die vorherige Massenentlassung führt.

(2) Relevanz anderer Beschäftigungen des konkret entlassenen Arbeitnehmers

Die neue Beschäftigung eines „massenentlassenen" Arbeitnehmers wird ebenso wenig als relevant für die Anwendbarkeit der Massenentlassungsvorschriften angesehen[219]. Diese Auslegung stützt wiederum der Wortlaut von § 17 KSchG, der anderweitige Beschäftigungen nicht erwähnt und von der Beendigung „des" Arbeitsverhältnisses spricht, sich also auf ein konkretes Arbeitsverhältnis bezieht. Diese Deutung ist auch mit Blick auf den – in den §§ 17 ff. KSchG verankerten – Vorrang des arbeitsmarktpolitischen Schutzes konsequent. Denn eine neue Beschäftigung mindert zwar die Zahl der Arbeitssuchenden, ändert aber nichts daran, dass diese durch die vorherige Massenentlassung zunächst erhöht worden ist. Der negative Effekt der Massenentlassung wird durch die neue Beschäftigung nicht aufgewogen.

Für eine ähnliche Beurteilung lässt sich aus der Warte des Individualschutzes anführen, dass eine Anschlussbeschäftigung nicht stets im direkten Anschluss an das vorherige Arbeitsverhältnis zustande kommen wird. Vor allem aber gleicht auch eine neue Beschäftigung nicht aus, dass dem Arbeitnehmer durch die Massenentlassung die Vorteile verloren gehen, die er sich mit der Beschäftigungsdauer in seinem alten Arbeitsverhältnis hat erdienen können. Alles in allem gilt aus massenentlassungsrechtlicher Sicht folglich für Aufhebungsverträge mit Wiedereinstellungsoption nichts anderes als für solche mit „reiner" Beendigungsfunktion.

---

[219] Ascheid/Preis/Schmidt-*Moll*, § 17 KSchG Rdnr. 54.

c. Aufhebungsverträge und BQG

Oben wurde die Möglichkeit dargestellt, Arbeitsverhältnisse durch Aufhebungsverträge zu beenden und zugleich neue mit einer BQG zu begründen[220]. Dies kann durch dreiseitige Aufhebungsverträge oder durch zwei getrennte Vertragsurkunden geschehen.

Es stellt sich aber wiederum die Frage, ob in solchen Konstellationen ausnahmsweise keine „andere Beendigung des Arbeitsverhältnisses" i.S.d. § 17 Abs. 1 S. 2 KSchG anzunehmen ist: Denn oftmals wird nicht erst später, sondern in demselben Zeitpunkt, ein Arbeitsverhältnis aufgehoben wird, ein neues begründet. Arbeitnehmer, die solche Verträge schließen – so könnte man annehmen – konkurrieren nicht einmal für kurze Zeit mit anderen Arbeitsuchen. Auch unter individualschützenden Aspekten – soweit man diese im Rahmen der §§ 17 ff. KSchG überhaupt fruchtbar machen möchte[221] – ist das Schutzbedürfnis stark eingeschränkt, da den betroffenen Arbeitnehmer gerade keine Arbeitslosigkeit droht. Sie erhalten für ihr bisheriges Arbeitsverhältnis schließlich eine Stellung in der BQG.

(1) Neubegründung eines „vollwertigen" neuen Arbeitsverhältnisses

Soweit die Beschäftigung in der BQG nur für sehr kurze Zeit erfolgt, etwa weil sich unmittelbar die Chance auf eine neues, vollwertiges Arbeitsverhältnis – beispielsweise in einem anderen Konzernunternehmen – ergibt, liegt der Sache nach eine Anschlussbeschäftigung vor. Auch die Gleichzeitigkeit der Neubegründung ändert daran nichts. Die Neubegründung eines neuen Arbeitsverhältnisses führt bei Einschaltung einer BQG in solchen Konstellationen deswegen nicht dazu, § 17 Abs. 1 S. 2 KSchG ausnahmsweise unangewendet zu lassen.

(2) Transfer in eine BQG

Auch der Transfer von Arbeitnehmern in eine BQG unter Zuhilfenahme von – ggf. dreiseitigen[222] – Aufhebungsverträgen wird als „Entlassung" gesehen, mit der Folge, dass die §§ 17 ff. KSchG uneingeschränkt anwendbar sind[223].

Nimmt man – losgelöst von dem gegenwärtigen System der §§ 17 ff. KSchG – zunächst den Individualschutz als Ausgangspunkt des Massenentlassungsrechts, so ist dem zuzustimmen. Denn dafür spricht, dass ein Arbeitnehmer, der in eine BQG

---

[220] Vgl. dazu oben unter § 2 C. III. 3.
[221] Siehe dazu § 7 E. III. 2. b. (4).
[222] Vgl. dazu § 2. C. III. 3.
[223] *Annuß/Lembke*, Arbeitsrechtliche Umstrukturierung in der Insolvenz, Rdnr. 470; *Ries*, NZI 2002, 521, 526; *Bichlmeier*, DZWir 1999, 329, 330; a.A. *von Hoyningen-Huene/Linck*, § 17 KSchG Rdnr. 24.

transferiert wird, kein vollwertiges Arbeitsverhältnis erhält[224]. Wenngleich auch die Stellung in einer BQG arbeitsvertraglich geregelt ist, erhält ein Arbeitnehmer faktisch lediglich die Gelegenheit, seine späteren Chancen auf dem Arbeitsmarkt zu verbessern[225]. Darüber hinaus sind die Arbeitsverhältnisse in der BQG befristet, so dass auch kein dauerhafter Ausgleich für das bisherige, ggf. unbefristete Arbeitsverhältnis als Ausgleich in Rede steht.

Andererseits bestehen – zumindest in den typischen Konstellationen, in welchen BQG eingeschaltet werden – Zweifel, ob die §§ 17 ff. KSchG einen arbeitsmarktpolitischen Zweck noch erfüllen können[226]. Zwar wird durch die Beschäftigung in einer BQG das Bedürfnis nach einer schnellen Vermittlung des Arbeitnehmers nicht aufgehoben, sondern nur bedingt aufgeschoben. Geht man aber davon aus, dass die Agentur für Arbeit über die geplante Massenentlassung bereits nach § 37b SGB III informiert worden ist oder dass bereits Anträge auf die Bewilligung der Leistungen nach § 216a f. SGB III gestellt worden sind, entsteht zumindest durch die Anzeigepflicht für die Agentur für Arbeit kein zusätzlicher Nutzen[227]. Ein solcher ist allenfalls in einer Erleichterung der internen Organisation zu sehen, falls für die Vorbereitung von Massenentlassungen andere Abteilungen zuständig sind als für die Betreuung von BQG. Letztlich macht es für die Agentur für Arbeit aber keinen Unterschied, ob sie einen Arbeitsuchenden durch Transferleistungen an eine BQG mittelbar betreut, oder ob sie selbst an dessen Vermittlung und Qualifikation mitwirkt. Auch darin, dass Arbeitnehmer in einer BQG eine – gegenüber ihrem ursprünglichen Arbeitsverhältnis – typischerweise ungünstigere Stellung einnehmen, ist kein besonderes Bedürfnis zu einer zusätzlichen Information der Agentur für Arbeit zu sehen. Aus teleologischer Sicht macht die Information der Agentur für Arbeit bei der Einschaltung von BQG keinen Sinn. Eine zusätzliche Anzeige an die Agentur für Arbeit könnte – wurde die BQG rechtzeitig und umfassend im Rahmen der Vorbereitung der Leistungen nach §§ 216a f. SGB III informiert – ausbleiben.

Nichtsdestoweniger geht mit der Übertragung eines Arbeitsverhältnisses in eine BQG rechtstechnisch die Beendigung eines Arbeitsverhältnisses einher. Nach dem Wortlaut von § 17 Abs. 1 S. 2 KSchG haben solche Beendigungen, sofern sie vom Arbeitgeber veranlasst werden, massenentlassungsrechtlich Relevanz. Ferner geschahen die letzten substantiellen Änderungen der §§ 17 ff. KSchG zur Anpassung an die Richtlinie 98/59/EG zu einer Zeit, als diese modernen Entwicklungen des Arbeitsförderungsrecht dem Gesetzgeber schon bekannt waren. Nimmt man die

---

[224] Siehe ausführlich zu der Frage, ob die Stellung des Arbeitnehmers in der BQG als „Arbeitsverhältnis" bezeichnet werden kann, unter § 2 C. III. 2.
[225] Vgl. § 2 C. III. 1. b.
[226] So offenbar auch *von Hoyningen-Huene/Linck*, § 17 KSchG Rdnr. 48.
[227] Vgl. bereits § 7 B. II. 3. c. zur rechtspolitischen Kritik, die sich darauf gründet.

individualschützenden Argumente ernst, auch solche Entlassungen berücksichtigen zu müssen, ergibt sich dies auch noch aus einem anderen Grund: Die individualschützenden Aspekte rühren aus dem Europarecht und soweit eine richtlinienkonforme Auslegung möglich ist – wogegen für diese Frage keine Anzeichen bestehen – sind diese Aspekte auch bei der Bestimmung des Tatbestands einer Massenentlassung zu berücksichtigen. Die rechtspolitische Kritik, welche der Schutzzweck „Schutz des Arbeitsmarkts" in den §§ 17 ff. KSchG auf sich zieht[228], lässt sich freilich mit den dargestellten Friktionen nähren.

2. Veranlassung des Arbeitgebers

Nur weil keine Arbeitgeberkündigung vorliegt, ist dem Gesetzgeber nicht zugleich die Möglichkeit versagt, Handlungspflichten des Arbeitgebers zu begründen. Wie in § 3 dargestellt, ist insbesondere das *Verhalten* des Arbeitgebers kontrollfähig, welches auf die rechtliche Mitwirkung des Arbeitnehmers gerichtet ist[229]. § 17 Abs. 1 S. 2 KSchG ist eine der Vorschriften, die ausdrücklich anordnet, dass Entlassungen solche Beendigungen gleich stehen, die vom Arbeitgeber veranlasst werden. Aus den Grundlagen des Veranlassungsprinzips[230] lassen sich über den Wortlaut von § 17 Abs. 1 S. 2 KSchG hinaus einige wesentliche Punkte ableiten.

a. Schutz des Arbeitsmarktes und die Veranlassung des Arbeitgebers

Im Ansatz verblüfft eine Gegenüberstellung der Veranlassungsdogmatik mit dem – zumindest traditionell – in den §§ 17 ff. KSchG vorrangigen Schutzzweck des Schutzes des Arbeitsmarktes. Aus arbeitsmarktpolitischer Perspektive ist es nämlich gleichgültig, auf wen die Beendigung eines Arbeitsverhältnisses zurückgeht. Für den Arbeitsmarkt ist es vielmehr entscheidend, dass Arbeitnehmer überhaupt arbeitslos werden.

Um zwischen den verschiedenen Beendigungsformen „erfolgreich" zu differenzieren, müsste darauf abgestellt werden, was aus der jeweiligen Form der Beendigung typischerweise folgt. So könnte man beispielsweise überlegen, ob bei Aufhebungsverträgen möglicherweise besonders gute Aussichten des Arbeitnehmers auf eine anderweitige Beschäftigung bestehen, weil er der Beendigung „seines" Arbeitsverhältnisses sonst nicht zustimmen würde. Für das Massenentlassungsrecht – siehe oben[231] – kommt es indessen nicht darauf an, ob diejenigen Arbeitnehmer, die entlassen werden, tatsächlich arbeitslos werden. Es genügt, dass das Angebot von Ar-

---

[228] Siehe § 7 B. II. 3. c.
[229] Siehe unter § 3 C. III.
[230] Siehe die Auflistung unter § 3 E.
[231] Siehe unter § 7 E. II. 1. b. und c.

beitskraft auf dem Arbeitsmarkt allgemein erhöht wird[232]. Und darüber hinaus erschöpfen sich die Motive für einen Arbeitnehmer, der einem Aufhebungsvertrag zustimmt, gerade nicht darin, sein Arbeitsverhältnis möglich schnell zu beenden: Es bestehen weitere Vorteile, wie z.B. die Möglichkeit, eine Abfindung oder ein günstiges Zeugnis zu erlangen[233]. Nur weil er einem Aufhebungsvertrag zustimmt, heißt dies nicht, dass der Arbeitsmarkt nicht auch belastet würde. Es ist es vielmehr die Entscheidung des Arbeitgebers, eine massenhafte Beendigung von Arbeitsverhältnissen durchzusetzen, die typischerweise besondere Auswirkungen auf den Arbeitsmarkt hat. Aus diesem Grund liegen das Veranlassungsprinzip und der Schutz des Arbeitsmarktes dichter beieinander, als es auf den ersten Blick scheint.

b. Gefahr der Umgehung durch Rechtsformwahl

Dies gilt umso mehr, wenn man die Grundlage des Veranlassungsprinzips in der Verhinderung von Umgehungen sieht[234].

Die genaue Zahl der Entlassungen hat für die Anwendung des Massenentlassungsrechts in zweifacher Hinsicht Bedeutung. Einerseits ist sie der Gradmesser, an welchem sich entscheidet, ob der Tatbestand einer Massenentlassung nach § 17 Abs. 1 S. 1 KSchG erfüllt ist. Andererseits ist sie aber auch Anknüpfungspunkt für die Konsultations- und Anzeigepflichten und ggf. für die Folgen, die eintreten, wenn diese nicht wahrgenommen werden.

Durch die Einflussnahme auf die Form der Beendigungen könnte der Arbeitgeber sowohl die Tatbestandsvoraussetzungen als auch die Rechtsfolgen des Massenentlassungsrechts ausschalten. Diese wäre möglich, wenn „Entlassungen" i.S.v. § 17 Abs. 1 S. 1 KSchG nur Arbeitgeberkündigungen wären und es dem Arbeitgeber gelänge, Arbeitsverhältnisse auf andere Weise zu beenden. Die Berücksichtigung von „anderen" Beendigungen, die der Arbeitgeber veranlasst, soll dies verhindern[235].

c. Grenzen der Umgehungsgefahr

Die Veranlassung des Arbeitgebers ist aber dort nicht mehr zu berücksichtigen, wo gar keine Gefahr droht, dass er Kündigungsvorschriften umgeht. Daher kommt es auch im Rahmen von § 17 Abs. 1 S. 2 KSchG darauf an, ob die Beendigung eines Arbeitsverhältnisses – losgelöst von der jeweils konkret gewählten Form der Beendigung – eine Massenentlassung i.S.d. § 17 Abs. 1 S. 1 KSchG auslösen könnte, würde sie mit Kündigungen durchgeführt.

---

[232] Vgl. ebenda.
[233] Vgl. die ausführliche Aufstellung bei § 2 B. II.
[234] So § 3 B. II.
[235] Siehe § 3 B. III.

(1) Berücksichtigung von Entlassungsgründen

Nach einhelliger Auffassung ist für die Frage, ob eine anzeige- und beteiligungspflichtige Massenentlassung vorliegt, nicht erheblich, aus welchen Gründen diese erfolgt[236]. Damit müssen – anders als etwa für die §§ 111 ff. BetrVG[237] – nicht lediglich betriebsbedingte Entlassungen berücksichtigt werden. Es ist nicht zu untersuchen, ob einzelne Aufhebungsverträge im Zusammenhang zu einer Betriebsänderung stehen oder aus betriebsbedingten Gründen vom Arbeitgeber veranlasst werden: Sie zählen ohnehin mit!

(2) „Fristlose Aufhebungsverträge" nach § 17 Abs. 4 KSchG

Nach § 17 Abs. 4 S. 1 KSchG bleibt das Recht zur fristlosen Entlassung vom Massenentlassungsrecht unberührt. Solche Entlassungen werden nach § 17 Abs. 4 S. 2 KSchG nicht mitgerechnet. Daher stellt sich die Frage, ob es nicht auch möglich sein muss, „fristlose Aufhebungsverträge", also Aufhebungsverträge, die das Arbeitsverhältnis unmittelbar beenden, zu schließen, und ob diese – ebenso wenig wie fristlose Kündigungen – nicht mitzuzählen sind. Wenn es möglich ist, fristlos zu kündigen, ohne dass das Massenentlassungsrecht anzuwenden ist, dann müsste gleiches auch für Aufhebungsverträge gelten. Denn anderenfalls würden strengere Anforderungen an eine zulässige Umgehung als an die Ausgangsnorm gestellt – was jedoch nicht möglich ist[238].

(a) § 17 Abs. 4 KSchG im Überblick

Obgleich der Wortlaut von „fristlosen" Entlassungen spricht, meint § 17 Abs. 4 KSchG nach einhelliger Meinung außerordentliche Kündigungen, die gem. § 626 Abs. 1 BGB ohne Einhaltung einer Frist ausgesprochen werden können[239]. Es kommt folglich nicht in erster Linie auf die Beendigungsfrist, sondern vielmehr auf die Beendigungsgründe an. Deswegen werden außerordentliche Kündigungen, die mit einer sozialen Auslauffrist versehen werden, ebenfalls unter § 17 Abs. 4 KSchG subsumiert, obgleich sie nicht fristlos ausgesprochen werden[240].

Die Gründe für die Beendigung spielen noch an einer anderen Stelle eine Rolle: Nach herrschender Auffassung fallen auf Grund von § 17 Abs. 4 KSchG nur solche Beendigungen aus dem Massenentlassungsrecht, die aus personen- oder verhal-

---

[236] *BAG* v. 8.6.1989, AP Nr. 6 zu § 17 KSchG; MünchHdbArbR-*Berkowsky*, § 156 Rdnr. 14; Ascheid/Preis/Schmidt-*Moll*, § 17 KSchG Rdnr. 37; KR-*Weigand*, § 17 KSchG Rdnr. 47 ff.; BT-Drucks. 8/546, S. 7.

[237] Siehe insbesondere § 6 B.

[238] Vgl. oben unter § 3 B. III. 4.

[239] KR-*Weigand*, § 17 KSchG Rdnr. 36; *v. Hoyningen-Huene/Linck*, § 17 KSchG Rdnr. 29; *Kittner/Däubler/Zwanziger*, § 17 KSchG Rdnr. 18; Stahlhacke/Preis/*Vossen*, Rdnr. 1576.

[240] Ascheid/Preis/Schmidt-*Moll*, § 17 KSchG Rdnr. 42; a.A. wohl *Bauer/Röder* NZA 1985, 201 f.

tensbedingten erfolgen. Werden außerordentliche Kündigungen aus betriebsbedingten Gründen ausgesprochen, soll § 17 Abs. 4 KSchG nicht gelten[241]. Diese Ausnahme wird – in zweifelhafter Weise – mit dem Vorrang der Interessen des Arbeitsmarktes in solchen Fällen[242] begründet. Überzeugender ist jedoch das Argument, dass Art. 1 Abs. 1 a) der Richtlinie 98/59/EG alle Entlassungen erfasst, die „nicht in der Person des Arbeitnehmers liegen"[243]. Jedenfalls ist es zwingend, den Anwendungsbereich von § 17 Abs. 4 KSchG entweder aus Gründen der Richtlinienkonformität oder jedenfalls aus teleologischen – will hier heißen: arbeitsmarktpolitischen – Gründen zu reduzieren. Denn eine Massenentlassung, die von einem Tag auf den anderen durchgeführt werden könnte, weil so schwerwiegende Gründe vorliegen, dass sie die strengen Voraussetzungen des § 626 Abs. 1 BGB erfüllen würde, belastet den Arbeitsmarkt in erheblicher Weise.

(b) § 17 Abs. 4 KSchG und Beendigungen nach § 17 Abs. 1 S. 2 KSchG

Zu Recht erkennt *Moll*, dass § 17 Abs. 4 KSchG auch auf Beendigungen angewendet werden muss, die § 17 Abs. 1 S. 2 KSchG unterfallen[244]. Damit sind auch Aufhebungsverträge, die aus außerordentlichen Gründen abgeschlossen werden, für das Massenentlassungsrecht irrelevant, sofern es sich dabei nicht um betriebsbedingte Gründe handelt. Diese Gründe müssen in dem Zeitpunkt vorliegen, in welchem der Arbeitgeber den Arbeitnehmer zu dessen rechtlicher Mitwirkung veranlasst[245]. Wäre man gegenüber arbeitgeberveranlassten Aufhebungsverträgen weniger großzügig, würden außerordentliche, aber einvernehmliche Beendigungen strenger behandelt als solche, die der Arbeitgeber ohne die rechtliche Mitwirkung des Arbeitnehmers durchführt.

(3) Entlassungen wegen § 104 BetrVG

Nach ganz herrschender Auffassung unterfallen Entlassungen, die gem. § 104 S. 1 BetrVG auf Verlangen des Betriebsrats oder gem. § 104 S. 2 auf Aufgabe des Arbeitsgerichts erfolgen, wegen des arbeitsmarktpolitischen Zwecks der §§ 17 ff. KSchG ebenfalls dem Entlassungsbegriff des § 17 Abs. 1 S. 1 KSchG[246]. Für Aufhebungsverträge, die geschlossen werden, weil sie an Stelle einer solchen Kündigung erfolgen, gilt nichts anderes. Der Arbeitgeber könnte die Vorschriften über

---

[241] *Berscheid*, AR-Blattei SD, 1020.2 Rdnr. 126; v. *Hoyningen-Huene/Linck*, § 17 KSchG Rdnr. 31; *Löwisch/Spinner*, § 17 KSchG Rdnr. 34; KR-*Weigand*, § 17 KSchG Rdnr. 37.
[242] So KR-*Weigand*, § 17 KSchG Rdnr. 33.
[243] Statt aller Ascheid/Preis/Schmidt-*Moll*, § 17 KSchG Rdnr. 41.
[244] Ascheid/Preis/Schmidt-*Moll*, § 17 KSchG Rdnr. 41.
[245] Siehe § 3 C. II.
[246] *Berscheid*, AR-Blattei SD 1020.2 Rdnr. 123; Kittner/Däubler/Zwanziger, § 17 KSchG Rdnr. 17; *von Hoyningen-Huene/Linck*, § 17 KSchG Rdnr. 17; a.A. aber *Bellinghausen*, Massenentlassungsschutz, S. 51.

Massenentlassungen umgehen, wenn diese Entlassungen nicht mitzählten[247]. Auch hier wird ein Unterschied zu § 111 BetrVG deutlich: Entlassungen, die nach § 104 BetrVG vorgenommen werden, zählen für Betriebsänderungen nicht mit, weil sie in keinem Zusammenhang mit der Betriebsänderung stehen. Aus dem Normzweck ergibt sich für die §§ 17 ff. KSchG ein anderes. Diese Unterscheidung gilt entsprechend für Aufhebungsverträge, die der Arbeitgeber veranlasst.

3. Zwischenergebnis

Nach den europarechtlichen Vorgaben sind Aufhebungsverträge nur für die Berechnung der Schwellenwerte, nicht jedoch zwingend für die Rechtsfolgen zu berücksichtigen, welche vom mitgliedstaatlichen Massenentlassungsrecht verlangt werden.

Für die deutschen Massenentlassungsvorschriften, die in erster Linie den Arbeitsmarkt schützen sollen, ist dagegen entscheidend, ob durch die Beendigung eines Arbeitsverhältnisses das Angebot von Arbeitskräften auf dem Arbeitsmarkt insgesamt erhöht wird. Beachtet man die verschiedenen Funktionen, welche Aufhebungsverträge einnehmen können, ist demzufolge festzustellen, dass es nach § 17 Abs. 1 S. 2 KSchG nicht darauf ankommt, ob ein Arbeitnehmer, der auf Veranlassung seines Arbeitgebers einen Aufhebungsvertrag abschließt, alsbald eine neue Beschäftigung findet oder ob seine „Entlassung" durch eine Neueinstellung kompensiert wird. Auch der Transfer eines Arbeitnehmers in eine BQG ist insoweit ohne Belang – er gilt jeweils trotzdem als „massenentlassen" i.S.d. §§ 17 ff. KSchG. Sofern es gem. § 17 Abs. 1 S. 2 KSchG um die Veranlassung des Arbeitgeber geht, gelten die allgemeinen Grundsätze des Veranlassungsprinzips: Unterfällt die Beendigung eines Arbeitsverhältnisses nicht § 17 Abs. 1 S. 1 KSchG, kann das Veranlassungsverhalten des Arbeitgebers auch keine unzulässige Umgehung dieser Vorschrift herbeiführen. §°17 Abs. 1 S. 2 KSchG greift dann nicht. Daraus folgt, dass Aufhebungsverträge, die Arbeitsverhältnisse in Anlehnung an § 17 Abs. 4 KSchG aus außerordentlichen Gründen beenden, die nicht zugleich betriebsbedingt sind, den §§ 17 ff. KSchG nicht unterfallen.

III. Anzeige- und Beteiligungspflichten bei Aufhebungsverträgen

Soeben wurde dargestellt, welche Aufhebungsverträge unter Anwendung von § 17 Abs. 1 S. 2 KSchG tatbestandsmäßig eine Massenentlassung begründen können. Man kann indessen nicht ohne weiteres annehmen, dass alle diese – oder nur diese – Aufhebungsverträge auch den Anzeige- und Beteiligungspflichten unterliegen. Denn die Auseinandersetzung mit den §§ 111 ff. BetrVG[248] hat deutlich gezeigt,

---

[247] Siehe § 3 B. III. 4. b. (2).
[248] Siehe § 6 C.

dass man streng unterscheiden muss, ob arbeitgeberveranlasste Aufhebungsverträge für die Berechnung wie Arbeitgeberkündigungen zählen, oder ob man an sie ähnliche oder gleiche Rechtsfolgen knüpft. Die Auslegung der §§ 111 ff. BetrVG hat letztendlich ergeben, dass nur tatbestandsmäßig und im Rahmen von § 113 BetrVG, nicht aber für die Berechnung von Sozialplanansprüchen arbeitgeberveranlasste Aufhebungsverträge wie Kündigungen behandelt werden[249].
Schon ein erster Blick auf die Systematik der §§ 17 ff. KSchG lässt jedoch einen Unterschied zu den §§ 111 ff. BetrVG erkennen: Findet sich eine wortwörtliche Formulierung, die Veranlassung des Arbeitgebers zu berücksichtigen, in § 17 Abs. 1 S. 2 KSchG und damit gleich am Anfang des Normenkomplexes, welcher sich mit Massenentlassungen befasst[250], ist dies bei den §§ 111 ff. BetrVG nur in § 112a Abs. 1 S. 2 BetrVG – und damit dem Wortlaut und der Systematik zufolge – für einen Einzelfall geregelt. Nichtsdestoweniger stellen die Besonderheiten von Aufhebungsverträgen den Rechtsanwender auch im Massenentlassungsrecht vor Herausforderungen. Bis zur „Junk"-Entscheidung des *EuGH* wurde der Zeitpunkt, der für die Erfüllung der Konsultations- und Anzeigepflichten maßgeblich ist, ganz überwiegend in der rechtlichen Beendigung des Arbeitsverhältnisses gesehen[251]. Folglich kam es bei Aufhebungsverträgen, welche die Voraussetzungen von § 17 Abs. 1 S. 2 KSchG erfüllen, wie bei Kündigungen auf das rechtliche Ende des Arbeitsverhältnisses an. Doch gilt dies auch, wenn man unter Entlassung die Kündigungserklärung versteht? Und ist eine solche Auslegung überhaupt möglich? Die Gleichstellung von arbeitgeberveranlassten Beendigungen in Art. 1 UAbs. 1 der Richtlinie 98/59/EG betrifft nur die Berechnung[252]. Doch nimmt man die veränderte Auslegung des Entlassungsbegriffs ernst, dann bedeutet dies zugleich, dass die Konsultations- und Anzeigepflichten erfüllt sein müssen, bevor eine Beendigung „zustande kommt", bzw. bevor eine Handlung vorliegt, welche jedenfalls nicht erst auf ihre *Wirkung* schaut. Im Folgenden soll untersucht werden, welche europarechtlichen Anforderungen an die Erfüllung der Anzeige- und Konsultationspflichten allgemein zu stellen sind (1.) und was daraus für die Auslegung der gegenwärtigen §§ 17 ff. KSchG folgt (2.).

1. Europarechtliche Anforderungen

Nach der Begründung des *EuGH* in Sachen „Junk" sind die Begriffe, die der europäische Gesetzgeber verwendet, ein Indiz dafür, dass die Konsultations- und Anzeigepflichten *vor* einer Entscheidung des Arbeitgebers zur Kündigung von Ar-

---

[249] Siehe das Zwischenergebnis unter § 6 D.
[250] Vgl. zur Auslegung der Reichweite von § 17 Abs. 1 S. 2 KSchG ausführlich unter § 7 E. II.
[251] Vgl. die Nachweise oben unter § 7 C. I. 1.
[252] Siehe oben unter § 7 E. I. 1.

beitsverträgen entstehen[253]. Für das Konsultationsverfahren würde dies bestätigt, weil das Ziel, Kündigungen zu vermeiden oder ihre Zahl zu beschränken, sonst nicht erreicht werden könnte[254]. Daraus folgt der *EuGH*, dass die Kündigung des Arbeitsvertrags erst nach Ende des Konsultationsverfahrens ausgesprochen werden darf, also erst, nachdem der Arbeitgeber die Verpflichtungen aus Art. 2 der Richtlinie erfüllt hat[255]. Für das Anzeigeverfahren müsste man diesen Schluss nicht zwingend ziehen. Doch sprechen die Erwägungen des *EuGH*, die den Wortlaut der Richtlinie betreffen, dafür, dass er auch die Anzeige vor der Entlassung – also dem Beendigungstatbestand – erfolgt wissen möchte. Freilich ist dies bedenklich, wenn man davon ausgeht, dass eine gewisse zeitliche Nähe zwischen dem Ausscheiden des Arbeitnehmers und der Sondierung des Arbeitsmarktes durch die Agenturen nicht von Nachteil ist. Andererseits hat eine frühestmögliche Anzeige den Vorteil, dass eine lange Zeit besteht, damit sich die staatlichen Behörden auf die Entlassungen einstellen können.

Gerade bei mehraktigen Beendigungstatbeständen ist es schwierig, einen richtigen Zeitpunkt zu bestimmen, an dem Pflichten des Arbeitgebers ansetzen[256]. Wie sehen nun die europarechtlichen Anforderungen an das Konsultationsverfahren (a.) und das Anzeigeverfahren (b.) im Einzelnen aus?

a. Konsultationsverfahren

Nach Art. 2 Abs. 1 der Richtlinie 98/59/EG hat ein Arbeitgeber, der es beabsichtigt, Massenentlassungen vorzunehmen, die Arbeitnehmervertreter rechtzeitig zu konsultieren, um zu einer Einigung zu gelangen. Art. 2 Abs. 2 bestimmt, dass der Inhalt dieser Konsultation mindestens die Beratung von Möglichkeiten umfassen muss, Massenentlassungen zu vermeiden oder zu beschränken sowie ihre Folgen durch soziale Begleitmaßnahmen zu lindern. Nach Art. 2 Abs. 3 hat der Arbeitgeber den Arbeitnehmervertretern rechtzeitig im Verlaufe der Konsultation bestimmte Informationen zu übermitteln. Nach Art. 3 muss der Arbeitgeber der zuständigen Behörde alle beabsichtigten Massenentlassungen schriftlich anzeigen. Der *EuGH* hat in der „Junk"-Entscheidung festgestellt, dass der Arbeitgeber Massenentlassungen erst nach Ende des Konsultationsverfahrens i.S.d. Art. 2 und nach der Anzeige der beabsichtigten Massenentlassung i.S.d. Artt. 3 und 4 vornehmen darf[257]. Das ist mit Blick auf den Individualschutz, den die Richtlinie 98/59/EG bezweckt, konsequent[258].

---

[253] *EuGH* v. 27.1.2005 (Junk), AP Nr. 18 zu § 17 KSchG 1969, Rdnr. 37.
[254] *EuGH* v. 27.1.2005 (Junk), AP Nr. 18 zu § 17 KSchG 1969, Rdnr. 38.
[255] *EuGH* v. 27.1.2005 (Junk), AP Nr. 18 zu § 17 KSchG 1969, Rdnr. 45.
[256] Siehe zu dieser Problematik schon § 3 C.
[257] *EuGH* v. 27.1.2005 (Junk), AP Nr. 18 zu § 17 KSchG 1969, Rdnr. 54.
[258] *Wolter*, AuR 2005, 135, 140; *Alber*, FS Wißmann, 507, 519.

(1) Inhalt der Auskunftspflicht des Arbeitgebers

Art. 2 Abs. 1 der Richtlinie 98/59/EG fordert, dass die Arbeitnehmervertreter konsultiert werden, um zu einer Einigung zu gelangen. Darin wird ein verhältnismäßig starkes Beteiligungsrecht gesehen[259], welches sich – laut *EuGH*[260] – nicht in der Verpflichtung erschöpfen darf, das Vorbringen der Arbeitnehmervertreter zu „berücksichtigen", zu ihm Stellung zu nehmen und „zu begründen", wenn das Vorbringen abgelehnt werde. Den europäischen Massenentlassungsnormen lässt sich jedoch nicht ausdrücklich entnehmen, wann die Konsultation abgeschlossen ist. Der *EuGH* hält das Konsultationsverfahren für abgeschlossen, „nachdem der Arbeitgeber die Verpflichtungen nach Art. 2 der Richtlinie erfüllt hat". Was die Verpflichtung zur Auskunft und Unterrichtung nach Art. 2 Abs. 3 der Richtlinie angeht, lässt sich dies klar feststellen: Die Verpflichtung des Arbeitgebers ist erst erfüllt, wenn er den Arbeitnehmervertretern tatsächlich alle zweckdienlichen Auskünfte (Art. 2 Abs. 3 a) bzw. die Informationen aus dem Katalog des Art. 2 Abs. 3 b) und – auch das ist eine Pflicht aus Art. 2 der Richtlinie – der zuständigen Behörde eine Abschrift übermittelt hat.

(2) Ablauf der Verhandlungen

Schwieriger ist es hingegen festzustellen, welchen Ablauf der Verhandlungen die Richtlinie 98/59/EG vorschreibt. Laut Art. 2 Abs. 1 der Richtlinie müssen sie vorgenommen werden, um zu einer Einigung zu gelangen. Ab welchem Stadium der Verhandlung aber diese Verpflichtung erfüllt ist, lässt sich der Richtlinie nicht entnehmen. Die Äußerung des *EuGH*, die Konsultation sei dann abgeschlossen, wenn die Verpflichtungen aus Art. 2 der Richtlinie erfüllt sind, führt ebenfalls nicht weiter. Dieser Hinweis ist – was diese Frage angeht – zirkelschlüssig[261].
Die Richtlinie 98/59/EG enthält auch keine Hinweise darüber, wie zu verfahren ist, wenn Arbeitnehmervertreter und Arbeitgeber sich im Laufe der Verhandlungen nicht einigen können[262]. Die Ausgestaltung des Konsultationsverfahrens wurde bewusst vollständig den Mitgliedstaaten überlassen. Wiederum das *ArbG Berlin* hat dem *EuGH* 2006 die Fragen vorgelegt[263], ob man die betriebliche Einigungsstelle angerufen haben muss, welchen genauen Umfang die Konsultation haben

---

[259] *Mauthner*, Massenentlassungsrecht, S. 140; EAS-*Oetker* B 8300 Rdnr. 125.
[260] *EuGH* v. 8.6.1994 (Kommission/Vereinigtes Königsreich), Slg. 1994-I, 2479.
[261] Etwas zurückhaltender, aber ähnlich resigniert *Klumpp*, NZA 2006, 703, 705; a.A. wohl *Franzen*, ZfA 2006, 437, 441 et passim.
[262] Der erste Richtlinienentwurf der Kommission vom 8. November 1972 sah noch vor, das die zuständige Behörde als Mediator eingeschaltet wird, wenn Arbeitnehmervertreter und Arbeitgeber keine Einigung erzielen Proposal for a Council Directive on the harmonization of the legislation of the Member States relating to redundancies, 8.11.1972, COM (72) 1400, Art. 4, 3.
[263] *ArbG Berlin* v. 21.2.2006, LAGE Nr. 4 zu § 17 KSchG.

muss und ob vor der Erstattung der Anzeige die Verhandlungen über die Vermeidung oder Beschränkung der Massenentlassung einerseits und die über die Linderung ihrer Folgen andererseits abgeschlossen sein müssen[264]. Weil der Rechtsstreit vor dem *ArbG Berlin* jedoch vorher beigelegt werden konnte, kam es zu keiner weiteren Entscheidung des *EuGH*[265].

Wenig ergiebig ist der Wortlaut der Richtlinie, der eine „beabsichtigte Massenentlassung" voraussetzt. Zwar folgt der *EuGH* daraus, dass der Arbeitgeber noch keine Entscheidung getroffen hat, wenn er eine Massenentlassung beabsichtigt. Zu Recht hat *Wolter* jedoch darauf hingewiesen, dass die Absicht, eine Massenentlassung vorzunehmen, die Entscheidung darüber überdauert und auch noch ihre Umsetzung trägt[266]. Ferner ist *Klumpp* zuzustimmen, dass eine Beratung von „Möglichkeiten" zur Linderung (vgl. Art. 3 Abs. 2 der Richtlinie 98/59/EG) wohl dagegen spricht, dass die Verhandlungen zwischen Arbeitgeber und Arbeitnehmervertretern zu einem formellen Abschluss gebracht werden müssen[267].

Die mitgliedstaatliche Ausgestaltung des Konsultationsverfahrens darf nicht dazu führen, dass sein Zweck verfehlt wird. Die Konsultation soll Einfluss auf die Entscheidung des Arbeitgebers über dessen beabsichtigte Massenentlassung und dessen Ausgestaltung haben, um die Arbeitnehmer, die davon betroffen sind, individuell zu schützen. Zu Beginn oder während der Verhandlungen darf der Arbeitgeber nicht mit der Umsetzung der Massenentlassung beginnen[268]. Es muss nicht zwangsläufig eine Einigung zwischen Arbeitgeber und Arbeitnehmervertreter erzielt werden[269]. Wohl aber setzt der Zweck der Konsultation voraus, dass die Arbeitnehmervertreter eine *ernsthafte Möglichkeit zur Einflussnahme auf die Absicht des Arbeitgebers* erhalten, bevor der Arbeitgeber begonnen hat, seine Absicht in solcher Weise umzusetzen, dass unwiderrufliche Fakten geschaffen werden. Denn wenn der *EuGH* betont, dass die Rücknahme einer bereits getroffenen Entscheidung für die Arbeitnehmervertreter erheblich schwieriger zu erreichen wäre als der Verzicht auf eine beabsichtigte Entscheidung[270], heißt das zugleich, dass Maßnahmen, die überhaupt nicht zurückgenommen werden können, erst recht nicht bereits eingeleitet worden sein dürfen. Andererseits gibt diese Betrachtungsweise Aufschluss über eine im Sinne der Richtlinienzwecke sinnvolle Vorgabe: Das Konsultationsverfahren muss so ausgestaltet sein, dass die ernsthafte Möglichkeit zur Einflussnahme auf die Absicht des Arbeitgebers nicht erschwert wird, weil dieser mit

---

[264] Dazu etwa *Franzen*, ZfA 2006, 437, 439 ff.; *Giesen*, SAE 2006, 135 ff.
[265] Siehe den Beschluss über die Rücknahme der Vorlage: *ArbG Berlin* v. 26.7.2006, BB 2006, 2084.
[266] *Wolter*, AuR 2005, 135, 138.
[267] Siehe *Klumpp*, NZA 2006, 703, 705 unter Verweis auf die englische Fassung der Richtlinie.
[268] *EuGH* v. 27.1.2005 (Junk), AP Nr. 18 zu § 17 KSchG 1969, Rdnr. 44.
[269] So auch *Franzen*, ZfA 2006, 437, 445.
[270] *EuGH* v. 27.1.2005 (Junk), AP Nr. 18 zu § 17 KSchG 1969, Rdnr. 44.

deren Umsetzung begonnen hat[271]. Mit dieser Maßgabe haben die Mitgliedstaaten einen Anknüpfungspunkt zu bestimmen.

Angesichts der kargen Regelung des Konsultationsverfahrens in den §§ 17 ff. KSchG stellt sich weiter die Frage, ob ein europäisches Mindestniveau für Verfahrensregeln der Konsultation nach Art. 2 der Richtlinie 98/59/EG existiert. Dieses ließe sich aus dem Gebot des „effet utile" herleiten, welches in Art. 1 i.V.m. Art. 249 Abs. 3 EGV verankert ist[272]. Danach sollen sich die Mitgliedstaaten bei der Transformation von Richtlinien in mitgliedstaatliches Recht Formen und Mitteln bedienen, mit denen der mit der Richtlinie verfolgte Zweck am besten erreicht werden kann[273]. Auch das Gebot des „effet utile" beschränkt das gesetzgeberische Ermessen nicht auf Null und lässt ihm innerhalb des bestehenden nationalen Regelungssystems Spielraum[274]. Ob ein Verstoß gegen das Gebot der effektiven Richtlinienumsetzung vorliegt, kann man also schwerlich absolut, sondern lediglich im Vergleich mit den jeweiligen nationalen Verfahrensregeln feststellen, die die Beteiligung von Arbeitnehmervertretern in anderen Fällen bestimmen.

b. Anzeigeverfahren

Auch die Regelungen in Artt. 3 und 4 der Richtlinie 98/59/EG, die das Anzeigeverfahren bei der zuständigen Behörde festlegen, lassen den Mitgliedstaaten Gestaltungsspielraum.

(1) Bestimmungen der Richtlinie im Überblick

Art. 3 verlangt, dass die Anzeige grundsätzlich schriftlich zu erfolgen hat und bestimmte Mindestinformationen enthalten muss und dass der Arbeitgeber eine Abschrift der Anzeige an die Arbeitnehmervertreter übermitteln muss. Art. 4 Abs. 1 stellt klar, dass die beabsichtigten Massenentlassungen frühestens 30 Tage nach Eingang wirksam werden, wenn die Mitgliedstaaten der zuständigen Behörde nicht die Möglichkeit eingeräumt haben, die Frist zu verkürzen. Weiter dürfen Mitgliedstaaten der zuständigen Behörde nach Art. 4 Abs. 3 einräumen, die Frist, die in Umsetzung von Abs. 1 festgelegt wurde, auf 60 Tage vom Zugang der Anzeige an gerechnet, zu verlängern, wenn die durch die beabsichtigten Massenentlassungen nicht innerhalb der eigentlichen Frist gelöst werden können. Sie können auch weitere Verlängerungsmöglichkeiten einräumen, in jedem Fall haben sie dies vor Ablauf der Frist mitzuteilen und zu begründen.

---

[271] Vgl. *Mauthner*, Massenentlassungsrecht, S. 144.
[272] *Hinrichs*, Massenentlassungen, S. 88 und 160; *Mauthner*, Massenentlassungsrecht, S. 154.
[273] Grundlegend *EuGH* v. 8.4.1976 (Royer), NJW 1976, 2065.
[274] *Mauthner*, Massenentlassungsrecht, S. 154; *Streinz*, Europarecht, S. 150; Calliess/*Ruffert* Art. 249 EG Rdnr. 48.

(2) Verhältnis zwischen Anzeige und Kündigung

Der *EuGH* folgert in der „Junk"-Entscheidung aus der Formulierung „beabsichtigt", dass der Arbeitgeber die Anzeige nach Art. 3 Abs. 1 absetzen muss, wenn er noch keine Entscheidung getroffen hat[275]. Daher entstünde die Anzeigepflicht vor der Entscheidung des Arbeitgebers zur Kündigung von Arbeitsverträgen[276]. Die Kündigung könne aber während des Anzeigeverfahrens ergehen, sofern sie nach der Anzeige erfolge[277]. Die nach Art. 4 Abs. 1 festgelegte Frist – in der Regel mindestens 30 Tage – sei ein Mindestzeitraum[278], den die zuständige Behörde zur Suche nach Lösungen – Zweck des Anzeigeverfahrens[279] – nutzen müsse[280]. Darüber hinaus mache der Vorbehalt des Ablaufs einer Kündigungsfrist in Art. 4 Abs. 1 UAbs. 1 keinen Sinn, wenn sich die Fristregelung nicht auf ausgesprochene Kündigungen beziehe[281].

Für den in Art. 4 Abs. 2 niedergelegten Zweck des Anzeigeverfahrens ist es – zumindest nach dem vom *EuGH* beschriebenen Regelungsprinzip – indessen völlig unerheblich, ob die Anzeige vor oder nach der Entscheidung des Arbeitgebers erstattet worden ist. Indirekt erklärt dies selbst der *EuGH*, wenn er darauf hinweist, dass die Auslegung von „Entlassung" als Kündigungserklärung auch durch den Zweck des Konsultationsverfahrens gestützt werde[282]. Der Zweck des Anzeigeverfahrens – deswegen lässt der *EuGH* ihn an dieser Stelle wohl unerwähnt – erfordert dies nämlich nicht zwingend. Denn er fokussiert die *Wirkung* der Entscheidung, nicht aber die Entscheidung selbst. Für die Auslegung des *EuGH* lässt sich daher allein der Wortlaut „beabsichtigt" anführen, der nach zweifelhafter Deutung des *EuGH* dafür sprechen soll, dass die Entscheidung über die Massenentlassung noch nicht getroffen ist. Praktischer Nebeneffekt einer verfrühten Anzeige kann es jedoch sein, dass den zuständigen Behörden bei langen Kündigungsfristen deutlich mehr Zeit zur Problemlösung zur Verfügung steht[283].

Jedenfalls fällt es noch schwerer als beim Konsultationsverfahren, Aussagen zu dem „richtigen" Zeitpunkt der Anzeige zu machen. Es existiert dafür keine eindeutige teleologische Anknüpfungsmöglichkeit. Geht man davon aus, dass sowohl Art. 2 wie auch Art. 3 der Richtlinie 98/59/EG an die „beabsichtigte Massenentlassung" anknüpfen, so kann man allenfalls systematisch folgern, dass die Anzeige ebenfalls

---

[275] *EuGH* v. 27.1.2005 (Junk), AP Nr. 18 zu § 17 KSchG 1969, Rdnr. 36.
[276] *EuGH* v. 27.1.2005 (Junk), AP Nr. 18 zu § 17 KSchG 1969, Rdnr. 37.
[277] *EuGH* v. 27.1.2005 (Junk), AP Nr. 18 zu § 17 KSchG 1969, Rdnr. 53.
[278] *EuGH* v. 27.1.2005 (Junk), AP Nr. 18 zu § 17 KSchG 1969, Rdnr. 51.
[279] *EuGH* v. 27.1.2005 (Junk), AP Nr. 18 zu § 17 KSchG 1969, Rdnr. 47.
[280] *EuGH* v. 27.1.2005 (Junk), AP Nr. 18 zu § 17 KSchG 1969, Rdnr. 48.
[281] *EuGH* v. 27.1.2005 (Junk), AP Nr. 18 zu § 17 KSchG 1969, Rdnr. 52.
[282] *EuGH* v. 27.1.2005 (Junk), AP Nr. 18 zu § 17 KSchG 1969, Rdnr. 38.
[283] Siehe zur rechtspolitischen Diskussion § 7 B. II. 3. c.

erfolgen muss, bevor die Umsetzung der Absicht des Arbeitgebers beginnt. Auf diese Weise wird den zuständigen Behörden zumindest ein gewisser *Informationsvorsprung* gewährt, bevor jedermann aus äußeren Umständen auf die Massenentlassung schließen und sich darauf einstellen könnte.

(3) Verhältnis zwischen Anzeige- und Konsultationsverfahren

Das Anzeige- und das Konsultationsverfahren sind nach der Richtlinie systematisch voneinander getrennt. Diejenigen Punkte, an denen beide Verfahren miteinander verwoben sind, erlauben keinen Rückschluss darauf, welches exakte Stadium der Konsultation erreicht sein muss, wenn angezeigt wird[284]. Denn die Pflicht nach Art. 3 Abs. 2, den Arbeitnehmervertretern eine Abschrift der Anzeige an die Behörde zuzuleiten, und das Recht der Arbeitnehmervertreter zur Stellungnahme nach Art. 4 Abs. 2, haben auch einen Sinn, wenn die Konsultation bereits abgeschlossen ist. Die kenntnisreiche Stellungnahme von Arbeitnehmervertretern erleichtert es den zuständigen Behörden womöglich, sich auf den Umgang mit der anstehenden Massenentlassung einzustellen. Das Stadium der Konsultation ist dafür nicht von Bedeutung. Eine ausdrückliche Regelung zum zeitlichen Verhältnis von Anzeige und Konsultation – die ohne weiteres in die Richtlinie hätte eingefügt werden können – existiert dagegen nicht[285]. Als „Mindestmaß" setzt die Richtlinie nur voraus, dass der Arbeitgeber überhaupt Angaben über den Stand der Konsultation der Arbeitnehmervertreter machen kann, was bedeuten muss, dass die Information erfolgt ist und die Verhandlungen nicht erst am Anfang stehen[286].

2. Geltendes deutsches Recht

Die Vorgaben der Richtlinie lassen dem deutschen Gesetzgeber gewissen Spielraum. Doch stellt sich bei arbeitgeberveranlassten Aufhebungsverträgen die Frage, wie man die Reaktion des *BAG* auf die „Junk"-Entscheidung auf § 17 Abs. 1 S. 2 KSchG übertragen kann. Es liegt nahe, einen Zeitpunkt zu suchen, der während des Zustandekommens des mehraktigen Beendigungstatbestands eine „Entlassung" repräsentiert – sofern dies methodisch überhaupt möglich ist.

a. Konsultationsverfahren

§ 17 Abs. 2 KSchG regelt das Konsultationsverfahren im deutschen Massenentlassungsrecht. Die Vorschrift knüpft an die Richtlinie 98/59/EG an, indem sie auf die Absicht des Arbeitgebers abstellt, Entlassungen nach § 17 Abs. 1 KSchG vorzunehmen. Der Arbeitgeber hat dem Betriebsrat *rechtzeitig* zweckdienliche Auskünf-

---

[284] *Giesen*, SAE 2006, 135, 138; a.A. wohl *Franzen*, ZfA 2006, 437, 456 f.
[285] *Giesen*, SAE 2006, 135, 139.
[286] *Giesen*, SAE 2006, 135, 138; etwas strikter wohl *Klumpp*, NZA 2006, 703, 706 f.

te darüber zu erteilen, ihn entsprechend dem Katalog des § 17 Abs. 2 S. 1 Nr. 1-6 KSchG zu unterrichten und nach § 17 Abs. 2 S. 2 KSchG Beratungen durchzuführen[287]. Bereits vor der „Junk"-Entscheidung hatten einige Autoren erkannt, dass die Konsultation des Betriebsrats nur rechtzeitig i.S.d. § 17 Abs. 2 KSchG erfolgt, wenn die Beratungen Einfluss auf das Handeln des Arbeitgebers haben können. Die Konsultation ist rechtzeitig, wenn sie vor Umsetzung der Maßnahmen beginnt[288].

(1) Zeitlicher Rahmen der Konsultation

Die „Rechtzeitigkeit" ist also ein zentraler Begriff, um zu bestimmen, wann der Arbeitgeber den Betriebsrat zu konsultieren hat. Doch zunächst stellt sich die Frage, welcher zeitlicher Rahmen der Konsultation bei Aufhebungsverträgen zu setzen ist.

(a) Schwierigkeiten bei der zeitlichen Anknüpfung

Bei mehraktigen Beendigungstatbeständen, die nach Vorschriften behandelt werden, die ursprünglich für Kündigungen geschaffen wurden, ist es regelmäßig schwierig, einen einzigen Zeitpunkt zu finden, welcher der Kündigung gleichsteht[289]. Diese Schwierigkeit soll hier an zwei Beispielen illustriert werden:

(i) Fallbeispiel 1: Verspätete Annahme des Angebots des Arbeitgebers
So ist es etwa problematisch, wenn der Arbeitnehmer ein Angebot des Arbeitgebers auf Abschluss eines Aufhebungsvertrages erst nach einiger Zeit annimmt. Man stelle sich vor, dass ein Arbeitgeber, der eine Massenentlassung durchführen möchte, den Betriebsrat ordnungsgemäß konsultiert und die beabsichtigten Entlassungen ordnungsgemäß bei der Agentur für Arbeit anzeigt. Sodann bietet er den betroffenen Arbeitnehmern den Abschluss eines Aufhebungsvertrages an. Einer dieser Arbeitnehmer lässt sich ab Zugang des Angebots sechs Wochen Zeit, bis er das Angebot des Arbeitgebers schließlich doch annimmt. Die Zwecke der Richtlinie – nämlich die Konsultation der Arbeitnehmervertreter vor der Umsetzung der Entscheidung des Arbeitgebers – wären erfüllt worden. Dennoch könnte rein tatbestandsmäßig ein Verstoß gegen die Anzeigepflicht vorlegen. Denn stellte man auf das „Zustandekommen" des Aufhebungsvertrages ab – welches erst bei Angebot

---

[287] Vgl. dazu ausführlich unter § 7 E. III. 2. a. (3).
[288] *Wißmann* RdA 1998, 221, 225; *Mauthner*, Massenentlassungsrecht, S. 144; Ascheid/Preis/Schmidt-*Moll*, § 17 KSchG Rdnr. 71; a.A. KR-*Weigand*, § 17 KSchG Rdnr. 57; *v. Hoyningen-Huene/Linck*, § 17 KSchG Rdnr. 48; *Kittner*/Däubler/Zwanziger, § 17 KSchG Rdnr. 31: Rechtzeitigkeit entsprechend § 17 Abs. 3 S. 3 KSchG, wenn Konsultation zwei Wochen vor der beabsichtigten Entlassung erfolgt, die nach dem dort zugrunde liegenden Verständnis die rechtliche Beendigung war.
[289] Siehe § 3 C. I.

und erfolgter Annahme gegeben ist –, sind zu diesem Zeitpunkt mehr als 30 Tage vergangen.
Nun kann man einwenden, dass der Arbeitgeber dies in der Praxis verhindern kann, indem er sich nur für eine kürzere Zeit an das Angebot bindet[290]. Dennoch wird durch dieses Beispiel klar: Entscheidend ist aus massenentlassungsrechtlicher und veranlassungsdogmatischer Sicht eigentlich in erster Linie das Handeln des Arbeitgebers.

(ii) Fallbeispiel 2: Anzeige nach Angebot, aber vor Zustandekommen

Der „umgekehrte" Beispielsfall mag diese Erkenntnis weiter befördern: Ein Arbeitgeber versäumt es, vor Abgabe der Willenserklärung, die auf Abschluss eines Aufhebungsvertrages gerichtet ist, die Arbeitnehmervertreter zu konsultieren und eine Anzeige an die Agentur für Arbeit zu erstatten. Der Arbeitnehmer lässt sich lange Zeit mit einer Entscheidung. Bevor er auf das Angebot des Arbeitgebers zustimmend antwortet, holt der Arbeitgeber seine Beteiligungs- und Anzeigepflichten nach.

Die Zwecke der Massenentlassungsrichtlinie können nicht mehr erreicht werden, denn der Arbeitgeber hat vor dem, was er zum Zustandekommen des Aufhebungsvertrags beitragen konnte, seine Pflichten vernachlässigt. Änderte er seinen Beschluss, eine Massenentlassung durchzuführen, könnte er allenfalls sein ursprüngliches Angebot widerrufen und ein neues abgeben. Man könnte sich allenfalls helfen, indem man etwa in der Annahme des Arbeitnehmers ein neues Angebot sieht, welches der Arbeitgeber – möglicherweise konkludent – angenommen hat. Es käme in der Folge womöglich darauf an, zu welchem Zeitpunkt der Arbeitnehmer angenommen hat. Auch dann hätte der Arbeitgeber aber die Massenentlassung zumindest verursacht – Anstoß und Inhalt des Aufhebungsvertrages gehen allein auf ihn zurück. Die Zwecke der Richtlinie, die gerade auf seine Beeinflussung vor der Entlassung gerichtet sind, könnten nur noch formal, aber nicht mehr materiell erreicht werden.

(b) „Rechtzeitigkeit" und das Verhältnis zu § 17 Abs. 3 KSchG

Diese Erwägungen sind bei der Bestimmung der *Rechtzeitigkeit* der Konsultation zu berücksichtigen.
Einige Autoren halten den Begriff der Rechtzeitigkeit in § 17 Abs. 2 KSchG für durch § 17 Abs. 3 S. 3 KSchG bestimmt[291]. Danach ist die Anzeige an die Agentur

---

[290] Bei einem Angebot unter Abwesenden gilt § 147 Abs. 2 BGB, der bei arbeitsrechtlichen Aufhebungsverträgen aber zu kurzen Annahmefristen führt; vgl. im Einzelnen *Burkhardt*, Aufhebungsvertrag, S. 49.
[291] KR-*Weigand*, § 17 KSchG Rdnr. 57; *Kittner*/Däubler/Zwanziger, § 17 KSchG Rdnr. 31; *Berscheid*, AR-Blattei SD 1020.2 Rdnr. 170; *Schaub/Schindele*, Kurzarbeit – Massenentlassung –

für Arbeit wirksam, wenn der Arbeitgeber glaubhaft macht, dass er den Betriebsrat zwei Wochen vor Anzeigenerstattung unterrichtet hat. *Moll* differenziert hingegen streng zwischen der Rechtzeitigkeit der Konsultation nach § 17 Abs. 2 KSchG und nach § 17 Abs. 3 S. 3 KSchG, die nur die Wirksamkeit der Anzeige betrifft[292]. Diese Unterscheidung hat zumindest für die Praxis seit der „Junk"-Entscheidung nur noch Auswirkungen, wenn die Umsetzung der Entscheidung über die Massenentlassung – etwa die Kündigung anderer Arbeitnehmer – mehr als zwei Wochen vor der Entlassung beginnt, die konkret beurteilt wird. Nach dem Regelungszweck der Richtlinie muss die Konsultation – unabhängig von der Zwei-Wochen-Frist – vor der Umsetzung erfolgen. Erfolgt der Beginn der Umsetzung hingegen weniger als zwei Wochen vor dieser Entlassung, ist es nicht schädlich, dass die Konsultation des Betriebsrats „zu früh" durchgeführt wurde. Es ist indessen gar nicht nötig, die „Rechtzeitigkeit" nach § 17 Abs. 2 KSchG von § 17 Abs. 3 S. 3 KSchG abzukoppeln. § 17 Abs. 3 S. 3 KSchG bezieht sich lediglich auf den Zeitpunkt der Unterrichtung des Betriebsrats nach § 17 Abs. 2 S. 1 KSchG. Von den Verhandlungen nach § 17 Abs. 2 S. 2 KSchG – also dem eigentlichen Kern der Beteiligung der Arbeitnehmervertreter – macht § 17 Abs. 3 S. 3 KSchG die Wirksamkeit der Anzeige nicht abhängig. § 17 Abs. 3 S. 3 KSchG statuiert eine „Mindestfrist" von zwei Wochen vor der Entlassung nach § 17 Abs. 1 S. 1 KSchG, vor der der Betriebsrat nach § 17 Abs. 2 S. 1 KSchG unterrichtet worden sein muss.

Deswegen ergibt sich für den rechtzeitigen Zeitpunkt der Konsultation Folgendes: Nach § 17 Abs. 3 S. 3 KSchG muss die Unterrichtung des Betriebsrats nach § 17 Abs. 2 S. 1 KSchG mindestens zwei Wochen vor diesem Zeitpunkt erfolgen. Die Rechtzeitigkeit nach § 17 Abs. 2 KSchG bestimmt sich aber allein durch den Zweck des Konsultationsverfahrens[293]. Die Richtlinie 98/59/EG verlangt, dass den Arbeitnehmervertretern die ernsthafte Möglichkeit zur Einflussnahme auf die Absicht des Arbeitgebers nicht erschwert wird, weil dieser mit deren arbeitsrechtlicher Umsetzung begonnen hat[294]. In diesem Sinne ist folglich die Rechtzeitigkeit in § 17 Abs. 2 S. 1 KSchG festzulegen. Diese Deutung, die sich aus der Auslegung der Richtlinie 98/59/EG ableitet, deckt sich mit der rechtzeitigen Unterrichtung, die § 111 S. 1 BetrVG vorgibt[295]. Dort ist unbestritten, dass sich die Rechtzeitigkeit

---

Sozialplan, S. 84; *von Hoyningen-Huene/Linck*, § 17 KSchG Rdnr. 48; a.A. *Mauthner*, Massenentlassungsrecht, S. 144; *Hinrichs*, Massenentlassungen, S. 208; Ascheid/Preis/Schmidt-*Moll*, § 17 KSchG Rdnr. 71; *Döhring*, EuroAS 1999, 104, 114; *Wißmann*, RdA 1998, 221, 225; MünchHdbArbR-*Birk*, § 19 Rdnr. 282.

[292] Ascheid/Preis/Schmidt-*Moll*, § 17 KSchG Rdnr. 71; a.A. *Mauthner*, Massenentlassungsrecht, S. 145 f.: gesetzgeberischer Reformbedarf.

[293] Vgl. oben unter § 7 E. III. 1. a.

[294] Vgl. ebenda.

[295] Ascheid/Preis/Schmidt-*Moll*, § 17 KSchG Rdnr. 71.

mit dem Ziel der Beteiligungsrechte bestimmen lässt[296]: Der Betriebsrat soll durch die Unterrichtung auf das Ob und Wie der geplanten Betriebsänderung Einfluss nehmen können[297].

(c) „Rechtzeitigkeit" bei Arbeitgeberkündigungen

Möchte der Arbeitgeber kündigen, kommt als Beginn der Umsetzung, der eine Einflussnahme auf die Absicht des Arbeitgebers erschwert, das Wirksamwerden der Willenserklärung, die auf Beendigung des Arbeitsverhältnisses gerichtet ist, – also das Wirksamwerden der Kündigungserklärung – in Betracht. Wirksam wird eine Kündigungserklärung gem. § 130 Abs. 1 S. 1 BGB im Zeitpunkt des Zugangs an den Erklärungsempfänger. Die Konsultation des Betriebsrats ist gem. § 17 Abs. 2 KSchG rechtzeitig, wenn sie vor diesem Zeitpunkt erfolgt ist[298].

(d) „Rechtzeitigkeit" bei Aufhebungsverträgen

Doch was folgt daraus für Aufhebungsverträge? Soll ebenfalls auf die Willenserklärung des Arbeitgebers oder auf ihr Zustandekommen abgestellt werden? Oben wurde dargelegt[299], dass weder die eine noch die andere Möglichkeit zu befriedigenden Ergebnissen führt. Deswegen wurde vorgeschlagen, das Veranlassungsverhalten des Arbeitgebers als rechtlich relevantes Verhalten – also hier als rechtzeitigen Zeitpunkt, in dem eine Konsultation erfolgt ist – anzusehen[300].

Die allgemeinen Zweifel wiederholen sich, wenn man den Zweck des Konsultationsverfahrens genauer beleuchtet: Hat der Arbeitgeber bereits angefangen, Arbeitnehmer davon zu überzeugen, sich rechtlich an der Beendigung des Arbeitsverhältnis zu beteiligen, könnte der Betriebsrat die Schaffung unwiderruflicher rechtlicher Fakten allenfalls noch verhindern, indem er selbst auf diese Arbeitnehmer einwirkt. Doch dürfte diese Möglichkeit praktisch kaum realisierbar sein. Gerade in Unternehmenskrisen – etwa bei anderenfalls drohenden Kündigungen – ist davon auszugehen, dass ein Teil der Arbeitnehmer der Überzeugungsarbeit des Arbeitgebers, die beim beabsichtigten Abschluss von Aufhebungsverträgen typischerweise mit einem entsprechenden Angebot einhergeht, unmittelbar Folge leistet. Die Einwirkungschance des Betriebsrats wird schon reduziert, wenn der Arbeitgeber zu seinen Überredungskünsten ansetzt.

---

[296] Siehe statt aller *Fitting*, § 111 BetrVG Rdnr. 107.
[297] *BAG* v. 14.9.1976, AP Nr. 2 zu § 113 BetrVG, ErfKomm-*Hanau/Kania*, § 113 BetrVG Rdnr. 20.
[298] *Buhlinger*, Mitbestimmung bei Massenentlassungen, S. 77; *Appel*, DB 2005, 1002 f.; ErfKomm-*Kania*, § 17 KSchG Rdnr. 21; *Kittner/Däubler/Zwanziger*, § 17 KSchG Rdnr. 31.
[299] Siehe § 3 C. II. und § 4 E. III. 2. a. (1) (a).
[300] Siehe § 3 C. II. 3.

Gleiches zeigt sich an den praktisch selteneren Fällen, in denen Arbeitnehmer ihrem Arbeitgeber von sich aus die einvernehmliche Beendigung ihrer Arbeitsverhältnisse anbieten. Dies stellt in aller Regel schon keine Veranlassung im Sinne des § 17 Abs. 1 S. 2 KSchG dar[301]. Der Zeitpunkt, in dem solche Angebote wirksam werden, sagt jedoch nichts über die Möglichkeit aus, auf eine anstehende Entscheidung des Arbeitgebers einzuwirken. Es ist überdies nicht ersichtlich, wieso der Arbeitgeber seine Verpflichtung zur Durchführung eines Konsultationsverfahrens verletzen soll, weil ihm Arbeitnehmer aus eigenem Antrieb zuvorkommen.

Die Möglichkeit der Einflussnahme der Arbeitnehmervertreter kann im Sinne der Richtlinie auch erschwert werden, wenn der Arbeitgeber noch gar nicht an eine eigene rechtliche Erklärung gebunden ist. Zwar sind seine rein internen Dispositionen – wie etwa der Bildung von Rückstellungen, der Entwicklung von Reorganisationsplänen, etc. – mit Blick auf den arbeitsrechtlichen Fokus, den die Verhandlungen mit dem Betriebsrat nach Art. 2 der Richtlinie haben, unerheblich. Die Einflussnahme auf die Entscheidung des Arbeitgebers wird jedoch schon erschwert, wenn dieser Arbeitnehmer zur rechtlichen Mitwirkung an der Beendigung veranlasst. Im Regelfall wird danach eine effektive und ergebnisoffene Konsultation des Betriebsrats kaum durchzuführen sein. Die Konsultation des Betriebsrats ist deswegen nur rechtzeitig i.S.d. § 17 Abs. 2 KSchG, wenn sie vorher durchgeführt wird. Nicht der Aufhebungsvertrag ersetzt die Kündigung des Arbeitgebers, sondern sein Veranlassungsverhalten[302].

(2) Verfahrensordnung

Weiter ist zu klären, wie genau das Verfahren der Beteiligung des Betriebsrats abläuft. Mangels ausdrücklicher gesetzlicher Verfahrensregelung – und mangels konkreter Vorgaben in der Richtlinie 98/59/EG – wird vorgeschlagen, in Deutschland die Grundgedanken aus §§ 2, 74 Abs. 1 S. 2 BetrVG heranzuziehen[303]. Danach haben Arbeitgeber und Betriebsrat über strittige Fragen mit dem ernsten Willen zur Einigung zu verhandeln und Vorschläge für die Beilegung von Meinungsverschiedenheiten zu machen. Arbeitgeber und Betriebsrat soll eine gegenseitige „Einlassungs- und Erörterungspflicht"[304] zu allen Themen treffen, die Art. 2 Abs. 2 vorgibt.

---

[301] Vgl. oben unter § 7 E. II. 2.
[302] Vgl. § 3 C. II. 3.
[303] *Mauthner*, Massenentlassungsrecht, S. 141; EAS-*Oetker* B 8300 Rdnr. 282.
[304] *Fitting*, § 74 BetrVG Rdnr. 9; Däubler/Kittner/Klebe-*Berg*, § 74 BetrVG Rdnr. 10; ErfKomm-*Kania* § 74 BetrVG Rdnr. 8; GKBetrVG-*Kreutz*, § 74 BetrVG Rdnr. 23 ff.

(a) Verhältnis von § 17 Abs. 2 KSchG und den §§ 111 ff. BetrVG

Die §§ 17 ff. KSchG enthalten keine genauen Regelung zum Konsultationsverfahren[305], wenn man von der Unterrichtungspflicht nach § 17 Abs. 1 S. 1 KSchG und der – unvollständigen – Wiedergabe von Art. 2 Abs. 2 der Richtlinie 98/59/EG in § 17 Abs. 2 S. 2 KSchG absieht. Zu Recht weist *Hinrichs* darauf hin, dass die Konsultation der Arbeitnehmer mangels Verfahrensregeln nicht zu einem „Formalakt" verkommen dürfe[306]. Zutreffend ist auch, dass es Aufgabe des Gesetzgebers ist, das Massenentlassungsrecht verfahrensmäßig auszugestalten. Daraus folgt indessen nicht zwingend, dass unter Verweis auf das Gebot des „effet utile" die Vorschriften über die Beteiligung des Betriebsrats nach §§ 111 ff. BetrVG entsprechend herangezogen werden müssen[307].

Ist die Massenentlassung i.S.d. § 17 Abs. 1 KSchG zugleich Betriebsänderung nach den §§ 111 ff. BetrVG, kann eine parallele bzw. sogar einheitliche Beteiligung des Betriebsrats stattfinden[308]. In der Praxis ist dies ausgesprochen häufig der Fall[309], zumal – wie sich an § 112a BetrVG zeigt – selbst ein reiner Personalabbau als Betriebsänderung gilt[310]. Zieht man in Betracht, dass der Inhalt der Beratungspflichten nach den §§ 111 f. BetrVG und § 17 Abs. 2 KSchG weitestgehend kongruent ist[311], so ist in solchen Konstellation die ordnungsgemäße Konsultation wenigstens faktisch gesichert.

Es gibt jedoch auch Ausnahmen: So verlangt das *BAG* – obgleich es sich bei der Frage nach einer Betriebsänderung an den Schwellenwerten des § 17 Abs. 1 KSchG orientiert[312] – einen Personalabbau von mindestens 5 %, wenn i.S.d. § 111 S. 3 Nr. 1 BetrVG ein wesentlicher Betriebsteil stillgelegt werden soll[313]. In Betrieben mit mehr als 500 Arbeitnehmern genügt nach § 17 Abs. 1 S. 1 Nr. 3 die Entlas-

---

[305] Siehe auch den Hinweis der Kommission in „Report by the Commission to the Council on progress with regard to implementation of the Directive on the approximation of the laws of Member States relating to collective redundancies, SEC(91) 1639 final, 13.9.1991, S. 76.
[306] *Hinrichs*, Massenentlassungen, S. 88.
[307] So aber *Hinrichs*, Massenentlassungen, S. 161.
[308] *Giesen*, SAE 2006, 135, 136; *Klumpp*, NZA 2006, 703, 704; KR-*Weigand*, § 17 KSchG Rdnr. 11; Ascheid/Preis/Schmidt-*Moll*, § 17 KSchG Rdnr. 86; vgl. gar *Mauthner*, Massenentlassungsrecht, S. 153: Notwendigkeit der einheitlichen Durchführung.
[309] *Grimm/Brock*, EWiR 2005, 213, 214: „immer"; Ascheid/Preis/Schmidt-*Moll*, § 17 KSchG Rdnr. 80: „in den meisten Fällen"; Willemsen/Hohenstatt/*Schweibert*/Seibt, C 348 betont daher, dass die Beteiligung nach § 17 Abs. 2 KSchG neben den §§ 111 ff. BetrVG geringe praktische Bedeutung hat; a.A. jedenfalls ohne richtlinienkonforme Auslegung von § 17 Abs. 1 S. 1 KSchG *Ferme/Lipinski*, ZIP 2005, 593, 600 f.
[310] So schon vor Schaffung des § 112a BetrVG auch *BAG* v. 22.5.1979, AP Nr. 3 zu § 111 BetrVG; danach *BAG* v. 6.12.1988, AP Nr. 26 zu § 111 BetrVG; *BAG* v. 21.2.2002, EzA Nr. 10 zu § 1 KSchG Interessenausgleich.
[311] *Hinrichs*, Massenentlassungen, S. 168 f.
[312] *BAG* v. 10.12.1996, AP Nr. 32 zu § 113 BetrVG.
[313] *BAG* v. 22.1.1980, AP Nr. 7 zu § 111 BetrVG; v. 2.8.1983, AP Nr. 12 zu § 111 BetrVG.

sung von 30 Arbeitnehmern für eine Massenentlassung. Je nach Betriebsgröße und je nach Anzahl der konkret betroffenen Arbeitnehmer können 30 Arbeitnehmer weniger als 5 % der Gesamtbelegschaft darstellen. Hinzu kommt, dass sich die Zahl der leitenden Angestellten, welche aus der Berechnung auszunehmen sind, im BetrVG anders berechnet als im KSchG[314]. Nicht jede Massenentlassung i.S.d. § 17 Abs. 1 S. 1 KSchG ist folglich zugleich eine Betriebsänderung i.S.d. § 111 BetrVG[315]. Unterschiede ergeben sich auch in Tendenzbetrieben, in denen die §§ 111 ff. BetrVG nur für den Abschluss eines Sozialplans gelten[316], und – wegen der Ausnahme des § 130 BetrVG – für Betriebe der öffentlichen Verwaltung[317]. Schließlich ist die Beteiligung des Betriebsrats bei Massenentlassungen – anders als in den §§ 111 ff. BetrVG[318] – nicht auf betriebsbedingte Beendigungen von Arbeitsverhältnissen beschränkt[319].

Hinrichs folgert für solche Fälle, dass die §§ 111 ff. BetrVG im Wege richtlinienkonformer Rechtsfortbildung entsprechend angewendet werden müssen, so dass der Arbeitgeber mit dem Betriebsrat über „eine Art Interessenausgleich und Sozialplan" zu verhandeln habe[320]. Diese Auffassung verkennt indessen, dass die Richtlinie 98/59/EG gerade keine bestimmte Verfahrensordnung für die Konsultation vorgibt. Dass mit den §§ 111 ff. BetrVG ein mitgliedstaatliches Beteiligungsregime existiert, dass in einer Vielzahl von Massenentlassungen neben dem Massenentlassungsrecht Anwendung findet, gebietet es überdies nicht zwingend, gerade diese Verfahrensvorschriften entsprechend heranzuziehen. Bedenkt man, dass das Gebot des „effet utile" nicht dazu verleiten möchte, die Ordnung bestehender mitgliedstaatlicher Rechtssysteme zu derangieren, spricht seine Anwendung sogar eher dagegen: Dass die Beteiligung bei Interessenausgleich und Sozialplan eigenständig geregelt und an bestimmte Voraussetzungen geknüpft ist, verleiht dem gesetzgeberischen Willen Ausdruck, dass das ausdifferenzierte Verfahren auch nur in diesen Fällen angewendet wird. *Mauthner* weist zudem zu Recht darauf hin, dass es mit den Unterrichtungspflichten in §§ 90 Abs. 1, 92 Abs. 1 S. 1 BetrVG und den Beratungspflichten in §§ 90 Abs. 2 und 92 Abs. 1 S. 2 BetrVG Konsultationsmodelle

---

[314] *Mauthner*, Massenentlassungsrecht, S. 88; vgl. aber zur Europarechtswidrigkeit der Ausnahme von leitenden Angestellten nach § 17 Abs. 5 KSchG Ascheid/Preis/Schmidt-*Moll*, § 17 KSchG Rdnr. 15; *Hinrichs*, Massenentlassungen, S. 94; unlängst hat der *EuGH* zum französischen Recht entschieden, dass die Ausnahme bestimmter Gruppen von Arbeitnehmern aus dem nationalen Massenentlassungsrecht nicht erlaubt ist; vgl. *EuGH* v. 18.1.2007, NZA 2007, 193.

[315] *Hinrichs*, Massenentlassungen, S. 170; *Mauthner*, Massenentlassungsrecht, S. 88; *Wißmann*, RdA 1998, 221, 226.

[316] *BAG* v. 27.10.1998, AP Nr. 65 zu § 118 BetrVG 1972; *Fitting*, § 118 BetrVG Rdnr. 46.

[317] *Hinrichs*, Massenentlassungen, S. 169 f.

[318] Vgl. dazu § 6 C.

[319] Vgl. dazu § 7 E. II. 2. c.

[320] *Hinrichs*, Massenentlassungen, S. 170 ff. und S. 207.

gibt, die – obgleich sie mit § 17 Abs. 2 KSchG durchaus vergleichbar sind – auch ohne Verfahrensregelungen Wirkung entfalten.

(b) Zwingende Anrufung einer Einigungsstelle?

Der Anrufung einer Einigungsstelle oder gar ihres Spruches bedarf es bei Massenentlassungen demnach – anders als das *ArbG Berlin* es in seiner zweiten Vorlage an den *EuGH* nahe legt[321] – ebenfalls nicht[322]. Denn ein ernsthafter Einigungsversuch setzt keine Verhandlung vor der Einigungsstelle voraus und ferner schreibt die Richtlinie 98/59/EG den Mitgliedstaaten keine zwingende Einigung vor[323]. Wird hingegen vor der Einigungsstelle verhandelt und ist die Verhandlung über einen Interessenausgleich und einen Sozialplan mit der Konsultation nach § 17 Abs. 2 KSchG verzahnt, sind die Verhandlungen in dem Moment abgeschlossen, wenn vor der Einigungsstelle klargestellt wird, dass über den Gesamtkomplex „Massenentlassung" nicht weiter verhandelt wird.

(3) Inhalt der Konsultation

Beim Inhalt der Konsultationspflicht nach § 17 Abs. 2 KSchG unterscheiden sich Aufhebungsverträge nicht wesentlich von Kündigungen[324]. Dennoch ist auf eines hinzuweisen: Die Übernahme des Art. 2 Abs. 2 der Richtlinie 98/59/EG in § 17 Abs. 2 S. 2 KSchG ist unvollständig. § 17 Abs. 2 S. 2 KSchG nennt zwar die Pflicht zur Beratung, die Massenentlassungen zu vermeiden, einzuschränken oder ihre Folgen zu mindern. Von sozialen Begleitmaßnahmen, die insbesondere Hilfen für eine anderweitige Verwendung oder Umschulung der entlassenen Arbeitnehmer zum Ziel haben – dies schließt beispielsweise auch die Errichtung einer BQG ein – ist in § 17 Abs. 2 S. 2 KSchG hingegen nicht die Rede. Die Vorgaben der Richtlinie können entweder in den Beratungen nach §§ 111 ff. BetrVG verwirklicht oder ansonsten im Wege richtlinienkonformer Auslegung bei der Konsultation nach § 17 Abs. 2 KSchG ergänzend berücksichtigt werden[325]. Sie können hingegen nicht durch Berücksichtigung des § 1 Abs. 2 KSchG – soziale Rechtfertigung einer betriebsbedingten Kündigung – umgesetzt werden[326].

---

[321] *ArbG Berlin* v. 21.2.2006, LAGE Nr. 4 zu § 17 KSchG; siehe dazu schon oben Fn. 263 und 264.
[322] *Weber*, FS Richardi, S. 461, 468; *Giesen*, SAE 2060, 135, 137; *Dzida/Hohenstatt*, DB 2006, 1897, 1900; KR-*Weigand*, § 17 KSchG Rdnr. 62; a.A. *Hinrichs*, Massenentlassungen, S. 160 ff.; *Wolter*, AuR 2005, 135.
[323] *Weber*, FS Richardi, S. 461, 466 f.; *Klumpp*, NZA 2006, 703, 706; Hanau/Steinmeyer/*Wank*, § 18 Rdnr. 197; KR-*Weigand*, § 17 KSchG Rdnr. 62; *Franzen*, ZfA 2006, 437, 444 f. und 454.
[324] Siehe die Darstellung bei KR-*Weigand*, § 17 KSchG Rdnr. 60 ff.; Ascheid/Preis/Schmidt-*Moll*, § 17 KSchG Rdnr. 63 ff.
[325] *Mauthner*, Massenentlassungsrecht, S. 142 f.; EAS-*Oetker*, B 8300, Rdnr. 284.
[326] *Mauthner*, Massenentlassungsrecht, S. 142.

b. Zeitpunkt der Anzeige an die Agentur für Arbeit

Oben wurde erläutert[327], dass für die Auffassung des *EuGH*, die Anzeige an die zuständige Behörde müsse der Kündigung vorausgehen, allenfalls ein systematischer Vergleich mit der Formulierung des Zeitpunkts streitet, in dem die Konsultation der Arbeitnehmervertreter durchgeführt werden muss.

Für die Frage, wie die Richtlinie 98/59/EG korrekt in deutsches Recht umgesetzt werden kann, ist die Sichtweise des *EuGH* indessen verbindlich. Würde die Massenentlassungsrichtlinie Aufhebungsverträge nicht nur hinsichtlich der Berechnung, sondern auch hinsichtlich aller Rechtsfolgen gleichstellen, dann wäre – wie beim Konsultationsverfahren – das Veranlassungsverhalten maßgeblich[328]. Vorher müsste der Arbeitgeber die Anzeige an die Agentur für Arbeit „erstatten", müsste diese also der örtlich zuständigen Agentur für Arbeit zugehen. Anders als beim Konsultationsverfahren, dass „nur" rechtzeitig i.S.d. § 17 Abs. 2 KSchG durchgeführt werden muss, hat die Anzeige an die Agentur für Arbeit gem. § 17 Abs. 1 S. 1 KSchG zu erfolgen, bevor er „entlässt".

Der Begriff „Entlassung" wurde ursprünglich im Zeitpunkt der rechtlichen Beendigung des Arbeitsverhältnisses gesehen[329]. Das *BAG* legt § 17 Abs. 1 S. 1 KSchG nunmehr dahingehend richtlinienkonform aus, dass unter Entlassung der Zeitpunkt des Zugangs der Kündigungserklärung zu verstehen ist[330]. Nach der Gleichstellung mit Aufhebungsverträgen, wie § 17 Abs. 1 S. 2 KSchG sie anordnet, ließe sich diese Rechtsprechung übernehmen, indem man Zugang der Kündigungsklärung durch Willenserklärung, die auf Abschluss eines Aufhebungsvertrages gerichtet ist, austauscht. Oder aber man sieht den „Gestaltungsakt" in der Annahmeerklärung des Arbeitnehmers[331]. Es ist indessen zweifelhaft, ob eine richtlinienkonforme Auslegung des Begriffs „Entlassung" in § 17 Abs. 1 S. 1 KSchG überhaupt möglich ist. Sicher ausgeschlossen ist es jedenfalls, § 17 Abs. 1 S. 2 KSchG selbstständig richtlinienkonform auszulegen, ohne die Möglichkeit der richtlinienkonformen Auslegung von § 17 Abs. 1 S. 1 KSchG festgestellt zu haben: Zum einen verstößt dies gegen den eindeutigen Wortlaut der Vorschrift, nach dem andere Beendigungen den Entlassungen *gleichstehen*. Es widerstrebte aber auch dem Gleichbehandlungsgebot der Veranlassungsdogmatik, arbeitgeberveranlasste Aufhebungsverträge, die anstelle von Kündigungen abgeschlossen werden, strenger als diese zu behandeln,

---

[327] Unter § 7 E. III. 1. b.
[328] Etwa in diese Richtung geht der Gedanke von *Reinhard*, RdA 2007, 207, 215, auf die „Planungsentscheidung" des Arbeitgebers bzw. dessen Absicht abzustellen.
[329] Vgl. § 7 C. I. 1.
[330] *BAG* v. 23.3.2006, AP Nr. 21 zu § 17 KSchG 1969 und *BAG* v. 13.7.2006, AP Nr. 22 zu § 17 KSchG 1969; ausführlich zur Begründung oben unter § 7 C. IV. 2.
[331] Siehe etwa die Überlegung bei *Reinhard*, RdA 2007, 207, 215.

in dem man für sie einen früheren Anzeigezeitpunkt annimmt[332]. Schließlich gelten andere Beendigungen, die vom Arbeitgeber veranlasst werden, nach Art. 1 UAbs. 1 der Richtlinie 98/59/EG lediglich für die Berechnung – § 17 Abs. 1 S. 2 KSchG stellt sie aber insgesamt Entlassungen gleich[333].

(1) Wortlaut von § 17 Abs. 1 KSchG

Der Wortlaut „entlässt" (§ 17 Abs. 1 S. 1 KSchG) bzw. „Entlassungen" (§ 17 Abs. 1 S. 2 KSchG) lässt nicht eindeutig erkennen, ob an die Beendigungsursache oder an die Beendigungswirkung anzuknüpfen ist. Denn der deutsche Gesetzgeber unterscheidet terminologisch nicht konsequent zwischen „Entlassung" und „Kündigung"[334], so dass man – jedenfalls heutzutage[335] – dem Begriff „Entlassung" keine eindeutige Bedeutung zuordnen kann[336].

(2) Vergleich von § 17 Abs. 1 S. 1 KSchG und § 17 Abs. 1 S. 2 KSchG

Auch der Vergleich der beiden Sätze in § 17 Abs. 1 KSchG ergibt nichts anderes. Aus dem Wortlaut von § 17 Abs. 1 S. 2 KSchG, demzufolge „Entlassungen" vom Arbeitgeber veranlasste andere Beendigungen gleichgestellt sind, könnte man zwar folgern, dass „Beendigungen" Beendigungstatbestände meint. Denn allein die rechtliche Beendigung von Arbeitsverhältnissen kann vom Arbeitgeber nicht beeinflusst werden. Sie ergibt sich automatisch aus dem Beendigungstatbestand. Weil *andere* Beendigungen Entlassungen gleichgestellt sind – so könnte man mit gleichem Ziel weiter behaupten –, muss es mehrere Formen der „Beendigung" i.S.d. § 17 Abs. 1 S. 2 KSchG geben. Da es nur eine rechtliche Beendigung, aber verschiedene Beendigungstatbestände – z.B. Aufhebungsverträge oder (Eigen-)Kündigungen – gibt, käme dafür wiederum nur der Beendigungstatbestand in Betracht. Für die Frage, was eine Entlassung im Sinne des § 17 Abs. 1 KSchG ist, kommt es aber auf den Begriff der „Beendigung" nicht entscheidend an, weil andere Beendigungen Entlassungen und nicht umgekehrt Entlassungen Beendigungen gleichgestellt werden. Die – von dieser Einzelfrage losgelöste – mehrdeutige Formulierung des § 17 Abs. 1 S. 2 KSchG ist weitgehend aus Art. 1 Abs. 1 b) der

---

[332] Vgl. § 3 B. III. 4. a.
[333] Siehe zur Auslegung von Art. 1 UAbs. 1 der Richtlinie 98/59/EG sowie von § 17 Abs. 1 S. 2 KSchG oben unter § 7 E. II.
[334] Siehe die Beispiele bei *Kohte*, jurisPR-ArbR 45/2005; *Jacobs/Naber*, SAE 2006, 61, 64; *Wolter*, AuR 2005, 135, 137; siehe ferner die synonyme Verwendung von Kündigung und Entlassung durch den Gesetzgeber in BT-Drucks. 5/3913, S. 9 f.
[335] In den 1920er-Jahren verstand man unter „Entlassung" die Beendigung des Arbeitsverhältnisses durch Kündigung des Arbeitgebers; die Kündigung des Arbeitnehmers wurde als „Austritt" oder „Aufsagung" bezeichnet; vgl. *Kaskel*, Arbeitsrecht, S. 120.
[336] A.A. aber *Bauer/Krieger/Powietzka*, DB 2004, 445; *Ferme/Lipinski*, ZIP 2005, 593; *Schwartz*, FS Leinemann, S. 365, 376; KR-*Weigand*, § 17 KSchG Rdnr. 32d.

Richtlinie 98/59/EG übernommen worden. Die Frage, was nach europäischem Recht unter „Entlassung" zu verstehen ist, hat das hier besprochene Folgeproblem erst ausgelöst. Der deutsche Gesetzgeber hat sich bei der Umsetzung der Richtlinie ganz offensichtlich keine Gedanken über das Verhältnis zwischen Beendigungstatbestand und Wirkung und die terminologischen Schlussfolgerungen gemacht, die daraus zu ziehen gewesen wären. Folglich ist der Vergleich der beiden Sätze in § 17 Abs. 1 KSchG wenig ergiebig.

Aus alledem folgt, dass der Wortlaut von § 17 Abs. 1 KSchG einer richtlinienkonformen Rechtsfindung zugänglich ist, unter Entlassung die Kündigungserklärung des Arbeitgebers zu verstehen[337]. Indes genügt die Vereinbarkeit mit dem Wortlaut allein nicht, um ein abschließendes Auslegungsergebnis feststellen zu können.[338]

(3) Unterschiedliche Zwecke von deutschem und europäischem Recht

Der Zweck des Massenentlassungsrechts darf bei der Auslegung nicht außer Betracht bleiben. Es zeigen sich an dieser Stelle die grundlegenden Probleme der unterschiedlichen Zweckrichtungen des deutschen Rechts einerseits und des europäischen Rechts andererseits.

Wie oben dargestellt[339], können die verschiedenen sozialpolitischen Untermotive des Massenentlassungsrechts – dies sind der Individualschutz von Arbeitnehmern und die Schonung des Arbeitsmarktes – miteinander in Konflikt geraten. Am Beispiel der richtlinienkonformen Auslegung der §§ 17 ff. KSchG zeigt sich dies besonders eindrucksvoll. Das liegt daran, dass – wie ebenfalls dargestellt[340] – das deutsche Massenentlassungsrecht vorrangig den Arbeitsmarkt schützen soll, wo hingegen das europäische Massenentlassungsrecht in erster Linie individualschützend wirken möchte. Nach den oben dargestellten Grundsätzen muss die Anzeige an die Agentur für Arbeit an der *Beendigungswirkung*, also der rechtlichen Beendigung, ansetzen, um die arbeitsmarktpolitische Zielsetzung optimal zu verwirklichen. Dies entspricht der früheren Rechtsprechung des *BAG*, die unter „Entlassung" die rechtliche Beendigung des Arbeitsverhältnisses verstanden hat.

Der arbeitsmarktpolitische Primärzweck der §§ 17 ff. KSchG erklärt sich nicht nur aus den eindeutigen Äußerungen des Gesetzgebers, sondern zugleich aus der mehr

---

[337] So im Ergebnis auch erstmals das *BAG* v. 23.3.2006, AP Nr. 21 zu § 17 KSchG 1969; siehe z.B. auch *Kohte*, jurisPR-ArbR 45/2005; *Ramrath*, SAE 2007, 256, 259 ff.; *Riesenhuber/Domröse*, NZA 2005, 568; *Osnabrügge*, NJW 1093, 1094; *Appel*, DB 2005, 1002; *Schiek*, AuR 2006, 41, 42 f.; a.A. *Bauer/Krieger/Powietzka*, DB 2005, 445, 446 und etwas abgeschwächter *dies.*, DB 2005, 1006; *Bauer*, FA 2005, 290 f.; *Ferme/Lipinski*, ZIP 2005, 593, 594 f.; unter Verweis auf die frühere Rechtsprechung *Grimm/Brock*, EWiR 2005, 213, 214.
[338] So aber wohl z.B. *Dornbusch/Wolff*, BB 2005, 885, 886; *Nicolai*, NZA 2005, 206.
[339] Siehe unter § 7 A. III. 2. b.
[340] Vgl. das Zwischenergebnis unter § 7 B. III.

als 80jährigen historischen Entwicklung der Massenentlassungsvorschriften[341]. Mit ihm ist es unvereinbar, dass gleichzeitige Beendigungen mit unterschiedlich langen Beendigungsfristen eine Anzeigepflicht auslösen, weil *vor* dem Beendigungstatbestand angezeigt werden muss. Denn dies führt dazu, dass auch die arbeitsmarktverträgliche Staffelung gleichzeitig ausgesprochener Kündigungen oder gleichzeitig abgeschlossener Aufhebungsverträge mit unterschiedlich langen Beendigungsfristen eine Anzeigepflicht auslöst[342]. Führen Beendigungstatbestände, die zu verschiedenen Zeitpunkten auftreten, jedoch wegen verschieden langer Beendigungsfristen zu einer kumulativen Arbeitsmarktbelastung in einem bestimmten Moment, würde dies – jedenfalls was die Information nach § 17 Abs. 3 KSchG angeht – bei richtlinienkonformer Auslegung von § 17 Abs. 1 KSchG keine Anzeigepflicht auslösen. Die Konzeption von § 17 KSchG lässt es auch nicht zu, den Entlassungsbegriff zu „verdoppeln" und sowohl in dem Beendigungstatbestand als auch in der rechtlichen Beendigung eine Entlassung zu sehen. Der Begriff Entlassung kann nur einheitlich ausgelegt werden, nämlich entweder „traditionell" oder – wenn dies methodisch möglich ist – richtlinienkonform.

Der europäische Gesetzgeber hingegen muss die Anzeigepflicht – will er mit dem Erfordernis der Anzeige auch ein Mindestmaß an Individualschutz erreichen – vor der *Beendigungsursache* ansetzen. Legt man „Entlassung" richtlinienkonform aus, muss daher zwingend an den Beendigungstatbestand angeknüpft werden. Diese Anknüpfung ist Merkmal eines Massenentlassungsrechts, welches primär den Schutz des einzelnen Arbeitnehmers vor Kündigungen bewirken möchte. Zwar steht es dem arbeitsmarktpolitischen Zweck nicht entgegen, wenn durch ein vorzeitiges Anzeigeverfahren eine Kündigung noch abgewendet werden soll. Es scheiden aber Beendigungstatbestände aus dem Anzeigeverfahren aus, die nach diesem Zweck eine Anzeige erfordern, wo hingegen andere Beendigungen nicht einmal typischerweise den Arbeitsmarkt so stark belasten, dass sie ein Anzeigeverfahren verdienen[343].

Die Konfliktsituation, die zu Anfang dieses Kapitels dargestellt wurde, lässt sich exemplarisch an der unterschiedlichen Zwecksetzung von deutschem und europäischem Massenentlassungsrecht darstellen. Aus teleologischer Sicht ist die richtlinienkonforme Auslegung von § 17 Abs. 1 KSchG daher ausgesprochen zweifelhaft[344]. Es lässt sich jedenfalls nicht mehr – wie der 2. Senat das *BAG* – behaupten,

---

[341] Siehe zur Geschichte § 7 B. II.; darauf, dass die historische Entwicklung bei der Auslegung zu berücksichtigen ist, weist z.B. auch *Wolf*, AuA 2005, 340 hin; siehe auch *Bauer/Krieger/Powietzka*, DB 2005, 1006.

[342] Vgl. schon *Jacobs/Naber*, SAE 2006, 61, 66; im Anschluss daran KR-*Weigand*, § 17 KSchG Rdnr. 32e.

[343] Siehe zu dem Konflikt der verschiedenen Zwecke des Massenentlassungsrechts § 7 A. III.

[344] Siehe auch *Ferme/Lipinski*, ZIP 2005, 593, 594 f.: Die §§ 17 ff. seien eher dem Arbeitsförderungsrecht zuzuordnen; so bereits *Herschel*, SAE 1974, 194.

dass deutsche Massenentlassungsrecht verfolge primär arbeitsmarktpolitische Zwecke[345], wenn man gleichzeitig – wie ebenfalls der 2. Senat das *BAG* – unter dem Begriff „Entlassung" den Beendigungstatbestand versteht[346]. Genauso wenig ist es möglich, allgemeine sozialpolitische Entwicklungen im Arbeitsförderungsrecht heranzuziehen, um den arbeitsmarktpolitischen Zweck aufzugeben. Denn der Gesetzgeber hat der gesetzlichen Regelungskonzeption in klar erkennbarer Weise arbeitsmarktpolitische Motive zugrunde gelegt, die nicht durch „Unterwanderung" mit einem neuen Normzweck modifiziert werden können[347].

(4) Systematische Umsetzung des deutschen Regelungszwecks in § 18 KSchG

Diese Zweifel lassen sich systematisch erhärten, wenn man auf die Umsetzung des deutschen Regelungszwecks in § 18 KSchG schaut. Bereits die Formulierung der Vorschriften deutet darauf hin, dass der Gesetzgeber mit ihnen an die rechtliche Beendigung des Arbeitsverhältnisses anknüpfen wollte[348].

(a) § 18 Abs. 1 und Abs. 2 KSchG bei richtlinienkonformer Auslegung

Richtlinienkonforme Rechtsfindung darf nicht dazu führen, dass Normen jeder sinnvolle Anwendungsbereich verloren geht[349]. Nach Auffassung des 2. Senats des *BAG* verbleibt § 18 Abs. 1 und 2 KSchG immerhin bei kurzen Kündigungsfristen noch Raum zur Anwendung, wenn man § 17 Abs. 1 S. 1 KSchG richtlinienkonform auslegt. § 18 Abs. 4 KSchG müsse – so der 2. Senat des *BAG* weiter – gegebenenfalls teleologisch reduziert werden[350].

§ 18 Abs. 1 KSchG bestimmt, dass anzeigepflichtige Entlassungen vor Ablauf eines Monats nach Eingang der Anzeige bei der Agentur für Arbeit nur mit deren Zustimmung – die rückwirkend bis zum Tage der Antragstellung erteilt werden kann – wirksam werden. Diese Monatsfrist kann nach § 18 Abs. 2 KSchG im Einzelfall durch die Agentur für Arbeit auf längstens zwei Monate verlängert werden. Legt man § 17 Abs. 1 KSchG richtlinienkonform aus und versteht unter Entlassung die Kündigungserklärung bzw. eine entsprechende Willenserklärung des Arbeitgebers, die auf Beendigung des Arbeitsverhältnisses gerichtet ist, bestehen zwei Möglichkeiten der Deutung von § 18 Abs. 1 und Abs. 2 KSchG: Die eine liegt darin, § 18 KSchG losgelöst von der neuen Auslegung des § 17 Abs. 1 KSchG zu be-

---

[345] *BAG* v. 23.3.2006, AP Nr. 21 zu § 17 KSchG 1969 unter B. II. 2. a) cc) (3) der Gründe.
[346] So die Kernaussage derselben Entscheidung *BAG* v. 23.3.2006, AP Nr. 21 zu § 17 KSchG 1969.
[347] *Bauer/Krieger/Powietzka*, DB 2005, 445, 446; *Braun*, ArbRB 2005, 209, 210; *Diller*, EuroAS 2005, 37, 38; a.A. aber beispielsweise offensichtlich *Appel*, DB 2005, 1002, 1003; *Kohte*, jurisPR-ArbR 45/2005; *Schiek*, AuR 2006, 41, 43.
[348] *Bauer*, FA 2005, 290, 291; KR-*Weigand*, § 17 KSchG Rdnr. 32e.
[349] Siehe den Nachweis unter § 7 D. III.
[350] *BAG* v. 23.3.2006, unter B. II. 2. a) cc) (3) der Gründe; *BAG* v. 13.7.2006 unter II. 1. d) bb) der Gründe.

trachten und unter „Entlassungen" in § 18 KSchG weiter die rechtliche Beendigung des Arbeitsverhältnisses zu verstehen[351]. Dies führte indessen dazu, dass der Entlassungsbegriff in § 17 KSchG und § 18 KSchG in verschiedener Weise ausgelegt würde. Angesichts des identischen Wortlauts und der klaren Bezugnahme in § 18 Abs. 1 KSchG auf § 17 KSchG („die nach § 17 anzuzeigen sind") verbietet sich diese Uneinheitlichkeit jedoch[352]. Die andere Möglichkeit ist daher vorzuziehen: Für die §§ 17 ff. KSchG gilt ein einheitlicher Begriff der Entlassung.

(i) Ex tunc oder ex nunc – Wirkung von § 18 Abs. 1 KSchG?

Entlassungen in § 18 Abs. 1 KSchG müssen daher – so die einzig vertretbare, wenngleich ungewöhnlich formulierte Deutung[353] – gleichbedeutend mit den Entlassungen in § 17 Abs. 1 KSchG sein. Für Kündigungen heißt das, dass sie nach Ablauf eines Monats nach Anzeige *ex tunc* Wirkung entfalten[354]. Demgegenüber wird vorgeschlagen, dass die Wirksamkeit erst nach Ablauf eines Monats *ex nunc* eintreten soll[355]. Das hätte zur Folge, dass sich die Kündigungsfrist durch § 18 Abs. 1 KSchG um dreißig Tage verschiebt, weil die Kündigung – und mit ihr die Frist – erst nach einer gewissen Zeit wirksam wird[356]. Dagegen spricht indessen, dass sich die Kündigungsfrist aus dem Gesetz bzw. aus tarif- oder individualvertraglichen Bestimmungen berechnet. Die Frist wird also nicht vom späteren Wirksamwerden der Kündigungserklärung tangiert, sondern berechnet sich selbstständig. Schließlich stellt auch Art. 4 Abs. 1 Hs. 2 der Richtlinie 98/59/EG klar, dass die Kündigungsfrist ab der Kündigungserklärung zu laufen beginnen soll. Dass diese Regelung in § 18 KSchG nicht übernommen wurde, liegt nicht daran, dass der deutsche Gesetzgeber eine Vorschrift schaffen wollte, die im Verhältnis zur Richtlinie günstiger ist, sondern daran, dass er schlichtweg verkannt hat, dass man unter „Entlassung" in den §§ 17 ff. KSchG etwas anderes als die rechtliche Beendigung des Arbeitsverhältnisses verstehen könnte[357]. Nur dann stellt sich aber überhaupt die Frage nach dem Umgang mit § 18 Abs. 1 KSchG. Kündigungserklärungen werden – wenn auch durch § 18 Abs. 1 KSchG verzögert – *ex tunc* wirksam[358].

§ 18 Abs. 1 und Abs. 2 KSchG haben bei richtlinienkonformer Auslegung von § 17 Abs. 1 S. 1 KSchG nur noch eine Bedeutung für Kündigungen mit Fristen von un-

---

[351] So *Dornbusch/Wolff*, BB 2005, 885, 887.
[352] Richtig daher *Bauer/Krieger/Powietzka*, DB 2005, 1006.
[353] *Bauer/Krieger/Powietzka*, DB 2005, 445, 446.
[354] *Osnabrügge*, NJW 2005, 1093, 1094.
[355] *Wolter*, AuR 2005, 135, 138; *Ferme/Lipinski*, ZIP 2005, 593, 596.
[356] *Ferme/Lipinski*, ZIP 2005, 593, 596 f.
[357] A.A. *Wolter*, AuR 2005, 135, 138.
[358] A.A. *Ferme/Lipinski*, ZIP 2005, 593, 596 f., die mit dem Begriff „Rechtsbedingung" operieren, ohne hingegen dessen dogmatische Bedeutung zu erläutern.

ter dreißig Tagen[359]. Dies ist eine „Mindestkündigungsfrist"[360]. Bei längeren Kündigungsfristen ist es nicht tragisch, wenn Kündigungserklärungen erst nach dreißig Tagen wirksam werden. In der Praxis kommen Kündigungsfristen von weniger als einem Monat weniger als selten vor[361]: Fristlose Kündigungen sind nach § 17 Abs. 4 KSchG – vgl. dazu oben[362] – ausgenommen und die Möglichkeiten die Vier-Wochen-Frist des § 622 Abs. 1 BGB gem. § 622 Abs. 3-5 KSchG zu beschränken, sind eng begrenzt[363]. Dieser Lesart steht auch Art. 4 Abs. 1 Hs. 2 der Richtlinie 98/59/EG nicht entgegen, nachdem die Bestimmungen für Kündigungsfristen nicht beeinträchtigt werden[364]. Denn Art. 4 Abs. 1 Hs. 2 der Richtlinie stellt nur klar, dass das Anzeigeverfahren nicht auf solche Weise umgesetzt werden muss, dass die mitgliedstaatlichen Regelungen über Kündigungsfristen geändert werden müssen. Nach Art. 5 der Richtlinie sind Regelungen zulässig, die für die Arbeitnehmer günstiger sind. Würde – wie vorgeschlagen[365] – das Ermessen der Agenturen für Arbeit, der Verkürzung der Sperrfrist auf Antrag zuzustimmen, auf Null reduziert, hätte § 18 Abs. 1 KSchG noch geringere Auswirkungen als ohnehin. Der Anwendungsbereich von § 18 Abs. 1 KSchG wird also bei richtlinienkonformer Auslegung des Begriffs „Entlassung" als Kündigungserklärung stark reduziert.

(ii) § 18 KSchG und Aufhebungsverträge

Auch für Aufhebungsverträge gilt bei richtlinienkonformer Auslegung § 18 KSchG über die Gleichstellungsregel des § 17 Abs. 1 S. 2 KSchG. Wenn die Erklärung des Arbeitgebers, einen Aufhebungsvertrag abschließen zu wollen, erst einen Monat nach Anzeige an die Agentur für Arbeit wirksam wird, dann heißt das, dass ein Aufhebungsvertrag, der zwischenzeitlich zustande gekommen ist, bis dahin schwebend unwirksam ist. Nach Ablauf ist er aber als *ex tunc* wirksam anzusehen[366]. Der Abschluss von „fristlosen"[367] oder anderen Aufhebungsverträgen, die – massenhaft abgeschlossen – Arbeitsverhältnisse schneller als innerhalb von einem Monat beenden, wird ebenfalls entgegen erstem Anschein nicht erschwert: Wirksam wird

---

[359] *Ramrath*, SAE 2006, 256, 259.
[360] *Bauer/Krieger/Powietzka*, BB 2006, 2023, 2026; *Dzida/Hohenstatt*, DB 2006, 1897; *Dornbusch/Wolff*, BB 2007, 2297, 2298; *von Hoyningen-Huene-Linck*, § 18 KSchG Rdnr. 20; kritisch *Ferme/Lipinski*, NZA 2006, 937, 939; *Reinhard*, RdA 2007, 207, 210.
[361] *Dzida/Hohenstatt*, DB 2006, 1897, 1898 und 1901; *Naber*, JuS 2007, 614, 616; abwegig die – im Ergebnis verworfene – Überlegung bei *Bauer/Krieger/Powietzka*, BB 2006, 2023, 2026, dass § 18 Abs. 4 KSchG anzuwenden ist, wenn Kündigungsfristen länger als 90 Tage dauern.
[362] Unter § 7 E. II. 2. c. (1).
[363] Vgl. im Einzelnen *Naber*, JuS 2007, 614, 616.
[364] A.A. *Dornbusch/Wolff*, BB 2005, 885, 887.
[365] *Dornbusch/Wolff*, BB 2005, 885, 887.
[366] A.A. *Wolter*, AuR 2005, 135, 138.
[367] Dazu unter § 7 E. IV. 4.

der Aufhebungsvertrag zwar erst später[368]. Dennoch besteht für den Arbeitgeber keine Gefahr, für mindestens einen Monat weitere Lohnzahlungen vorzunehmen und somit zusätzliche – über die Zahlung einer Abfindung hinausgehende – Leistungen an den Arbeitnehmer erbringen zu müssen. Denn üblicherweise enthalten Aufhebungsverträge eine „Generalquittung", nach der alle gegenseitigen Ansprüche abgegolten sind. Wenngleich der Aufhebungsvertrag erst später wirksam wird, bedeutet dies nicht, dass der Vertrag rückwirkend keine Geltung beansprucht.

(b) § 18 Abs. 4 KSchG und richtlinienkonforme Auslegung

Nach § 18 Abs. 4 KSchG verliert eine Anzeige an die Agentur für Arbeit nach neunzig Tagen ihre Wirkung. Legt man den Begriff „Entlassung" richtlinienkonform aus, ist § 18 Abs. 4 KSchG nur anzuwenden, wenn zwischen Anzeige und Kündigungserklärung bzw. Willenserklärung auf Abschluss eines Aufhebungsvertrages eine so lange Zeit verstreicht[369]. Dieser Fall ist praktisch mehr als selten[370] und § 18 Abs. 4 KSchG bei richtlinienkonformer Auslegung entsprechend überflüssig[371]. Eine Auslegung von § 18 Abs. 4 KSchG, nach der Beendigungstatbeständen innerhalb von 90 Tagen die rechtliche Beendigung des Arbeitsverhältnisses folgen muss[372], scheitert daran, dass dann bei langen Kündigungsfristen sinnlose Doppelanzeigen erfolgen müssten[373] und der Begriff „Entlassung" überdies ambivalent genutzt würde. Folgt aus richtlinienkonformer Rechtsfindung aber der Leerlauf von Normen, verstößt dies gegen das *contra-legem*-Verbot[374]. Überdies verdeutlicht die Verweisung in § 18 Abs. 4 KSchG auf den Zeitpunkt der Zulässigkeit nach Abs. 1 und Abs. 2, die – bei richtlinienkonformer Auslegung – den Zeitpunkt der Wirksamkeit bestimmen, dass das bisherige deutsche Regelungskonzept nicht auf ein solches Verständnis des Begriffs „Entlassung" zugeschnitten ist[375].

---

[368] So wohl auch *Bauer/Krieger/Powietzka*, DB 2005, 445, 446: „Sperrfrist kann zu einer späteren Beendigung des Arbeitsverhältnisses führen".

[369] *Kleinebrink*, FA 2005, 130, 132; *Bauer/Krieger/Powietzka*, DB 2005, 445, 447; *Osnabrügge*, NJW 2005, 1093, 1094.

[370] *Dzida/Hohenstatt*, DB 2006, 1897, 1901; *Naber*, JuS 2007, 614, 616 f.

[371] *Dornbusch/Wolff*, BB 2005, 885, 887; *Wolf*, AuA 2005, 340 f.; ebenfalls kritisch *Löwisch*, GPR 2005, 150, 151; so auch *Reichold*, ZESAR 2005, 474, 476, der darin aber keine Systemänderung sieht, die eine richtlinienkonforme Rechtsfortbildung hindert.

[372] Dies spricht *Löwisch*, GPR 2005, 150, 151 f. an.

[373] *Bauer/Krieger/Powietzka*, DB 2005, 445, 447.

[374] BVerfGE 71, 81, 105; 90, 263, 275; *Canaris*, FS Kramer, S. 141, 159; *ders.*, FS Bydlinski, S. 47, 94; *Naber*, JuS 2007, 614, 616; a.A. *Riesenhuber/Domröse*, NZA 2005, 568, 569, *dies.*, EWS 2005, 97, 101 und *dies.*, RIW 2005, 47, 51; *Herresthal*, WM 2007, 1354, 1358; eine richtlinienkonforme Rechtsfortbildung, nicht aber eine richtlinienkonforme Auslegung für möglich hält auch *Reichold*, ZESAR 2005, 474, 476; siehe zum contra-legem-Verbot oben unter § 7 D. III.

[375] *Bauer/Krieger/Powietzka*, DB 2005, 445, 447 f.

(5) Zwischenergebnis

Weder für § 18 Abs. 1 KSchG noch für § 18 Abs. 2 KSchG noch für § 18 Abs. 4 KSchG verbleibt ein sinnvoller Anwendungsbereich, wenn man den Begriff „Entlassung" in § 17 Abs. 1 KSchG richtlinienkonform auslegt oder fortbildet. In der Auslegung der §§ 17 ff. KSchG schlägt sich der Zielkonflikt zwischen deutschem und europäischem Recht nieder: Das europäische Massenentlassungsrecht dient in erster Linie dem Individualschutz. Das deutsche Recht, so wie es in mehr als achtzig Jahren gewachsen ist, möchte den Arbeitsmarkt durch eine vorzeitige Information schützen. Regelungssystematisch sind diese unterschiedlichen Zwecke nicht vereinbar, weil andere, in manchen Bereichen kollidierende Grundgedanken das wesentliche Gerüst der Regelung darstellen. Die richtlinienkonforme Auslegung von § 17 Abs. 1 S. 1 KSchG dahingehend, unter „Entlassung" die Kündigungserklärung zu verstehen, ist nicht möglich. Gleiches gilt für eine entsprechende Rechtsfortbildung. Auch sie könnte nur *contra legem* erfolgen. Die Mittel der richtlinienkonformen Rechtsfindung stoßen bei der Auslegung von § 17 Abs. 1 S. 1 KSchG an ihre Grenzen.

Auch für Aufhebungsverträge, die Entlassungen gem. § 17 Abs. 1 S. 2 KSchG gleichgestellt sind, ist daher *de lege lata* auf das rechtliche Ende des Arbeitsverhältnisses abzustellen. Eine Anzeige müsste sich – würde man die §§ 17 ff. KSchG individualschützend neu konstruieren – an dem Zeitpunkt orientieren, in dem er den Arbeitnehmer zu überzeugen versucht, einem Aufhebungsvertrag zuzustimmen. Denn diese Handlung ersetzt seine Kündigung[376].

IV. Rechtsfolgen bei Verstößen gegen die Konsultations- und Anzeigepflicht

Die Pflichten zur Konsultation und zur Anzeige bei Massenentlassungen lassen sich nur realisieren, wenn ihre Durchsetzung gesichert ist. Es muss – in anderen Worten – ein Verfahren geben, mit dem diejenigen, deren Position vom Massenentlassungsrecht geschützt werden, überprüfen lassen können, dass der Arbeitgeber seinen Pflichten nachgekommen ist. Stellt sich heraus, dass der Arbeitgeber pflichtwidrig gehandelt hat, ergibt sich die Frage, was daraus für Beendigungstatbestand und Beendigungswirkung folgt.

---

[376] Vgl. oben unter § 7 C. II. 3. a.; sofern daher bei richtlinienkonformer Auslegung auf den Zeitpunkt des Zugangs der zum Vertragsschluss führenden Willenserklärung abgestellt wird – vgl. etwa *Lembke/Oberwinter*, NJW 2007, 721, 723; *Dzida/Hohenstatt*, DB 2006, 1897, 1900 – führt dies zu keinen sachgerechten Ergebnissen.

1. Europarechtliche Anforderungen

a. Sanktionen bei fehlerhaftem Konsultationsverfahren

Die Richtlinie 98/59/EG enthält keine ausdrücklichen Bestimmungen über die Rechtsfolgen, die eintreten sollen, wenn der Arbeitgeber die Arbeitnehmervertreter nicht nach den Vorgaben der Richtlinie konsultiert. Art. 6 der Richtlinie 98/59/EG gibt ihren Erwägungsgrund 12 beinahe wortwörtlich wider. Nach dieser allgemein gehaltenen Vorschrift sorgen die Mitgliedstaaten dafür, dass den „Arbeitnehmervertretern und/oder den Arbeitnehmern administrative und/oder gerichtliche Verfahren zur Durchsetzung der Verpflichtungen" der Richtlinie zur Verfügung stehen. Daneben folgt aus dem Gebot des *effet utile* (vgl. Art. 10 EG i.V.m. Art. 249 Abs. 3 EG), dass Richtlinien im nationalen Recht auch praktische Wirksamkeit entfalten müssen[377]. Ein Vorschlag der Kommission, nach der Massenentlassungen für „null und nichtig" hätten erklärt werden können[378], konnte sich nicht durchsetzen[379].

b. Sanktionen bei fehlerhafter Anzeige

Der Massenentlassungsrichtlinie ist keine ausdrückliche Sanktion für den Fall einer fehlerhaften Massenentlassungsanzeige zu entnehmen – sie regelt in Art. 4 Abs. 1 lediglich die positiven Folgen einer korrekten Anzeige. Wiederum ist daher auf die allgemeine Vorschrift des Art. 6 der Richtlinie 98/59/EG abzustellen, nach der den Arbeitnehmern ermöglicht werden muss, ihre Rechte durchzusetzen[380].
In seiner Entscheidung „Vereinigtes Königreich./.Kommission"[381] hat der *EuGH* seine Rechtsprechung zu Sanktionen bei anderen Richtlinien[382] auf das Massenentlassungsrecht übertragen: Die Wahl der geeigneten Sanktionen ist den Mitgliedstaaten zu überlassen. Sie müssen aber „wirksam, verhältnismäßig und abschreckend" sein und denjenigen Folgen entsprechen, die für „nach Art und Schwere gleichartige Verstöße" gegen nationales Recht gelten[383]. Wie bei der Ausgestaltung

---

[377] *EuGH* v. 8.4.1976 (Royer), NJW 1976, 2065; *EuGH* v. 8.6.1994 (Kommission/Vereinigtes Königreich), Slg. 1994 I-1479, 1483; *Hinrichs*, Massenentlassungen, S. 63.
[378] Vorschlag der Kommission zur Änderung der Richtlinie 75/129/EWG, Abl. EG 30.11.1991, Nr. C 310, S. 5, 6 ff.
[379] Vgl. *Mauthner*, Massenentlassungsrecht, S. 40 und S. 157.
[380] *Mauthner*, Massenentlassungsrecht, S. 220 f.
[381] *EuGH* v. 8.6.1994 (Kommission/Vereinigtes Königreich), Slg. 1994 I-1479, 1483.
[382] Siehe etwa *EuGH* v. 10.4.1984 (von Colson), AP Nr. 1 zu § 611a BGB für die Gleichbehandlungsrichtlinie 76/207/EWG.
[383] *EuGH* v. 8.6.1994 (Kommission/Vereinigtes Königreich), Slg. 1994 I-1479, 1483; in diesem Verfahren bedeutete dies, dass Abfindungen – dies war die Sanktion für Verstöße des britischen Arbeitgebers gegen Konsultationspflichten – nicht auf andere Arbeitgeberzahlungen angerechnet werden durften, die er aufgrund anderer Vorschriften ohnehin zu leisten hatte; vgl. zur Reaktion in Großbritannien *Hinrichs*, Massenentlassungen, S. 78 ff.

des Konsultations- und des Anzeigeverfahrens schreibt das europäische Recht also keine konkrete Sanktion vor. Vielmehr verlangt es lediglich, dass sich die Rechtsfolgen von Verstößen gegen die Konsultations- und Anzeigepflichten in die bestehenden mitgliedstaatlichen Mechanismen einfügen.

2. Sanktionen im sonstigen deutschen Recht

Folglich ist ein Vergleich mit den übrigen – außerhalb der §§ 17 ff. KSchG liegenden – deutschen Sanktionen gegen Anzeige- und Konsultationspflichten durchzuführen, um festzustellen, welche Anforderungen an die vollständige Umsetzung der Richtlinie 98/59/EG zu stellen sind.

a. Verstöße gegen Beteiligungsrechte des Betriebsrats bei Kündigungen

Beteiligt der Arbeitgeber den Betriebsrat nicht in der Weise, die das BetrVG vorsieht, so kann dies mehrere Folgen haben:

Für die Beteiligung in sozialen Angelegenheiten nach § 87 Abs. 1 BetrVG geht die ganz herrschende Meinung davon aus, dass die Missachtung des Arbeitgebers, den Betriebsrat zu beteiligen, die Unwirksamkeit der Maßnahme zur Folge hat[384]. Hört der Arbeitgeber den Betriebsrat vor einer Kündigung nicht gem. § 102 Abs. 1 S. 1 BetrVG an, ist diese gem. § 102 Abs. 1 S. 3 BetrVG unwirksam. Doch nicht stets folgt aus dem Mangel an Konsultation ein Mangel ein Wirksamkeit: Verstößt der Arbeitgeber gegen die Pflicht, den Betriebsrat nach § 92 BetrVG an der Personalplanung zu beteiligen, hat dies auf die Wirksamkeit oder Wirkung der Kündigung als individualrechtliche Maßnahme keinerlei Einfluss. Stimmt der Betriebsrat einer Eingruppierung, Umgruppierung oder Versetzung nicht gem. § 99 BetrVG zu, dann kann zwar die personelle Einzelmaßnahme nicht durchgeführt werden – die arbeitsvertragliche Gestaltung bleibt davon indessen unberührt[385]. Beteiligt der Arbeitnehmer den Betriebsrat nicht gem. § 112 BetrVG bei einer Betriebsänderung nach § 111 BetrVG, so können sich gem. § 113 Abs. 3 BetrVG Ansprüche auf Nachteilsausgleich ergeben, wobei die Beendigung des Arbeitsverhältnisses sowohl wirksam als auch hinsichtlich ihrer Wirkung ungehemmt bleibt. Nach deutschem Recht existiert also eine Vielzahl von verschiedenen Reaktionen dafür, dass der Arbeitgeber den Betriebsrat nicht ordnungsgemäß beteiligt. Eine ganz klare und eindeutige, sich in ein bestehendes System wie von selbst einfügende Sanktion dafür, die Beteiligungsrechte nicht zu beachten, gibt es nicht. Tendenziell

---

[384] Siehe z.B. *BAG* v. 7.9.1956, AP Nr. 2 zu § 56 BetrVG 1952; *BAG* v. 28.9.1994, AP Nr. 68 zu § 87 Lohngestaltung.
[385] Siehe § 6 A.

spricht wegen der größten Ähnlichkeit einiges dafür, sich an den Rechtsfolgen zu orientieren, welche die §§ 111 ff. BetrVG anordnen[386].

b. Verstöße gegen Anzeigepflichten bei Kündigungen

Wie es die Richtlinie 98/59/EG in ihren Artt.3 und 4 vorsieht, gibt es im deutschen Recht an mehreren Stellen die Pflicht des Arbeitgebers, vor einer Kündigung eine Anzeige an eine staatliche Behörde zu erstatten. Nach § 9 Abs. 3 S. 1 MuSchG ist die Kündigung einer Schwangeren lediglich zulässig, wenn die zuständige oberste Landesbehörde oder eine von ihr bestimmte Stelle zugestimmt hat. Gem. § 85 SGB IX ist die Kündigung eines schwerbehinderten Menschen nur zulässig, wenn das Integrationsamt zuvor zugestimmt hat. Eine reine Pflicht zur Anzeige vor einer Kündigung – die weniger ist als eine Pflicht zur Zustimmung einer staatlichen Behörde – gibt es im deutschen Arbeitsrecht nicht. Auch für die Verletzung der Anzeigepflichten gibt es also im deutschen Recht, die sich geradezu als Vergleich aufdrängt.

c. Verstöße gegen Pflichten bei Aufhebungsverträgen

Besonders zu beachten ist für den Zweck dieser Untersuchung noch ein anderes: Weder ein Verstoß gegen Beteiligungsrechte des Betriebsrats noch gegen Anzeigepflichten bei Behörden hat im deutschen Arbeitsrecht zur Folge, dass die Wirksamkeit von Aufhebungsverträgen tangiert wird[387]. Nach den Vorgaben von Art. 1 UAbs. 1 der Richtlinie 98/59/EG zählen andere Beendigungen, die der Arbeitgeber veranlasst, auch nur für die *Berechnung*, ob überhaupt eine Massenentlassung vorliegt. Europa fordert also – zumindest unmittelbar – keine Rechtsfolgen für den Fall, dass gegen Anzeige- oder Beteiligungsrechte verstoßen wird. Eine solche Sanktion ginge auch weit über das hinaus, was im deutschen Recht jenseits des Massenentlassungsrechts üblich ist.

3. Sanktionen im geltenden deutschen Massenentlassungsrecht

a. Konsultationsverfahren

(1) Mangel einer ausdrücklichen Regelung

Für das Konsultationsverfahren sieht das deutsche Recht keine ausdrückliche Sanktion vor. Schon für § 66 Abs. 2 BetrVG 1952, der ursprünglich die Beteiligung des Betriebsrats bei Massenentlassungen regelte, war es ganz herrschende Auffassung, dass die Missachtung der Beteiligungsrechte nicht auf die individualrechtliche

---

[386] So ausführlich *Mauthner*, Massenentlassungsrecht, S. 164 f.; ähnlich wohl *Reinhard*, RdA 2007, 207, 216.
[387] Vgl. § 6 A. und § 6 B.

Ebene durchzuschlagen vermochte[388]. § 17 Abs. 2 KSchG und – zumindest nicht unmittelbar – § 18 KSchG sehen ebenfalls keine Sanktion für den Fall vor, dass der Arbeitgeber den Betriebsrat bei einer Massenentlassung nicht oder nur unzureichend beteiligt. Aus der fehlerhaften Konsultation kann aber eine mangelhafte Anzeige – dazu noch später[389] – führen.

(2) Nachteilsausgleich nach § 113 Abs. 3 BetrVG als Sanktion

Zum Teil wird eine Sanktionsmöglichkeit in dem Nachteilsausgleich gesehen, der nach § 113 Abs. 3 BetrVG zu leisten ist[390]. Wegen der Verbindung mit den Beteiligungsrechten kommt diese Sanktion überhaupt nur für ihre Missachtung, nicht aber als Sanktion für fehlende oder fehlerhafte Anzeigen an die Agentur für Arbeit in Betracht[391] – dafür gibt es mit § 18 KSchG eine spezielle Rechtsfolge. Zu Recht hat das Schrifttum jedoch Bedenken dagegen erhoben, § 113 Abs. 3 BetrVG stets als – im Sinne der Richtlinie 98/59/EG adäquate – Sanktion anzusehen[392]. Denn nicht jede Massenentlassung nach § 17 Abs. 1 S. 1 KSchG erfüllt zugleich auch den Tatbestand einer Betriebsänderung nach § 111 BetrVG[393]. Ferner bezieht sich § 113 BetrVG nur auf die Missachtung der Vorschriften über den Interessenausgleich. Soziale Begleitmaßnahmen im Sinne von § 17 Abs. 2 KSchG finden sich hingegen nur in Sozialplänen. Besteht trotz Betriebsänderung wegen § 112a BetrVG keine Pflicht, einen Sozialplan abzuschließen, entfällt auch eine Sanktion[394]. Zudem verrechnet das *BAG* die Ansprüche gem. § 113 BetrVG mit den Ansprüchen, die sich aus dem Sozialplan ergeben[395]. Aus Sicht des Arbeitgebers wird die Zahlung des Nachteilsausgleichs aber nur als Sanktion empfunden, wenn sie höher ist als diejenigen Ansprüche, die sich aus dem Sozialplan ohnehin ergeben[396]. Aus der Rechtsprechung des *EuGH* in Sachen „Kommission ./. Vereinigtes Königreich" leiten einige deutsche Autoren deswegen ab, dass Ansprüche

---

[388] Vgl. z.B. *BAG* v. 15.9.1954, AP Nr. 1 zu § 66 BetrVG, *BAG* v. 14.11.1956, AP Nr. 9 zu § 66 BetrVG zu der später aufgehobenen Vorschrift des § 66 Abs. 1 BetrVG 1952; *Hueck/Nipperdey*, Arbeitsrecht, Band II, S. 1437 ff.; *Nikisch*, Arbeitsrecht, Band III, S. 483 ff.; a.A. z.B. *Herschel*, JZ 1954, 759 ff.; *Reuß*, RdA 1954, 56 ff.
[389] Unter § 7 E. IV. 3. b. (3).
[390] Siehe etwa *Oetker*, Anm. zu BAG AP Nr. 42 zu § 113 BetrVG 1972, Bl. 10.
[391] So richtig *BAG* v. 30.3.2004, AP Nr. 47 zu § 113 BetrVG 1972; *Lembke/Oberwinter*, NJW 2007, 721, 727.
[392] Vgl. *Mauthner*, Massenentlassungsrecht, S. 178 ff. m.w.N.
[393] Vgl. dazu oben unter § 7 E. III. 2. a. (2).
[394] *Wißmann*, RdA 1998, 221, 227; *Mauthner*, Massenentlassungsrecht, S. 179.
[395] *BAG* v. 13.12.1978, AP Nr. 6 zu § 112 BetrVG 1972; *BAG* v. 18.12.1984, AP Nr. 11 zu § 113 BetrVG; *BAG* v. 20.11.2001, AP Nr. 39 zu § 113 BetrVG 1972.
[396] *Mauthner*, Massenentlassungsrecht, S. 187.

aus § 113 Abs. 3 BetrVG nicht verrechnet werden dürfen[397]. Doch gilt dies nur, wenn tatsächlich keine anderen hinreichenden Sanktionen im deutschen Recht in Betracht kommen[398]. In Betracht kommen dafür nicht nur individualrechtliche Sanktionen, sondern etwa auch ein Unterlassungsanspruch des Betriebsrats[399]. Schließlich entsteht noch ein besonderes Problem im Hinblick auf die Voraussetzungen von § 113 Abs. 3 BetrVG: Es ist umstritten, ob § 113 Abs. 3 BetrVG die Wirksamkeit der Kündigung verlangt[400] oder bzw. und ob – bejahendenfalls – dem Arbeitnehmer ein Wahlrecht zwischen Kündigungsschutzklage und Geltendmachung des Anspruchs auf Nachteilsausgleich zusteht[401]. Bislang wurde dieses Problem für Massenentlassungen kaum erörtert, weil man einig war, dass § 18 KSchG nur zu einer Entlassungssperre führte[402]. Nur vereinzelt wurde diese Problematik auf die bisherige Auslegung der §§ 17 ff. KSchG übertragen[403]. Je nachdem, welche Rechtsfolge man seit der „Junk"-Entscheidung aus § 18 KSchG ableitet, liegen in diesem Komplex neue Probleme verborgen.

b. Anzeigeverfahren: § 18 KSchG

Die Folgen einer ausgebliebenen Anzeige regelt in Deutschland § 18 KSchG. Seit Anfang der 1970er-Jahre galt als Rechtsfolge einer unterbliebenen Anzeige eine „Entlassungssperre"[404]. Mit der „Junk"-Entscheidung traten verstärkt Überlegungen zu Tage, dass man als Sanktion die Kündigungserklärung für unwirksam halten könnte[405]. Andere hielten – wie zuvor – das Risiko des Arbeitgebers für abschreckend genug, bis zum In-Kraft-Treten einer neuen Anzeige Annahmeverzugslohn zahlen zu müssen[406].

---

[397] *Wißmann*, RdA 1998, 221, 227; EAS-*Oetker*, B 8300 Rdnr. 344; a.A. *Mauthner*, Massenentlassungsrecht, S. 188 f.
[398] So zutreffend *Mauthner*, Massenentlassungsrecht, S. 189.
[399] *Fauser/Nacken* NZA 2006, 1136, 1141.
[400] So etwa MünchHdbArbR-*Matthes*, § 361 Rdnr. 41; *Hess*/Schlochauer/Worzalla/Glock, § 113 BetrVG Rdnr. 9.
[401] *Däubler*/Kittner/Klebe, § 113 BetrVG Rdnr. 14; GKBetrVG-*Oetker*, § 113 Rdnr. 46.
[402] Vgl. oben unter § 7 C. I. 2.
[403] Siehe die Ausführungen bei *Mauthner*, Massenentlassungsrecht, S. 180, die sich ebenfalls für ein Wahlrecht ausspricht.
[404] Siehe im Einzelnen oben unter § 7 C. I.
[405] LAG Düsseldorf v. 1.3.2007, LAGE Nr. 5 zu § 17 KSchG unter B. I. 2. der Gründe; *Appel*, DB 2005, 1002, 1003; *Nicolai*, NZA 2005, 206; *Osnabrügge*, NJW 2005, 1093, 1095; *Lemke*/Oberwinter, NJW 2007, 721, 727 f.; das BAG hat darüber noch nicht entschieden.
[406] So etwa *Ferme/Lipinski*, ZIP 2005, 593, 597 f.; Henssler/Willemsen/Kalb-*Pods/Molkenbur*, § 17 KSchG Rdnr. 41.

(1) Unwirksamkeit der Kündigung

Wie oben dargestellt, legt das *BAG* – was zwar nicht richtig, für die Praxis aber verbindlich ist – den Begriff der Entlassung in § 17 Abs. 1 S. 1 KSchG dahingehend richtlinienkonform aus, dass unter „Entlassung" die Kündigungserklärung zu verstehen ist[407]. Den Wortlaut der Massenentlassungsrichtlinie, welcher in Art. 4 Abs. 1 ebenfalls ausdrücklich von der Wirksamkeit spricht, die erst nach 30 Tagen eintritt, spricht indes nicht dafür, § 18 KSchG so auszulegen[408]. Denn der europäische Gesetzgeber beabsichtigt mit Art. 4 Abs. 1 Richtlinie 98/59/EG eine „Mindestkündigungsfrist". Auch die „arbeitnehmerschützende Wirkung" der Massenentlassungsrichtlinie lässt sich für eine – isolierte – Auslegung von § 18 KSchG dahingehend, dass Kündigungen, denen eine falsche oder fehlerhafte Anzeige vorausgeht, unwirksam sind, nicht ins Feld führen[409]. Es ist nämlich erst die *Folge* des Primats des Arbeitnehmerschutzes, unter dem Begriff der Entlassung die Kündigungserklärung zu verstehen[410].

(2) Unwirksamkeit von Aufhebungsverträgen

Oben wurde festgestellt, dass § 17 KSchG und § 18 KSchG ein einheitlicher Begriff der Entlassung zugrunde liegt. Eine Differenzierung dahingehend, in Entlassung in § 17 Abs. 1 S. 1 KSchG als Kündigungserklärung, in § 18 KSchG aber als rechtliche Beendigung des Arbeitsverhältnisses auszulegen, ist nicht möglich[411]. „Übersetzt" ist § 18 Abs. 1 KSchG also vom Praktiker wie folgt zu lesen: „*Kündigungserklärungen*, die nach § 17 anzuzeigen sind, werden vor Ablauf eines Monats nach Eingang der Anzeige bei der Agentur für Arbeit nur mit deren Zustimmung wirksam; die Zustimmung kann auch rückwirkend bis zum Tage der Antragsstellung erteilt werden." Damit gilt nunmehr für Kündigungen, dass diese unwirksam sind[412]. Erinnert man sich an die allgemeinen Grundlagen des Massenentlassungsrechts, ist diese Folge konsequent: Der Anknüpfungspunkt eines primär individualschützenden Massenentlassungsrechts ist die Kündigungserklärung. Ohne dies zu

---

[407] Vgl. oben unter § 7 C. IV. 2.
[408] A.A. *Lembke/Oberwinter*, NJW 2007, 721, 727 f.
[409] A.A. *Lembke/Oberwinter*, NJW 2007, 721, 728.
[410] Siehe oben unter § 7 A. III. 2. b. allgemein und speziell zum gegenwärtigen Konflikt zwischen deutschem und europäischem Recht § 7 E. III. 2. b. (3).
[411] Siehe unter § 7 E. III. 2. b. (2).
[412] Ob man daneben noch § 134 BGB heranziehen möchte, erscheint wegen der gleichen Rechtsfolge – zumindest für die Praxis – von untergeordneter Bedeutung. Bis individualschützende Momente qua richtlinienkonformer Auslegung in das deutsche Massenentlassungsrecht Einzug hielten, ging man jedenfalls davon aus, dass die §§ 17 ff. KSchG keinen Schutzgesetzcharakter haben; vgl. Ascheid/Preis/Schmidt-*Moll*, Vor § 17 ff. KSchG Rdnr. 15; anders jetzt *Lembke/Oberwinter*, NJW 2007, 721, 728.

erkennen, überspielt das *BAG* mit der richtlinienkonformen Auslegung des Entlassungsbegriffs den bisherigen Vorrang der arbeitsmarktpolitischen Motive.

(3) Exkurs: Auswirkungen der fehlerhaften Beteiligung des Betriebsrats

Es wurden oben die Frage aufgeworfen, welche Rechtsfolgen drohen, wenn der Arbeitgeber den Betriebsrat nicht entsprechend § 17 Abs. 2 KSchG beteiligt[413]. Wegen des Verhältnisses von § 17 Abs. 2 zu § 17 Abs. 3 KSchG – die Anzeige an das Arbeitsamt setzt die Mitteilung an den Betriebsrat und die Beifügung der Stellungnahme bzw. eine entsprechende Glaubhaftmachung voraus – ergeben sich die Rechtsfolgen des § 18 KSchG aber womöglich mittelbar auch für fehlende oder fehlerhafte Konsultationsverfahren. Dies setzt voraus, dass eine fehlerlose Anzeige ohne vollständige Konsultation nicht möglich ist.

Nach dem Wortlaut von § 17 Abs. 3 S. 1 KSchG muss die Anzeige an die Agentur der Arbeit eine Abschrift der Mitteilung an den Betriebsrat enthalten. Nach § 17 Abs. 3 S. 3 KSchG setzt die Wirksamkeit der Anzeige voraus, dass die Stellungnahme des Betriebsrats beigefügt ist. Ob der Arbeitgeber sich aber mit dem Betriebsrat wirklich beraten hat – davon ist in § 17 Abs. 3 KSchG nicht die Rede. Deshalb schlussfolgern einige Autoren, dass auch ein Verstoß allein gegen die Unterrichtungspflichten Auswirkungen auf die Anzeige haben könne[414]. Dieser Gedanke lässt sich auch auf die Gesetzesbegründungen stützen[415], welche betonen, die Aufzählung in § 17 Abs. 3 KSchG sei abschließend[416]. Inwieweit eine Glaubhaftmachung nach § 17 Abs. 3 S. 3 KSchG eine tatsächliche Unterrichtung voraussetzt, ist umstritten[417].

Es ist jedenfalls zweifelhaft, ob eine abschreckende Sanktion im Sinne der Rechtsprechung des *EuGH* gewährleistet werden kann, wenn eine Beratung ausgeblieben und die Anzeige insoweit vollständig ist. Sofern *Mauthner*[418] einen Unterlassungsanspruch des Betriebsrats als wirksame Sicherung für ausreichend hält, ist dem entgegenzuhalten, dass die europäische Richtlinie in erster Linie den einzelnen Arbeitnehmer schützen möchte. Dieser kann sich aber nicht durch einen kollektivrechtlichen Unterlassungsanspruch wehren. Lässt ihn der Betriebsrat ihn im Stich, hat er keine Gelegenheit, eine Sanktion herbeizuführen. Es ist daher nicht abwegig,

---

[413] Vgl. § 7 E. IV. 2.
[414] Ascheid/Preis/Schmidt-*Moll*, § 17 KSchG Rdnr. 77; *Mauthner*, Massenentlassungsrecht, S. 167 f.; *Berscheid*, AR-Blattei SD 1020.2 Rdnr. 168 und 174; *von Hoyningen-Huene/Linck*, § 17 KSchG Rdnr. 47c und 49.
[415] So *Mauthner*, Massenentlassungsrecht, S. 167; Ascheid/Preis/Schmidt-*Moll*, § 17 KSchG Rdnr. 76 ff.; Bader/Bram/*Dörner*/Wenzel, § 17 KSchG Rdnr. 66.
[416] BT-Drucks. 8/1041, S. 5; BR-Drucks. 400/77, S. 7.
[417] Dafür BAG v. 14.8.1986, AP Nr. 43 zu § 102 BetrVG 1972; *Berscheid*, AR-Blattei SD 1020.2 Rdnr. 168; dagegen *Mauthner*, Massenentlassungsrecht, S. 168.
[418] *Mauthner*, Massenentlassungsrecht, S. 191 ff; vgl. auch *Fauser/Nacken* NZA 2006, 1136, 1141.

im Wege richtlinienkonformer Auslegung für eine wirksame Anzeige zu fordern, dass auch die Konsultationspflichten aus § 17 Abs. 2 KSchG erfüllt wurden – mit dem Regelungssystem der §§ 17 ff. KSchG ist diese Auslegung jedenfalls deutlich leichter zu vereinbaren als die richtlinienkonforme Auslegung des Entlassungsbegriffs[419].

4. Sanktionen bei arbeitgeberveranlassten Aufhebungsverträgen

Es ist aus europarechtlicher Sicht nicht erforderlich, Sanktionen für den Fall zu schaffen, dass der Arbeitgeber Anzeige- und Konsultationspflichten beim Abschluss von Aufhebungsverträgen, die er veranlasst hat, versäumt. Denn die Regelung des Art. 1 UAbs. 1 der Richtlinie 98/59/EG bezieht sich nur auf die Berechnung, aber nicht auf die Rechtsfolgen[420].

Eine richtlinienkonforme Rechtsfindung, nach welcher die Anforderung der Richtlinie 98/59/EG umgesetzt wird, in den §§ 17 ff. KSchG bereits an den Beendigungstatbestand anzuknüpfen, ist *de lege lata* nicht möglich. Folglich sollte sich – bis zu einer gesetzlichen Neuregelung – an dem tradierten Verständnis, dass bei Versäumnis der Anzeige eine „Entlassungssperre" eintritt, auch für Aufhebungsverträge nichts ändern. Die Rechtspraxis kann sich auf diese akademische Erkenntnis jedoch nicht zurückziehen und muss sich mit den Folgen der geänderten Rechtsprechung befassen.

a. Gleichstellung nach § 17 Abs. 1 S. 2 KSchG

Nimmt man den Wortlaut von § 17 Abs. 1 S. 2 KSchG auch für die neue Auslegung von § 18 Abs. 1 KSchG als Ausgangspunkt, so stehen andere Beendigungen – also auch arbeitgeberveranlasste Aufhebungsverträge – Kündigungserklärungen gleich: Daher ist es plausibel, auch deren Unwirksamkeit anzunehmen[421]. Ihre Unwirksamkeit kann durch Feststellungsklage (vgl. § 256 Abs. 1 ZPO) gerichtlich festgestellt werden[422]. Die Unwirksamkeit wäre als Sanktion für Aufhebungsverträge auch nicht strenger als für Kündigungen, denen keine wirksame Anzeige – und ggf. keine hinreichende Beteiligung der Arbeitnehmervertreter – vorausgegangen ist. Dies alles sind freilich Ergebnisse einer Rechtsfindung, die methodisch bedenklich ist.

---

[419] Siehe dazu das Ergebnis unter § 7 E. III. 2. b. (5).
[420] Siehe oben § 7 E. I. 2.
[421] So in der Tat *Lembke/Oberwinter*, NJW 2007, 721, 728.
[422] *Lembke/Oberwinter*, NJW 2007, 721, 728.

b. Verzicht auf die Rechtsfolgen durch Aufhebungsvertrag

Die richtlinienkonforme Auslegung des Entlassungsbegriffs stellt individualschützende Interessen in den Vordergrund des Massenentlassungsrechts. Es ist aber – jedenfalls im deutschen Recht – üblich, dass Vorschriften, welche die Wirksamkeit von Kündigungen betreffen, nicht ohne weiteres Einfluss auf Aufhebungsverträge haben[423]. Denn mit ihrem Abschluss verzichten Arbeitnehmer freiwillig auf den Schutz, den ihnen der kündigungsrechtliche Bestandsschutz bietet. Es stellt sich die Frage, ob dieser Grundsatz nicht auch für die Rechtsfolge des § 18 KSchG gelten muss.

(1) Bisherige Deutung: Kein Verzicht durch Aufhebungsvertrag

Im Jahre 1999 hat der 2. Senat des *BAG* zum bislang einzigen Mal zu den Folgen für Aufhebungsverträge für den Fall Stellung genommen, dass keine ordnungsgemäße Massenentlassungsanzeige erfolgt ist[424]. Zu Recht hat das *BAG* den Verzicht auf den Schutz durch das Konsultationsverfahren nicht problematisiert. Denn mit dem traditionellen Zweck des Massenentlassungsrechts – der Schonung des Arbeitsmarktes – hat die Konsultation nur unwesentliche Berührungspunkte.

Nach der Entscheidung des 2. Senats sollte bei unterbliebener Massenentlassungsanzeige für Aufhebungsverträge dieselbe Rechtsfolge wie – damals noch – für Kündigungen eintreten: eine Entlassungssperre[425]. Es sei auch nicht möglich, auf den „Schutz" der §§ 17 ff. KSchG durch einen Aufhebungsvertrag zu verzichten. Zwar könnten Arbeitnehmer über den allgemeinen und den besonderen Kündigungsschutz per Aufhebungsvertrag disponieren[426]. Einen Verzicht auf die Rechtsfolge des § 18 Abs. 1 Satz 1 BGB durch Aufhebungsverträge hielt das *BAG* indessen nicht möglich[427]. Begründet wurde dies damit, dass die Massenentlassungsvorschriften „primär einen arbeitsmarktpolitischen Zweck" verfolgten[428]. Arbeitnehmer könnten aber nicht wirksam auf den „vor allem im öffentlichen Interesse be-

---

[423] Siehe dazu die Einleitung von § 3 sowie die Darstellung zum allgemeinen und besonderen Kündigungsschutz im Rahmen von § 4 E. IV. 4. d. und e.
[424] *BAG* v. 11.3.1999, AP Nr. 12 zu § 17 KSchG 1969; in der Entscheidung des *BAG* v. 13.11.1996, AP Nr. 3 zu § 620 BGB Aufhebungsvertrag, dort unter II. 1. b) der Gründe, war dies nicht notwendig, weil die Schwellenwerte nicht erreicht wurden.
[425] *BAG* v. 11.3.1999, AP Nr. 12 zu § 17 KSchG 1969 unter II. 4. d) der Gründe; einer erneuten „Klarstellung" des *BAG*, dass unter den Begriff „Entlassung" auch Aufhebungsverträge fallen, die der Arbeitgeber veranlasst hat, bedurfte es angesichts der früheren Rechtsprechung und der Normgeschichte von § 17 Abs. 1 S. 2 KSchG – vgl. dazu oben unter § 7 E. I. 2. – eigentlich nicht, so aber *Michelmann*, AuA 1999, 568.
[426] *BAG* v. 11.3.1999, AP Nr. 12 zu § 17 KSchG 1969 unter II. 4. a) der Gründe; so bereits *BAG* v. 30.9.1993 AP Nr. 37 zu § 123 BGB unter II. 8. der Gründe; vgl. die ausführliche Untersuchung zur Disposition über Kündigungsschutz oben bei § 4 E. IV. 4. d. und e.
[427] *BAG* v. 11.3.1999, AP Nr. 12 zu § 17 KSchG 1969.
[428] *BAG* v. 11.3.1999, AP Nr. 12 zu § 17 KSchG 1969 unter II. 4. b) der Gründe.

gründeten Kündigungsschutz nach § 17 KSchG verzichten"[429]. Denn ansonsten würde die Anzeigepflicht des § 17 KSchG unterlaufen[430]. Ferner wäre ein Verzicht durch Aufhebungsvertrag ein antizipierter – und folglich unzulässiger – Verzicht auf Kündigungsschutz[431]. Allenfalls nach Abschluss der Aufhebungsvereinbarung könnten sie einen –separaten – Verzicht erklären.
Die Auffassung des 2. Senats des *BAG* hat das Schrifttum beinahe einhellig geteilt[432]. Insbesondere *Bauer*[433] hielt die Unterscheidung zwischen Aufhebungsvertrag und einem separaten Verzicht indessen für gekünstelt. Es sei doch sehr „feinsinnig", in solcher Weise zu unterscheiden, dass ein Verzicht nur wirksam sei, wenn er eine logische Sekunde nach Abschluss des Aufhebungsvertrages erklärt wird.

(2) Neuorientierung wegen Vorrangs des Individualschutzes

(a) Verzicht auf Individualschutz

Zwischen der Entscheidung des 2. Senats des *BAG* und der Gegenwart liegen die „Junk"-Entscheidung des *EuGH* und ihre Umsetzung durch das *BAG*. Die richtlinienkonforme Auslegung des Entlassungsbegriff in den §§ 17 ff. KSchG ist ein deutliches Signal zugunsten des Individualschutzes. Oben wurde dargelegt, dass mit einer solchen Änderung des Entlassungsbegriffs der Individualschutz als vorrangiges Ziel des Massenentlassungsrechts implementiert worden ist[434]. Dann muss der Arbeitnehmer aber – wie auch sonst im Kündigungsrecht[435] – auf diesen Schutz verzichten können. Die Begründung des 2. Senats, die einen Verzicht wegen des arbeitsmarktpolitischen Schutzzwecks des Massenentlassungsrechts abgelehnt hat, steht heute auf wackeligen Beinen. Auch europarechtlich ist das bisherige Verständnis nicht zwingend geboten: Selbst wenn das europäische Massenentlassungsrecht Aufhebungsverträge nicht nur – wie zur Zeit[436] – bei der Berechnung der Schwellenwerte berücksichtigte, würde es dieser Sichtweise nicht entgegenstehen.

---

[429] *BAG* v. 11.3.1999, AP Nr. 12 zu § 17 KSchG 1969 unter II. 4. c) der Gründe.
[430] *BAG* v. 11.3.1999, AP Nr. 12 zu § 17 KSchG 1969 unter II. 4. c) der Gründe.
[431] *BAG* v. 11.3.1999, AP Nr. 12 zu § 17 KSchG 1969 unter II. 4. c) der Gründe.
[432] Ascheid/Preis/Schmidt-*Moll*, § 18 KSchG Rdnr. 50; Henssler/*ders.*, Kündigungsschutz in der betrieblichen Praxis, S. 168; *Hess-Grunewald*, AiB 2000, 365; *Weber/Ehrich/Hoß*, Aufhebungsverträge, S. 311 f., Rdnr. 12 und 13; *Knöfel*, ZfA 2006, 397, 424; *Bichlmeier*, DZWir 1999, 329, 330; *Michelmann*, AuA 1999, 568; *Ries*, NZI 2002, 521, 526; *Stadie*, Fragen der Massenentlassung, S. 40; *Wertheimer*, EWiR 1999, 853, 854; vor der Entscheidung bereits *Ernst*, Aufhebungsverträge, S. 179 f.
[433] Vgl. *Bauer*, Aufhebungsverträge, 7. Aufl., S. 405 f.; *Bauer/Powietzka*, DB 2000, 1073, 1074.
[434] Vgl. oben unter § 7 E. III. 2. b. (3).
[435] Vgl. oben § 4 E. IV. 4. d. und e.
[436] Siehe § 4 E. I. 2.

Denn das Europarecht gestattet es Arbeitnehmern gemeinhin, auf Individualschutz freiwillig zu verzichten[437].

Erkennt man die Möglichkeit an, auf Massenentlassungsschutz qua Aufhebungsvertrag zu verzichten, führt dies zu dem – auf dem ersten Blick – merkwürdigen Ergebnis, dass eine Massenentlassung, die ausschließlich mit Aufhebungsverträgen durchgeführt wird, nach dem Massenentlassungsrecht keinerlei Pflichten hervorruft, deren Missachtung Folgen auslöst. Indes verlangt jedenfalls das europäische Recht für Aufhebungsverträge keine Sanktion, sondern berücksichtigt diese nur für die Berechnung der Schwellenwerte[438]. Und im deutschen Recht bestehen mit den §§ 111 ff. BetrVG und insbesondere mit der Sanktion des § 113 BetrVG Regime, die dem Arbeitgeber Pflichten auferlegen und sicherstellen, dass er den Betriebsrat beteiligt. Ferner kommt ein allgemeiner Unterlassungsanspruch in Betracht, wenn der Betriebsrat entgegen § 17 Abs. 2 KSchG nicht beteiligt wird[439]. Eine drohende Sanktionslosigkeit steht dem Verzicht durch Aufhebungsvertrag also nicht entgegen.

(b) Rest an arbeitsmarktpolitischem Schutz

Indes gilt es noch eine andere Hürde zu überwinden, wenn man einen Verzicht auf Massenentlassungsschutz durch Aufhebungsverträge zulassen möchte: Der arbeitsmarktpolitische Schutz. Es ist seit jeher anerkannt, dass ein einzelner Arbeitnehmer auf Schutz, der über seinen eigenen Rechtskreis hinausreicht, nicht wirksam verzichten kann[440]. Der arbeitsmarktpolitische Zweck des Massenentlassungsrechts dient aber nicht bloß einzelnen Arbeitnehmern, sondern auch dem Arbeitsmarkt, anderen Arbeitsuchenden und den Agenturen für Arbeit. Durch einen wirksamen Verzicht auf die Anzeigepflicht würde der Arbeitnehmer folglich zugleich über überindividuelle Positionen disponieren.

Weil die geänderte Auslegung des Entlassungsbegriffs in den §§ 17 ff. KSchG dem Individualschutz Vorrang einräumt, wird der arbeitsmarktpolitische Zweck des Massenentlassungsrecht zwar stark zurückgedrängt. Er wird aber nicht vollständig beseitigt, sondern bleibt – wenngleich nur untergeordnet – bestehen. Und auch das europäische Recht verfolgt – in geringem Maße – arbeitsmarktpolitische Zielset-

---

[437] Vgl. etwa zur Betriebsübergangsrichtlinie oben unter § 4 A. II. 3. b. (3).
[438] Vgl. oben unter § 7 E. I. 2.
[439] Siehe dazu bereits oben und ausführlich bei *Mauthner*, Massenentlassungsrecht, S. 193 ff.
[440] Siehe bereits RAG v. 1.4.1931, RAGE 8, 199, 202 zu § 96 BRG (Sonderkündigungsschutz für Betriebsratsmitglieder): Dieser Vorschrift wurde öffentlich-rechtliche Schutzwirkung zugunsten der gesamten Arbeitnehmerschaft zugesprochen; für den Fall, dass die Parteien einen Aufhebungsvertrag abgeschlossen haben, wollte *RAG* einen – damit zugleich erklärten – Verzicht aber zulassen, weil bei einer solchen Form der Beendigung § 96 BRG gar nicht anzuwenden sei.

zungen[441]. Ein Verzicht, der dazu führt, dass die Anzeigepflicht nie entsteht, muss daher unzulässig sein.

Gegen einen antizipierten Verzicht hat der 2. Senat dementsprechend geltend gemacht, dass dann die Pflicht zur Anzeige an die Agentur für Arbeit entfallen würde. Anders als dies allgemein für Aufhebungsverträge gilt, konnte – nach bisherigem Verständnis – in der Tat auch in dem Verzicht durch Aufhebungsvertrag ein antizipierter Verzicht liegen[442]. Denn erst vor der rechtlichen Beendigung des Arbeitsverhältnisses musste eine Anzeige erfolgen. Hatte der Arbeitnehmer schon verzichtet, bevor eine Anzeige überhaupt fällig geworden wäre, wäre dieser Verzicht insoweit antizipiert, als dass eine Anzeigepflicht nie entstanden wäre. Die Folgenlosigkeit der Versäumnis hätte sicher festgestanden, bevor die Pflicht zur Anzeige überhaupt entstanden wäre. Aus arbeitsmarktpolitischer – oder allgemeiner: aus überindividueller – Sicht durfte ein Verzicht daher nur zugelassen werden, wenn die Pflicht zur Anzeige bereits entstanden war. Der 2. Senat des *BAG* hat einen separaten Verzicht auf den „Schutz" des Arbeitnehmers – der eigentlich in erster Linie ein Schutz des Arbeitsmarktes war – daher zugelassen. Zu „feinsinnig" ist eine Unterscheidung zwischen Verzicht durch Aufhebungsvertrag und separatem Verzicht daher lediglich, wenn die Anzeigepflicht schon zum Zeitpunkt des Aufhebungsvertrages entstanden war, nicht aber, wenn dieser das Arbeitsverhältnis mit einer Frist rechtlich beenden sollte, die länger ist als 30 Tage. Nach neuer Auslegung der §§ 17 ff. KSchG besteht die Gefahr eines antizipierten Verzichts jedoch nicht mehr: Denn die Anzeigepflicht entsteht bereits vor Zustandekommen des Aufhebungsvertrags – und richtigerweise sogar schon vor dem Veranlassungsverhalten des Arbeitgebers[443]. Durch den Aufhebungsvertrag kann nicht im Voraus auf die Anzeige verzichtet werden: In dem Zeitpunkt, in welchem der Arbeitgeber anzeigen muss, hat er noch keine Kenntnis davon, ob der Aufhebungsvertrag – welcher den Verzicht erst enthalten wird – überhaupt zustande kommt. Geschieht dies nicht und möchte der Arbeitgeber das Arbeitsverhältnis trotzdem beenden, bleibt ihm nur eine Kündigung. Auch vor dieser müsste er anzeigen, wenn diese gemeinsam mit anderen qualifizierten Beendigungstatbeständen die Schwellenwerte des § 17 Abs. 1 S. 1 KSchG überschreitet. Zur Anzeigepflicht kommt es also ohnehin. Der besonnene Arbeitgeber kann nicht von vorneherein sicher gehen, dass es keine Folgen nach sich zieht, wenn seine Anzeige an die Agentur für Arbeit ausbleibt. Wohl aber können Arbeitgeber und Arbeitnehmer in dem Aufhebungsvertrag die individualrechtlichen Folgen abbedingen, die entstehen, wenn der Arbeitgeber die

---

[441] Vgl. oben unter § 7 B. I. 3.
[442] Anders wohl *Bauer*, Aufhebungsverträge, 7. Aufl., S. 406: Wahrscheinlich hätte das *BAG* einen Verzicht in der logischen Sekunde nach Abschluss eines Aufhebungsvertrags nur für zulässig gehalten, wenn – nach damaligem Recht – die Anzeigepflicht schon entstanden wäre.
[443] Vgl. oben unter § 3 C. II. 3.

Pflicht zur Anzeige an die Agentur für Arbeit nicht ordnungsgemäß erfüllt hat. Denn die Anzeigepflicht ist zu diesem Zeitpunkt bereits entstanden und es steht sogar schon fest, ob der Arbeitgeber sie erfüllt oder versäumt hat. Der Arbeitnehmer kann daher in solcher Weise über Massenentlassungsschutz disponieren, wie er es bislang mit einer separaten Verzichtserklärung gedurft hätte[444]. Ein Verzicht auf die Rechtsfolgen, die ein Verstoß gegen die Anzeigepflicht in einem Aufhebungsvertrag nach sich ziehen kann, ist folglich bei individualschützender Auslegung der §§ 17 ff. KSchG oder nach einer entsprechenden Umgestaltung des Massenentlassungsrechts möglich.

5. Zwischenergebnis

Besteht nach der methodisch nicht haltbaren Auslegung des *BAG* zwar einerseits eine Pflicht zur Anzeige an die Agentur für Arbeit, bevor ein Aufhebungsvertrag veranlasst wird, halten sich die Folgen einer versäumten Anzeige – ebenso wie die einer unterbliebenen Konsultation – für Aufhebungsverträge andererseits in Grenzen. Wer unter „Entlassung" bereits den Beendigungstatbestand verstehen möchte, erklärt damit zugleich den Vorrang des Individualschutzes vor dem Arbeitsmarktschutz. Das führt dazu, dass Arbeitnehmer wie auf andere Individualrechte auch auf denjenigen Individualschutz verzichten können müssen, den Anzeige- und Konsultationsverfahren bei Massenentlassungen vermitteln, indem sie einem Aufhebungsvertrag zustimmen. Dieser Verzicht setzt allein voraus, dass die Pflichten des Arbeitgebers bereits vor Abschluss des Aufhebungsvertrages entstanden sind. Nach der neuen Auslegung der §§ 17 ff. KSchG durch das *BAG* ist dies der Fall.

F. Zwischenergebnis

Alles in allem zeigt sich, dass trotz der beinahe 100jährigen Geschichte des deutschen Massenentlassungsrechts das letzte Wort noch nicht gesprochen ist. Vielmehr bleibt genügend Raum, in welchen zwingend erforderliche Weiterentwicklungen zu greifen haben.

Der europarechtliche Einfluss, der Individualschutz gegenüber dem traditionellen arbeitsmarktpolitischen Schutz in den Vordergrund stellt, führt dazu, die Rechtsfolgen des Massenentlassungsrechts bereits mit dem Beendigungstatbestand und nicht erst mit dessen Wirkung zu verknüpfen. Dies widerspricht der gegenwärtigen Konstruktion der §§ 17 ff. KSchG, welche das *BAG* nur mit einer „Auslegungsän-

---

[444] Zu demselben Ergebnis – indes *vor* der Entscheidung des *BAG* v. 11.3.1999 und damit gleichfalls *vor* der „Junk"-Entscheidung des *EuGH* – gelangten auch *G. Hueck*, Anm. zu BAG AP Nr. 1 zu § 17 KSchG 1969 Bl. 6f.; *Müller*, Aufhebungsverträge, S. 101; *Bauer/Röder*, NZA 1985, 201, 203.

derung" zu überwinden vermag, die in Wahrheit eine unzulässige Rechtsfortbildung *contra legem* ist.

Für Aufhebungsverträge, welche der Arbeitgeber veranlasst, gilt zum einen, dass eine „rechtzeitige" Beteiligung des Betriebsrats bereits das Veranlassungsverhalten des Arbeitgebers ins Auge fassen muss. Eine Anzeige an die Agentur für Arbeit hat sich ebenfalls bereits an dem Moment zu orientieren, in welchem der Beendigungstatbestand Arbeitgeberkündigung ersetzt wird.

Doch mit der Neuorientierung der Rechtsprechung sind in dem Moment, in dem ein Aufhebungsvertrag zustande kommt, bereits alle massenentlassungsrechtlichen Pflichten des Arbeitgebers entstanden. Anders als nach bisheriger *BAG*-Rechtsprechung muss deshalb ein Verzicht bereits per Aufhebungsvertrag – und nicht erst per separater Erklärung im Anschluss – möglich sein. Aufhebungsverträge ermöglichen es dem Arbeitgeber daher, den Unwägbarkeiten des gegenwärtigen deutschen Massenentlassungsrechts auszuweichen.

§ 8 Wesentliche Ergebnisse der Untersuchung

1. Der massenhafte Abschluss von Aufhebungsverträgen hat für die arbeitsrechtliche Praxis große Bedeutung. Er hat nicht zwingend den vollständigen und endgültigen Abbruch aller arbeitsrechtlichen Beziehungen zwischen Arbeitgeber und Arbeitnehmer zur Folge, sondern wird etwa auch eingesetzt, um Vertragsänderungen vorzubereiten oder die Einschaltung von BQG zu erleichtern. Bei Umstrukturierungen und Sanierungen ermöglicht der massenhafte Abschluss von Aufhebungsverträgen flexibles und zugleich zügiges Handeln.
2. Aus Sicht des Arbeitgebers ersetzt der massenhafte Abschluss von Aufhebungsverträgen Massenkündigungen, die er ansonsten aussprechen müsste. Aus der Funktion von Aufhebungsverträgen als beendigungsrechtliches Substitut folgt das Bedürfnis, Aufhebungsverträge in manchen Fällen rechtlich wie Kündigungen zu behandeln, um die Umgehung kündigungsrechtlicher Vorschriften zu verhindern – diese Aufgabe erfüllt das Veranlassungsprinzip. Danach ist bei der Auslegung kündigungsrechtlicher Normen zu prüfen, ob diese an die Beendigung „als solche", an die materiellen Gründe für die Beendigung oder aber an die rechtstechnische Form der Beendigung – also die Frage, ob Aufhebungsverträge oder Kündigungen benutzt wurden – anknüpfen. Weil es auf die Auslegung der *jeweiligen* kündigungsrechtlichen Norm ankommt, verbietet es sich, die Veranlassung des Arbeitgebers einheitlich, also tatbestandsübergreifend, festzustellen.
3. Das Veranlassungsprinzip verhindert damit zugleich die unzulässige Umgehung von kündigungsrechtlichen Normen durch die Wahl der Beendigungsform. Eine Ausprägung des Verbots unzulässiger Umgehungen ist es allerdings, dass an die Zulässigkeit der Umgehung keine höheren Anforderungen gestellt werden dürfen als an die Grundnorm, deren Umgehung in Rede steht. Deswegen dürfen Aufhebungsverträge, die der Arbeitgeber veranlasst, nicht strenger behandelt werden als Kündigungen, die stattdessen ausgesprochen würden. Ein Aufhebungsvertrag kann eine kündigungsrechtliche Vorschrift nicht in unzulässiger Weise umgehen, wenn schon eine entsprechende Arbeitgeberkündigung zulässig wäre.
4. Die Besonderheit von arbeitgeberveranlassten Aufhebungsverträgen ist es, dass der Arbeitgeber den Arbeitnehmer davon überzeugt, an der Beendigung des Arbeitsverhältnisses rechtlich mitzuwirken. Soweit es für die Berechnung von Schwellenwerten, die Kontrolle von Motiven oder die Steuerung des Verhaltens des Arbeitgebers auf einen bestimmten Zeitpunkt ankommt, in welchem eine Kündigung des Arbeitgebers ersetzt wird, ist deswegen auf sein Veranlassungsverhalten

abzustellen. Der allgemeinen Struktur der Veranlassung entspricht es ferner, dass der Arbeitgeber es mit seinem Veranlassungsverhalten *bezweckt*, die rechtliche Mitwirkung des Arbeitnehmers zur Umgehung kündigungsrechtlicher Vorschriften herbeizuführen.

5. Die Rechtsprechung des *BAG* hält Aufhebungsverträge, die der Arbeitgeber veranlasst, im Zusammenhang mit Betriebsübergängen nach § 613a BGB nur für wirksam, wenn diese entweder auf das endgültige Ausscheiden aus dem Betrieb gerichtet sind oder sachliche Gründe vorliegen. Tatsächlich aber gibt es für diese Einschränkung der Vertragsfreiheit keine gesetzliche Grundlage. Vielmehr sind Aufhebungsverträge im Zusammenhang mit Betriebsübergängen nach § 613a BGB stets kontrollfrei.

6. Europarechtlich ist eine solche Einschränkung nicht geboten. Die Rechtsprechung des *BAG* führt dazu, dass Arbeitnehmer bei Betriebsübergängen nicht lediglich von betriebsübergangsbedingten Verschlechterungen verschont werden, sondern etwa gegenüber ihrer Positionen während einer Unternehmenskrise, die keinen Betriebsübergang i.S.d. § 613a BGB mit sich bringt, besser gestellt werden. Dies übersteigt aber den Sinn von § 613a BGB, der lediglich den Kündigungsschutz, welcher einen Verzicht auf Bestandsschutz durch Aufhebungsverträge einschränkungslos zulässt, flankieren möchte. Überdies bewirken die Sonderkündigungsschutznormen im sonstigen deutschen Arbeitsrecht – also außerhalb von § 613a BGB – regelmäßig keine besonderen Anforderungen an Aufhebungsverträge.

7. Auch die Lehre von den Schutzpflichten, welche im Privatrecht über die zivilrechtlichen Generalklauseln Wirkung entfaltet, vermag die Rechtsprechung des *BAG* nicht zu rechtfertigen. Arbeitnehmer, die einen Aufhebungsvertrag schließen, sind ihren Arbeitgebern nicht in solcher Weise strukturell unterlegen, dass ein angemessener Ausgleich der beiderseitigen Interessen von vorneherein ausgeschlossen ist. Im Einzelfall können Aufhebungsverträge aber gegen andere Vorschriften, wie z.B. § 123 BGB verstoßen. Für zwingende tarifliche Ansprüche, die nach den §§ 613a Abs. 1 S. 2-4 BGB individualrechtlicher Bestandteil des Arbeitsverhältnisses werden, besteht überdies eine einjährige Veränderungssperre, über welche die Arbeitsvertragsparteien nicht disponieren können.

8. Die Beteiligungsrechte des Betriebsrats wirken sich nur im Rahmen der §§ 111 ff. BetrVG auf den massenhaften Abschluss von Aufhebungsverträgen substantiell aus. Zwar kann es in Einzelfällen vorkommen, dass der Betriebsrat nach §§ 80, 82 oder 92 BetrVG beteiligt werden muss. Eine Pflicht zur Anhörung vor Abschluss von Aufhebungsverträgen entsprechend § 102 BetrVG kommt indessen nicht in Betracht.

9. Abzulehnen ist ferner die herrschende Meinung, die Aufhebungsverträge, welche der Arbeitgeber veranlasst, in den §§ 111 ff. BetrVG pauschal mit Arbeitgeberkündigungen gleichstellt. Nur für die Fragen, ob eine Betriebsänderung gem. § 111

BetrVG vorliegt und ob ein Nachteilsausgleich nach § 113 BetrVG zu gewähren ist, werden solche Beendigungen wie Arbeitgeberkündigungen behandelt. Ist für sie in Sozialplänen keine Rechtsfolge vorgesehen, verstößt dies weder gegen den allgemeinen Gleichbehandlungsgrundsatz i.V.m. § 75 BetrVG noch gegen die Wertung, welche § 112a Abs. 1 S. 2 BetrVG entnommen werden kann. Letztere reicht kürzer, als gemeinhin angenommen wird.

10. Nach § 17 Abs. 1 S. 2 KSchG – der wegen des einheitlichen Entlassungsbegriffs für die gesamten §§ 17 ff. KSchG gilt – ist das deutsche Massenentlassungsrecht auf arbeitgeberveranlasste Aufhebungsverträge anzuwenden. Der deutsche Gesetzgeber hat jedoch verkannt, dass dem europäischen Massenentlassungsrecht – anders als dem deutschen, welches auch heute noch in erster Linie arbeitsmarktpolitische Zwecke verfolgt – primär individualschützende Motive zugrunde liegen. Dieser konzeptionelle Unterschied ist aufgrund unterschiedlicher Beendigungsfristen erheblich und führt dazu, dass man den Entlassungsbegriff in den §§ 17 ff. KSchG nicht richtlinienkonform auslegen bzw. dass man das gegenwärtige deutsche Massenentlassungsrecht nicht in richtlinienkonformer Weise rechtsfortbilden kann.

11. Wenn das Massenentlassungsrecht primär individualschützend konzipiert wird, ist ein Verzicht in Aufhebungsverträgen zulässig, etwaige Verstöße gegen das Konsultations- oder Anzeigeverfahren später nicht geltend zu machen. Gleiches gilt, solange im Wege einer – eigentlich unzulässigen – richtlinienkonformen Auslegung des Entlassungsbegriffs zugleich auch im deutschen Massenentlassungsrecht dem Individualschutz Vorrang eingeräumt wird. In beiden Fällen wird ein Verzicht nicht dazu führen können, dass eine Pflicht zur Konsultation oder Anzeige an die Agentur für Arbeit nie entsteht.

Dass in der Praxis häufig massenhaft Aufhebungsverträge abgeschlossen werden, dokumentiert das Bedürfnis, Arbeitsverhältnisse einvernehmlich und außergerichtlich zu beenden. Ob und zu welchem Preis er sein Arbeitsverhältnis – ggf. bereits „nach einem Morgen" – einvernehmlich beenden möchte, sollte ein gut beratener und mündiger Arbeitnehmer selbst entscheiden können. Der Bestandschutz im deutschen Arbeitsrecht knüpft in aller Regel an die Form der Arbeitgeberkündigung an. Ob Aufhebungsverträge, die anstelle von Arbeitgeberkündigungen geschlossen werden, ähnlich wie Kündigungen behandelt werden, oder ob die Vertragsfreiheit der Arbeitsvertragsparteien weitgehend unangetastet bleibt, kann der Gesetzgeber bestimmen. Die erheblichen praktischen Vorteile, die mit einvernehmlichen Vereinbarungen der Arbeitsvertragsparteien verbunden sind, gebieten es, ihre Freiheit nicht über Gebühr zu beschränken.

Literaturverzeichnis

Adam, Roman F.	Anmerkung zu BAG AP Nr. 16 zu § 620 BGB Aufhebungsvertrag.
Alber, Siegbert	Die Rechtsprechung des EuGH zur Richtlinie über Massenentlassungen, in: Kohte, Wolfhard / Dörner, Hans-Jürgen / Anzinger, Rudolf (Hrsg.), Arbeitsrecht im sozialen Dialog: Festschrift für Hellmut Wißmann zum 65. Geburtstag, München 2005, S. 507-522.
Alsbæk, Henriette	Der Betriebsübergang und seine individualarbeitsrechtlichen Folgen in Europa, Berlin 2001.
von *Alvensleben*, Constantin	Die Rechte der Arbeitnehmer bei Betriebsübergang im europäischen Gemeinschaftsrecht: eine Studie zu den gemeinschaftsrechtlichen Grundlagen des § 613a BGB, Baden-Baden 1992.
Angermann, Torsten	Zivilrechtliche Probleme beim Unternehmenskauf – unter besonderer Berücksichtigung der Erwerbssituation während der Insolvenz – §§ 459 ff. und 613a BGB –, Hamburg 1987.
Annuß, Georg	Der Betriebsübergang in der neuesten Rechtsprechung des Bundesarbeitsgerichts, BB 1998, 1582-1587.
Annuß, Georg / *Lembke*, Mark	Arbeitsrechtliche Umstrukturierung in der Insolvenz, Köln 2005.
Annuß, Georg / *Stahmer*, Katrin	Die Kündigung des Betriebsveräußerers auf Erwerberkonzept, NZA 2003, 1247-1249.
Appel, Helga	Die „Junk"-Entscheidung des EuGH zur Massenentlassung – Nur eine Aufforderung an den Gesetzgeber? DB 2005, 1002-1007.
Ascheid, Reiner / *Preis*, Ulrich / *Schmidt*, Ingrid (Hrsg.)	Kündigungsrecht: Großkommentar zum gesamten Recht der Beendigung von Arbeitsverhältnissen, 3. Aufl., München 2007.
Auer, Marietta	Neues zu Umfang und Grenzen der richtlinien-konformen Auslegung, NJW 2007, 1106-1109.

Bauer, Jobst-Hubertus	Arbeitsrechtliche Aufhebungsverträge 7. Aufl., München 2004, 8. Aufl., München 2007.
–	Kein Widerspruchsrecht der Arbeitnehmer bei Betriebsübergang, NZA 1990, 881-883.
–	Massenentlassungen nach der „Junk"-Entscheidung des EuGH, FA 2005, 290-293.
–	Neue Spielregeln für Aufhebungs- und Abwicklungsverträge durch das geänderte BGB? NZA 2002, 169-173.
–	Nochmals – Kein Widerspruchsrecht, NZA 1991, 139-140.
–	Rechtsprechung der Jahre 1996 bis 1998 zu arbeitsrechtlichen Aufhebungsverträgen, NZA-RR 1999, 1-6.
–	Unternehmensveräußerung und Arbeitsrecht: Arbeitsrechtliche Probleme bei der Übertragung von Unternehmen, Betrieben, Betriebsteilen und Gesellschaftsanteilen, Heidelberg 1983.
–	Unwirksame Aufhebungsverträge, NJW 1994, 980-981.
Bauer, Jobst-Hubertus / *Diller*, Martin	Zur Inhaltskontrolle von Aufhebungsverträgen, DB 1995, 1810-1815.
Bauer, Jobst-Hubertus / *Haußmann*, Katrin	Die Verantwortung des Arbeitgebers für den Arbeitsmarkt, NZA 1997, 1100-1102.
Bauer, Jobst-Hubertus/ *Hümmerich*, Klaus	Nichts Neues zu Aufhebungsvertrag und Sperrzeit oder: Alter Wein in neuen Schläuchen, NZA 2003, 1076-1079.
Bauer, Jobst-Hubertus / *Krieger*, Steffen	Das Ende der außergerichtlichen Beilegung von Kündigungsstreitigkeiten? NZA 2004, 640-642.
–	Neuer Abfindungsanspruch – 1a daneben! NZA 2004, 78-79.
Bauer, Jobst-Hubertus / *Krieger*, Steffen / *Powietzka*, Arnim	Erstes BAG-Urteil nach der „Junk"-Entscheidung des EuGH – Endlich Klarheit bei Massenentlassungen? DB 2005, 1570-1571.
–	Geänderte Voraussetzungen für Massenentlassungen nach der „Junk"-Entscheidung des EuGH? DB 2005, 445-450.
–	Replik auf Appel, DB 2005, 1002 ff., DB 2005, 1006-1007.

Bauer, Jobst-Hubertus / *Powietzka*, Arnim	Heilung unterbliebener Massenentlassungsanzeigen nach § 17 KSchG, DB 2000, 1073-1076.
–	Neues zur Nachholbarkeit von Massenentlassungsanzeigen, DB 2001, 383-385.
Bauer, Jobst-Hubertus / *Röder*, Gerhard	Aufhebungsverträge bei Massenentlassungen und Betriebsänderungen, NZA 1985, 201-205.
Bayreuther, Frank	Vertragskontrolle im Arbeitsrecht nach der Entscheidung des BAG zur Zulässigkeit zweistufiger Ausschlussfristen, NZA 2005, 1337-1340.
Becker, Friedrich	Die EG-Richtlinie zur Angleichung des Massenkündigungsschutzes, NJW 1976, 2057-2058.
Becker, Friedrich / *Rommelspacher*, Peter	Ansatzpunkte für eine Reform des Kündigungsrechts, ZRP 1976, 40-44.
Becker, Friedrich / *Bader*, Peter / *Etzel*, Gerhard (Hrsg.)	Gemeinschaftskommentar zum Kündigungsrecht und zu sonstigen kündigungsrechtlichen Vorschriften, 7. Aufl., Neuwied 2004, 8. Aufl., Neuwied 2007.
Bellinghausen, Joseph	Der Massenentlassungsschutz nach dem Kündigungsschutz- und dem Betriebsverfassungsgesetz, Köln 1964.
Benecke, Martina	Gesetzesumgehung im Zivilrecht, Lehre und praktischer Fall im allgemeinen und Internationalen Privatrecht, Tübingen 2004.
Bengelsdorf, Peter	Arbeitsrechtlicher Aufhebungsvertrag und gestörte Vertragsparität, BB 1995, 978-985.
–	Aufhebungsvertrag und Abfindungsvereinbarungen, 4. Aufl., München 2004.
–	Aufhebungsverträge und Vertragsfreiheit, BB 1996, 904-906.
–	Der arbeitsrechtliche Aufhebungsvertrag, ZfA 1995, 229-269.
–	Der gesetzes- und verfassungswidrige Zugriff auf die arbeitsrechtliche Beendigungsfreiheit, NZA 1994, 193-200.
Bepler, Klaus	Sozialrechtliche Gestaltung des laufenden Arbeitsverhältnisses durch das neue SGB III, AuR 1999, 219-229.
Bernert, Günther	Anmerkung zu BAG 3 AZR 126/70, SAE 1972, 167-170.

Berrisch, Hansjörg	Rechtliche Probleme bei der „Rücknahme" der Kündigung durch den Arbeitgeber, in: Düwell, Franz Josef / Stückemann, Wolfgang / Wagner, Volker (Hrsg.), Bewegtes Arbeitsrecht, Festschrift für Wolfgang Leinemann zum 70. Geburtstag, Neuwied 2006, S. 315-323.
Berscheid, Ernst-Dieter	Anrechenbarkeit eines Sozialplananspruchs auf einen Nachteilsausgleich, ZInsO 2002, 1127-1128.
–	Der Kündigungsschutz bei Massenentlassungen, AR-Blattei SD 1020.2.
–	Massenentlassung und Einhaltung von Kündigungsterminen, ZIP 1987, 1512-1519.
Bertzbach, Martin	Verhindert die Anwendung des Kündigungsschutzgesetzes die Sanierung von Unternehmen?, in: Isenhardt, Udo/Preis, Ulrich (Hrsg., in Verbindung mit dem Deutschen Arbeitsgerichtsverband e.V.), Arbeitsrecht und Sozialpartnerschaft: Festschrift für Peter Hanau, Köln 1999, S. 173-195.
Bettermann, Karl August	Mieterschutz und Vertragsfreiheit, JZ 1954, 461-465.
Beuthien, Volker	Die Unternehmensautonomie im Zugriff des Arbeitsrechts, ZfA 1988, 1-30.
Bichlmeier, Wilhelm	Anmerkung zu BAG 2 AZR 461/98, DZWir 1999, 329-330.
Bichlmeier, Wilhelm / *Engberding*, Antonius / *Oberhofer*, Hermann	Insolvenzhandbuch, 2. Aufl., Frankfurt a. M. 2003.
Bieback, Karl-Jürgen	Die rechtliche Stellung des Betriebsrats in der Arbeitsmarktpolitik, AuR 1986, 161-174.
Bielenski, Harald *Hartmann*, Hartmann *Pfarr*, Heide *Seifert*, Hartmut	Die Beendigung von Arbeitsverhältnissen: Wahrnehmung und Wirklichkeit Neue empirische Befunde über Formen, Ablauf und soziale Folgewirkungen, AuR 2003, 81-91.
Bieler, Frank	Zur Sicherung der Arbeitnehmer bei der Übernahme notleidender Betriebe, BB 1981, 435-439.
Birk, Rolf	Betriebsaufspaltung und Änderung der Konzernorganisation im Arbeitsrecht, ZGR 1984, 23-70.
–	Der *EuGH* und das Widerspruchsrecht des Arbeitnehmers beim Betriebsinhaberwechsel nach § 613a BGB, EuZW 1993, 156-160.

Birk, Rolf (u. Mitw. v. *Deffner*, Siegfried)	Anmerkung zu BAG EzA Nr. 11 zu § 613a BGB.
Birkholz, Christian	Betriebsübergang nach § 613a BGB in der Insolvenz: unter Berücksichtigung des Regierungsentwurfs einer Insolvenzordnung, Frankfurt a. M. 1995.
Bloesinger, Hubertus	Die Auswirkungen eines Verstoßes gegen § 9 III 1 ASiG auf Kündigungen des Arbeitgebers, NZA 2004, 467-472.
Blomeyer, Wolfgang	Anmerkung zu BAG AP Nr. 4 zu § 1 BetrAVG Betriebsveräußerung.
Boeddinghaus, Rütger	Rechtswege zum Kündigungsschutz bei Massenentlassungen, AuR 2005, 389-390.
Boemke, Burkhard	Anmerkung zu BAG AP Nr. 37 zu § 123 BGB.
–	Privatautonomie im Arbeitsvertragsrecht, NZA 1993, 532-538.
Böhm, W.	Massenentlassung und Kurzarbeit, BB 1974, 281-284 (Teil 1), BB 1974, 372-376 (Teil 2).
Bork, Reinhard	Allgemeiner Teil des Bürgerlichen Gesetzbuchs, 2. Aufl., Tübingen 2006.
Borngräber, Helmut	Arbeitsverhältnis bei Betriebsübergang, Der Eintritt des neuen Betriebsinhabers in die Rechte und Pflichten aus den Arbeitsverhältnissen beim Betriebsübergang durch Rechtsgeschäft (§ 613a, Abs. 1 BGB), Düsseldorf 1977.
Bötticher, Eduard	Zum Übergang der Arbeitsverhältnisse auf den Betriebsnachfolger, in: Festschrift für Arthur Nikisch, Tübingen 1958, S. 3-22.
Braun, Axel	Handlungsoptionen bei Massenentlassungsanzeigen seit der Junk-Entscheidung des EuGH, ArbRB 2005, 209-212.
Brecher, Fritz	Vertragsübergang, Betriebsnachfolge und Arbeitsverhältnis, in: Rechts- und Staatswissenschaftliche Fakultät der Rhein. Friedrich Wilhelms-Universität Bonn (Hrsg.), Festschrift zum 70. Geburtstag von Walter Schmidt-Rimpler, Karlsruhe 1957, S. 181-235.
Brechmann, Winfried	Die richtlinienkonforme Auslegung Zugleich ein Beitrag zur Dogmatik der EG-Richtlinie, München 1994.

Breuer, Wolfgang	Insolvenzrechts-Formularbuch, 3. Aufl., München 2007.
Buchner, Herbert / *Becker*, Ulrich	Mutterschutzgesetz und Bundeserziehungsgeldgesetz: Kommentar, 7. Aufl., München 2003.
Buhlinger, Melanie	Mitbestimmung bei Massenentlassungen auf Grund von Rationalisierungsmaßnahmen in Deutschland und England, Baden-Baden 2007.
Bulla, Werner	Sind anzeigepflichtige Entlassungen Betriebseinschränkungen im Sinne des Betriebsverfassungsgesetzes? RdA 1976, 233-247.
Bultmann, Peter Friedrich	Rechtsfortbildung von EG-Richtlinienrecht, JZ 2004, 1100-1106.
Bundesvereinigung der Deutschen Arbeitgeberverbände (Hrsg.)	Leitfaden zur Handhabung der *EuGH*-Entscheidung zu Massenentlassungen, Mitteilung II/89/05 vom 10.5.2005.
–	Vereinfachung der EU-Gesetzgebung – Vorschläge für vereinfachungsbedürftige Richtlinien, Mitteilung IX/53/05, 7.5.2005.
Busch, Mathias	Massenentlassungen unter Beachtung der §§ 111-113 BetrVG und § 17 KSchG, DB 1992, 1474-1477.
Butz, Andreas	Der arbeitsrechtliche Aufhebungs- und Abwicklungsvertrag im Vergleich: eine rechtliche Untersuchung der Gemeinsamkeiten und Unterschiede sowie eine Abwägung der Vor- und Nachteile beider Rechtsinstitute, Bonn 2002.
Calliess, Christian	Die grundrechtliche Schutzpflicht im mehrpoligen Verfassungsrechtsverhältnis, JZ 2006, 321-330.
Calliess, Christian / *Ruffert*, Matthias (Hrsg.)	EUV/EGV: das Verfassungsrecht der Europäischen Union mit Europäischer Grundrechtecharta, Kommentar, 3. Aufl., München 2007.
Canaris, Claus-Wilhelm	Die richtlinienkonforme Auslegung und Rechtsfortbildung im System der juristischen Methodenlehre, in: Koziol, Helmut / Rummel, Peter (Hrsg.), Im Dienste der Gerechtigkeit, Festschrift für Franz Bydlinski, Wien 2002, S. 47-103.
–	Die verfassungskonforme Auslegung und Rechtsfortbildung im System der juristischen Methodenlehre, in: Honsell, Heinrich / Zäch, Roger / Hasenböhler, Franz / Rhinow, Rene, Privatrecht und Methode, Festschrift für Ernst A. Kramer, Basel u.a. 2004, S. 141-160.

–	Grundrechte und Privatrecht, AcP 184, 201-246.
–	Grundrechtswirkungen und Verhältnismäßigkeitsprinzip in der richterlichen Anwendung und Fortbildung des Privatrechts, JuS 1989, 161-172.
Coester, Michael	Das AGB-Recht in den Händen des BAG, in: Rieble, Volker (Hrsg.), Festschrift für Manfred Löwisch zum 70. Geburtstag, München 2007, S. 57-71.
Commandeur, Gert	Die Bedeutung des § 613a BGB im Bereich der ehemaligen DDR, NZA 1991, 705-711.
von *Danwitz*, Thomas	Rechtwirkungen von Richtlinien in der neueren Rechtsprechung des EuGH, JZ 2007, 697-706.
Däubler, Wolfgang	Arbeitsrecht 2, 11. Aufl., Reinbek 1990.
–	Das Widerspruchsrecht des Arbeitnehmers bei Betriebsübergang – ein Verstoß gegen das EG-Recht? NZA 1991, 134-135.
–	Die Auswirkungen der Schuldrechtsmodernisierung auf das Arbeitsrecht, NZA 2001, 1329-1337.
Däubler, Wolfgang / *Dorndorf*, Eberhard	AGB-Kontrolle im Arbeitsrecht: Kommentierung zu den §§ 305 bis 310 BGB, München 2004.
Däubler, Wolfgang / *Kittner*, Michael / *Klebe*, Thomas (Hrsg.)	Betriebsverfassungsgesetz: BetrVG; mit Wahlordnung und EBR-Gesetz, 10. Aufl., Frankfurt a. M. 2006.
Debong, Bernhard	Die EG-Richtlinie über die Wahrung der Arbeitnehmeransprüche beim Betriebsübergang, Pfaffenweiler 1988.
–	Rechtsgeschäftlicher Erwerb konkursreifer Betriebe nicht vor Eröffnung des Konkursverfahrens über das Veräußerervermögen? NZA 1986, 665-667.
Dieterich, Thomas	Grundgesetz und Privatautonomie im Arbeitsrecht, RdA 1995, 129-136.
Dieterich, Thomas / *Müller-Glöge*, Rudi / *Preis*, Ulrich / *Schaub*, Günter (Hrsg.)	Erfurter Kommentar zum Arbeitsrecht, 5. Aufl., München 2005, 8. Aufl., München 2008.
Diller, Martin	Anmerkung, EuroAS 2005, 37-39.
Döhring, Andreas	Europäisches Arbeitnehmerschutzrecht bei wirtschaftlichen Notlagen von Betrieben, Bericht über einen Seminarzyklus im Rahmen der Aktion Robert Schuman in Berlin, EuroAS 1999, 104-116.

Dornbusch, Gregor / *Wolff*, Alexander	Paradigmenwechsel bei Massenentlassungen, BB 2005, 885-888.
–	BB-Kommentar, BB 2007, 2297-2298.
Drexl, Josef	Die wirtschaftliche Selbstbestimmung des Verbrauchers, Tübingen 1998.
Dreier, Horst (Hrsg.)	Grundgesetz: Kommentar, Tübingen 1996-
Duden, Konrad (Begr.)	Das große Wörterbuch der deutschen Sprache Band 6: Lein-Peko, 3. Aufl., Mannheim u.a. 1999.
–	Das Herkunftswörterbuch, 3. Aufl., Mannheim u.a. 2001.
Dürig, Günter	Grundrechte und Zivilrechtsprechung, in: Maunz, Theodor (Hrsg.), Vom Bonner Grundgesetz zur gesamtdeutschen Verfassung: Festschrift zum 75. Geburtstag von Hans Nawiasky, München 1956, S. 157.
Dzida, Boris / *Hohenstatt*, Klaus-Stefan	BAG schafft Klarheit bei Massenentlassungen – Auswirkungen des BAG-Urteils vom 23.03.2006 – DB 2006, 1897-1902.
Dzida, Boris / *Wagner*, Tobias	Vertragsänderungen nach Betriebsübergang, NZA 2008, 571-574.
Edgar, Sir David / *Segan*, James	Fragen und Probleme der Anwendung der Betriebsübergangsrichtlinie im Vereinigten Königreich, RdA 2006, Beilage zu Heft 6, S. 15-24.
Egger, Alexander	Die Bindung der Mitgliedstaaten an die Grundrechte in der III. Säule, EuZW 2005, 652-656.
Ehmann, Christoph / *Heidemann*, Winfried	Qualifizierung, Beschäftigungsgesellschaften, Initiativen des Betriebsrats, AiB 1990, 407-415.
Ehrich, Christian	Recht des Arbeitnehmers zum Widerruf eines Aufhebungsvertrags wegen „Überrumpelung" durch den Arbeitgeber, DB 1992, 2239-2245.
–	Unwirksamkeit eines Aufhebungsvertrages wegen „Überrumpelung" durch den Arbeitgeber, NZA 1994, 438-440.
Ende, Monika	Das Recht des Arbeitnehmers auf Beendigung seines Arbeitsverhältnisses bei Betriebsübergang im EG-Recht, NZA 1994, 494-496.
Enneccerus, Ludwig / *Lehmann*, Heinrich	Recht der Schuldverhältnisse: ein Lehrbuch, 15. Aufl., Tübingen 1958.

Erman, Walter (Begr.)	Kommentar zum Bürgerlichen Gesetzbuch, Band 1: §§ 1-853 BGB, AbzG, HausTWG, AGBG, 8. Aufl., Münster 1989.
Ermer, Alfons	Neuregelungen der anzeigepflichtigen Entlassungen nach §§ 17 ff. KSchG, NJW 1998, 1288.
Ernst, Falk	Aufhebungsverträge zur Beendigung von Arbeitsverhältnissen, Berlin u.a. 1993.
Everhardt, Karl-Hans	Die Bedeutung des § 613a BGB für die Insolvenzsicherung der betrieblichen Altersversorgung, BB 1976, 1611-1614.
Falkenberg, Rolf-Dieter	Auswirkungen des § 613a BGB in der betrieblichen Praxis, DB 1980, 783-787.
–	Schicksal der Arbeitsverhältnisse bei Betriebsinhaberwechsel, RdA 1967, 121-125.
Fastrich, Lorenz	Richterliche Kontrolle im Privatrecht, München 1992.
Fauser, Florian N. / *Nacken*, Michael	Die Sicherung des Unterrichtungs- und Beratungsanspruchs des Betriebsrats aus §§ 111, 112 BetrVG, NZA 2006, 1136-1143.
Felsner, Marcus	Arbeitsrechtliche Rahmenbedingungen von Unternehmensübernahmen in Europa, Frankfurt a.M. 1997.
Ferme, Marco / *Lipinski*, Wolfgang	Neues Recht der Massenentlassungen nach §§ 17, 18 KSchG? ZIP 2005, 593-601.
Fernau, Michael	Befristete Entmündigung von Arbeitnehmern? ZRP 1997, 503-504.
Feudner, Bernd W.	Deutsches Arbeitsrecht und Standort Deutschland – Zum Schutzzweck des § 613a BGB, DB 1996, 830-833.
Feuerborn, Andreas	Sachliche Gründe im Arbeitsrecht: Konkretisierung eines normativen Rechtsbegriffs zwischen Vertragsfreiheit und Arbeitnehmerschutz, München 2003.
Fischer, Ulrich	Die Änderungskündigung in der Insolvenz, NZA 2002, 536-540.
Fitting, Karl / *Kaiser*, Heinrich / *Heither*, Friedrich / *Engels*, Gerd / *Schmidt*, Ingrid / *Auffarth*, Fritz (Hrsg.)	Betriebsverfassungsgesetz mit Wahlordnung: Handkommentar, 23. Aufl., München 2006.

Flume, Werner	Das Rechtsgeschäft, Allgemeiner Teil des Bürgerlichen Rechts, Band 2, 4. Aufl., Berlin 1992.
Franz, Einiko B.	Aufhebungs- und Änderungsverträge als Verträge über eine entgeltliche Leistung i.S. des § 312 BGB, JuS 2007, 14-18.
–	Der Abschluss eines Aufhebungsvertrages, Köln 2005.
Franzen, Martin	EAS C Richtlinie 77/187/EWG Art. 1 Nr. 19, S. 18
–	Informationspflichten und Widerspruchsrecht beim Betriebsübergang nach § 613a Abs. 5 und 6 BGB, RdA 2002, 258-272.
–	Massenentlassung und Betriebsänderung unter dem Einfluss des europäischen Gemeinschaftsrechts, ZfA 2006, 437-458.
Frick, Karl	Der Massenentlassungsschutz nach § 20 AOG im Vergleich zur Betriebs-Stillegungsverordnung, Dresden 1937.
Frisch, Markus	Die richtlinienkonforme Auslegung nationalen Rechts, Münster 2000.
Fromm, Erwin	Die arbeitnehmerseitigen Kündigungsgründe, Berlin 1995.
Gagel, Alexander (Hrsg.)	Sozialgesetzbuch III, Kommentar, Bd. 2; Loseblattsammlung, München 1999.
Galperin, Hans	Der Regierungsentwurf eines neuen Betriebsverfassungsgesetzes, Eine kritische Analyse, Düsseldorf 1971.
–	Gutachten Betriebsnachfolge, BB 1952, 322-324.
Gamillscheg, Franz	Die Grundrechte im Arbeitsrecht, Berlin 1989.
Gänßbauer, Bianca	Beschäftigungs- und Qualifizierungsgesellschaften zur Unternehmenssanierung in der Insolvenz, Hamburg 2002.
Gaul, Björn / *Kliemt*, Michael	Aktuelle Aspekte einer Zusammenarbeit mit Beschäftigungsgesellschaften, NZA 2000, 674-678.
Gaul, Björn	Aufhebungs- und Abwicklungsvertrag: Aktuelle Entwicklungen im Arbeits- und Sozialversicherungsrecht, BB 2003, 2457-2464.
Gaul, Björn / *Otto*, Björn	Das Spiel über die Bande – Der Wechsel in Beschäftigungsgesellschaften zur Vermeidung von § 613a BGB, ZIP 2006, 644-648.

–	Aktuelle Aspekte einer Zusammenarbeit mit Beschäftigungsgesellschaften, NZA 2004, 1301-1308.
Gaul, Björn / *Bonanni*, Andrea / *Naumann*, Eva	Betriebsübergang: Neues zur betriebsbedingten Kündigung aufgrund Erwerberkonzepts, DB 2003, 1902-1906.
Gaul, Dieter	Der Betriebsinhaberwechsel und seine einzelvertraglichen Auswirkungen, BB 1979, 1666-1671.
Gebauer, Martin / *Wiedmann*, Thomas (Hrsg.)	Zivilrecht unter europäischem Einfluss, Die richtlinienkonforme Auslegung des BGB und anderer Gesetze – Erläuterung der wichtigsten EG-Verordnungen, Stuttgart 2005.
Gebhardt, Alfred	Zum Kündigungsschutz bei Massenentlassungen, ArbuR 1959, 298-301.
Geißler, Markus	Die Privatautonomie im Spannungsfeld sozialer Gerechtigkeit, JuS 1991, 617-623.
Germelmann, Claas-Hinrich	Grenzen der einvernehmlichen Beendigung von Arbeitsverhältnissen, NZA 1997, 236-245.
Gessner, Volkmar / *Rhode*, Barbara / *Strate*, Gerhard / *Ziegert*, Klaus A.	Die Praxis der Konkursabwicklung in der Bundesrepublik Deutschland – eine rechtssoziologische Untersuchung –, Köln 1978.
Giesen, Richard	Massenentlassungsanzeige erst nach Abschluss von Sozialplanberatungen? SAE 2006, 135-140.
Göller, Irmgard	Die Entwicklung des Kündigungsschutzrechts in Deutschland, München 1972.
Gotthardt, Michael	Arbeitsrecht nach der Schuldrechtsreform: [neue Rechtslage für bestehende Arbeitsverträge ab 1.1.2003], 2. Aufl., München 2003.
Grau, Timon	Unterrichtung und Widerspruchsrecht der Arbeitnehmer bei Betriebsübergang gemäß § 613a Abs. 5 und 6 BGB, Köln 2005.
Grimm, Jacob und Wilhelm (Begr.)	Deutsches Wörterbuch, Band 25, V-Verzwunzen, Nachdr. der Erstausgabe 1956, München 1999.
Grimm, Detlef / *Brock*, Martin	Anmerkung, EWiR 2005, 213-214.
Grothus, Jost	Umfang und Folgen des Aufhebungsvertrags mit leitenden Angestellten, DB 1959, 763-765.

Grüll, F.	Anmerkung zu BAG AP Nr. 1 zu § 75 HGB.
–	Anmerkung zu BAG AP Nr. 2 zu § 75 HGB.
Grünberger, Johannes	Nachweisgesetz und Änderung des Kündigungsschutzgesetzes, NJW 1995, 2809-2813.
Grundmann, Stefan / *Riesenhuber*, Karl	Die Auslegung des Europäischen Privat- und Schuldvertragsrechts, JuS 2001, 529-536.
Grunewald, Benno	Der arbeitsrechtliche Abwicklungsvertrag – Alternativ oder Ende des arbeitsrechtlichen Aufhebungsvertrages? NZA 1994, 441-442.
Grunsky, Wolfgang	Anmerkung zu BAG AP Nr. 172 zu § 242 BGB Ruhegehalt.
–	Anmerkung, EWiR 1987, 773-774.
Haase, Rolf	Kündigung des Veräußerers nach Erwerberkonzept – contra legem? in: Geschäftsführender Ausschuss, Jobst-Hubertus Bauer (Hrsg.), Arbeitsgemeinschaft Arbeitsrecht im Deutschen Anwaltverein: Festschrift zum 25-jährigen Bestehen, Bonn 2006, S. 613-620
Hadding, Walther / *Häuser*, Franz	Zur Anwendbarkeit des BGB § 613a auf Betriebspachtverhältnisse, SAE 1978, 54-57.
Hagemeier, Christian	Personalabbau in wirtschaftlichen Krisenzeiten, BB 1984, 1100-1108.
Haller, Robert	Widerruf von arbeitsrechtlichen Aufhebungsverträgen, BB 1994, 787-790.
Hanau, Peter	Anmerkung zu BAG 8 AZR 324/97, ZIP 1999, 324-326.
–	Perversion und Prävention bei § 613a BGB, ZIP 1998, 1817-1822.
–	Zur Kündigung von Arbeitsverhältnissen wegen Betriebsübergangs, ZIP 1984, 141-145.
Hanau, Peter / *Steinmeyer*, Heinz-Dietrich/ *Wank*, Rolf	Handbuch des europäischen Arbeits- und Sozialrechts, München 2002.
Hartmann, Brigitte K.	Betriebliche Personalpolitik durch Aufhebungsverträge: Entlassen auf die sanfte Tour?, Baden-Baden 1999.

Hauck, Friedrich	Der Betriebsübergang nach § 613a BGB – Voraussetzungen, Rechtsfolgen, Neuregelung, in: Düwell, Franz Josef / Stückemann, Wolfgang / Wagner, Volker (Hrsg.), Bewegtes Arbeitsrecht, Festschrift für Wolfgang Leinemann zum 70. Geburtstag, Neuwied 2006, S. 223-242.
Hecklinger, Roland W.	Anmerkung zu BAG 2 AZR 47/59, SAE 1962, 44.
Hein, Doreen	Corporate Identity in kleinen Unternehmen: Grundlagen, Instrumente, Praxis, Saarbrücken 2006.
Heinrich, Christian	Formale Freiheit und materale Gerechtigkeit: die Grundlagen der Vertragsfreiheit und Vertragskontrolle am Beispiel ausgewählter Probleme des Arbeitsrechts, Tübingen 2000.
Heinrichs, Helmut	Anmerkung, EWiR 1987, 437-438.
Heinze, Meinhard	Anmerkung zu LAGE Nr. 61 zu § 613a BGB.
–	Die Arbeitgeber-Nachfolge bei Betriebsübergang – Die Regelungsstruktur des § 613a BGB und rechtliche Konsequenzen, insbesondere im Konkurs – DB 1980, 205-213.
–	Nichtsozialplanpflichtige Betriebsänderungen, NZA 1987, 41-51.
Heither, Friedrich H.	Betriebsänderungen (§ 111 BetrVG) in der Rechtsprechung des Bundesarbeitsgerichts, ZIP 1985, 513-520.
–	Verfahrenskoordination bei der Auslegung der EG-Richtlinie über den Betriebsübergang, RdA 1996, 96-102.
Heither, Martin	Sozialplan und Sozialrecht: der Einfluss von Förderungsmöglichkeiten auf die Gestaltung von Interessenausgleich und Sozialplan, Berlin 2002.
Henckel, Wolfram	Die Betriebsveräußerung im Konkurs, ZIP 1980, 2-9.
Hennings, Thomas	Anmerkung, EWiR 2005, 69-70.
Henssler, Martin	Aktuelle Rechtsprobleme des Betriebsübergangs, NZA 1994, 913-924.
–	Arbeitsrecht und Schuldrechtsreform, RdA 2002, 129-140.
Henssler, Martin / *Moll*, Wilhelm	Kündigung und Kündigungsschutz in der betrieblichen Praxis, Kölner Tage des Arbeitsrechts, Köln 2000.

Henssler, Martin / *Willemsen*, Heinz Josef / *Kalb*, Heinz-Jürgen (Hrsg.)	Arbeitsrecht Kommentar, 1. Aufl., Köln 2004, 2. Aufl., Köln 2006.
Herdegen, Matthias	Europarecht, 8. Aufl., München 2006.
Hergenröder, Curt Wolfgang	Richtlinienwidriges Gesetz und richterliche Rechtsfortbildung in: Lieb, Manfred / Noack, Ulrich / Westermann, Harm Peter (Hrsg.), Festschrift für Wolfgang Zöllner, Zum 70. Geburtstag, Band II, Köln 1998, S. 1139-1159.
Herresthal, Carsten	Die Grenzen der richtlinienkonformen Rechtsfortbildung im Kaufrecht, WM 2007, 1354-1360.
Herschel, Wilhelm	Anmerkung zu BAG AP Nr. 21 zu § 613a BGB.
–	Anmerkung zu BAG AP Nr. 22 zu § 123 BGB.
–	Anmerkung, JZ 1954, 759.
–	Anmerkung zu BAG 2 AZR 10/73, SAE 1974, 194.
–	Anzeige von Massenentlassungen und ihre arbeitsgerichtsmäßige Behandlung – Anmerkung zu BAG AP Nr. 7, ArbuR 1961, 192.
–	Betriebsübergang und Arbeitsvertrag, ZfA 1977, 219-238.
–	Nochmals: Massenentlassungen und Unwirksamkeit der Kündigung, RdA 1961, 17-18.
Herzog, Roman	Das Bundesverfassungsgericht und die Anwendung einfachen Gesetzesrechts, in: Maurer, Hartmut (Hrsg.), Das akzeptierte Grundgesetz: Festschrift für Günter Dürig zum 70. Geburtstag, München 1990, S. 431-445.
Hess, Harald	Gesetzlicher Übergang des Arbeitsverhältnisses bei Betriebsveräußerung nur mit Einwilligung des Arbeitnehmers? BB 1977, 501-502.
Hess, Harald / *Schlochauer*, Ursula / *Worzalla*, Michael / *Glock*, Dirk (Hrsg.)	Kommentar zum Betriebsverfassungsgesetz, 6. Aufl., München 2003.
Hess-Grunewald, Hubertus	Anmerkung, AiB 2000, 365.

Hesse, Konrad	Grundzüge des Verfassungsrechts der Bundesrepublik Deutschland, 20. Aufl., Heidelberg 1999.
Hilf, Meinhard / *Willms*, Benno	Europa 1992: Europäisches Arbeits- und Sozialrecht, JuS 1992, 368-372.
Hilger, Marie Luise	Korreferat, ZGR 1984, 258-263.
Hillebrecht, Wilfried	Der Bestandsschutz des Arbeitsverhältnisses im Zusammenhang mit § 613a BGB, NZA 1989, Beilage 4, S. 10-20.
Hinrichs, Oda	Kündigungsschutz und Arbeitnehmerbeteiligung bei Massenentlassungen, Europarechtliche Aspekte und Impulse, Baden-Baden 2001.
Höfling, Wolfram	Vertragsfreiheit: eine grundrechtsdogmatische Studie, Heidelberg 1991.
Höhne, D.	Anmerkung zu BAG AP Nr. 111 zu § 242 BGB Ruhegehalt.
Hold, Dieter	Neue Vorschriften über den Nachweis der für ein Arbeitsverhältnis geltenden wesentlichen Bedingungen und über Massenentlassungen, AuA 1995, 289-290.
Hönn, Günther	Entwicklungslinien des Privatrechts, JuS 1990, 953-962.
–	Kompensation gestörter Vertragsparität, Ein Beitrag zum inneren System des Privatrechts, München 1982.
–	Zur Problematik der Privatautonomie, Jura 1984, 57-74.
Hörnig, Fritz H.	Die betriebsbedingte Kündigung, RdA 1955, 132-138.
Hoß, Axel	Hinweis- und Aufklärungspflichten des Arbeitgebers beim Abschluß von Aufhebungsverträgen, DB 1997, 625-636.
von Hoyningen-Huene, Gerrick	Anmerkung zu BAG AP Nr. 96 zu § 112 BetrVG 1972.
–	Anmerkung, EWiR 1994, 115-116.
–	Anmerkung, EWiR 2003, 1133-1134.
–	Rechtsfortbildung im Arbeitsrecht als Vorreiter und Vorbild? in: Richterliche Rechtsfortbildung. Festschrift der Jur. Fak. zur 600-Jahr-Feier der Ruprecht-Karls-Universität Heidelberg, Heidelberg 1986, S. 353-377.

von Hoyningen-Huene, Gerrick / *Linck*, Rüdiger	Kündigungsschutz Kommentar, 14. Aufl., München 2007.
von Hoyningen-Huene, Gerrick / *Windbichler*, Christine	Der Übergang von Betriebsteilen nach § 613a BGB, RdA 1977, 329-336.
Hümmerich, Klaus	Letztmals: Abschied vom arbeitsrechtlichen Aufhebungsvertrag, NZA 1994, 833-834.
–	Sperrzeitrechtsprechung im Umbruch, NJW 2007, 1025-1030.
Hueck, Götz	Anmerkung zu BAG AP Nr. 1 zu § 17 KSchG.
Hunn, Felix	Der Aufhebungsvertrag, ArbuR 1959, 135-139.
Hüper, Rolf	Der Betrieb im Unternehmerzugriff, Köln 1986..
Hutzler, Kurt	Kündigung und Kündigungsausschluß bei Betriebsübergang, BB 1981, 1470-1471.
Ingenfeld, Gisbert	Anmerkung, EWiR 2004, 873-874.
Industriegewerkschaft Metall (Hrsg.)	Protokoll der Kündigungsschutztagungen der IG Metall vom 7. und 8. Oktober 1977 und vom 10. und 11. März 1978 in Frankfurt am Main, Frankfurt 1978.
Insam, Alexander / *Zöll*, Oliver W.	Beschäftigungs- und Qualifizierungsgesellschaften, Sichere Umstrukturierung? AuA 2006, 389-393.
Isenhardt, Udo	§ 102 BetrVG auf dem Prüfstand – neue Zeiten, andere Rechtsprechung? in: Oetker, Hartmut / Preis, Ulrich / Rieble, Volker (Hrsg.), 50 Jahre Bundesarbeitsgericht, München 2004, S. 943-961.
Isensee, Josef / *Kirchhof*, Paul (Hrsg.)	Handbuch des Staatsrechts, Band 6, Freiheitsrechte, 2. Aufl., Heidelberg 2001.
Jacobi, Erwin	„Betriebsstillegung", JW 1925, 198-192.
Jacobs, Matthias	Die Verwendung eines GmbH-Mantels als wirtschaftliche Neugründung, DZWir 2004, 309-317.
–	Tarifeinheit und Tarifkonkurrenz, Berlin 1999.
Jacobs, Matthias / *Naber*, Sebastian	Massenentlassung – Kündigungserklärung als Zeitpunkt der Entlassung, SAE 2006, 61-68.
Jarass, Hans D. / *Pieroth*, Bodo	Grundgesetz für die Bundesrepublik Deutschland: Kommentar, 8. Aufl., München 2006.
Joachim, Hans G.	Die Beendigung des Arbeitsverhältnisses im gegenseitigen Einvernehmen, BB 1958, 345-347.
Joost, Detlev	Anmerkung, EWiR 2005, 413-414.

–	Betriebsübergang und Funktionsausgliederung in: Anziger, Rudolf / Wank, Rolf (Hrsg.), Entwicklungen im Arbeitsrecht und Arbeitsschutzrecht, Festschrift für Otfried Wlotzke zum 70. Geburtstag, 1996, S. 683-700.
–	Der Widerspruch des Arbeitnehmers beim Betriebsübergang – nunmehr europaweit? ZIP 1993, 178-181.
–	Der Widerspruch des Arbeitnehmers beim Betriebsübergang und das europäische Recht, ZIP 1991, 220-222.
Junker, Abbo	AGB-Kontrolle von Arbeitsvertragsklauseln in der neueren Rechtsprechung des Bundesarbeitsgerichts, BB 2007, 1274-1281.
Kaiser, Dagmar	Anmerkung zu BAG EzA Nr. 13 zu § 611 BGB Aufhebungsvertrag.
–	Arbeitsrechtliche Probleme der Beschäftigungsgesellschaften in den neuen Bundesländern, NZA 1992, 193-201.
Kamanabrou, Sudabeh	Höchstrichterliche Rechtsprechung im Arbeitsrecht im Jahr 2005, ZfA 2006, 659-764.
Kania, Thomas / *Kramer*, Michael	Unkündbarkeitsvereinbarungen in Arbeitsverträgen, Betriebsvereinbarungen und Tarifverträgen, RdA 1995, 287-298.
Käppler, Renate	Anmerkung zu LAG Frankfurt EzA Nr. 30 zu § 613a BGB.
Kaskel, Walter	Arbeitsrecht, 2. Aufl., Berlin 1925.
Kaskel, Walter / *Dersch*, Hermann	Arbeitsrecht, 5. Aufl., Berlin u.a. 1957.
Keller, Harald	Kann auf den Nachteilsausgleich nach § 113 BetrVG verzichtet werden? NZA 1997, 519-522.
Keppeler, Frank	Der Aufhebungsvertrag – wirklich ein mitbestimmungsfreier Raum? AuR 1996, 263-266.
Kerschner, Helmut / *Köhler*, Hermine	Betriebsveräußerung und Arbeitsrecht, Haftung des Betriebserwerbers beim Übergang von Arbeitsverhältnissen, Berlin 1983.
Kittner, Michael	Arbeitskampf: Geschichte, Recht, Gegenwart, München 2005.

Kittner, Michael / *Däubler*, Wolfgang / *Zwanziger*, Bertram	Kündigungsschutzrecht: Kündigungen und andere Formen der Beendigung des Arbeitsverhältnisses, 7. Aufl., Frankfurt a.M. 2007.
Kleinebrink, Wolfgang	Die Massenentlassungsanzeige nach „Junk", FA 2005, 130-133.
Kleinschmidt, Jens	Der Verzicht im Schuldrecht Tübingen 2004.
Klumpp, Steffen	Der EuGH und die Massenentlassung - Zeit für „Junk II"? NZA 2006, 703-709.
Knöfel, Oliver L.	Aufhebungsvertrag zwischen Arbeitnehmer und Arbeitgeber im Internationalen Privat- und Prozessrecht, ZfA 2006, 397-434.
Kock, Martin	Voraussetzungen eines Betriebsübergangs nach der aktuellen BAG-Rechtsprechung, BB 2007, 714-718.
Köhler, Helmut	BGB, allgemeiner Teil: ein Studienbuch, 30. Aufl., München 2006.
Kohler-Gehrig, Eleonora	Europarecht und nationales Recht – Auslegung und Rechtsfortbildung, JA 1998, 807-812.
Kohte, Wolfgang	Richtlinienkonforme Auslegung der §§ 17, 18 KSchG, Anmerkung zu LAG Hamm v. 11.7.2005, jurisPR-ArbR 45/2005 v. 9. November 2005.
Kokott, Juliane	Auslegung europäischen oder Anwendung nationalen Rechts? RdA 2006, Beilage zu Heft 6, S. 30-37.
Konzen, Horst	Anmerkung zu EuGH C-397/01 bis C-403/01. SAE 2005, 33-37.
–	Die Rechtsprechung des Bundesarbeitsgerichts im Jahre 1977, ZfA 1978, 451-551.
Kotthaus, Rolf	Der arbeitsrechtliche Aufhebungsvertrag, Göttingen 1987.
Kraft, Alfons	Betriebsübergang und Arbeitsverhältnis in der Rechtsprechung des Bundesarbeitsgerichts, in: Gamillscheg, Franz (Hrsg.) 25 Jahre Bundesarbeitsgericht, München 1979, S. 299-314.
–	Das Anhörungsverfahren gemäß § 102 BetrVG und die „subjektive Determinierung" der Mitteilungspflicht in: Heinze, Meinhard (Hrsg.), Arbeitsrecht in der Bewährung: Festschrift für Otto Rudolf Kissel zum 65. Geburtstag, München 1994, S. 611-627.

Kraft, Alfons / *Wiese*, Günther / *Kreutz*, Peter / *Oetker*, Hartmut / *Raab*, Thomas / *Weber*, Christoph / *Franzen*, Martin (Hrsg.)	Betriebsverfassungsgesetz, Gemeinschaftskommentar, Band I: §§ 1-73, Band II: §§ 74-132, 8. Aufl., Neuwied 2005.
Kramer, Ernst A.	Juristische Methodenlehre, 2. Aufl., Bern 2005.
Krieger, Steffen / *Fischinger*, Philipp S.	Umstrukturierung mit Hilfe von Beschäftigungs- und Qualifizierungsgesellschaften, NJW 2007, 2289-2293.
Kreitner, Jochen	Kündigungsrechtliche Probleme beim Betriebsinhaberwechsel, Heidelberg 1989.
Krejci, Heinz	Betriebsübergang und Arbeitsvertrag: zugleich ein Beitrag zur Lehre von der Vertragsübernahme, Wien 1972.
Kühne, Peter	Das Vermittlungsmonopol der Bundesanstalt für Arbeit und die Begründung von Leiharbeitsverhältnissen, Köln 1971.
Künzl, Reinhard	Probleme bei der Sozialauswahl bei betriebsbedingter Kündigung, ZTR 1996, 385-397.
Kusterer, Hermann	Der Kanzler und der General, Stuttgart 1995.
Küttner, Wolfdieter (Hrsg.)	Personalbuch 2008 15. Aufl., München 2008.
Langwieler, Albert	Betriebsstillegungen im Akzo-Konzern: Bilanz eines auf internationaler Ebene durchgeführten Kampfes der Arbeitnehmer und Gewerkschaften, in: Einführung in die internationale Gewerkschaftspolitik, Band 1, Berlin 1978, S. 24-36.
Larenz, Karl	Methodenlehre der Rechtswissenschaft, 6. Aufl., Berlin u.a. 1991.
Larenz, Karl / *Canaris*, Claus-Wilhelm	Methodenlehre der Rechtswissenschaft, 3. Aufl., Berlin 1995.
Larenz, Karl / *Wolf*, Manfred	Allgemeiner Teil des Bürgerlichen Rechts, 9. Aufl., München 2004.
Lembke, Mark	Aufhebungsverträge: Neues zur Sperrzeit, BB 2008, 293-294. Das „Aus" für das Widerrufsrecht des Arbeitnehmers bei arbeitsrechtlichen Aufhebungsverträgen, NJW 2004, 2941-2944.

–	Umstrukturierung in der Insolvenz unter Einschaltung einer Beschäftigungs- und Qualifizierungsgesellschaft, BB 2004, 773-782.
–	Besonderheiten beim Betriebsübergang in der Insolvenz, BB 2007, 1333-1340.
Lembke, Mark / *Oberwinter*, Jens-Wilhelm	Massenentlassungen zwei Jahre nach „Junk" – Eine Bestandsaufnahme, NJW 2007, 721-729.
Leuchten, Alexius / *Lipinski*, Wolfgang	Die Anrechnung des Nachteilsausgleichs auf die Sozialplanabfindung nach der Massenentlassungsrichtlinie 98/59/EG, NZA 2003, 1361-1365.
Lieb, Manfred / *Jacobs*, Matthias	Arbeitsrecht, 9. Aufl., Heidelberg 2006.
Lilienfeld, Tatjana / *Spellbrink*, Wolfgang	Für eine sperrzeitrechtliche Neubewertung im Lichte des § 1a KSchG, RdA 2005, 88-97.
Lingemann, Stefan	Allgemeine Geschäftsbedingungen und Arbeitsvertrag, NZA 2002, 181-192.
–	Betriebsänderungen nach neuem BetrVG, NZA 2002, 934-945
Lipinski, Wolfgang	Keine Unwirksamkeit der Kündigung bei fehlender oder fehlerhafter Massenentlassungsanzeige gem. § 17 KSchG auch unter Berücksichtigung der Richtlinie 98/59/EG, BB 2004, 1790-1791.
–	Reichweite der Kündigungskontrolle durch § 613a IV 1 BGB, NZA 2002, 75-81.
–	Sonderkündigungsschutz bei Betriebsübergang, Regensburg 2001.
Lipinski, Wolfgang / *Kumm*, Benjamin	Renaissance des Aufhebungs- und Abwicklungsvertrages durch die aktuelle Änderung der Durchführungsanweisungen der Bundesagentur für Arbeit? BB 2008, 162-165.
Lorenz, Martin	Gesetz über die Gleichbehandlung von Männern und Frauen am Arbeitsplatz und über die Erhaltung von Ansprüchen bei Betriebsübergängen, DB 1980, 1745-1748.
Loritz, Karl-Georg	Anmerkung zu BAG AP Nr. 5 zu § 1 BetrAVG Betriebsveräußerung.
Löw, Friederike	Die Betriebsveräußerung im europäischen Arbeitsrecht: die EG-Richtlinie 77/187 und ihre Umsetzung in Deutschland und Großbritannien, Frankfurt a.M. 1992.

Löwisch, Manfred	Änderung des Kündigungsschutzgesetzes, NJW 1978, 1237-1238.
–	Die Flankierung von Sozialplänen durch die Bundesanstalt für Arbeit (§§ 254 ff. SGB III), RdA 1997, 287-293.
–	Umsetzung des Junk-Urteils als Aufgabe des Gesetzgebers, GPR 2005, 150-153.
Löwisch, Manfred / *Spinner*, Günter	Kommentar zum Kündigungsschutzgesetz, 9. Aufl., Heidelberg 2004.
Lunk, Stefan	Anmerkung, ArbRB 2005, 40.
Lutter, Marcus	Die Auslegung angeglichenen Rechts, JZ 1992, 593-607
Marschall, Dieter	Neuregelung der Anzeigepflicht bei „Massenentlassungen", DB 1978, 981-983.
Matthes, Hans-Christoph	Betriebsänderungen in wesentlichen Betriebsteilen, in: Boewer, Dietrich / Gaul, Björn, Festschrift für Dieter Gaul zum 70. Geburtstag, Neuwied 1992, S. 397-406.
Maunz, Theodor/ *Dürig*, Günter (Begr.)	Grundgesetz Kommentar, 8. Aufl., München 1999.
Mauthner, Annemarie	Die Massenentlassungsrichtlinie der EG und ihre Bedeutung für das deutsche Massenentlassungsrecht, Heidelberg 2004.
von *Maydell*, Bernd	Anmerkung zu BAG 3 AZR 485/83, SAE 1987, 219-220.
Mayer-Maly, Theo	Anmerkung zu BAG AP Nr. 4 zu § 613a BGB.
Medicus, Dieter	Wer ist ein Verbraucher? in: Leser, Hans G. / Isomura, Tamotsu (Hrsg.), Wege zum japanischen Recht, Festschrift für Zentaro Kitagawa zum 60. Geburtstag, Berlin 1992, S. 471-486.
Mengel, Anja / *Ullrich*, Thilo	Erste praktische Erfahrungen mit dem neuen Recht der Beschäftigungs- und Qualifizierungsgesellschaften, BB 2005, 1109-1116.
Metzke, Maria	Die Arbeitgeberkündigung beim rechtsgeschäftlichen Betriebsinhaberwechsel, AuR 1987, 240-241
Meyer, Cord	Arbeitsvertragsänderungen bei Betriebsübergang, NZA 2002, 246-255.
–	Aufhebungsvertrag bei Betriebsübergang, SAE 2000, 39-44.
–	Personalanpassung des Betriebsveräußerers auf Grund eines Erwerberkonzepts, NZA 2003, 244-249.

–	Restrukturierung ostdeutscher Unternehmen und Arbeitsrecht: zur Bedeutung der Sozialplanrichtlinien der Treuhandanstalt, Opladen 1995.
–	Transfergesellschaften an der Schnittstelle zwischen Arbeits- und Sozialrecht, NZS 2002, 578-583.
–	Transfer-Maßnahmen und Transfer-Kurzarbeitergeld nach §§ 216a und b SGB III, BB 2004, 490-494.
Michelmann, Wilhelm	Anmerkung zu BAG 2 AZR 461/98, AuA 1999, 568.
Mohrbutter, Jürgen	Kritische Rechtsprechungsübersicht zu § 613a BGB im Konkurs, KTS 1983, 3-20.
Molitor, Erich	Arbeitnehmer und Betrieb: zugleich ein Beitrag zur einheitlichen Grundlegung des Arbeitsrechts, Marburg 1929.
Moll, Wilhelm	Die Rechtsstellung des Arbeitnehmers nach einem Betriebsübergang, NJW 1993, 2016-2023.
Moll, Wilhelm / *Reufels*, Martin J.	Aufhebungsverträge – Abschluss und Zustandekommen, MDR 2001, 361-366.
Müller, Christopher	Arbeitsrechtliche Aufhebungsverträge, Möglichkeiten und Grenzen der einvernehmlichen Beendigung von Arbeitsverhältnissen, Baden-Baden 1991.
Müller, Christoph J.	BB-Kommentar, BB 2007, 1057-1059.
Müller, Franz	Kündigungsschutz bei Massenentlassungen, SAE 1960, 162-163.
Müller, Holger	Möglichkeiten und Grenzen der Gehaltsabsenkung in insolvenzbedrohten Unternehmen zur Meidung von Massenentlassungen, NZA 1985, 307-311.
Müller, Knut	Zum Ausschluß personenbedingt gekündigter Arbeitnehmer aus dem Geltungsbereich von Sozialplänen, BB 2001, 255-257.
Naber, Sebastian	Anmerkung zu BAG EzA Nr. 40 zu § 613a BGB 2002.
–	Richtlinienkonforme Rechtsfindung am Beispiel des Massenentlassungsrechts, JuS 2007, 614-617.
–	Anmerkung zu BAG EzA Nr. 79 zu § 613a BGB 2002.
Nägele, Stefan	Aufklärungs- und Hinweispflichten des Arbeitgebers beim Abschluß eines Aufhebungsvertrages, BB 1992, 1274-1279.

Neef, Klaus	Lean production und Betriebsänderung, BB 1993, Beilage 15, S. 7-14.
Neumann-Duesberg, Horst	Arbeitgeberkündigungen bei Betriebsübergang (§ 613a BGB), NJW 1972, 665-670.
–	Aufopferungsansprüche der anlässlich des Betriebsübergangs gekündigten Arbeitnehmer, BB 1972, 620-623.
Neuner, Jörg	Die Rechtsfindung contra legem, 2. Aufl., München 2005.
–	Privatrecht und Sozialstaat, München 1999.
Nicolai, Andrea	Neue Regeln für Massenentlassungen? NZA 2005, 206-208.
Nicolai, Wolfgang	Die Trennung von Mitarbeitern, Gruppenoutplacement versus Transfergesellschaft, AuA 2005, 92-95.
Nikisch, Arthur	Arbeitsrecht, Teil 1: Allgemeine Lehren und Arbeitsvertragsrecht, 3. Aufl., Tübingen 1961.
–	Bemerkungen zur Anzeigepflicht bei Massenentlassungen, DB 1955, 1140-1141.
–	Streitfragen bei der Behandlung von Massenentlassungen, DB 1960, 1274-1276.
Nipperdey, Hans Carl	Die „Unwirksamkeit" von Massenentlassungen und die Lehre von der Nichtigkeit, RdA 1960, 285-287.
–	Grundrechte und Privatrecht, Krefeld 1961.
–	Gleicher Lohn der Frau für gleiche Leistung Ein Beitrag zur Auslegung der Grundrechte, RdA 1950, 121-128.
Oberberg, Max	Anrechenbarkeit des Nachteilsausgleichs auf die Sozialplanabfindung, AiB 2002, 635-637.
Oetker, Hartmut	Anmerkung zu BAG AP Nr. 42 zu § 113 BetrVG 1972.
	Anmerkung zu LAGE Nr. 1 zu § 122 InsO.
–	Das Dauerschuldverhältnis und seine Beendigung: Bestandsaufnahme und kritische Würdigung einer tradierten Figur der Schuldrechtsdogmatik, Tübingen 1994.
–	Das Widerspruchsrecht der Arbeitnehmer beim Betriebsübergang und die Rechtsprechung des EuGH, NZA 1991, 137-139.

Opolony, Bernhard	Die anzeigepflichtige Entlassung nach § 17 KSchG, NZA 1999, 791-795.
Osnabrügge, Stephan	Massenentlassungen – Kein russisches Roulette für Arbeitgeber, NJW 2005, 1093-1095.
Oßwald, Manfred	Der (bedingte) Aufhebungsvertrag im Arbeitsrecht und die Privatautonomie im Kündigungsschutzrecht, Würzburg 1990.
Palandt, Otto (Begr.)	Bürgerliches Gesetzbuch, 66. Aufl., München 2007.
Pauly, Holger	Einräumung eines befristeten Widerrufsrechts de lege ferenda? ZRP 1997, 228-231.
–	Widerrufsrecht bei arbeitsrechtlichen Aufhebungsverträgen, MDR 1995, 1081-1085.
Pietzko, Joachim	Der Tatbestand des § 613a BGB, Berlin 1988.
–	Rechtsgeschäftliche Gestaltungsmöglichkeiten der Arbeitnehmer beim Betriebsübergang, ZIP 1990, 1105-1116.
Planck (Begr.)	Planck's Kommentar zum Bürgerlichen Gesetzbuch: nebst Einführungsgesetz, Band 2: Recht der Schuldverhältnisse, 4. Aufl., Berlin u.a. 1914.
Plander, Harro	Anmerkung, EWiR 2002, 651-652.
Pleyer, Klemens	Arbeitsvertrag und Betriebsinhaberwechsel, DB 1966, 1476-1481.
Posth, Martin	Arbeitsrechtliche Probleme beim Betriebsinhaberwechsel (§ 613a BGB), Köln 1978.
Preis, Bernd	Auf dem Weg zur Kollektivierung des Kündigungsschutzes, DB 1998, 1614-1620.
Preis, Ulrich	Arbeitsrecht, Verbraucherschutz und Inhaltskontrolle, NZA 2003, Beilage zu Heft 16, S. 19-33.
–	Der Arbeitsvertrag, 2. Aufl., Köln 2005.
–	Grundfragen der Vertragsgestaltung im Arbeitsrecht, Neuwied 1993.
–	Legitimation und Grenzen des Betriebsbegriffes im Arbeitsrecht, RdA 2000, 257-279.
–	Prinzipien des Kündigungsrechts bei Arbeitsverhältnissen, München 1987.
–	Reform der Bestandsschutzrechts im Arbeitsverhältnis, RdA 2003, 65-81.

Preis, Ulrich / *Bender*, Wolfgang	Die Befristung einzelner Arbeitsbedingungen – Kontrolle durch Gesetz oder Richterrecht? NZA-RR 2005, 337-345.
Preis, Ulrich / *Schneider*, Joschka	§ 1a KSchG – die sozialrechtliche Aufwertung einer bisher arbeitsrechtlich unbedeutenden Vorschrift, NZA 2006, 1297-1303.
–	Einvernehmliche Beendigung des Arbeitsverhältnisses und Sperrzeiten, in: Geschäftsführender Ausschuss, Jobst-Hubertus Bauer (Hrsg.), Arbeitsgemeinschaft Arbeitsrecht im Deutschen Anwaltverein: Festschrift zum 25-jährigen Bestehen, Bonn 2006, S. 1301-1324.
Preu, Peter	Freiheitsgefährdung durch die Lehre von den grundrechtlichen Schutzpflichten, JZ 1991, 265-271.
Pröpper, Martin	Steuerfreie Abfindungen gem. § 3 Nr. 9 EStG auch bei Transfersozialplan und Beschäftigungs- und Qualifizierungsgesellschaft? DB 2001, 2170-2173.
Raab, Thomas	Individualrechtliche Auswirkungen der Mitbestimmung des Betriebsrats gem. § 99, 102 BetrVG, ZfA 1995, 479-536.
Ramrath, Ulrich	Kehrtwende des BAG zur „Entlassung" i.S.v. § 17 Abs. 1 Satz 1 KSchG – richtiger Weg für die Praxis, jedoch Zweifel an der Koordination von deutschem und europarechtlichem Arbeitnehmerschutz, SAE 2007, 256-264.
Rauschhofer, Gisela	Das Arbeitsvermittlungsmonopol, Kritische Analyse des Marktes für Stellenvermittlung in der Bundesrepublik Deutschland, Berlin 1974.
Rebmann, Kurt / *Rixecker*, Roland / *Säcker*, Franz Jürgen (Hrsg.)	Münchener Kommentar zum Bürgerlichen Gesetzbuch 1. Aufl., München 1980, 5. Aufl., München 2006.
Rehwald, Rainer	Anmerkung zu EuGH C-188/03, AiB 2005, 323-324.
Reichel, Michael E.	Personalgespräch mit einem Betriebsratsmitglied, AuA 2005, 499-500.
Reichold, Hermann	Anmerkung, ZESAR 2005, 474-476.
Reinhard, Barbara	Rechtsfolgen fehlerhafter Massenentlassungen, RdA 2007, 207-216.
Rennert, Klaus	Die Verfassungswidrigkeit „falscher" Gerichtsentscheidungen, NJW 1991, 12-19.
Reuß, Hermann	Die Nichtigkeit der ohne Anhörung des Betriebsrats erfolgten Kündigung, RdA 1954, 56-58

Reuter, Dieter	Anmerkung, JuS 1981, 697-698.
–	Grenzen der Privatautonomie beim Abschluß von Aufhebungsverträgen, JuS 1994, 620-621.
Richardi, Reinhard	Die Anwendung des § 613a BGB bei Betriebserwerb und Neugründung von Unternehmen in den neuen Bundesländern, NZA 1991, 289-293.
Richardi, Reinhard (Hrsg.)	Betriebsverfassungsgesetz mit Wahlordnung, Kommentar, 10. Aufl., München 2006.
Richardi, Reinhard / *Wlotzke*, Otfried (Hrsg.)	Münchener Handbuch zum Arbeitsrecht, 2. Aufl., München 2000.
Rieble, Volker / *Klumpp*, Steffen	Betriebsräte in „betriebsorganisatorisch eigenständigen Einheiten" nach § 175 SGB III? NZA 2003, 1169-1173.
Ries, Stephan	Sanierung über Beschäftigung- und Qualifizierungsgesellschaften – Kosten, Nutzen, Risiken, NZI 2002, 521-530.
Riesenhuber, Karl	Anmerkung zu BAG AP Nr. 21 zu § 17 KSchG.
Riesenhuber, Karl (Hrsg.)	Europäische Methodenlehre, Handbuch für Ausbildung und Praxis, Berlin 2006.
Riesenhuber, Karl / *Domröse*, Ronny	Die „Entlassung" nach der Massenentlassungsrichtlinie, EWS 2005, 97-103.
–	Richtlinienkonforme Auslegung der §§ 17, 18 KSchG und Rechtsfolgen fehlerhafter Massenentlassungen, NZA 2005, 568-570.
–	Richtlinienkonforme Rechtsfortbildung und nationale Methodenlehre, RIW 2005, 47-54.
Roemheld, Bernhard	Anmerkung zu BAG 3 AZR 160/79, SAE 1980, 181-182.
–	Zum Übergang des Arbeitsverhältnisses nach § 613a BGB, BB 1976, 845-847.
Rohwer-Kahlmann, Harry	Kündigungsschutz gegen Massenentlassungen, BB 1952, 350-352.
Rolfs, Christian	Die Inhaltskontrolle arbeitsrechtlicher Individual- und Betriebsvereinbarungen, RdA 2006, 349-356.
Roscher, Falk	Vertragsfreiheit als Verfassungsproblem: dargestellt am Beispiel der Allgemeinen Geschäftsbedingungen, Berlin 1974.
Roxin, Claus	Strafrecht, Allgemeiner Teil, Band 1 4. Aufl., München 2006.

Rumpenhorst, Elmar	Das berechtigte betriebliche Bedürfnis i. S. des § 1 III 2 KSchG bei Massenentlassungen, NZA 1991, 214-216.
Rumpff, Klaus / *Boewer*, Dietrich	Mitbestimmung in wirtschaftlichen Angelegenheiten und bei der Unternehmens- und Personalplanung, 3. Aufl., Heidelberg 1990.
Sachs, Michael (Hrsg.)	Grundgesetz, Kommentar, 4. Aufl., München 2007.
Schacht, Thorsten	Der Übereilungsschutz beim arbeitsrechtlichen Aufhebungsvertrag, Frankfurt 2000.
Schaub, Günter	Anmerkung, EWiR 1992, 957-958.
Schelp, [Vorn. unbek.]	Anmerkung zu BAG AP Nr. 6 zu § 15 KSchG 1951.
Schiefer, Bernd	Gesetz zur Anpassung arbeitsrechtlicher Bestimmungen an das EG-Recht, DB 1995, 1910-1914.
Schiek, Dagmar	Auslegung von § 17 KSchG im Lichte der Rechtsprechung des EuGH, AuR 2006, 41-44.
Schmalenberg, Werner	Die Tatbestandsvoraussetzungen des Betriebsübergangs gemäß § 613a BGB, NZA 1989, Beilage 3, S. 14-25.
Schmidt, Karl Heinrich	Probleme der Aufhebung des Arbeitsvertrages, DB 1964, 1444-1449.
Schmidt-Bleibtreu, Bruno/ *Klein*, Franz	Kommentar zum Grundgesetz, 10. Aufl., Neuwied 2004.
Schmidt-Rimpler, Walter	Grundfragen einer Erneuerung des Vertragsrechts, AcP 147 (1941), 130-197.
Schmidt-Westphal, Oliver	Der arbeitsrechtliche Aufhebungsvertrag im Rechtsvergleich: Grenzen der Vertragsfreiheit beim arbeitsrechtlichen Aufhebungsvertrag in Deutschland, England und Wales, Köln 2005.
Schmitt, Jochem	Zur Rechtsnatur des Übergangs der Arbeitsverhältnisse gemäß § 613a BGB, ZfA 1979, 503-518.
Schmitt-Rolfes, Günter	Aufhebungs- und Abwicklungsvertrag unter Berücksichtigung der Abfindungsregelung nach § 1a KSchG, NZA 2005, Beilage 1, S. 3-9.
Schnitker, Elmar / *Grau*, Timon	Anmerkung, EWiR 2004, 173-174.
Schnorbus, York	Die richtlinienkonforme Rechtsfortbildung im nationalen Privatrecht, AcP 201 (2001), 860-901.
Scholz, Rupert	Die Berufsfreiheit als Grundlage und Grenze arbeitsrechtlicher Regelungssysteme, ZfA 1981, 265-302.

Schrader, Peter	Aufhebungsverträge und Ausgleichszahlungen, NZA 2003, 593-597.
Schulz, Dieter	Trennung – eine Katastrophe oder eine Chance für den Neubeginn? BB 1990, 1054-1055.
Schumacher-Mohr, Marion	Zulässigkeit einer betriebsbedingten Kündigung durch den Veräußerer bei Betriebsübergang, NZA 2004, 629-633.
Schüren, Peter	Arbeitnehmerüberlassungsgesetz: Kommentar, 2. Aufl., München 2003.
Schurig, Klaus	Die Gesetzesumgehung im Privatrecht, Eine Studie mit kollisionsrechtlichen und rechtsvergleichenden Aspekten, in: Heldrich, Andreas / Sonnenberger, Hans Jürgen (Hrsg.), Festschrift für Murad Ferid zum 80. Geburtstag, Frankfurt 1988, S. 375-422.
Schwabe, Jürgen	Die sogenannte Drittwirkung der Grundrechte: zur Einwirkung der Grundrechte auf den Privatrechtsverkehr, München 1971.
Schwanda, Klaus	Der Betriebsübergang in § 613a BGB, Unter besonderer Berücksichtigung des Betriebsbegriffs, Berlin 1992.
Schwartz, Martina	Von der Massenentlassung zur Massenkündigung? – Die Massenentlassung aus der Sicht eines Arbeitgeberverbandes, in: Düwell, Franz Josef/ Stückemann, Wolfgang / Wagner, Volker (Hrsg.), Bewegtes Arbeitsrecht, Festschrift für Wolfgang Leinemann zum 70. Geburtstag, Neuwied 2006, S. 365-388.
Schwerdtner, Peter	Die außerordentliche arbeitgeberseitige Kündigung bei ordentlich unkündbaren Arbeitnehmer, in: Heinze, Meinhard (Hrsg.), Arbeitsrecht in der Bewährung, Festschrift für Otto Rudolf Kissel zum 65. Geburtstag, München 1994, S. 1077-1095.
–	Individualarbeitsrechtliche Probleme des Betriebsüberganges, in: Mayer-Maly, Theo (Hrsg.) Arbeitsleben und Rechtspflege, Festschrift für Gerhard Müller, Berlin 1981, S. 557-588.
Seiter, Hugo	Anmerkung zu BAG AP Nr. 5 zu § 613a BGB.
–	Betriebsinhaberwechsel, Arbeitsrechtliche Auswirkungen einer Betriebsübergangs unter besonderer Berücksichtigung des § 613 a BGB i.d.F. vom 13. August 1980, Stuttgart 1980.

Seiter, Hugo / *Hergenröder*, Curt Wolfgang	Anmerkung, EWiR 1988, 247-248.
Sieg, Rainer	Rechtliche Rahmenbedingungen für Beschäftigungsgesellschaften, NZA 2005, Beilage 1, S. 9-14.
Sieg, Rainer / *Maschmann*, Frank	Unternehmensumstrukturierung aus arbeitsrechtlicher Sicht, München 2005.
Sieger, Jürgen / *Hasselbach*, Kai	Veräußererkündigung auf Erwerberkonzept, DB 1999, 430-434.
Sieker, Susanne	Umgehungsgeschäfte, Typische Strukturen und Mechanismen ihrer Bekämpfung, Tübingen 2001.
Simon, Jürgen	Arbeitsrechtliche und Haftungsprobleme bei der Betriebsaufspaltung, ZfA 1987, 311-352.
Singer, Reinhard	Vertragsfreiheit, Grundrechte und der Schutz des Menschen vor sich selbst, JZ 1995, 1133-1141.
Soergel, Hans Theodor (Begr.)	Bürgerliches Gesetzbuch mit Einführungsgesetz und Nebengesetzen, Band 2: Allgemeiner Teil 2 (§§ 104-240), 13. Aufl., Stuttgart u.a. 1999.
Söllner, Alfred	Das Arbeitsrecht im Spannungsfeld zwischen dem Gesetzgeber und der Arbeits- und Verfassungsgerichtsbarkeit, NZA 1992, 721-731.
–	Der verfassungsrechtliche Rahmen für Privatautonomie im Arbeitsrecht, RdA 1989, 144-150.
Stadie, Volker	Arbeitsrechtliche Fragen der Massenentlassung nach deutschem und schweizerischem Recht, Online-Ressource (urn:nbn:de:bvb:20-opus-5190), Würzburg 2003.
Stahlhacke, Eugen / *Preis*, Ulrich / *Vossen*, Reinhard	Kündigung und Kündigungsschutz im Arbeitsverhältnis, 9. Aufl., München 2005.
Starck, Christian	Verfassungsgerichtsbarkeit und Fachgerichte, JZ 1996, 1033-1042.
von Staudinger, Julius (Begr.)	Kommentar zum Bürgerlichen Gesetzbuch mit Einführungsgesetz und Nebengesetzes Buch 1: Allgemeiner Teil, §§ 134-163, Neubearbeitung Berlin 2003 Buch 2: Recht der Schuldverhältnisse, §§ 611-615, Neubearbeitung Berlin 2005.
von Stebut, Dietrich	Anmerkung, EWiR 1988, 767-768.

–	Die Rechtsstellung von Arbeitnehmern bei Betriebsveräußerungen im Konkurs oder Vergleich (§ 613a BGB), DB 1975, 2438-2443.
Steike, Jörn	Die Durchführung der Massenentlassung, DB 1995, 674-675.
Stein, Peter	Mindestkündigungsschutz außerhalb des KSchG – Praktische Fragen der Darlegungs- und Beweislast, DB 2005, 1218-1222.
Stern, Klaus	Das Staatsrecht der Bundesrepublik Deutschland, Band 3: Allgemeine Lehren der Grundrechte, München 1994.
Stratmann, Marita	Zum Widerspruchsrecht bei Betriebsübernahme, SAE 1976, 78-81.
Streckel, Siegmar	Anmerkung zu BAG EzA Nr. 1 zu § 82 BetrVG.
Streinz, Rudolf	Europarecht, 7. Aufl., Heidelberg 2005.
Stück, Volker	Beschäftigungsgesellschaften – Arbeitsrechtliche Kriterien zur Planung und Umsetzung, MDR 2005, 361-367.
–	Personalabbau, Transferkurzarbeitergeld, AuA 2006, 418-420.
Stückemann, Wolfgang	Außerordentliche Kündigung der Arbeitnehmer bei drohendem Konkurs, BB 1977, 1711.
–	Vorkonkursliche Arbeitnehmerkündigung Gesteigerte Bedeutung des Lemgoer Modells, BB 1981, 1102-1103.
Studt, Norma	Was ist bei besonderem Schutz nach BetrVG zu beachten? Übernahme von Auszubildenden, AuA 2004, 18-20.
Szczekalla, Peter	Die sogenannten grundrechtlichen Schutzpflichten im deutschen und europäischen Recht: Inhalt und Reichweite einer "gemeineuropäischen Grundrechtsfunktion", Berlin 2002.
Teichmann, Arndt	Die Gesetzesumgehung, Göttingen 1962.
Thannheiser, Achim	Moderne Sozialplangestaltung, AiB 2002, 23-27.
Thies, Christoph T.	Der Schutz des Arbeitnehmers bei Abschluss arbeitsrechtlicher Aufhebungsverträge, Berlin 2007.
Thüsing, Gregor	Angemessenheit durch Konsens, Zu den Grenzen der Richtigkeitsgewähr arbeitsvertraglicher Vereinbarungen, RdA 2005, 257-270.

–	Inhaltskontrolle von Formulararbeitsverträgen nach neuem Recht, BB 2002, 2666-2674.
Tschöpe, Ulrich / *Pirscher*, Andrea	Der Arbeitnehmer als Verbraucher im Sinne des § 13 BGB? – eine immer noch offene Frage, RdA 2004, 358-367.
Ulmer, Peter	Kündigungsschranken im Handels- und Gesellschaftsrecht, Zum Einfluß der Treuepflicht auf die einseitige Vertragsbeendigung, in Hefermehl, Wolfgang u.a. (Hrsg.), Festschrift für Philipp Möhring zum 75. Geburtstag: 4. September 1975, München 1975, S. 295-318.
Vaupel, Christian	Die Kompensation von Ungleichgewichtslagen im Arbeits- und Verbraucherrecht, Herbolzheim 2006.
Versteyl, Sarah	Die Obergrenze arbeitsrechtlichen Schutzes, Baden-Baden 2005.
Voelzke, Thomas	Aktuelle Entwicklungen im Sperrzeitrecht, NZS 2005, 281-288.
Vogt, Aloys	Aktuelle Probleme bei Massenkündigungen und -entlassungen, BB 1985, 1141-1148.
Vossen, Reinhard	Die betriebsbedingte Kündigung durch den bisherigen Arbeitgeber aus Anlaß des Betriebsübergangs, BB 1984, 1557-1562.
Waas, Bernd	Rechtsprechung zum Betriebsübergang nach § 613a BGB im Jahre 2004, BB 2005, 1445-1453.
–	Zur Konsolidierung des Betriebsbegriffs in der Rechtsprechung von EuGH und BAG zum Betriebsübergang, ZfA 2001, 377-395
Wahl, Rainer / *Masing*, Johannes	Schutz durch Eingriff, JZ 1990, 553-563.
Wandt, Conrad	Beschäftigungs- und Qualifizierungsgesellschaften bei Betriebsübergang, Bucerius Law Journal 2008, 69-74.
Wank, Rolf	Anmerkung zu BAG 2 AZR 309/83, SAE 1986, 151-157.
Weber, Christoph	Mitbestimmungsspirale im Recht der Massenentlassung? Zum Vorlagebeschluss des ArbG Berlin vom 21.2.2006, in: Annuß, Georg / Picker, Eduard / Wissmann, Hellmut (Hrsg.), Festschrift für Reinhard Richardi zum 70. Geburtstag, München 2007, S. 461-473.

Weber, Ulrich / *Ehrich*, Christian / *Hoß*, Axel	Handbuch der arbeitsrechtlichen Aufhebungsverträge, 2. Aufl., Köln 1998.
Wege, Donat	Religion im Arbeitsverhältnis, Freiheitsgarantien und Diskriminierungsschutz in Kooperation, Berlin 2007.
Weimar, Robert / *Alfes*, Jochen	Betriebsübernahmen ohne § 613a BGB? NZA 1993, 155-161.
Weiss, Manfred	Die europarechtliche Regelung der Massenentlassung, RdA 1992, 367-373.
Weller, Bernhard	Arbeitslosigkeit und Arbeitsrecht: Untersuchung der Möglichkeiten zur Bekämpfung der Arbeitslosigkeit unter Einbeziehung der Geschichte des Arbeits- und Sozialrechts, Stuttgart 1969.
Wendeling-Schröder, Ulrike / *Welkoborsky*, Horst	Beschäftigungssicherung und Transfersozialplan – Neue Handlungsfelder auf Grund BetrVG-Novelle und EG-Recht, NZA 2002, 1370-1378.
Wertheimer, Frank	Anmerkung, EWiR 1999, 853-854.
Wiedemann, Herbert (Hrsg.)	Tarifvertragsgesetz, Kommentar, 6. Aufl., München 1999.
–	Anmerkung, JZ 1990, 695-697.
Wiedemann, Herbert / *Willemsen*, Heinz Josef	Die Anwendung von § 613a BGB im Konkurs unter besonderer Berücksichtigung der betrieblichen Altersversorgung, RdA 1979, 418-431.
Wiegner, Yvonne-Maria	Die Funktion des Wirtschafts- und Sozialausschusses als demokratisches Element in der EG: zur verfassungsrechtlichen Problematik der Beteiligung von Interessenvertretern an der europäischen Rechtsetzung, Bielefeld 2004.
Willemsen, Heinz Josef	Anmerkung zu BAG EzA Nr. 67 zu § 613a BGB.
–	Arbeitnehmerschutz bei Betriebsänderungen im Konkurs: zur Anwendung der §§ 111 ff. BetrVG bei Insolvenz des Arbeitgebers, Frankfurt a.M. 1980.
–	Aufhebung und Änderung von Versorgungszusagen aus Anlaß eines Betriebsübergangs, RdA 1987, 327-334.
–	Die Kündigung wegen Betriebsübergangs – Zur Auslegung des § 613a Abs. 4 BGB – ZIP 1983, 411-418.

Willemsen, Heinz Josef / *Hohenstatt*, Klaus-Stefan/ *Schweibert*, Ulrike / *Seibt*, Christoph H.	Umstrukturierung und Übertragung von Unternehmen: arbeitsrechtliches Handbuch, 3. Aufl., München 2008.
Willemsen, Heinz Josef / *Hohenstatt*, Klaus-Stefan	Weiterbeschäftigung und Entbindungsmöglichkeiten nach § 102 Abs. 5 BetrVG, insbesondere bei Massenentlassungen, DB 1995, 215-222.
Windt, Jörg	Die Neukonstruktion des Tatbestands des Betriebsübergangs, Eine Untersuchung zu den dogmatischen und methodischen Grundlagen des § 613a Abs. 1 Satz 1 BGB, Berlin 2005.
Wisskirchen, Alfred / *Worzalla*, Michael	Aktuelle Fragen zu arbeitsrechtlichen Aufhebungsverträgen, DB 1994, 577-582.
Wißmann, Hellmut	Probleme bei der Umsetzung der EG-Richtlinie über Massenentlassungen in deutsches Recht, RdA 1998, 221-228.
Wolf, Manfred / *Horn*, Norbert / *Lindacher*, Walter F.	AGB-Gesetz: Gesetz zur Regelung des Rechts der Allgemeinen Geschäftsbedingungen; Kommentar, 4. Aufl., München 1999.
Wolf, Roland	Wie geht es weiter? Massenentlassungen nach Junk, AuA 2005, 340-342.
Wolff, Andreas	Die Gestaltungsformen des Sozialplans: Einzel-, Rahmen-, Dauer-, vorsorglicher und Transfersozialplan und ihr Verhältnis zueinander, Berlin 2003.
Wolff, Hinnerk	Personalanpassung durch „Transfersozialplan" – Neues Konzept der Arbeitgeber der chemischen Industrie, NZA 1999, 622-627.
Wolter, Henner	Reformbedarf beim Kündigungsrecht aus Arbeitnehmersicht – Praxiserfahrungen und Schlussfolgerungen, NZA 2003, 1068-1076.
–	Wende im Recht der Massenentlassung, AuR 2005, 135-141.
Zeller-Müller, Linus	Auswirkungen der Schuldrechtsreform auf die Inhaltskontrolle von Arbeitsverträgen und auf Aufhebungsverträge, Frankfurt a. M. 2004.
Zimmermann, Reinhard	The law of obligations: Roman foundations of the civilian tradition, Kapstadt 1990.
Zöllner, Wolfgang	Die politische Rolle des Privatrechts, JuS 1988, 329-336.

–	Privatautonomie und Arbeitsverhältnis Bemerkungen zur Parität und Richtigkeitsgewähr beim Arbeitsvertrag, AcP 176 (1976), 221-246.
–	Sind im Interesse einer gerechteren Verteilung der Arbeitsplätze Begründung und Beendigung der Arbeitsverhältnisse neu zu regeln? Gutachten D für den 52. Deutschen Juristentag, München 1978.
–	Vertragskontrolle und Gerechtigkeit, NZA 2006, Beilage 3, S. 99-107.
Zwanziger, Bertram	Arbeitsrechtliche Aufhebungsverträge und Vertragsfreiheit, DB 1994, 982-992.
–	Aufhebungsverträge und Vertragsfreiheit, BB 1996, 903-904.
–	Betriebsbedingte Kündigung im Lichte der Rechtsprechung, NJW 1995, 916-922.

■ FORUM ARBEITS- UND SOZIALRECHT ■

■ Ascheid, Reiner: **Beweislastfragen im Kündigungsschutzprozeß.**
Bd. 1, 1989, 215 + XIX S., ISBN 3-89085-268-8, 24,54 € *(vergriffen)*

■ Braunert, Ulrich: **Schranken der kollektivrechtlichen Regelung flexibler Arbeitszeitverträge**
Bd. 2, 1990, 298 S., ISBN 3-89085-490-7, 35,28 €

■ Oberklus, Volkmar: **Die rechtlichen Beziehungen des zu einem Tochterunternehmen im Ausland entsandten Mitarbeiters zum Stammunternehmen**
Bd. 3, 1991, 223 + XLVI S., ISBN 3-89085-510-5, 22,50 €

■ Urbatsch, Peter: **Grundzüge der betrieblichen Altersversorgung und des Versorgungsausgleichs**
Bd. 4, 1991, 514 + LII S., ISBN 3-89085-603-9, 29,65 €

■ Hübner, Bettina: **Die individualrechtliche Versetzungsbefugnis und Versetzungspflicht des Arbeitgebers unter besonderer Berücksichtigung von Schwerbehinderten und älteren Arbeitnehmern**
Bd. 5, 1992, 233 + XXXV S., ISBN 3-89085-636-5, 24,54 €

■ Boerner, Dietmar: **Altersgrenzen für die Beendigung von Arbeitsverhältnissen in Tarifverträgen und Betriebsvereinbarungen**
Bd. 6, 1992, 356 S., ISBN 3-89085-705-1, 35,28 €

■ Schartel, Klaus: **Rechtsprobleme unternehmensübergreifender Sozialplandotierung**
Bd. 7, 1992, 205 + XXXV S., ISBN 3-89085-711-6, 29,65 €

■ Fecker, Jörg: **Rechte, Pflichten und Regelungsmöglichkeiten des privaten Arbeitgebers im Hinblick auf Alkoholkonsum von Arbeitnehmern. Unter Berücksichtigung der Alkoholkrankheit**
Bd. 8, 1992, 297 + LX S., ISBN 3-89085-709-4, 34,77 €

■ Schulenburg, Werner Graf von der: **Der tarifliche Rationalisierungsschutz im deutschen und schweizerischen privaten Bankgewerbe**
Bd. 9, 1993, 239 S., ISBN 3-89085-718-3, 29,65 €

■ Federlin, Ulrich: **Der kollektive Günstigkeitsvergleich**
Bd. 10, 1993, 207 + XXX S., ISBN 3-89085-762-0, 29,65 €

■ Ricken, Oliver: **Rechtliche Probleme bei der Standortplanung von medizinisch-technischen Großgeräten**
Bd. 11, 1994, 224 S., ISBN 3-89085-979-8, 35,28 €

■ Robben-Vahrenhold, Andrea: **Die Haftung der Treuhandanstalt für Sozialplanansprüche der Arbeitnehmer**
Bd. 12, 1995, 142 S., ISBN 3-89085-998-4, 29,65 €

■ Lohse, Eva: **Grenzen gesetzlicher Mitbestimmung.** Eine Untersuchung neuerer Tendenzen der Rechtsprechung zur Mitbestimmung in Arbeitszeitfragen
Bd. 13, 1995, 194 + XXXIV S., ISBN 3-8255-0053-5, 34,77 €

■ Poletti, Elisabeth: **Auswirkungen fehlender oder fehlerhafter Beteiligung des Betriebsrats bei der Versetzung auf das Einzelarbeitsverhältnis**
Bd. 14, 1996, 226 + XXII S., ISBN 3-8255-0057-8, 35,28 €

■ Sievers, Jochen: **Die mittelbare Diskriminierung im Arbeitsrecht**
Bd. 15, 1997, 192 S., ISBN 3-8255-0136-1, 35,28 €

■ www.centaurus-verlag.de ■

■ FORUM ARBEITS- UND SOZIALRECHT ■

- **Trefz, Ulrich: Der Rechtsschutz gegen die Entscheidung der Schiedsstellen nach § 18 a KHG**
  Bd. 16, 2002, 386 S., ISBN 3-8255-0385-2, 34,80 €

- **Schneider, Monika: Die Koordinierung der Leistungen der sozialen Pflegeversicherung in der Europäischen Union**
  Bd. 17, 2003, 202 S., ISBN 3-8255-0423-9, 26,90 €

- **Kowalski, Nina: Vom passiven zum aktiven Sozialplan.** Vergleich zwischen dem gesetzlichen Förderungsinstrument der §§ 254 ff. und dem Transfer-Sozialplan-Konzept des BAVC e.V.
  Bd. 18, 2004, ca. 240 S., ISBN 3-8255-0472-7, ca. 28,– €

- **Schumacher-Mohr, Marion: Die vorzeitige Beendbarkeit des Anstellungsverhältnisses eines AG-Vorstandmitglieds gegen seinen Willen**
  Bd. 19, 2004, 206 S., ISBN 3-8255-0473-5, 26,50 €

- **Seeger, Silke: Organisationskonflikte und Tarifvertrag.** Dargestellt am Beispiel der Tarifzuständigkeit der DGB-Gewerkschaften im industriellen Dienstleistungsbereich
  Bd. 20, 2005, 218 S., ISBN 3-8255-0474-3, 26,50 €

- **Fandel, Stefan: Die Angabepflicht nach § 5 Abs. 1 Nr. 9 UmwG**
  Bd. 21, 2004, 242 S., ISBN 3-8255-0483-2, 25,90 €

- **Trautmann, Arnim: Der Vertrag der ärztlichen Gemeinschaftspraxis.** Vertragsarzt-, berufs- und gesellschaftliche Anforderungen unter besonderer Berücksichtigung von Junior-/Seniorpartnerschaften
  Bd. 22, 2005, 398 S., ISBN 3-8255-0526-X, 29,90 €

- **Rönsberg, Ute: Die gemeinschaftsrechtliche Koordinierung von Leistungen bei Arbeitslosigkeit.** Die Verordnung (EWG) Nr. 1408/71 und ihre Reformbedürftigkeit
  Bd. 23, 2006, 268 S., ISBN 3-8255-0604-5, ca. 28,– €

- **Wahlers, Ulrich: Die Umsetzung der Richtlinie über die Arbeitnehmerbeteiligung in Spanien**
  Bd. 24, 2006, 378 S., ISBN 3-8255-0608-8, 30,90 €

- **Meißner, Matthias: Familienarbeit in der Alterssicherung nach europäischem Sozialrecht**
  Bd. 25, 2005, 264 S., ISBN 3-8255-0613-4, 27,50 €

- **Vaupel, Christian: Die Kompensation von Ungleichgewichtslagen im Arbeits- und Verbraucherrecht.**
  Bd. 26, 2006, 354 S., ISBN 3-8255-0639-8, 30,90 €

- **Dunker, Daniela: Unternehmensbezogene Tarifverträge.** Rechtsfragen einer unternehmensbezogenen Tarifpolitik
  Bd. 27, 2007, 455 S., ISBN 978-3-8255-0635-5, 59,50 €

- **Boller, Sonja: Die Zuständigkeiten der gewerblichen Berufsgenossenschaften**
  Bd. 28, 2006, 308 S., ISBN 978-3-8255-0662-9, 29,50 €

- **Gawlick, Jörg: Die stufenweise Wiedereingliederung arbeitsunfähiger Arbeitnehmer in das Erwerbsleben nach § 28 StGB/§74 StGB 5.** Eine arbeitsrechtliche Betrachtung
  Bd. 31, 2009, ca. 380 S., ISBN 978-3-8255-0725-1, ca. 35,– €

Besuchen Sie unsere Internetseite

■ www.centaurus-verlag.de ■

MIX
Papier aus verantwortungsvollen Quellen
Paper from responsible sources
FSC® C105338

If you have any concerns about our products,
you can contact us on
ProductSafety@springernature.com

In case Publisher is established outside the EU,
the EU authorized representative is:
**Springer Nature Customer Service Center GmbH
Europaplatz 3, 69115 Heidelberg, Germany**

Printed by Libri Plureos GmbH
in Hamburg, Germany